Studienkurs Sozialwirtschaft

Lehrbuchreihe für Studierende der Sozialwirtschaft und des Sozialmanagements an Universitäten und Hochschulen.

Praxisnah und verständlich führen die didaktisch aufbereiteten Bände in die zentralen Felder der Sozialwirtschaft und des Sozialmanagements ein: sozialwirtschaftliche Organisationen und Unternehmensformen, Personalmanagement, Qualitätsmanagement, Wissensmanagement, Management des Wandels etc.

Herausgegeben von
Prof. Dr. Armin Wöhrle

Wöhrle | Beck | Brandl | Funke-Steinberg
Kaegi | Schenker | Zängl

Organisationsentwicklung – Change Management

Die Deutsche Nationalbibliothek verzeichnet diese Publikation in
der Deutschen Nationalbibliografie; detaillierte bibliografische
Daten sind im Internet über http://dnb.d-nb.de abrufbar.

ISBN 978-3-8487-4457-2 (Print)
ISBN 978-3-8452-8669-3 (ePDF)

1. Auflage 2019
© Nomos Verlagsgesellschaft, Baden-Baden 2019. Gedruckt in Deutschland. Alle Rechte, auch die des Nachdrucks von Auszügen, der fotomechanischen Wiedergabe und der Übersetzung, vorbehalten. Gedruckt auf alterungsbeständigem Papier.

Inhaltsverzeichnis

Einführung 11

1. Herausforderungen an Organisationen und Management in der Sozialwirtschaft (*Armin Wöhrle*) 13
   1.1 Zunahme von Komplexität 13
   1.2 Der globale Umbau 18
       1.2.1 Umbau auf der Ebene Politik 18
       1.2.2 Veränderung des Verhältnisses zwischen Öffentlichen Trägern und Leistungserbringern 19
       1.2.3 Die (neuen) Wohlfahrtsproduzenten 26
   1.3 Folgen des Umbaus 27
       1.3.1 Externe Organisationsebene 27
       1.3.2 Interne Organisationsebene 31
       1.3.3 Ebene des Personals 32
   1.4 Herausforderungen für das Management in der Sozialwirtschaft 35
       1.4.1 Veränderte Steuerungslogiken erzeugen hybride Organisationen 35
       1.4.2 Organisationen müssen umgebaut werden 36
       1.4.3 Was eine Organisation leisten muss 38
       1.4.4 Anforderungen an das Management 40

2. Organisationen (*Dominik Schenker und Peter Zängl*) 46
   2.1 Erste Annäherung: Was ist eine Organisation? 46
   2.2 Mitgliedschaft, Zweck und Hierarchie als zentrale Merkmale von Organisationen 48
       2.2.1 Mitgliedschaft 49
       2.2.2 Ziel 51
       2.2.3 Hierarchie 54
       2.2.4 Organisationen ohne Hierarchien: Der aktuelle Diskurs um Selbstorganisation 57

2.3 Eine alternative Sicht auf Organisationen: Das Trigon-
Modell 58
  2.3.1 Sieben Wesenselemente der Organisation 59
  2.3.2 Die vier Entwicklungsphasen der Organisation 60
2.4 Veränderungen von Organisationen 61
  2.4.1 Spannung zwischen Theorie und Wirklichkeit von
  OE-Prozessen 62
  2.4.2 Die neo-institutionellen Organisationstheorien als
  ein Schlüssel zum Verständnis von
  Veränderungsprozessen 63
  2.4.3 Warum sich die Organisationen innerhalb eines
  Arbeitsfeldes ähnlich sind 66
  2.4.4 Rationalität und Rationalitätsmythen 67
  2.4.5 Entkoppelung von formaler Struktur und
  Tätigkeiten 68
  2.4.6 Neo-Institutionalismus und
  Organisationsveränderungen 69
  2.5.7 Sozialwirtschaft unter einer neo-institutionellen
  Perspektive 72

3. Was ist Management? (*Urs Kaegi und Peter Zängl*) 77
  3.1 Was ist Management? 77
    3.1.1 Sozialmanagement 78
  3.2 Managementmodelle in der Sozialwirtschaft 78
    3.2.1 St. Galler Management-Modell (SGMM) 79
    3.2.2 Freiburger Management-Modell 84
    3.2.3 Social-Impact-Modell SIM 87
  3.3 Organisationale Veränderungen: Evolution schreibt man
  mit „R" 93
  3.4 Wandel erster und zweiter Ordnung: Etwas richtig tun oder
  das Richtige tun 94
  3.5 Phasen von Veränderungen nach Lewin 96
    3.5.1 Unfreezing (Phase des Auftauens) 96
    3.5.2 Moving (Phase der Bewegung) 97
    3.5.3 Refreezing (Phase des Einfrierens) 97

Inhaltsverzeichnis

3.6 Change Management, organisationaler Wandel, Organisationsentwicklung, Transformationsmanagement ... 98

3.7 Entwicklungsphasen in Veränderungen: die individuelle Sicht 100
   3.7.1 Schock 101
   3.7.2 Festhalten 102
   3.7.3 Einsicht 103
   3.7.4 Loslassen/emotionale Distanz 103
   3.7.5 Ausprobieren/Lernen 103
   3.7.6 Erkenntnis 104
   3.7.7 Integration 104

3.8 Steuerungsansätze bei organisationalem Wandel 104
   3.8.1 Wildwuchs 104
   3.8.2 Experten-, resp. Expertinnen-Ansatz 105
   3.8.3 Macht-/Zwang-Ansatz 105
   3.8.4 Entwicklungsansatz 106

3.9 Basisprozesse der Steuerung von Veränderungen 106

3.10 Die lernende Organisation 106
   3.10.1 Kritik am Modell von Senge: „guter" Wandel ist eine Falle 108

3.11 Gut geplant ist halb verändert 111

3.12 Organisationaler Wandel in Organisationen der Sozialwirtschaft 112

3.13 Change in Richtung Selbstorganisation: der große Trend 112
   3.13.1 Selbstorganisation 113
   3.13.2 Reinventing Organizations nach Laloux 114
   3.13.3 Selbstorganisation und Führung 118
   3.13.4 Kooperation als Merkmal der Selbstorganisation 120
   3.13.5 Entscheidungsfindung als Merkmal der Selbstorganisation 121

3.14 Fazit und Ausblick 121

4. Wie kann man Organisationen analysieren? Adaptierbare
   Diagnose-Methoden in der Organisationsentwicklung
   (*Paul Brandl*)   128
   4.1 Ausgangspunkt – Zielsetzungen – Lernziele   128
   4.2 Theoretische Verortung der Instrumente   129
   4.3 OE-Methoden zum Anpassen   136
       4.3.1 Auswahl und Zielsetzung   136
       4.3.2 Aspekteraster und Dialogbild für den Überblick   137
       4.3.3 Deltadiagnose: Einfache Standortbestimmung beim Leitbild   143
       4.3.4 Prozesslandkarte: Übersichtlich Prioritäten setzen   144
       4.3.5 Teamrad: Ansatzpunkte für die Teamentwicklung   146
       4.3.6 Flussdiagramm und Customer Journey: Prozesse optimieren   150
       4.3.7 Personas: Dienstleistungen neugestalten   154
   4.4 Weiterführende Überlegungen   160

5. Wie kann man Organisationen verändern? (*Reinhilde Beck*)   166
   Einleitung   166
   5.1 Veränderungsdruck und Organisationswandel als Daueraufgabe   167
       5.1.1 Gravierende Veränderungen in der Organisationsumwelt   167
       5.1.2 Steigerung der Eigenkomplexität von Organisationen   169
       5.1.3 Die Gestaltung des organisationalen Wandels wird zu einer Daueraufgabe   170
   5.2 Verständnis und historische Wurzeln von „Organisationsentwicklung" und „Change Management"   172
       5.2.1 Was kann unter Organisationsentwicklung verstanden werden?   173
       5.2.2 Historische Wurzeln traditioneller Konzepte der Organisationsentwicklung   175
       5.2.3 Change Management – historische Wurzeln und Verständnis   184

Inhaltsverzeichnis

5.2.4	Organisationsentwicklung und Change Management – Unterschiede und Annäherungen	194
5.3	Wie kann man Organisationen verändern? Konzeptuelle Vorstellungen und Veränderungsstrategien aus Sicht neuerer Theorieansätze	198
5.3.1	Organisationslernen – Lernende Organisation – Organisationskultur	199
5.3.2	Das „Acht-Stufen-Rahmenkonzept für den Wandel" von Kotter	204
5.3.3	Systemische Ansätze der Organisationsentwicklung	213
5.3.4	Einordnung und Einschätzung der Veränderungsansätze	225
5.4	Veränderungsprozesse gestalten und steuern: Handlungsebenen, Phasen, Erfolgsfaktoren, Instrumente	228
5.4.1	Handlungsebenen und Phasen von Veränderungsprozessen	229
5.4.2	Phasen des Veränderungsprozesses und Erfolgsfaktoren im Überblick	234
5.4.3	Grundlagen und Erfolgsfaktoren von Veränderungsprozessen	236
5.5	Resümee und Ausblick	254

6. Organisationsberatung als Unterstützung des Organisationswandels oder vom Tanz mit einem unsichtbaren Geschöpf
Aus der Praxis der systemischen Organisationsberatung
(*Karsten Funke-Steinberg*) 266

6.1	Was ist Organisationsberatung?	266
6.1.1	Die Praxis „einfangen"	266
6.1.2	Überblick über das Feld der Organisationsberatung	267
6.1.3	Was Sie in dem Beitrag erwartet	272
6.2	Auf Unsichtbares setzen	274
6.2.1	Ein unsichtbares Geschöpf zum Tanz führen	274
6.2.2	Fallskizze 1: Den Osten erklären	275
6.2.3	Die Chance des Nicht-Wissens	276
6.2.4	Dem Unsichtbaren eine Gestalt entlocken	276
6.2.5	Pars pro toto – Im Teil das Ganze sehen	277

Inhaltsverzeichnis

	6.2.6 Die tägliche „Erschaffung" der Organisation im wechselseitigen Wahrnehmen und Handeln der Beteiligten	278
6.3	Analoge Methode – Sichtbar machen, was zusammenwirkt	279
6.4	Der „zweite Auftrag"	283
6.5	Perspektivenwechsel	285
6.6	Gewachsene Muster und der Umgang mit Komplexität	286
6.7	Ethik vs. Wirtschaftlichkeit	288
	6.7.1 Ein grundlegendes Konfliktmuster im Sozialbereich	288
	6.7.2 Fallskizze 2: Diakonischer Auftrag vs. Kostendeckung	290
6.8	Die Kraft aus der Zukunft – Ein Blick in den Werkzeugkasten	292
	6.8.1 Das Kraftfeld der Veränderung	293
	6.8.2 Wertschätzend Erkunden (Appreciative Inquiry)	295
	6.8.3 Strukturierter Zukunftsdialog	297
6.9	Organisationsberatung und Mikropolitik	298
6.10	Ausblick	301
	6.10.1 Die Orientierung auf Haltungen und Werte	301
	6.10.2 Theorie U (Scharmer, 2009, 2014)	303
	6.10.3 Das Resonanzkonzept (Rosa, 2016, 2017)	304
	6.10.4 Positive Psychologie für Organisation und Führung (Tomoff, 2015)	304
	6.10.5 Success Loop (Sohn & Conzelmann, 2017)	305
	6.10.6 Future Room (Gatterer, 2018)	305
6.11	Erfahrungswerte für Entscheider	306

Lernzielkontrolle 313

Angaben zu den Autorinnen und Autoren 331

Einführung

Armin Wöhrle

Die Reihe „Studienkurs Management in der Sozialwirtschaft" startete 2003 in der Nomos Verlagsanstalt mit dem Band „Grundlagen des Managements in der Sozialwirtschaft". Es folgten insgesamt 12 Bände mit den Themen „Sozialwirtschaft", „Organisationen der Sozialwirtschaft", „Betriebswirtschaftliche Grundlagen des Managements in der Sozialwirtschaft", „Rechtliche Grundlagen des Managements in der Sozialwirtschaft", „Personalmanagement", „Qualitätsmanagement", „Führung und Zusammenarbeit", „Wissensmanagement", „Sozialmanagement in Europa", „Projektmanagement", „Sozialinformatik".

Nach zehn Jahren war es an der Zeit, all diese Bände gründlich zu überarbeiten.

Begonnen wurde die Überarbeitung 2013 mit drei Grundlagen-Bänden (den generellen Grundlagen, den betriebswirtschaftlichen und den rechtlichen). Der Systematik folgend steht nun die Überarbeitung der Bände zur Organisationsentwicklung und dem Change Management, der Personalentwicklung, der Qualitätsentwicklung und zum Thema Führung an. Charakteristisch für die grundlegenden Überarbeitungen ist, dass sie nicht mehr von einzelnen Autoren verfasst werden, sondern von Teams aus Fachleuten zu diesen Themen, die zudem nicht nur aus Deutschland kommen. Man kann also durchaus von grundlegenden Neufassungen sprechen.

Der vorliegende Band fußt auf den „Grundlagen des Managements in der Sozialwirtschaft" (Wöhrle/Beck/Grunwald/Schellberg/Schwarz/Wendt 2013). Darin sind die Bestimmungen hinsichtlich der Sozialwirtschaft bereits vorgenommen worden (Wendt 2013, 11 ff.), der sozialpolitische Kontext und daraus entspringende Steuerungsversuche können als bekannt vorausgesetzt werden (Beck/Schwarz, 35 ff.), die Soziale Arbeit wurde in ihrer Selbstverortung und hinsichtlich der Steuerungsfragen für sozialwirtschaftliche Unternehmen bereits erörtert (Grunwald 2013, 81 ff.), die Sozialwirtschaft in ihrem Verhältnis zu den Wirtschaftswissenschaften bestimmt (Schellberg 2013, 117 ff.) und das Management in der Sozialwirtschaft im Kontext der Organisationstheorien und Managementlehre dargelegt (Wöhrle 2013, 157 ff.).

Einführung

Im vorliegenden Band wird die Logik des 2005 erschienenen Bandes „Den Wandel managen. Organisationen analysieren und entwickeln" (Wöhrle) aufgegriffen. Dabei geht es um folgende zentrale Fragen:
– Was ist eine Organisation?
– Was ist Management?
– Warum müssen sich Organisationen verändern?
– Wie lässt sich „Stillstand" und Wandel in Organisationen erklären?
– Was benötigt das Management, um den Wandel herbeizuführen?
– Wie lassen sich Organisationen analysieren?
– Wie kann man Organisationen (praktisch) verändern?
– Welche Anforderungen richten sich an das Management und die Führung in Organisationen?
– Wie kann Organisationsberatung das Management unterstützen?

Literatur

Wendt, Wolf Rainer (2013): Sozialwirtschaft, in: Wöhrle/Beck/Grunwald/Schellberg/ Schwarz/Wendt 2013, S. 11 ff.

Beck, Reinhilde/Schwarz, Gotthart (2013): Sozialstaat, Sozialpolitik und (sozial-)politische Steuerung, in: Wöhrle/Beck/Grunwald/Schellberg/Schwarz/Wendt 2013, S. 35 ff.

Grunwald, Klaus (2013): Soziale Arbeit, ihre Selbstverortung und ihr Verhältnis zu Fragen der Steuerung sozialwirtschaftlicher Unternehmen, in: Wöhrle/Beck/Grunwald/Schellberg/Schwarz/Wendt 2013, S. 81 ff.

Schellberg, Klaus (2013): Die Wirtschaftswissenschaften und ihr Verhältnis zur Sozialwirtschaft und der Sozialen Arbeit, in: Wöhrle/Beck/Grunwald/Schellberg/Schwarz/ Wendt 2013, S. 117 ff.

Wöhrle, Armin (2005): Den Wandel managen. Organisationen analysieren und entwickeln, Baden-Baden: Nomos.

Wöhrle, Armin (2013): Organisationstheorien und Managementlehre, in: Wöhrle/ Beck/Grunwald/Schellberg/Schwarz/Wendt 2013, S. 157 ff.

Wöhrle, Armin (2013): Sozialmanagement und Management in der Sozialwirtschaft, in: Wöhrle/Beck/Grunwald/Schellberg/Schwarz/Wendt 2013, S. 191 ff.

Wöhrle/Beck/Grunwald/Schellberg/Schwarz/Wendt (2013): Grundlagen des Managements in der Sozialwirtschaft, Baden-Baden: UTB Nomos.

1. Herausforderungen an Organisationen und Management in der Sozialwirtschaft

Armin Wöhrle

Der folgende Beitrag sucht ins Thema einzuführen. Folgende Erkenntnisse sollen mit ihm vermittelt werden:
– Das Verständnis von Organisationen und ihrer Steuerung (Management) entwickelt sich abhängig von neuen Herausforderungen in der Organisationsumwelt und der Reaktion darauf durch Erfahrungslernen und die Theoriebildung beständig weiter.
– Hier soll skizziert werden, auf welchem Hintergrund die neuen Herausforderungen für die Organisationen der Sozialwirtschaft und ihr Management entstehen.
– Dabei wird die aktuelle Situation in der Sozialwirtschaft als eine charakterisiert, die seit den 1990er Jahren komplexer wird und sich in einem tief greifenden Wandel befindet.
– Hervorgehoben wird dabei die Hybridisierung von Organisationen, die einen grundlegenden Umbau der Organisationen und ein Management des Wandels (Change Management) benötigt.
– Darüber hinaus wird darauf hingewiesen, dass die Personalrekrutierung und Personalentwicklung neben dem Umbau der Organisationen zu den herausragenden Aufgaben des Managements in der Sozialwirtschaft geworden sind.

1.1 Zunahme von Komplexität

Organisationen sind schwer zu fassende Gebilde. Wenn wir an eine konkrete denken, haben wir mannigfache Bilder im Kopf, aber diese erklären nicht das Wesen der Organisation, sondern illustrieren lediglich die Erfahrungen, die wir mit Organisationen haben und diese sind wiederum an Erwartungen, Zwecke und Funktionen gebunden, in deren Zusammenhang wir mit ihnen in Verbindung getreten sind.

Wenn wir auf die Theorie zurückgreifen, so wird deutlich, dass es kein einheitliches Verständnis von Organisationen gibt. Zunächst ist die Blickrichtung entscheidend. Aus soziologischer Sicht müssen Organisationen abstrahiert von Menschen gedacht werden, denn sonst wäre es nicht zu erklären, dass sie über Jahrhunderte existieren können. Sie stellen demgemäß insbesondere Strukturen und vorgegebene Abläufe dar, in die sich Menschen einbringen bzw. in die Menschen eingepasst werden. Sie sind dabei auf übergeordnete Ziele gerichtet, mit denen sich Menschen in Beziehung setzen. Und es sind Kulturen, in deren Zusammenhängen Menschen sozialisiert werden. Aus organisationspsychologischer Sicht können konkrete Organisationen nicht ohne konkrete Menschen existieren. Die jeweiligen Theorien über Organisationen, die den einen oder anderen Blickwinkel deutlicher betonen, verändern sich im Laufe der Geschichte und zwar abhängig von den Herausforderungen, denen sich Organisationen und ihr Management ausgesetzt sehen (Wöhrle 2005, 2012).

Mit einer von Walter Simon publizierten Entwicklungsgeschichte lassen sich vier Perioden des Organisationsverständnisses und darauf bezogene Managementtheorien – abhängig von gewandelten Herausforderungen – unterscheiden (Simon 2002).

Periode 1900 bis 1930: rationales Handeln in geschlossenen Systemen	– Bürokratiemodell (Max Weber) – Scientific Management (Frederic W. Taylor) – Administrative Lehren (Henry Fayol, Alfred Sloan) – Fordismus (Henry Ford)
Periode 1925 bis 1955: soziales Handeln in geschlossenen Systemen	– Human Relations-Bewegung (Elton Mayo) – XY-Theorie (Douglas McGregor) – Leadership-Theorie (Chester Bernard) – Motivationstheorie (Frederick Herzberg)
Periode 1955 bis 1970: rationales Handeln in offenen Systemen	– Situationstheoretische Ansätze – Theory of Leadership Effectiveness (F.E. Fiedler) – Stochastische Organisationslehre (P. Lawrence und L. Lorch) – Strategy and Structure-Theory (Alfred Chandler)

Periode ab 1970: soziales Handeln in offenen Systemen	– Evolutions- und chaostheoretische Ansätze (Karl Weick, James March) – Entscheidungstheorie (Herbert Simon) – Kybernetik (Norbert Wiener) – Empirische Erfolgsforschung (Peter F. Drucker, Thomas J. Peters, Robert H. Waterman, Thomas S. Watson) – Lean Management (MIT-Studie, Taiichi-Ohno) – Postschlankes Management – Lehre von den Wettbewerbskräften (Michael Porter) – Ressourcen-basierte Strategie (Gary Hamel, C.K. Prahalad)

Abb. 1: Vier Hauptperioden der Managementtheorie (Simon 2002, 24)

Die erste Periode mit der Bezeichnung „rationales Handeln im geschlossenen System" (Zeitraum 1900–1925/30) ist geprägt durch Ingenieure wie Taylor, Fayol, und Ford. Ihr Verdienst war es, betriebliche Abläufe bis hin zu menschlichen Handgriffen analysiert zu haben, um Abläufe funktional so zusammenzubauen, damit das effektivste Ergebnis zu erzielen war. Zu dieser Periode wird auch das Bürokratiemodell von Max Weber gerechnet, der in der bürokratischen Herrschaft die reinste Form legaler Herrschaft erkannte, da er in einem kontinuierlichen, regelgebundenen Betrieb von Amtsgeschäften durch Beamte die Überwindung der Willkür der feudalen Herrschaft erblickte. Im Rückblick werden die in diesem Zeitraum entstandenen Organisationsvorstellungen auch unter dem Begriff „Maschinenmodell" verhandelt. Darin kommt zum Ausdruck, dass der Zweck und die Funktionalität im Vordergrund stehen, das Gerüst der Aufbau- und Ablauforganisation eher technokratisch ausgerichtet ist und wie bei einer Maschine die Beteiligten dem untergeordnet sind. Deutlich wird dies bei der von Taylor erfundenen Fließbandarbeit, mit der die Arbeitenden auf die Maschine ausgerichtet bzw. deren Taktzahl untergeordnet werden. Hinsichtlich des Managements überwiegt hier die Vorstellung eines Steuermanns, der durch Bewegungen des Lenkrades oder die Veränderungen an Hebeln das Ganze steuern und umsteuern kann.

Auf dem Hintergrund von veränderten Wettbewerbsbedingungen und aufgrund neuerer Forschungsergebnisse kann die zweite Periode als „Periode des sozialen Handelns im geschlossenen System (1925–1955)" charakterisiert werden. Mit den Hawthorne-Experimenten wurde abweichend von der bisherigen funktionalen und rationalen Sichtweise deutlich, dass Mitarbeitende nicht unbedingt berechenbar auf Vorgaben reagieren. In der betrieblichen Zusammenarbeit bilden sich Gruppen und Cliquen. Diese wiederum bilden eigene soziale Normen aus. Der Mensch wurde sozusagen im personenunabhängig konstruierten Modell nachträglich wieder entdeckt. Das Augenmerk (von Forschenden wie Argyris, Bernard, Lewin, Likert, McGregor) galt nun vornehmlich der Gestaltung von Arbeitsprozessen unter Einbeziehung der Mitarbeitenden, die Forschung beschäftigte sich mit Motivationstheorien und es wurde nach einer neuen Vermittlung zwischen betrieblich vorgegebenen Notwendigkeiten und den Bedürfnissen der Beschäftigten gesucht. Das Management erlebte sozusagen eine revolutionäre Wende dergestalt, weil sich die Dimension, der Aufmerksamkeit entgegengebracht werden musste, erweiterte. Es musste ein Gleichklang zwischen der Überlebenssicherung des Ganzen und des betrieblichen Erfolgs einerseits und der Berücksichtigung der beteiligten Menschen andererseits herzustellen gesucht werden.

Spätestens mit der Globalisierung der Märkte wurde deutlich, dass Organisationen als geschlossene Gebilde nicht überlebensfähig wären. Auch wurde deutlich, dass die Komplexität der Veränderungen in der Organisationsumwelt durch eine zentrale Steuerung nicht mehr bewältigbar ist. Es wurde nach Lösungen gesucht, wie die vielfältigen Informationen aus der Organisationsumwelt verarbeitet und gleichzeitig ein zielgerichtetes System aufrechterhalten werden kann. Anhand beispielhafter Veröffentlichungen sollen hier folgende Aspekte hervorgehoben werden: Es ist von einem „Doktrinwandel" (Beckérus/Edström 1990, 11), von „neuen Leitmotiven" (z.B. Vester 1988, 147), einem radikalen Umbau von Organisationen und von „Schüsselstrategien" des erfolgreichen Führens (vgl. Bennis/Nanus 1987) die Rede. Für das Management in dieser Umbruchsituation wird das Bild der „DelphinStrategie–ManagementStrategien in chaotischen Systemen" (Lynch/Kordis 1991) bemüht, es werden Strategien entworfen, die in eine bislang unbekannte Richtung („Thriving on Chaos" oder „Kreatives Chaos") weisen (siehe Peters 1988, 311 ff.) Theoretisch war viel von Komplexität die Rede und es wurde die Chaostheorie bemüht. Es handelt sich hierbei um die Periode, in der analog zu Simon „rationales Handeln in offenen Systemen" entdeckt wurde, wobei aber auch Kennzeichen dieser Managemententwürfe in die vierte Phase verweisen.

Die „Periode des sozialen Handelns im offenen System" (ab 1970; Simon 2002, 23 f.) erreicht die höchste Form der Komplexität. Hier ist sozusagen die Organisation von außen her und nach außen hin durchlässig geworden, wobei sie gleichzeitig ihre interne Form quasi verflüssigt. Um hinsichtlich des Managements im Bild zu bleiben: Es lässt sich nur ein starres bzw. festes Gegenüber gut bewegen, verflüssigte Zustände rinnen sozusagen durch die Finger, d.h. geraten schnell außer Kontrolle. Die Situation für das Management erreicht jetzt die Stufe der höchsten Herausforderung. Klaus Grunwald beobachtet ein Verständnis von Management, das durch die „Bewältigung von Dilemmata und Paradoxien als zentrale Qualifikation von Leitungskräften" (Grunwald 2012) gekennzeichnet ist.

Bis jetzt bewegen wir uns noch auf einer generalistischen Betrachtungsebene von Organisationen und ihrem Management und haben die Besonderheiten der Sozialwirtschaft noch nicht berücksichtigt.

Die Situation in der Sozialwirtschaft erinnert seit den 1990er Jahren nun auch an die aufgeschreckte Stimmungslage, die bereits zuvor mit der Globalisierung in die Profitwirtschaft Einzug hielt. In beiden Fällen geht es um Herausforderungen, auf die man offensichtlich nicht vorbereitet war. Erschwerend kommt hinzu, dass in der Sozialwirtschaft bis zu den 1990er Jahren von keinem etablierten Managementverständnis gesprochen werden konnte. Erst zu dieser Zeit bildet sich das Sozialmanagement heraus und dieses war mit seinem Entstehen ein Change Management, das sozusagen mit und durch den Wandel geboren wurde. Bis dahin waren die Organisationen der Sozialwirtschaft hinsichtlich ihrer Steuerung ein Anhängsel der öffentlichen Verwaltung und durch Verwaltungsfachleute wie Verwaltungsvorschriften geprägt. Jetzt sollten die Organisationen plötzlich gemanagt werden und waren dabei völlig neuen Mechanismen wie dem Markt ausgesetzt, gleichzeitig mit veralteten Strukturvorgaben und Leitungsprinzipien in der Praxis ebenso konfrontiert wie mit neuen Managementtheorien, die in der Profitwirtschaft diskutiert wurden, zu denen jedoch in der Theorie der Sozialen Arbeit und den Verwaltungswissenschaften noch kein Zugang existierte. Es entstand eine Bandbreite von Reaktionsweisen:
– von der Reaktivierung alter Mechanismen des Durchregierens, um autoritär umzusteuern,
– über hyperaktive Reaktionsweisen, die lediglich in ein Hamsterrad des Stillstands mündeten,
– über die in der Verwaltung bewährten Mechanismen, moderne Etiketten auf alten Vorgänge anzubringen bzw. eine Reform zu erklären und weiterzumachen wie bisher,

bis hin zu Suchbewegungen, die bereits in Fortbildungsinstituten der Verbände begonnen hatten und insbesondere aufgrund der neu entstehenden

Studiengänge Sozialmanagement verstärkt wurden, mit denen neue Erkenntnisse zur praktischen Anwendung gebracht werden sollten (vgl. Wöhrle 2002).

Mit den Ende der 1990er Jahre entstehenden Studiengängen der Sozialwirtschaft und des Sozialmanagements begannen die systematische Aufarbeitung und somit auch die Professionalisierung des Managements in der Sozialwirtschaft.

An dieser Stelle bedarf es zunächst des Nachvollziehens der Vorgänge in der Organisationsumwelt, die zu den neuen Herausforderungen führten.

1.2 Der globale Umbau

Die Suche nach „Managementstrategien in chaotischen Systemen" ist ab den 1990er Jahren auch in der Sozialwirtschaft festzustellen. Auch hier hat sich die Organisationsumwelt radikal verändert. Die Ursache dafür lässt sich jedoch nicht linear auf die Globalisierung zurückführen. Die Sozialwirtschaft ist nicht direkt an den globalen Markt angeschlossen. Sie ist eine Veranstaltung, für die, solange es keine europäische Sozialpolitik gibt, immer noch die nationalen Politikentscheidungen maßgeblich sind (Beck/Schwarz 2013, 35 ff.). Dennoch gibt es eine deutliche Klammer zwischen europäischen Entscheidungen, einen europäischen Markt zu etablieren und sich dem globalen Markt zu öffnen und den nationalen sozialpolitischen Entscheidungen in europäischen Staaten.

Der globale Umbau der für die Organisationen der Sozialwirtschaft relevanten Umwelt beginnt logischerweise in der Politik und setzt sich über die öffentliche Verwaltung bis zu den Trägern und leistungserbringenden Organisationen fort.

1.2.1 Umbau auf der Ebene Politik

Indem sich Europa auf dem Weltmarkt neu aufzustellen suchte, gerieten politische Steuerungssysteme innerhalb der einzelnen Staaten in der Europäischen Gemeinschaft auf den Prüfstand. Mit dem Ziel, die europäischen Marktchancen im globalen Weltmaßstab zu verbessern, setzte sich im politischen System Europas eine (neo-)liberale Denkweise bei der Steuerung der unterschiedlichen staatlich zu lenkenden Prozesse durch. Auch hinsichtlich der sozialen Sicherungssysteme wurden Hebel entdeckt, um Belastungen für den Staat und die Wirtschaft abzusenken. Wachsende Unübersichtlichkeit bzw. die Zunahme von Komplexität wurde und wird dadurch zu reduzieren versucht, indem die Steuerung und die Lasten des Staates reduziert und auf mehrere Schultern zu übertragen gesucht werden. Gleichzeitig sollten auch die Belastungen für die Wirtschaft (Sozialversicherungsbeiträge, Steuern etc.) abnehmen, damit über die bessere Wettbewerbsfähigkeit mehr Wachstum und darüber mehr Arbeitsplätze geschaffen werden (Dahme/Wohlfahrt, 2012, 18). Die Sozialwirtschaft soll europaweit zu einem marktwirtschaftlichen Gebilde (Social Entrepreneurship) umgebaut werden (Slottke 2013).

Auf nationaler Sozialpolitikbühne wird die Abkehr vom Wohlfahrtsstaat hin zum Wettbewerbsstaat (Schwarz 2017, 191 f.) betrieben. Die prinzipiell bereits vorhandenen Verantwortungssphären im Sinne des deutschen Subsidiaritätsprinzips (Individuum, Gemeinschaft und Staat) werden nun hinsichtlich sozialer Vorsorge und Hilfe bei Benachteiligungen tendenziell in Richtung auf mehr persönliche Verantwortung und gesellschaftliche statt staatliche Verantwortung verschoben. Entsprechend wurde ein Systemwechsel vorgenommen. An die Stelle des Rechts auf soziale Leistungen und der Pflicht des Staates zur Gewährung und Unterstützung tritt das Prinzip von Leistung und Gegenleistung mit dem Grundsatz von Fordern und Fördern (Beck/Schwarz 2013,60 ff.). In der rot-grünen Regierung unter Bundeskanzler Schröder erfolgte in den Jahren 1998 bis 2005 ein Rückbau des Sozialstaates mit der Einführung der Agenda 2010 (Senkung des Rentenniveaus, Erhöhung der Zuzahlung bei Medikamenten, Minderung des Krankengeldes, Einführung der Praxisgebühr, Einschränkung des Berufsunfähigkeitsschutzes, und im Zuge der sog. Hartz-Gesetze die Zusammenlegung von Arbeitslosen- und Sozialhilfe).

1.2.2 Veränderung des Verhältnisses zwischen Öffentlichen Trägern und Leistungserbringern

Die (neo-)liberale Denkweise beschränkte sich nicht auf die globalen wirtschaftlichen Zusammenhänge in Europa, sondern war ab den 1990er Jahren auch für die öffentliche Steuerungssphäre prägend. Die Kommunale

Gemeinschaftsstelle für Verwaltungsmanagement (KGSt)[1] stellt hierzu 1992 fest: „Die Meinungsführerschaft in der Diskussion über die Leistungsfähigkeit der staatlichen und kommunalen Verwaltungen ging in allen Ländern von den Juristen und Sozialwissenschaftlern auf die Wirtschafts- und Finanzwissenschaftler über. Das Spannungsverhältnis zwischen dem Demokratie- und dem Effizienzpostulat verschob sich zugunsten der Effizienz. In Zeiten knapper werdender Kassen wurden überall »Effizienz« und »value for money« die maßgeblichen Werte. So gesehen kann von einem internationalen »Paradigmenwechsel« in der Verwaltungswissenschaft und bis zu einem gewissen Grade auch in der Verwaltungspraxis gesprochen werden (...)" (KGSt 1992, 11). Das bedeutet, dass nicht nur eine marginale Reform angestoßen wurde, sondern eine entscheidende Weichenstellung erfolgte, die sich bis zu den entscheidenden Hebeln der Finanzausreichung durchzieht.

Das alte Steuerungssystem ist seit der Zeit, in der die Soziale Arbeit als Disziplin etabliert wurde, in der Kritik. Neben anderem wurden die bürokratischen und kameralistischen Prinzipien kritisiert (vgl. z.B. Olk 1986, Flösser 1994). Aus einem globalen historischen Blickwinkel könnte man anmerken, dass nun endlich feudalistische Steuerungselemente (Kameralistik = la Camera = die Schatzkammer des Fürsten), im Kapitalismus angekommen seien. Offen bleibt jedoch die Frage der Passung des Neuen, die an dieser Stelle allerdings nicht erörtert werden kann (siehe hierzu Wöhrle 2017b).

Für das Management in Organisationen der Sozialwirtschaft hat die neue Weichenstellung weitreichende Folgen, weil nun neue vertragliche Beziehungen zwischen öffentlichen Trägern und Leistungserbringern entstehen. So finden sich in den Paragrafen 78 ff. SGB VIII Leistungs-, Entgelt- und Qualitätsentwicklungsvereinbarung und im Paragraf 75 SGB XII die Begriffe Investitionsbeitrag, Grundlagen- und Maßnahmenpauschale. Hierbei wird demjenigen Leistungserbringer der Zuschlag erteilt, der bei

---

1 Die 1949 gegründete Kommunale Gemeinschaftsstelle für Verwaltungsvereinfachung (2005 umbenannt in Kommunale Gemeinschaftsstelle für Verwaltungsmanagement) ist ein im Februar 2011 von 1650 Städten Gemeinden und Landkreisen getragener Fachverband für kommunales Management. Seine Gutachten, Berichte, Seminare und Fachkonferenzen befassen sich mit Fragen der Führung, Steuerung und Organisation der Kommunalverwaltung. Bekannt geworden sind ab 1990 die Berichte zum „Neuen Steuerungsmodell" (NSM), zum „New Public Management" (NPM) und zum „Neuen Kommunalen Finanzmanagement" (NKF).

1.2 Der globale Umbau

gleicher Qualität zum günstigsten Preis soziale Leistungen erbringt. Mithin wird das Subsidiaritätsprinzip aufgeweicht: „Mit den im Sozialhilfe- und Jugendrecht 1999 in Kraft getretenen Neufassungen ist nur noch von „Leistungserbringern" und nicht mehr von freien Trägern die Rede. Damit wurde der Vorrang frei-gemeinnütziger Träger faktisch außer Kraft gesetzt. Mit der Reform der Pflegeversicherung wurde 1994 sogar eine Gleichrangigkeit zwischen gemeinnützigen und gewerblichen Trägern geschaffen (§ 11 SGB XI)" (Tabatt-Hirschfeldt 2010, 18).

Damit einher geht eine in früheren Kritiken an den Wohlfahrtsverbänden gewünschte Entflechtung zwischen öffentlichen Trägern und frei-gemeinnützigen Trägern bzw. eine Abkehr vom Korporatismus (vgl. z.B. Seibel 1992, Olk 1986). Kritisiert wurde damals, dass die Wohlfahrtsverbände die Sozialgesetzgebung beeinflussen und dabei die Qualität sozialer Leistungserbringung nicht auf dem Prüfstand steht. Nun treten an die Stelle des Selbstkostendeckungsprinzips der alten Kameralistik (Übernahme der Vollkosten für erbrachte soziale Dienstleistungen durch die öffentliche Hand) prospektive Entgelte für die zu erbringenden Leistungen bzw. Leistungsverträge (vgl. Bödeke-Wolf/Schellberg 2010; Brinkmann 2010). Von alters her überkommene Aushandlungsprozesse und eine noch ältere Verwaltungslogik, die rechtliche Ansprüche abarbeitet, werden zu einem Markt umzubauen gesucht, wobei es letztlich in weiten Teilen nur ein „Als-ob-Markt" werden kann, da die Bedingungen für einen freien Austausch von Dienstleistungen zwischen Nachfragern und Anbietern nicht gegeben sind.

Soweit bewegen wir uns noch in der generellen organisationsübergreifenden neuen Steuerungslogik, die Marktmechanismen einzubeziehen sucht. Darüber hinaus wird mit dem Neuen Steuerungsmodell der KGSt das Marktprinzip auch in die öffentlichen Verwaltungen eingeführt. Mit der Neuen Steuerung und dem öffentlichen Dienstleistungsmanagement wird auf „Kundenorientierung" gesetzt und auf „outputorientierte Steuerung" umgestellt. Um betriebswirtschaftlich rechnen zu können (Kosten-Nutzen-Rechnung, Doppik), wurde die „Produktbeschreibung" erforderlich. Damit kann eine Konzentration auf das Kerngeschäft erfolgen und Outsourcing wird möglich. Die Ermittlung von Kennziffern und der interkommunalen Vergleich („Benchmarking") sind dabei hilfreiche Instrumente. Gleichzeitig macht die Produktbeschreibung erstmalig deutlich, wie abhängig die verschiedenen Gliederungen der Organisation voneinander sind, aber auch, welche Bereiche zuarbeitende Funktionen leisten und welche die zentralen Dienstleistungen gegenüber den Bürgern und Bürgerinnen erbringen. Es bestehen nun Möglichkeiten, Schnittstellen zu verringern und Einheiten zu schaffen, die über ihre eigene Personalhoheit sowie über eigene Budgets verfügen. Die „Outputorientierung" lenkt erstmalig den Blick auf die Ergebnisse, die bei den Adressaten der Dienstleistung ankommen sollten, und macht damit ein „Kontraktmanagement" möglich. Ziele können zwischen der Politik und der Verwaltungsspitze vereinbart werden. Bei entsprechendem Leitbild können Zielvereinbarungen zwischen jeder Ebene innerhalb der Verwaltung bis hin zu jedem einzelnen Mitarbeiter bzw. jeder Mitarbeiterin geschlossen werden. Damit entsteht eine „individuelle Ergebnisverantwortung", die jedoch nur dann sinnvoll ist, wenn die entsprechend gegliederten Einheiten, Teams und Einzelnen mit entsprechenden Entscheidungsbefugnissen ausgestattet sind und über Budgets verfügen können („Dezentralisierung", „neues Führungsverständnis"). Untere Ebenen und der Einzelne müssen damit aufgewertet werden, weil nur sie die Nähe zu den Kunden und Kundinnen, also den Bürgern und Bürgerinnen, gewährleisten. Mit der Überwindung der Kameralistik und ihrer Auswüchse („Dezemberfieber"), durch die Doppik (betriebswirtschaftliche Haushaltsrechnung) ist jetzt eine neue Art der Wirtschaftlichkeit möglich. Es entstehen die Möglichkeiten mehrjähriger Haushalte, der Abschreibung und der Rücklagenbildung. Um diesen Umbau zu erreichen, bedarf es eines Ineinandergreifens von Organisations- und Personalentwicklung. Die Verwaltungsführung hat sich zunehmend dem „strategischen Management" zu verschreiben, eine Enthierarchisierung, Dezentralisierung und Prozessoptimierung zu betreiben, damit Einheiten entstehen, die sich selbstständig steuern und – eingebunden über Zielvereinbarungen – Verantwortung übernehmen. Gleichzeitig muss die „strategische Personalentwicklung" das geeignete Personal finden und fördern. Die lange Zeit offen gebliebene Frage des Anreizsystems konnte durch die neuen Tarifvereinbarungen im öffentlichen Dienst und die dabei vereinbarte leistungsbezogene Bezahlung vom Prinzip her mit dem neuen Tarifvertragssystem (TVöD) gelöst werden. Es besteht die Möglichkeit, die Zielvereinbarungen und die entsprechenden Leistungszulagen sinnvoll und transparent miteinander zu verbinden. Wesentliche Blockaden für eine outcomeorientierte Verwaltung könnten mit dem Modell durch eine Entsäulung (d.h. durch Zusammenführung unterschiedlicher Entscheidungsebenen auf den Fall, der zu entscheiden ist) und die Aufhebung der Trennung von fachlichen und finanziellen Entscheidungen sowie die damit zusammenhängende Verschlankung (Lean Management) bzw. den Abbau von „Was-

1.2 Der globale Umbau

serköpfen" (Entscheidungsebenen, die keinen produktiven Einfluss auf Leistungen haben) aufgelöst werden.

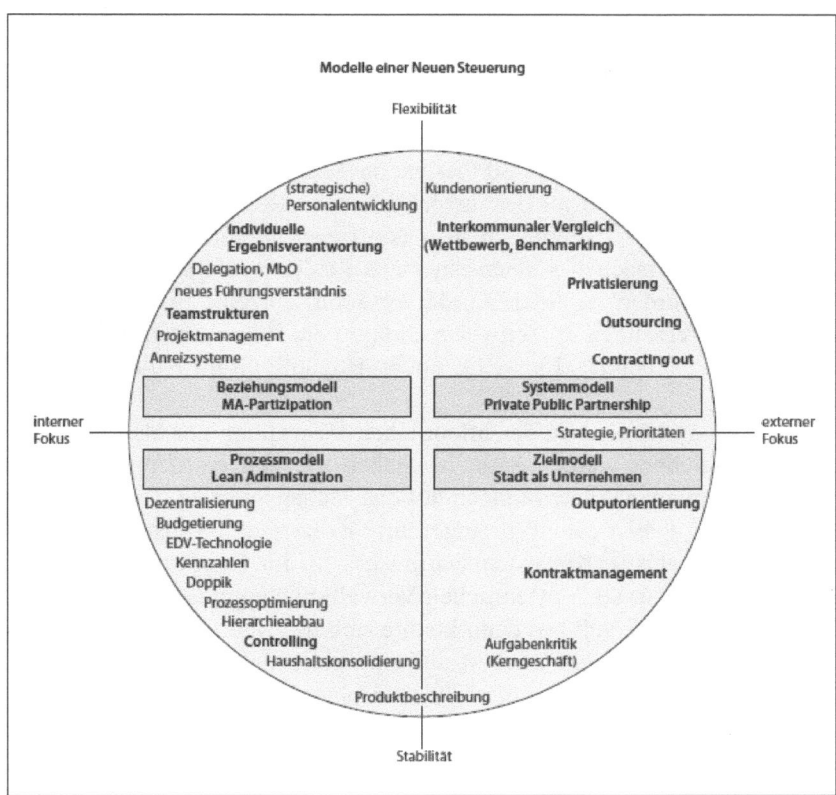

Abb. 2: *Vier Modelle der Neuen Steuerung, ihre Steuerungsmethoden und -instrumente (entnommen aus: Morath/Altehage 2008, 31).*

All diese Umstellungen wirken deregulierend auf das bislang fest gefügte korporatistische System, aber insbesondere auch auf die festgefahrenen bürokratischen Organisationen. Widerstände sind unausweichlich. Insbesondere wird um bereits eingenommene Positionen gerungen. Und die Mentalität der Beschäftigten, die nicht in den öffentlichen Dienst gingen, um Reformen zu befördern, sondern sichere Arbeitsplätze unter fest zugesagten Konditionen zu haben, ist zu berücksichtigen. Auch mit Entscheidungen der Politik, die auf kurzfristige Sparziele ausgerichtet sind, werden Möglichkeiten des Modells seit Anfang der 1990er-Jahre vertan. Selbst die KGSt, die dieses Modell vorschlug, ist sehr zurückhaltend hinsichtlich der Erfolgsberichte. Stephan Grohs stellt nach 20 Jahren „Neuem Steuerungsmodell (NSM)" fest, „dass in den meisten Kommunen die postulierten Ziele kaum erreicht wurden. Hinsichtlich der Umsetzung der Reformmaßnahmen beschränkte sich die Mehrzahl der Kommunen auf einen selektiven Zugriff auf den Werkzeugkasten des NSM: Von 870 befragten Kommunen hatten gerade einmal 22 alle Kernelemente des NSM realisiert – wohl aber haben sich über 80 Prozent an Teilaspekten orientiert" (Grohs 2013, 12). „Gemessen an den ursprünglichen Absichten könnte man in einem harten Soll-Ist-Vergleich also von einem weitgehenden Scheitern sprechen. Als Ursachen können einerseits Fehler in der Implementierung ausgemacht werden ... Auch wurde versäumt, einzelne Instrumente miteinander zu verzahnen ... Teilweise erklären die Rahmenbedingungen das Scheitern ... (ebenda, 13; siehe auch: Bogumil/Grohs/Kuhlmann/Ohm 2008).

Auch wenn der Umbau der öffentlichen Verwaltung nur als fragmentarischer bezeichnet werden kann, so haben die neu eingeführten Steuerungsmechanismen Auswirkungen auf das Management in der Sozialwirtschaft. Dabei ziehen zum Teil eingeführte Konzepte und Instrumente keineswegs schwächere Konsequenzen nach sich, im Gegenteil. Würde die Neue Steuerung in allen öffentlichen Verwaltungen umfassend, einheitlich und gleichzeitig eingeführt, dann könnte sich das Management in den Organisationen der Sozialwirtschaft auf eine geltende neue Logik und entsprechende neue Prinzipien einstellen. In einer Praxis, in der die jeweiligen öffentlichen Verwaltungen unterschiedliche Konzeptbestandteile und Instrumente auswählen und damit je andere Vorgaben an die Organisationen in der Sozialwirtschaft herantragen, führt der Jahrzehnte andauernde Umbauprozess zu Unübersichtlichkeit und erzeugt das Bild einer chaotischen Organisationsumwelt.

Ohne dass das Konzept der Neuen Steuerung bereits Praxis in den einzelnen öffentlichen Organisationen geworden ist (also auch das ältere Modell der Bürokratie noch seinen Platz hat), entwickelt sich die Theorie des öffentlichen Dienstleistungsmanagements bereits weiter. Neuere Diskussionen werden heute unter dem Stichwort Governance geführt. Andrea Tabatt-Hirschfeld hat dafür ein Raster vorgegeben, das an dieser Stelle untersetzt, verändert und ergänzt wird:

1.2 Der globale Umbau

Konzepte	Bürokratie	Neue Steuerung	Governance
Steuerungsmodus	Ordnungskommune: Abarbeitung von Gesetzen und Vorschriften = inputorientiert	Dienstleistungskommune: Kunden-orientierung, gemessen werden soll, was beim Bürger ankommt = outputorientiert	Bürgerkommune: Beteiligung der Bürger, Mischformen aus hoheitlichen Aufgaben, ehrenamtliches Engagement und kostengünstige Leistungserbringung = outcomeorientiert
Verhältnis Politik zu Verwaltung	Intransparente Durchmischung von Interessen	Kontraktmanage-ment = Politik gibt Ziele vor Verwaltung bestimmt effektive Umsetzung	Verständigung in Netzwerken mit Bürgerinteressengruppen
Haushaltsbewirtschaftung	Kameralistik = entstandene Kosten werden ersetzt	Doppik = Betriebswirtschaft-liche Kosten- Nutzen- Rechnung	Bürgerhaushalte = Sozialwirtschaftliche Kosten-Nutzen-Rechnung im Dialog
Organisationsaufbau	Hierarchisch-kleinteilige Stab-Linien-Organisation	Dezentralisierte, selbstverantwortliche Einheiten mit eigenem Entscheidungs-spielraum	Verflüssigung der Grenzen zur Umwelt, Einbeziehung von Akteuren
Verhältnis zu anderen Organisationen	Nicht transparente Interessenkonstellationen	Vormachtstellung des öffentlichen Finanzgebers durch Ausschreibungen	Angestrebte Kooperation
Verhältnis zu Bürgern	Antragstellende	Kunden	Beteiligte, (ehrenamtlich) Mitwirkende bis partnerschaftliches Verhältnis
Führungsstil	autoritär	kooperativ	Situativ

Konzepte	Bürokratie	Neue Steuerung	Governance
Mitarbeitende (Beamte und Angestellte) sind:	Anweisungen empfangende	Beteiligte	Mitgestaltende

Abb. 3: Steuerungskonzepte in der öffentlichen Verwaltung (orientiert an einem Schema von Tabatt-Hirschfeld 2012, 16)

1.2.3 Die (neuen) Wohlfahrtsproduzenten

Obwohl nach wie vor der Staat für die Organisationen der Sozialwirtshaft den Rahmen setzt und die öffentliche Verwaltung der maßgebliche Auftraggeber ist, muss aus Sicht des Managements in der Sozialwirtschaft bedacht werden, dass weitere bedeutende Akteure immer noch (z.B. Ehrenamtliche) oder neu (z.B. profitorientierte Konkurrenz) eine bedeutsame Rolle spielen. Der Umbau der Rahmenbedingungen führte zum Entstehen eines „welfare mix" oder „Wohlfahrtspluralismus" (Evers/Olk 1996). Damit ist gemeint, dass neben dem Staat weitere „Wohlfahrtsproduzenten" (primäre Netzwerke, Assoziationen und Anbieter auf dem Markt) berücksichtigt werden müssen, die Wohlfahrtsleistungen erbringen. Paul-Stefan Roß stellt im folgenden Schaubild diese „Wohlfahrtsproduzenten" vor.

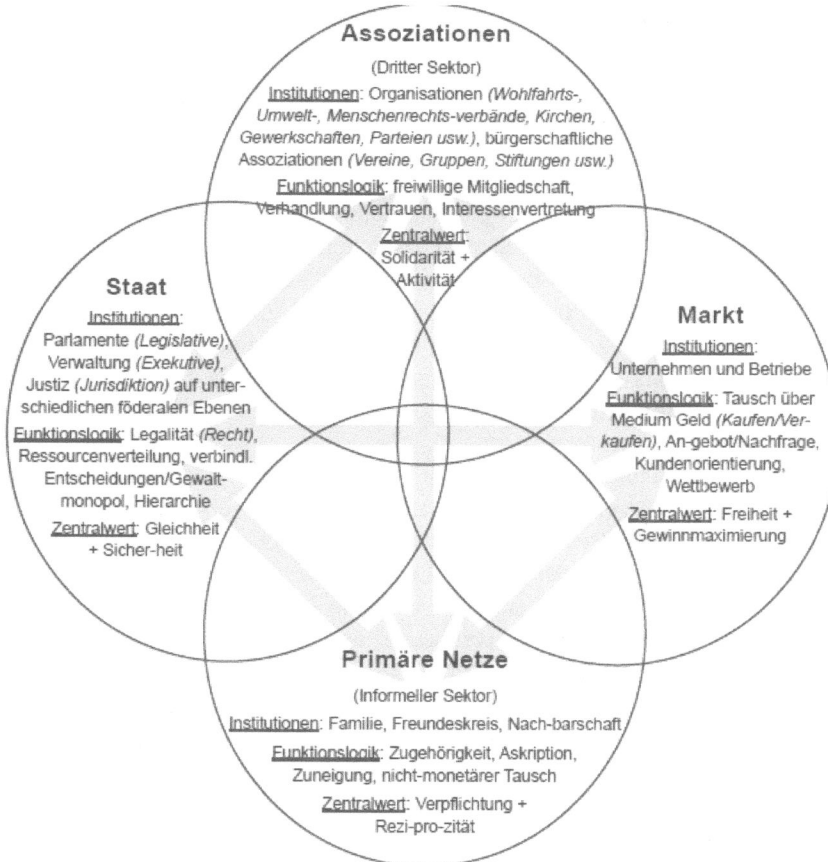

Abb. 4: *Wohlfahrtsproduzenten, ihre Logik und ihr Zentralwert (Roß 2012, 317).*

1.3 Folgen des Umbaus

1.3.1 Externe Organisationsebene

Ein Ziel im Sinne des Marktes und der Entlastung der öffentlichen Kassen wird jedenfalls erreicht. Es wird fast von allen Trägern und Leistungserbringern seit den 1990er Jahren in einer ersten Phase das Einwerben von Eigenmitteln gefordert und in der nächsten Phase werden sie wettbewerbsähnlichen Bedingungen ausgesetzt. Mit der Ausschreibung von Leistungen und Projekten und der Öffnung der Ausschreibung für gewerbliche Träger in besonders lukrativen Feldern der Sozialen Arbeit (insbesondere Altenhilfe, Pflege, Krankenhäuser und private Bildungseinrichtungen) kommt es zu einer Konkurrenz zwischen den Anbietern von sozialen Dienstleistungen mit den entsprechenden Folgen.

Auf dem Hintergrund, dass jährlich neue Initiativen, kleine Einrichtungen und Träger hinzukommen, tritt zwischen den Leistungsanbietern ein Überlebenskampf im Wettbewerb um öffentliche Aufträge ein. Durch die Ausweitung der Suche nach Eigenmitteln und die Eröffnung eines Marktes im europäischen Zusammenhang erweitert sich dieser Wettbewerb hinsichtlich der Konkurrenz um Mittel aus der Europäischen Union, um Mittel von Stiftungen und Sponsoren sowie Spendenmittel und der Einwerbung von Ehrenamtlichen.

Intern muss sich der Fokus im Blick auf eine betriebswirtschaftliche gegenüber der früheren kameralistischen Steuerung verschieben. Es geht nicht mehr um die Begründung von viel Ausgaben, um wenigstens das Nötige zu bekommen oder um das Leerräumen von Konten am Ende des Jahres („Dezemberfieber"), sondern um eine Kosten-Leistungs-Rechnung und eine effiziente Leistungserbringung, wobei nun zunehmend auch die Beherrschung weiterer managerialer Instrumente (wie Qualitätsmanagement, Organisationsentwicklung und Personalentwicklung) abverlangt bzw. im Überlebenskampf unverzichtbar werden. Ins Zentrum der Kostenrechnung gerät nun insbesondere das Personal, das mit ca. 70 bis 80 Prozent der Gesamtkosten den größten Kostenfaktor für sozialwirtschaftliche Organisationen ausmacht (Beck/Schwarz 2004; Brinkmann 2008).

Zunächst ist hinsichtlich der neuen Denkweise des Wirtschaftens festzuhalten:
– Soziale Arbeit wird nun als Dienstleistung angesehen. Die Hilfebedürftigen, Klienten, Adressaten werden als Kunden bezeichnet.
– Letztendlich geht es um Abrechenbarkeit. Die Politik gibt Ziele vor. Die öffentliche Verwaltung hat sie in überschaubare und abrechenbare Arbeitspakete umzusetzen und dafür die dafür geeigneten ausführenden Organisationen zu gewinnen. Von diesen wird eine Rechenschaftslegung erwartet, die sich auf das vorgegebene Ziel beziehen lässt.
– Im Prinzip geht es um die effizienteste und effektivste Bearbeitung von Aufträgen.

Was somit zunächst schlüssig erscheint, hat allerdings Auswirkungen auf die Beziehungen der Akteure untereinander und den Leistungsprozess. In

1.3 Folgen des Umbaus

den Diskussionszusammenhängen der Sozialen Arbeit werden diese Konsequenzen unter dem Begriff der „Ökonomisierung" (Brünner 2007; Buestrich/Burmester/Dahme/Wohlfahrt 2008) verhandelt. Dieser Begriff bezieht sich nicht nur auf eine andere Art des Wirtschaftens, sondern eine neue Denkweise, die auch die Beziehungen zwischen den Akteuren verändert.
Es ist also erforderlich, die Beziehungen der Beteiligten zu betrachten. Heute, betriebswirtschaftlich aufgeklärt, wissen wir, dass es sich dabei um ein nicht-schlüssiges Tauschverhältnis handelt, das – bezieht man die rechtlichen Grundlagen mit ein – auf ein sozialrechtliches Dreiecksverhältnis zurückzuführen ist.

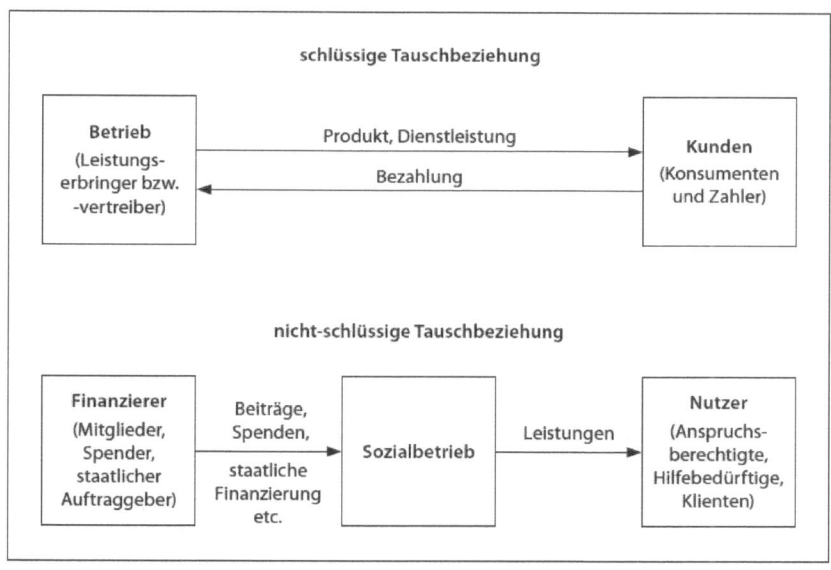

Abb. 5: *Schlüssige und nicht-schlüssige Tauschbeziehungen (nach Burla 1989, 108)*

Auch wenn es sich um eine Vereinfachung handelt, weil viele andere Beziehungen zunächst ausgeklammert werden, kann mit diesem Schema bereits deutlich gemacht werden, dass der Umbau der öffentlichen Verwaltung Einfluss hat auf beide Beziehungen, in denen der freie Träger eigebunden ist.

1. Herausforderungen an Organisationen und Management in der Sozialwirtschaft

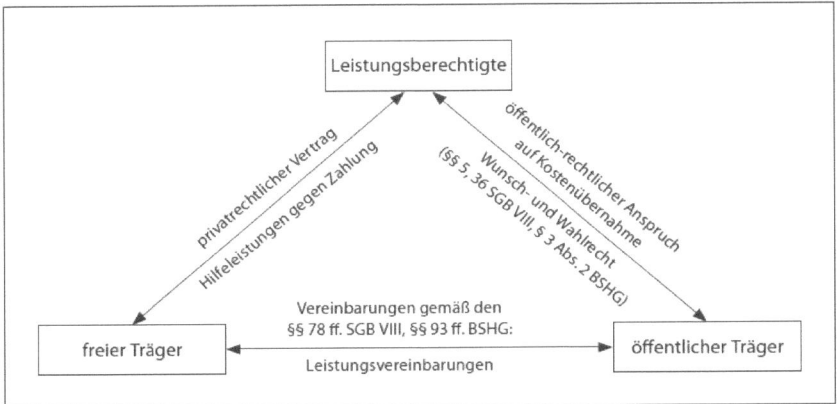

Abb. 6: *Das sozialrechtliche Dreiecksverhältnis (nach Zimmer/Nährlich 1998, 72)*

Zunächst betrifft es die Beziehung zwischen dem öffentlichen Auftrag- und Geldgeber und der Organisation, die den Auftrag erhält:
- Die den Auftrag generierende Organisation muss ihre Leistungen gegenüber dem öffentlichen Kostenträger vermarkten.
- Sie tritt damit in den Wettbewerb mit anderen Organisationen, die das gleiche Ziel verfolgen, zunehmend auch profitorientierten Unternehmen.
- Der den Auftrag vergebenden Vertragspartner ist Vergabeinstanz. Sie sitzt am längeren Hebel, was die Auswahlentscheidung der Leistungserbringer, die Gestaltung der Vergabeverhandlungen, inklusive der Frage nach Kriterien für Preis und Qualität sozialer Dienstleistungen beinhaltet. Und nicht zuletzt ist der öffentliche Träger Kontrollinstanz im Rahmen der Überprüfung von Zielvereinbarungen sowie innerhalb des Hilfeplanprozesses.

Betroffen ist auch die Beziehung zwischen dem Leistungsberechtigten und der leistungserbringenden Organisation. Innerhalb dieser Organisation entsteht (sicherlich nicht neu, aber jetzt durchaus anders) eine Differenz zwischen den fachlichen Dienstleistenden und dem Management. In der Diskussion über die Ökonomisierung wird hervorgehoben,
- dass die Professionellen in der Sozialen Arbeit hinsichtlich ihres Hilfe-Mandats zugunsten einer Finanzierungsvorgabe enteignet würden, weil eine stille Anpassung des Mandates/Arbeitsauftrags Sozialer Arbeit an das neue Steuerungsmodell erfolge,

- damit die Reduktion des Mandates auf den staatlichen Kontrollauftrag und somit die Verfolgung des eigenen professionellen Mandates aufgegeben würde.
- Letztlich gelte die Sorge dem Schutz der Organisation und des Sozialarbeiters bzw. der Sozialarbeiterin als Beschäftigte, aber nicht mehr der Klientel (Staub-Bernasconi, 103 ff.).

Diese Differenz zwischen dem Code of Ethics der Profession Sozialer Arbeit und dem Sozialmanagement zu glätten, ist mit Sicherheit eine Vermittlungsaufgabe des Managements in der Sozialwirtschaft in der einzelnen Organisation, allerdings ist die zugrunde liegende Problematik einer undifferenzierten und vermutlich wenig passenden Steuerungsvorgabe durch die Politik mithilfe des Sozialmanagements nicht zu lösen. Im Rahmen eines anwendungsorientierten Bandes für das Management in der Sozialwirtschaft kann leider nicht der Fragestellung nachgegangen werden, ob die Rahmenvorgaben für die Steuerung der Sozialwirtschaft passend hinsichtlich der beteiligten Fachlichkeiten sind. In entsprechenden Diskussionen werden daran durchaus Zweifel laut und weiterführende Forderungen nach einer generellen Betrachtung des gesamten, d.h. auch des sozialen Wirtschaftens (Wendt 2016) und nach einem gesellschaftlich verantwortlichen Wirtschaften in allen Bereichen aufgeworfen (Wöhrle 2017a, 2017b, Schwarz/Wöhrle 2017).

Da wir in einem anwendungsorientierten Band nicht in die Grundsatzfragen einsteigen können, müssen uns insbesondere die Auswirkungen des Umbaus der Rahmenbedingungen des Wirtschaftens hinsichtlich der Herausforderungen des Managements beschäftigen.

1.3.2 Interne Organisationsebene

Der Umbau der Rahmenbedingungen erzeugt Konsequenzen hinsichtlich der Aufstellung der Organisationen und des Personals. Andrea Tabatt-Hirschfeld sieht folgende Veränderungen hinsichtlich der Organisationen:
- Es ist eine Neuordnung der Geschäftsfelder feststellbar. „Die ehemals gesamtverbandliche Leistungspolitik, die von den Einrichtungen und Diensten vor Ort mitunter als verbandliches Korsett empfunden wurde (…), wird abgelöst durch eine zunehmende Ausrichtung der Leistungen und des Leistungsspektrums an den örtlichen Gegebenheiten. Dies führt mitunter zu Ausformungen, die nur noch schwerlich zu der übergeordneten Ausrichtung (Vision/Mission) des Wohlfahrtsverbandes

passen, einhergehend mit der Frage, ob noch die Sachzieldominanz oder doch die Formalzieldominanz vorherrscht" (Tabatt-Hirschfeld 2016, 50).
- Es entstehen größere Einheiten, Kooperationen und Netzwerke. „Der Zusammenschluss zu größeren Einheiten schafft Synergien sowohl in der gemeinsamen Leistungserbringung durch Aufgabenteilung, der Erweiterung des Leistungsspektrums bzw. regionale Ausweitung, als auch durch Kostenvorteile durch größere Abnahme von Verbrauchsmaterialien. Damit erfolgt auch eine Risikominimierung, was nicht zuletzt aus dem Bankensektor in Folge der Finanz- und Wirtschaftskrise bekannt ist („to big to fail"). Auch Kooperationen oder Netzwerke bieten die Möglichkeit flächendeckender Versorgung und die Konzentration auf eigene Stärken sowie die Möglichkeit der Spezifizierung der Netzwerkpartner. Im Wohlfahrtsmix gestalten die verschiedenen Akteure arbeitsteilig die soziale Leistungsversorgung" (ebenda, 51).
- Es werden Ausgliederungen vorgenommen und andere Rechtsformen angestrebt. „So verliert die traditionelle Form des Vereins zunehmend an Bedeutung ... Dies hat zum einen Gründe der Haftung, zum anderen reißen einzelne Einrichtungen andere Einheiten oder den Gesamtverbund vor Ort mit sich in die Pleite, wenn sie defizitär arbeiten. So erfolgt bei zunehmendem Geschäftsvolumen auch durch Größenzunahme (...) bei gleichzeitiger Steigerung der Risiken aufgrund des Wettbewerbs, eine Entlastung der ehrenamtlichen Vorstände durch hauptamtliche Geschäftsführer. Eine weitere Möglichkeit bieten Holding-Strukturen. Hier wird unter einem gemeinsamen verbandlichen Dach der ideelle Bereich (Verein) vom Geschäftsbetrieb (gGmbH) getrennt" (ebenda).

1.3.3 Ebene des Personals

Nachdem bereits das 20. Jahrhundert als das „sozialpädagogische Jahrhundert" (Thiersch 1992) und die Berufe der Sozialen Arbeit als „die Aufsteigerberufe schlechthin" (Rauschenbach 1993, 19) bezeichnet wurden, scheint der Trend auf die Sozialwirtschaft bezogen ungebrochen zu sein. Das Bundesministerium für Arbeit und Soziales prognostiziert bei einem erwarteten Gesamtverlust von 23.000 Arbeitsplätzen in den Jahren 2014 bis 2030 den größten Beschäftigtenanstieg in dem Segment Sozialwesen/Heime, wobei das Segment Gesundheitswesen davon unterschieden wird,

1.3 Folgen des Umbaus

ebenso Erziehung und Unterricht und beide auch noch erhebliche Zuwächse erwarten lassen (BMAS 2016).

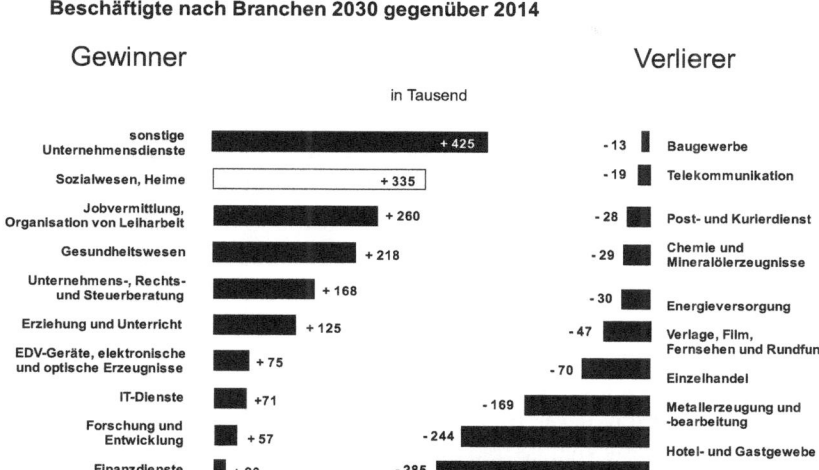

Abb. 7: *Arbeitsmarktprognose: Beschäftigte nach Branchen 2030 gegenüber 2014 (BMAS 2016)*

In Bezug auf das Personal in der Sozialwirtschaft weisen neuere Untersuchungen auf einen Fachkräftemangel hin. Eine Befragung von akquinet business consulting GmbH in Zusammenarbeit mit der Universität St. Gallen, Institut für Wirtschaftsethik sowie der Beuth Hochschule für Technik Berlin, Fachgebiet Unternehmensführung stellt Folgendes fest:
- „Der Fachkräftemangel betrifft die gesamte Sozialwirtschaft (82 %). Er zieht sich durch alle inhaltlichen Handlungsfelder.
- Der Mangel wird deutlich, da die Unternehmen/ Organisationen offene Stellen nicht besetzen können (zu 81 %).
- Es ist auch eindeutig ein Mangel an Fachkräften (und nicht z.B. an Hilfskräften). 58 % haben aktuell Probleme bei der Besetzung von Stellen mit ausgebildeten Fachkräften, in fünf Jahren sind es 75 %, die Probleme bei dieser Berufsgruppe erwarten" (akquinet, 14).

Bei den Gründen deutet sich die mit Abstand als häufigster Grund genannte Lohnhöhe (ebenda, 16) als ein Aspekt an, der näher beleuchtet werden muss. In diesem Zusammenhang sind die Untersuchungsergebnisse eines

Studienprojektes, das im Auftrag der Europäischen Union (EU) in elf Ländern durchgeführt wurde, interessant. Für Deutschland wird hier eine „Sociosclerose" konstatiert (Evans/Galtschenko/Hilbert 2012). Die Sozialwirtschaft wird aus Sicht der EU als innovative Wachstumsbranche gesehen. Programme hinsichtlich der Förderung des Sozial Entrepreneurship (Sozialen Unternehmertums) werden aufgelegt. Und gerade für Deutschland wird in dieser Studie festgestellt dass sich die „Zukunftsbranche Sozialwirtschaft ... durch zersplitterte Repräsentations- und Verhandlungsstrukturen selbst auszubremsen" drohe, was mit „Sociosclerose" bezeichnet wird (Hilbert/Evans/Galtschenko 2013, 7). Konkret ist damit gemeint, dass in Deutschland ca. 1.500 Tarifabschlüsse und arbeitsrechtliche Vereinbarungen existieren, fast zwei Drittel auf betrieblicher Ebene. Diese Abschlüsse werden aufgrund eines Kostendrucks abgeschlossen und erzeugen eine Negativspirale hinsichtlich der Bezahlung von Beschäftigten.

Allerdings ist es nicht die Bezahlung allein, aufgrund dessen die Gewinnung von Fachkräften für die Sozialwirtschaft erschwert wird. Eine von der Gewerkschaft für Erziehung und Wissenschaft geförderte Untersuchung, mit der die soziale und berufliche Lage der Fachkräfte in den Sozialen Diensten in Berlin und Brandenburg erforscht wurde (SDB 2011), erbrachten folgende Erkenntnisse:

– Es gibt einen erheblichen Anteil prekärer, ungeschützter und tariflich ungebundener Beschäftigungsverhältnisse in freier Trägerschaft.
– Teilzeitbeschäftigungen, Auslastungsschwankungen, unstete Beschäftigungsverhältnisse und untertarifliche Bezahlungen führen dazu, dass die Beschäftigten in diesen Arbeitsfeldern weit hinter dem üblichen Vergütungsniveau für Hochschulabsolventen zurückbleiben. (Auf dem gleichen akademischen Niveau ausgebildete Fachkräfte in den Sozialen Diensten verdienen gegenüber Ingenieuren zwischen 840 und 1470 Euro im Monat weniger).
– Rund zwei Drittel der Beschäftigten werden keine ausreichende Rente beziehen und damit im Alter auf Unterstützungsleistungen angewiesen sein.

Werden diese Untersuchungsergebnisse zusammengedacht, so stellt sich für das Personalmanagement eine fast unlösbare Aufgabe. Es soll ein Umbau der Organisation bzw. ihre Weiterentwicklung realisiert werden, für die es des hochqualifizierten und motivierten Personals bedarf. Prognostiziert wird insbesondere für die Sozialwirtschaft ein steigender Fachkräftebedarf. Gleichzeitig wird bereits ein Fachkräftemangel erkennbar, der vermutlich zunehmen wird. Und das Angebot an Beschäftigungsverhältnissen, das potenziellen Bewerbern und Bewerberinnen offeriert werden kann, hat mit prekären Arbeitsbedingungen und schlechter Bezahlung wenig zu bieten.

1.4 Herausforderungen für das Management in der Sozialwirtschaft

Für das Management in der Sozialwirtschaft waren die Bezugspunkte, an denen es sich auszurichten hatte, noch nie einfach oder linear. Zwar war der zentrale Auftrag- und Finanzgeber vor dem Umbau der Sozialpolitik und öffentlichen Verwaltung in den 1990er-Jahren eindeutig der Staat und die Verwaltung mit ihren bürokratischen und kameralistischen Spielregeln, aber es bestand noch nie ein einfaches Gegenüber von fachlichem Dienstleister und Kunden. Schon immer war kein schlüssiges Tauschverhältnis gegeben und es waren schon immer ehrenamtliche Kräfte sowohl im Vorstand wie bei den Mithelfenden sowie weitere Stakeholder (wie z.B. Nachbarschaft der Einrichtung, politische Entscheidungsgremien, Spendende und Sponsoren) zu berücksichtigen. Durch die Umbrüche seit den 1990er-Jahren entsteht für das Management in der Sozialwirtschaft allerdings mit dem „Welfare-Mix", der „Neuen Steuerung" und „Governance" eine wesentlich komplexere Umwelt aus Auftrag- und Finanzgebern und weiteren Mitwirkenden. Dabei spielt der Staat bzw. die öffentliche Verwaltung nach wie vor eine zentrale Rolle, gleichzeitig sind weder der Sozialstaat noch die öffentliche Verwaltung die gleichen wie vorher. Für das Management ist insbesondere von Bedeutung, dass die Steuerungssphären und damit Steuerungslogiken zugenommen haben.

1.4.1 Veränderte Steuerungslogiken erzeugen hybride Organisationen

Auf diese Komplexitätszunahme müssen Organisationen reagieren. Sie werden, folgt man den Ausführungen von Klaus Grunwald und Paul-Stefan Roß, zu „hybriden Organisationen" (Grunwald/Roß 2017), d.h.,
- sie suchen, materielle und immaterielle Ressourcen aus unterschiedlichen staatlichen und gesellschaftlichen Sektoren und bezogen auf unterschiedliche Handlungslogiken einzuwerben.
- Dabei ist es nötig, Einfluss- und Entscheidungsstrukturen, die unterschiedlichen Sektorenlogiken entstammen, zu entsprechen und sie möglichst zu kombinieren.

– Auch wenn die jeweiligen unterschiedlichen Zielkategorien keineswegs deckungsgleich sind, sollte eine auf die Organisation bezogene schlüssige Handlungslogik abgeleitet werden können, mit der sich die Mitarbeitenden identifizieren können.
– Letztlich sollte die Organisationsidentität (auch in ihrer Tradition) gewahrt bleiben.

1.4.2 Organisationen müssen umgebaut werden

Wenn die Komplexität zunimmt, so ist von zentraler Bedeutung für das Handeln, dass Komplexität reduziert wird, um für die Handelnden Übersichtlichkeit und möglichst viel Klarheit herzustellen. Die sozialpolitischen Akteure haben mit der Umstellung in den 1990er-Jahren dem Markt den Vorzug gegeben, um nicht selbst die gesamte Steuerung bewältigen zu müssen. Auch wenn dies ein naives Vertrauen auf Marktmechanismen war, so hat dies zunächst entlastet, weil die Politik die Verantwortung auf mehrere Schultern verteilte. Auch die öffentliche Verwaltung kann seitdem viele Aufgaben an freie Träger und Wirtschaftsakteure abgeben und dabei Marktmechanismen zur Anwendung bringen.[2]

Wie eingangs erwähnt, wurde die Reaktion auf Unübersichtlichkeit durch zunehmende Komplexität in den Wirtschaftswissenschaften, insbesondere der anwendungsbezogenen Managementlehre als Suche unter dem Motto „Wie lässt sich in chaotischen Systemen managen?" diskutiert. Nicht selten wurde das Bild von unbeweglichen Ozeanriesen bemüht, die zu träge sind, um auf aktuelle Wellen und Stürme reagieren zu können. Die Zielvorstellung sei, sie zu wendigen, sich selbst steuernden Booten umzubauen, die unterschiedliche Richtungen in turbulenten Gezeiten finden können. Auch wenn dabei welche in die falsche Richtung fahren, so kommen doch die meisten an. Das Überleben sei so besser gesichert, als wenn der ganze Ozeanriese aufläuft. Dabei wurde das Prinzip entdeckt, dass Komplexität dadurch reduziert werden kann, indem man nicht alle Herausforderungen bis zur Spitze der Organisationshierarchie vordringen lässt, um dort übergreifend zu entscheiden. Vielmehr können die jeweiligen Besonderheiten von Herausforderungen besser in lokalen Zusammen-

---

[2] An dieser Stelle kann nicht auf die Kritik am Umbau der Sozialpolitik und der öffentlichen Verwaltung eingegangen werden. Hinweise dazu finden sich in: Wöhrle 2017a, Wöhrle 2017b.

1.4 Herausforderungen für das Management in der Sozialwirtschaft

hängen erkannt und auf dezentraler Ebene bearbeitet werden. Voraussetzung ist allerdings, dass diese dezentralen, sich selbst steuernden Einheiten mit entsprechenden Entscheidungsbefugnissen und Ressourcen ausgestattet werden. Diese Grundgedanken sind die Basis für Konzepte wie der „Schlanken Organisation", der „Lernenden Organisation" usw. Sie gehen auch in das Neue Steuerungsmodell ein, indem hier z.B. Dezentralisierung, Zielvereinbarungen, individuelle Ergebnisverantwortung, Budgets und ein anderes Leitungsverständnis vorgeschlagen werden (siehe Abb. 2).

Der anstehende Umbruch in den Organisationen und im Management konnte nicht voraussetzungslos gelingen. Zu viele Hemmnisse standen und stehen ihm leider auch noch heute entgegen:
- Einem von Verwaltungshandeln geprägten Management in der öffentlichen Verwaltung und in der Sozialwirtschaft waren theoretische Reflexionen über Managementkonzepte fremd. Studiengänge „öffentliches Dienstleistungsmanagement und Sozialmanagement" entwickelten sich erst in den 1990er Jahren.
- Objektiv war Change Management gefordert, dabei war man in den Leitungen erst dabei, ein Bewusstsein zu entwickeln, dass man selbst jetzt ein eigenständiges Management (und kein Anhängsel an der öffentlichen Verwaltung) war. Bis professionelles Leitungspersonal in die entsprechenden Positionen kommt, kann es u.U. lange dauern.
- Es benötigte einen Kulturwandel in den Organisationen (Bate 1997, Schein 2003), weil das zur Verfügung stehende Personal unter anderen Voraussetzungen gewonnen wurde.
  - In der öffentlichen Verwaltung suchten Beschäftigte Sicherheit, d.h. stabile Beschäftigungsverhältnisse und eine gesicherte Bezahlung. Jetzt werden Persönlichkeiten gesucht, die Ziele verfolgen und eine leitungsbezogene Vergütung anstreben.
  - Die Initiativen, die kleinen freien Träger und daraus entstehenden Organisationen verstanden sich überwiegend aus einem Interesse, das einem ausgemachten, klar definierten Klientel zugutekommen sollte. In der Folge entstanden Beschäftigungsverhältnisse, Beziehungen und Strukturen, die in nur einem hausgemachten Diskussionszusammenhang verständlich sind. Jetzt werden Dienstleistungen abgefordert, die klar definiert, überprüfbar abgeliefert und mit einem begründeten Kostensatz versehen sein sollen. Die Mitarbeitenden müssen nicht nur fachlich qualifiziert agieren und ihre Ergebnisse belegen können, sondern jetzt auch Kostengesichtspunkte

berücksichtigen. Es entsteht das bereits geschilderte Spannungsverhältnis zwischen fachlicher Leistungserbringung und seiner Finanzierung, das sich in den Organisationen festmacht.
- Für die größeren Organisationen und insbesondere die großen Wohlfahrtsverbände besteht die Umstellung insbesondere darin, dass nun weitgehend automatische Zuteilungen unterbleiben und mehr Konkurrenz eingefordert wird. Dafür muss die interne Struktur im Blick auf ein Dienstleistungsunternehmen umgebaut werden. Es bedarf einer Organisation, die öffentliche Aufträge, auch aus der Europäischen Union einwirbt. Daneben bedarf es der Mittel aus der Gesellschaft (z.B. Spenden, aus Stiftungen, ehrenamtliches Engagement). Und es müssen Organisationen aufgebaut werden, die Gewinne erzielen, um nicht gedeckte Kosten zu decken und Überschüsse für Investitionen zu generieren. Das Spannungsverhältnis zwischen der Tradition in den Organisationen und den Ehrenamtlichen einerseits gegenüber einem gewinnerwirtschaftenden Management und professionellen Mitarbeitenden andererseits nimmt zu. Die Identität der Organisationen ist einer Zerreißprobe ausgesetzt.

1.4.3 Was eine Organisation leisten muss

Im Kern besteht der Auftrag für das Management in der Sozialwirtschaft darin, dass das ihm anvertraute Unternehmen überlebt. Das bedeutet zunächst, dass die von der Organisation erbrachten Dienstleistungen finanziert werden können und damit auch das angestellte Personal und die von der Organisation benötigte Ausstattung bezahlt werden können. Das bedeutet unter den skizzierten Herausforderungen, dass die Anforderungen an eine Organisation Folgendes umfassen:
- Um die Finanzierung der Organisation sicherzustellen, muss ein attraktives Angebot gegenüber den jeweiligen Finanzgebern unterbreitet werden können. Um dies unterbreiten zu können, müssen die aktuellen Entwicklungen an der Fachbasis wie in der Theorie, aber auch die finanzpolitischen Weichenstellungen in der Politik und bei gesellschaftlichen Finanzgebern bekannt sein.
- Auch wenn Dienstleistungen, die vom Staat gekauft werden, bei den meisten Organisationen überwiegen, tritt die öffentliche Verwaltung mit der Neuen Steuerung nun deutlicher in einer Auftraggeberposition auf. Die „partnerschaftlichen Zusammenarbeit" (deutlich im § 28 Kin-

der- und Jugendhilfegesetz) verschwindet dahinter. Die Konkurrenz mit anderen Anbietern tritt deutlicher hervor. Die frühere Sicherheit, durch einen Nachtragshaushalt gerettet zu werden, entfällt.

- Waren Finanzgeber früher fast nur in der öffentlichen Verwaltung zu suchen, so müssen sie nun auch bei zunehmend mehr gesellschaftlichen Akteuren (Stiftungen, Spenden akquirierenden Akteuren usw.) gesucht werden. Es bedarf damit auch einer Recherche nach potenziellen Finanzgebern ebenso wie nach Projekten, die ehrenamtliche Mitarbeitende einbinden.
- Bisherige Gehäuse (z.b. Rechtsformen) passen nicht mehr, d.h., eingetragene Vereine müssen zu Gesellschaften mit beschränkter Haftung auch mit gemeinnützigem Status (gGmbH) umgebaut werden oder ganz andere Rechtsformen (Genossenschaften nach neuem EU-Recht, Limited, kleine Aktiengesellschaft etc.) eingerichtet werden.
- Die Organisation muss durch ein entsprechendes Marketing eingeführt sein, um wahrgenommen zu werden und intern muss die Organisation so aufgestellt sein, dass sie auch auf Neuausrichtungen hinsichtlich der Einwerbung von Aufträgen reagieren kann.
- Ihre Rechenschaftslegung hinsichtlich ihres sozialen Nutzens muss alle Stakeholder und die Öffentlichkeit umfassen. In diesem Zusammenhang muss sie in der Region und in ihren sozialen Zusammenhängen verankert sein, Menschen mit Engagement einbinden und Vertrauen in sein Wirken generieren, auch um die Politik zu überzeugen, dass an ihn neue Aufgaben übergeben werden.
- Versteht die Organisation ihren sozialpolitischen Auftrag richtig, so nimmt er auch Bedarfszustände wahr, erforscht sie im besten Fall in Kooperation mit weiteren Fachleuten und transportiert die Bedarfslagen an die Politik, um neue Angebote für besonders benachteiligte Bevölkerungsgruppen anzuregen.
- Um dies bewerkstelligen zu können bedarf die Organisation intern einer flexibel gebauten Aufbau- und Ablauforganisation mit klaren, jedoch flexiblen Zuständigkeitsbereichen, mit denen sowohl auf routinemäßig anfallende Aufgaben als auch auf neue Herausforderungen reagiert werden kann. Wenn die bisherige Organisationsstruktur den extern geforderten Anforderungen an Qualität oder der Übernahme völlig neuer Aufgabenstellungen nicht entspricht, müssen neue Strukturen durch Organisationsentwicklung gebaut werden können. Die Organisation muss sich hierfür die entsprechende Fachlichkeit von außen einwerben.

- Hinsichtlich der bestehenden Aufgaben muss qualifiziertes Personal ausgewählt worden sein. Es muss beständig durch Personalentwicklungsmaßnahmen begleitet, insbesondere fortgebildet und in Arbeitseinheiten/Teams beraten werden. Arbeitskreise unter dem Aspekt der ständigen Verbesserung der Arbeit sollten eingerichtet sein. Auch individuelles Coaching sollte möglich sein.
- Den weitgehend selbstständig arbeitenden Arbeitseinheiten sollten Instrumente zur Verfügung stehen, um ihre Leistungsfähigkeit im Interesse der Klienten und gegenüber den Aufträgen der Finanzgeber aktuell zu überprüfen, um selbstständig Feinjustierungen vornehmen zu können.
- Es sollten Vernetzungen mit fachlichen Arbeitskreisen in der Region, dem Stadtteil bis in die entsprechenden politischen Gremien bestehen, um aktuelle Entwicklungen frühzeitig erkennen zu können. Durch Vernetzungen der dezentralen Einheiten zu Hochschulen sollten Forschungsprojekte angeregt werden, um diese Wahrnehmungen empirisch zu untermauern und in zukünftige Planungsprozesse der Finanzgeber einspeisen zu können.
- Es müssen Anforderungen an ein internes Qualitätsmanagement und i.d.R. Anforderungen externer Qualitätsmanagementvorgaben und der Wirkungssteuerung bedient werden. In jedem Fall sollte dies genutzt werden, nicht nur, um interne Verbesserungen zu bewerkstelligen, sondern auch, um das Marketing zu bedienen.
- Allerdings reicht dies nicht aus, um beständig neue Projekte einzuwerben. Es sollte ein „Think Tank" mit externen Fachleuten eingerichtet werden, besser wäre natürlich, wenn dieser durch eine Grundsatzabteilung untersetzt werden könnte, mit der das Management in die Zukunft denken kann.

1.4.4 Anforderungen an das Management

Auch wenn all die bereits aufgezeigten Anforderungen einleuchtend sind, die Organisation kreiert die Antworten darauf nicht aus sich heraus ohne Anleitung. Die Herausforderungen sind immer Anforderungen an das Management, sofern es sich als solches versteht. Sich als solches zu verstehen, hat zur Voraussetzung, nicht im Alltagsgeschäft unterzugehen und ein Change Management neben dem Alltagsgeschäft (denn der Betrieb muss ja weiter laufen) zu initiieren. Dazu ist es wichtig, sich professionelle Hilfe durch Organisationsberatung, Forschung und Projektentwicklung zu holen.

Grundlage für das Angehen von eingreifenden Veränderungen wie für das Verstehen des Alltagsgeschäfts ist es allerdings, das Managen in seinem Kern zu begreifen. Wie bereits eingangs erwähnt, gab es im Rahmen der technokratischen Auffassungen von Organisationen und ihrer Steuerung die Idee, dass eine Steuerung wie bei Maschinen möglich wäre. Die neueren Theorien in der Organisationssoziologie und Managementlehre sind weit davon abgerückt. Klaus Grunwald fasst die neueren Erkenntnisse folgendermaßen zusammen (Grunwald 2012):

- Managemententscheidungen sind weniger aus dem Blickwinkel von Zweck-Mittel-, bzw. funktionalen Rationalitätsentscheidungen zu erklären, sondern eher aus Blickwinkeln, die sich auf die Mikropolitik in der Organisation und dem Zusammenspiel von Organisationen beziehen, auf die Kultur der eigenen Einrichtung, dem organisatorischen Umfeld und dem darin wahrnehmbaren Wandel.
- Deshalb sind Führungsentscheidungen durch vielfältige Spannungen und Dilemmata, die nicht einfach aufzuheben sind, geprägt und müssen meist Kompromisse in Kauf nehmen.
- Das Management ist weniger bestimmend, sondern eher vermittelnd zwischen lokalen Rationalitäten und Personen tätig.
- Gleichzeitig – obwohl diese Unübersichtlichkeit und Unsicherheit beständig gegeben ist – hat Führungshandeln Ungewissheit zu absorbieren, um Mitarbeitenden Orientierung und Handlungsvorgaben zu ermöglichen.

Lernzielkontrolle

1. Wie hat sich das Verständnis von Organisationen verändert? Welches Verständnis haben wir heute? Gibt es eine Verbindung zur Theorienbildung in der Sozialen Arbeit?
2. Was hat sich durch die Veränderung in der Betrachtung von Organisationen hinsichtlich ihrer Steuerung, also dem Management zentral verändert?
3. Welche Ursachen bewirken, dass ein Umbau der Organisationen in der Sozialwirtschaft erfolgte und ein Management entstehen musste?
4. Welche Herausforderungen ergeben sich für ein Management in der Sozialwirtschaft, das von Beginn an Change Management ist?

Lernzielkontrolle & Literatur

5. Welche besondere Herausforderung stellt sich für das Management in der Sozialwirtschaft hinsichtlich des Personals?

Literatur

akquinet business consulting GmbH / Universität St. Gallen, Institut für Wirtschaftsethik / Beuth Hochschule für Technik Berlin, Fachgebiet Unternehmensführung: Fachkräftemangel in der Sozialwirtschaft. Eine empirische Studie 2012, online unter: http://www.sonderpaedagogik.uni-wuerzburg.de/fileadmin/06040030/Downloads/Ratz/Studie_Fachkraeftemangel_2012_Ergebnisse_Langfassung_01.pdf (Stand: 25.04.2017).

Arnold, Ulli/Maelicke, Bernd (Hrsg.) (1998): Lehrbuch der Sozialwirtschaft. Baden-Baden: Nomos.

Bassarak, Herbert/Noll, Sebastian (Hrsg.) (2012): Personal im Sozialmanagement. Neueste Entwicklungen in Forschung, Lehre und Praxis, Wiesbaden: Springer VS.

Bate, Paul (1997): Cultural Change. Strategien zur Änderung der Unternehmenskultur, München: Gerling Akademischer Verlag.

Beck, Reinhilde/Schwarz, Gotthard (2004): Personalentwicklung, Strategien – Tools – Materialien, 2., erweiterte und überarbeitete Auflage, Augsburg: Ziel.

Beck, Reinhilde/Schwarz, Gotthart (2013): Sozialstaat, Sozialpolitik und (sozial-)politische Steuerung, in: Wöhrle/Beck/Grunwald/Schellberg/Schwarz/Wendt, S. 35 ff.

Beckérus, Ake/Edström, Anders (1990): Wirtschaftswikinger. Neue Erfolgsstrategien schwedischer Unternehmer. Düsseldorf/Wien/New York: Econ.

Bennis, Warren/Nanus, Burt (1987): Führungskräfte. Die vier Schlüsselstrategien erfolgreichen Führens. Frankfurt/New York: Campus.

Blanke, Hermann-Josef (Hrsg.) (2007): Die Reform des Sozialstaats zwischen Freiheitlichkeit und Solidarität, Tübingen: Mohr Siebeck.

BMAS (2016) = Bundesministerium für Arbeit und Soziales: Weißbuch Arbeiten 4.0, Basis-Scenario, online unter: https://issuu.com/support.bmaspublicispixelpark.de/docs/161121_wei__buch_final?workerAddress=ec2-54-91-54-15.compute-1.amazonaws.com (Stand: 01.12.2016).

Bödeke-Wolf, Johanna/Schellberg, Klaus (2010): Organisationen der Sozialwirtschaft, 2., aktualisierte Auflage, Baden-Baden: Nomos.

Bogumil, Jörg/Grohs, Stephan/Kuhlmann, Sabine/Ohm, Anna K. (2008): Zehn Jahre Neues Steuerungsmodell: Eine Bilanz kommunaler Verwaltungsmodernisierung, Berlin: Edition Sigma.

Brinkmann, Volker (Hrsg.) (2008): Personalentwicklung und Personalmanagement in der Sozialwirtschaft, Tagungsband der 2. Norddeutschen Sozialwirtschaftsmesse, Wiesbaden: Springer VS.

Brinkmann, Volker (2010): Sozialwirtschaft, Grundlagen – Modelle – Finanzierung, Wiesbaden: Springer/Gabler.

Brünner, Frank (2007): Die Rolle freier Träger angesichts der Ökonomisierung sozialer Dienste, in: Blanke, S. 209 ff.

Buestrich, Michael/Burmester, Monika/Dahme, Heinz-Jürgen/Wohlfahrt, Norbert (Hrsg.) (2008): Die Ökonomisierung Sozialer Dienste und Sozialer Arbeit. Entwicklungen – Theoretische Grundlagen – Wirkungen, Bd. 18: Grundlagen der Sozialen Arbeit, Baltmannsweiler: Schneider.

Burla, Stephan (1989): Rationales Management in Non-Profit-Organisationen, Bern/ Stuttgart: Haupt.

Dahme, Heinz-Jürgen/Wohlfahrt, Norbert (Hrsg.) (2012): Produktionsbedingungen Sozialer Arbeit in Europa. Analysen und Länderberichte, Hohengehren: Schneider-Verlag.

Evans, Michaela/Galtschenko, Wjatscheslav/Hilbert, Josef (2012): Befund „Sociosclerose": Arbeitgeber-Arbeitnehmerbeziehungen in der Sozialwirtschaft in Deutschland in Modernisierungsverantwortung. German country report to the European Project „Promoting employers' social services organisations in social dialogue", Gelsenkirchen: Duncker und Humblot.

Evers, Adalbert/Olk, Thomas (Hrsg.) (1996): Wohlfahrtspluralismus. Vom Wohlfahrtsstaat zur Wohlfahrtsgesellschaft, Opladen: Westdeutscher Verlag.

Flösser, Gaby (1994): Sozial Arbeit jenseits der Bürokratie, Neuwied, Kriftel, Berlin: Luchterhand.

Grohs, Stephan (2013): Erfolgreich gescheitert? Konstanzer Online-Publikations-System (KOPS), URL: http://nbn-resolving.de/urn:nbn:de:bsz:352-250015 bzw. online nachlesbar am 08.05.2017 unter: http://www.kommune21.de/meldung_15202.html.

Grunwald, Klaus (2012): Zur Bewältigung von Dilemmata und Paradoxien als zentrale Qualifikation von Leitungskräften in der Sozialwirtschaft, in: Bassarak/Noll, S. 55 ff.

Grunwald, Klaus/Roß, Paul-Stefan (2017): Sozialmanagement als Steuerung hybrider sozialwirtschaftlicher Organisationen, in: Wöhrle/Fritze/Prinz/Schwarz, S. 171 ff.

Hilbert, Josef/Evans, Michaela/Galtschenko, Viacheslav (2015): Sociosclerose. Zukunftsfähigkeit gefährdet, in: SOZIALwirtschaft 3, S. 7ff.

KGSt = Kommunale Gemeinschaftsstelle für Verwaltungsmanagement (1992): Wege zum Dienstleistungsunternehmen Kommunalverwaltung: Fallstudie Tilburg, Bericht Nr. 19, Köln.

Kolhoff, Ludger/Tabatt-Hirschfeldt, Andrea (Hrsg.) (2009): Veränderungen der Wohlfahrtsproduktion, Hohengehren: Schneider-Verlag.

Lynch, Dudley/Kordis, Paul (1991): DelphinStrategien. ManagementStrategien in chaotischen Systemen, Fulda: Paida-Verlag.

Peters, Tom (1988): Kreatives Chaos. Die neue Managementpraxis, Hamburg: Hoffmann und Campe.

Morath, F.A. /Altehage, M.A. (1998): New Public Management. Ein neues Paradigma?, in: Die Neue Verwaltung 5 (1997), S. 29 ff., zitiert aus: Morath, F.A.: Integrative Verwaltungsreform. Konzepte, Empirie, Erfahrungsberichte. Diskussionsbeitrag Januar 1998 in der Reihe: Management. Forschung und Praxis (Hrsg. Klimecki), Universität Konstanz; online im Juli 2011 zugänglich unter: http://kops.ub.uni-konstanz.de/bitstream/handle/urn:nbn:de:bsz:352-opus-2910/291_1.pdf?sequence=1.

Olk, Thomas (1986): Abschied vom Experten. Sozialarbeit auf dem Weg zu einer alternativen Professionalität, Weinheim/München: Juventa.

Rauschenbach, Thomas/Gängler, Hans (Hrsg.) (1992): Soziale Arbeit und Erziehung in der Risikogesellschaft, Neuwied/Kriftel/Berlin: Luchterhand.

Rauschenbach, Thomas (1993): Soziale Berufe im Umbruch, in: Sozialmagazin 4, S. 18 ff.

Roß, Paul-Stefan (2012): Demokratie weiter denken. Reflexionen zur Förderung bürgerschaftlichen Engagements in der Bürgerkommune, Baden-Baden: Nomos.

Schein, Edgar H. (2003): Organisationskultur (The Ed Schein Corporate Culture Survival Guide), Bergisch Gladbach: Edition Humanistische Psychologie.

SDB (2011): Soziale Dienste Berlin-Brandenburg e.V.: Macht und Ohnmacht in der Sozialen Arbeit.

Strukturen Sozialer Dienstleistungen in Berlin und Brandenburg und ihre Bedeutung für die Beschäftigungssituation der Fachkräfte – Abschlussbericht Befragung zur sozialen und beruflichen Lage von Fachkräften der Sozialen Dienste in Berlin und Brandenburg, zu beziehen unter Soziale Dienste Berlin-Brandenburg e.V. (SDB), Oldenburger Str. 4b, 10551 Berlin, Tel. 030/394 94 319 oder online unter: www.sdb-ev.de bzw. sdb-ev@t-online.de (Stand: 27.04.2017).

Schwarz, Gotthart (2017): Wie (un)politisch ist das Sozialmanagement? Anmerkungen zu den konzeptionellen Zielen, den politischen Rahmenbedingungen und künftigen Aufgaben des Sozialmanagements, in: Wöhrle/Fritze/Prinz/Schwarz, S. 187 ff.

Seibel, W. (1992): Funktionaler Dilettantismus: erfolgreich scheiternde Organisationen im „Dritten Sektor" zwischen Markt und Staat, Baden-Baden: Nomos.

Simon, Walter (2002): Moderne Managementkonzepte von A–Z. Strategiemodelle, Führungskonzepte, Managementtools, Offenbach: Gabal.

Slottke, S. (2013): Social Entrepreneurship als multidimensionales Phänomen. Ansatzpunkte zur Theorieentwicklung aus der Perspektive Sozialer Arbeit, Baden-Baden: Nomos.

Staub-Bernasconi, Silvia (2016): „Bringing the Cliet Back In" – Die Relevanz von Mary Parker Folletts (1868–1933) Sozialmanagement für die heutige Soziale Arbeit unter neoliberalem Vorzeichen, in: Wöhrle/Fritze/Prinz/Schwarz, S. 103 ff.

Tabatt-Hirschfeldt, Andrea (2010): Wettbewerb und Wohlfahrtsmix: Neue Rollen der Träger in der Sozialwirtschaft – Und wo bleibt der Klient?, in: Kolhoff/Tabatt-Hirschfeld, S. 16 ff.

Tabatt-Hirschfeld, Andrea (2012): Public Management. Schwerpunkt: Sozialverwaltung in Kommunen, Augsburg: Ziel.

Tabatt-Hirschfeld, Andrea (2016): Die Ökonomisierung der Sozialen Arbeit und ihre Alternativen, in: Wöhrle (Hrsg.), S. 47 ff.

Thiersch, Hans (1992): Das sozialpädagogische Jahrhundert, in: Rauschenbach/Gängler, S. 9 ff.

Vester, Frederic (1988): Leitmotiv vernetztes Denken. München: Heyne.

Wöhrle, Armin (2002): Change Management. Organisationen zwischen Hamsterlaufrad und Kulturwandel, Augsburg: Ziel.

Wöhrle, A. (2005): Den Wandel managen. Organisationen analysieren und entwickeln, Baden-Baden: Nomos.

Wöhrle, A. (Hrsg.) (2012): Auf der Suche nach Sozialmanagementkonzepten und Managementkonzepten für und in der Sozialwirtschaft. Eine Bestandsaufnahme zum Stand der Diskussion und Forschung, 3 Bände, Augsburg: Ziel.

Wöhrle, Armin (Hrsg.) (2016): Moral und Geschäft. Positionen zum ethischen Management in der Sozialwirtschaft, Baden-Baden: Nomos.

Wendt, Wolf Rainer (2016): Sozialwirtschaft kompakt, 2. Auflage, Wiesbaden: Springer VS.

Wöhrle, Armin (2017a): Die Diskussion über das Sozialmanagement, in: Wöhrle/Fritze/Prinz/Schwarz, S. 17 ff.

Wöhrle, Armin (2017b): 25 Jahre Sozialmanagement – ein kritischer Rückblick, in: Grillitsch/Brandl/Schuller (Hrsg.), S. 7 ff.

Grillitsch, Waltraud/Brandl, Paul/Schuller, Stephanie (Hrsg.) (2017): Gegenwart und Zukunft des Sozialmanagements und der Sozialwirtschaft. Aktuelle Herausforderungen, strategische Ansätze und Perspektiven, Wiesbaden: Springer VS.

Schwarz, Gotthart/Wöhrle, Armin (2017): Zwischenbilanz, in: Wöhrle/Fritze/Prinz/Schwarz, S. 348 ff.

Wöhrle, Armin/Fritze, Agnès/Prinz, Thomas/Schwarz, Gotthart (Hrsg.) (2017): Sozialmanagement – Eine Zwischenbilanz, Wiesbaden: Springer VS.

2. Organisationen

Dominik Schenker und Peter Zängl

Lernziele:

Erkenntnis der zentralen Rolle, welche Organisationen im Alltag und in der Sozialwirtschaft spielen.
1. Verständnis warum sich, je nach Erkenntnisinteresse und Theorietradition, unterschiedliche Verständnisse ausgebildet haben, was eine Organisation ausmacht.
2. Überblick über die wichtigsten Theoriestränge der Organisationssoziologie.
3. Kenntnis der zentralen Merkmale von Organisationen (Mitgliedschaft, Zweck und Hierarchie) in der Tradition von Renate Mayntz und Niklas Luhmann.
4. Verständnis, warum sich Organisationen verändern und warum es schwierig ist, diese Veränderungen zu steuern.

2.1 Erste Annäherung: Was ist eine Organisation?

Schulen, Unternehmen, Vereine, Verwaltungen, Spitäler, Kirchen: Sobald wir den sozialen Nahraum von Familien, Partnerschaften und Freunden verlassen, sind wir in modernen Gesellschaften von Organisationen umgeben. Was sind nun aber Organisationen? Auf den ersten Blick scheint es möglich, eine Antwort auf diese Frage zu geben, die auf einer Lernkarte Platz fände: Organisationen sind klar abgrenzbare soziale Strukturen, die einem bestimmen Zweck dienen – wie beispielsweise der Bildung, der Wiederherstellung von Gesundheit oder dem Personentransport. Diese definierten Zwecke werden mittels einer zielgerichteten, geplanten Zusammenarbeit von mehreren Personen verwirklicht. Auch wenn diese Arbeitsdefinition verbreitet ist und für das Organisationsverständnis in der Sozialwirtschaft auszureichen scheint: Sie stellt nur einen unter verschiedenen möglichen Zugängen dar – und auch nicht den aktuellsten. Es wäre naiv, von der Soziologie allgemein akzeptierte, einfache Antworten auf diese Frage zu erwarten. In der Organisationssoziologie besteht keine Einigkeit darüber, was eine Organisation eigentlich charakterisiert und ob z.B. Or-

2.1 Erste Annäherung: Was ist eine Organisation?

ganisationen besser als „real" existierende Größen oder als gesellschaftlich konstruierte Wirklichkeiten verstanden werden sollten. Das heißt, die übergeordnete Sicht auf die gesellschaftliche Wirklichkeit bestimmt maßgeblich das Verständnis dessen, was eine Organisation ist und in welchem Verhältnis Organisationen zu anderen sozialen Größen, wie beispielsweise der Familie oder informellen Bewegungen stehen.

Wer mit Managementaufgaben betraut ist, ist mit der Frage konfrontiert, wie eine Organisation gut geführt und weiterentwickelt werden kann. Durch diese spezifischen Bedürfnisse sind in diesem Kontext jene Ansätze interessant, die nicht bloß einen erklärenden Wert haben, sondern Hinweise für das eigene Handeln liefern, das heißt Ansätze, die für die Führungspersonen Komplexität reduzieren und möglichst das eigene Handeln legitimieren.

Das Organisationsverständnis von Glasl (Glasl/Kalcher/Piper 2014) ist eine wichtige Referenz, wenn es darum geht, Organisationen im Bereich der Sozialen Arbeit/Sozialwirtschaft zu verändern. Für das „daily business" der Managementpraxis haben sich etwa das Verständnis von Organisation des Freiburger Management-Modells für Non-Profit-Organisationen (Schwarz 2005) oder des St. Galler Management-Modells (Rüegg-Stürm/Grand 2014) als hilfreich erwiesen (Auf die letzten beiden Ansätze wird im Kapitel Management näher eingegangen).

Ansätze, die im Managementalltag resp. in der Organisationsentwicklung zentral sind, prägen nicht zwangsläufig den organisationssoziologischen Diskurs. Im Gegenzug ist in der Praxis der Sozialwirtschaft das Interesse an soziologischen Grundlagentheorien meist beschränkt, weil solche Überlegungen tendenziell Differenzierungen einführen, die, statt klare Handlungsanweisungen zu geben, die Komplexität erhöhen.

Es sind jedoch nicht nur die soziologischen Grundannahmen oder die professionellen Interessen, welche die Vorstellungen von Organisationen prägen. Gareth Morgan (2006) unterscheidet in seiner 1986 erschienenen Studie „Images of Organization" acht typische Bilder (Metaphern) von Organisationen, welche er in der Literatur fand: a) das Bild *von Organisationen als Maschinen*, wie es u.a. in frühen amerikanischen Managementtheorien zu finden ist, b) *Organisationen als Organismen*, die in einer Übertragung aus ökologischen und evolutionären Vorstellungen Organisationen als etwas verstanden werden, das wächst und sich der Umwelt anpasst, c) *Organisationen als Gehirn*, mit einer Betonung des Lernens und der Selbstorganisation, d) *Organisationen als Kulturen* im Sinne von geschaffenen sozialen Realitäten, e) *Organisationen als politische Systeme*,

2. Organisationen

in denen es um die Durchsetzung von Interessen und um Macht geht, f) *Organisationen als Gefängnisse der Psyche*, in denen sich psychopathologische Dynamiken abbilden, g) *Organisationen als etwas Fließendes und als Veränderung*, mit Anleihen aus der Kybernetik und der Chaostheorie, und f) die wüste Fratze der Organisation: *Organisationen als Instrumente der Dominanz, Ausbeutung und Unterdrückung*. Diese Metaphern und ihre Verwendung zeigen, dass das Verständnis von Organisation maßgeblich von „Weltsichten" und großen Theorien (mit)geprägt wird. Wer in einer Organisation in einem Arbeitsfeld der Sozialen Arbeit tätig ist, den oder die wird vermutlich die Metapher der Organisation als Kultur ansprechender finden und entsprechend häufiger verwenden als das Bild der Organisationen als Dominanzinstrument – es sei denn, er oder sie ist ein/e Vertreter/in der kritischen Sozialen Arbeit. Wer in den Kategorien der klassischen Managementtheorien denkt, wird sich auch im Zusammenhang mit einer Organisation der Sozialwirtschaft leicht mit dem Bild der Organisation als Maschine anfreunden können. Das Besondere am Ansatz von Gareth Morgan ist es, dass er für jede Organisationsmetapher nicht nur Herkunft und Wirkung aufzeigt, sondern auch den spezifischen Erkenntnisgewinn und die Grenzen der einzelnen Bilder beschreibt.

In der Literatur hat sich durchgesetzt, drei grundlegende Betrachtungsweisen von Organisationen zu unterscheiden (vergl. für das Folgende Grunwald 2015, S. 1140 ff.): Wird ein *tätigkeitsorientierter Organisationsbegriff* verwendet, liegt der Fokus auf dem ordnenden Tun, das die Organisation schafft – eine Organisation entsteht durch das Organisieren. Bei einem *institutionellen Organisationsbegriff* werden die formellen und informellen Aspekte der relativ stabilen zentralen Merkmale einer Organisation (Mitgliedschaft, Ziel, Hierarchie) betrachtet (siehe nächster Abschnitt). Bei einem *instrumentellen Organisationsbegriff* schließlich liegt der Fokus auf den Führungsinstrumenten, die aus dem Regelsystem einer Organisation entstehen, das heißt, in dieser Betrachtungsweise zeichnen sich Organisationen dadurch aus, dass die Ziele durch den Einsatz von hierarchisch legitimierten Managementtätigkeiten erreicht werden.

2.2 Mitgliedschaft, Zweck und Hierarchie als zentrale Merkmale von Organisationen

Niklas Luhmann nennt Mitgliedschaft, Zweck und Hierarchie (Luhmann 2000) als die drei zentralen Merkmale von Organisationen. Diese Merk-

2.2 Mitgliedschaft, Zweck und Hierarchie als zentrale Merkmale von Organisationen

male sind, wenn auch z.T. mit einer anderen Begrifflichkeit und weniger hervorgehoben in der Literatur häufig zu finden. Bereits in den 1960er-Jahren wurde dieses Modell von Renate Mayntz (die später zusammen mit Luhmann forschte) ausformuliert. Nach Renate Mayntz „ist allen Organisationen [gemeinsam],... dass es sich um soziale Gebilde handelt, um das gegliederte Ganze mit einem angebbaren Mitgliederkreis und interner Rollendifferenzierung. [...] und, dass sie bewusst auf spezifische Zwecke und Ziele orientiert sind" (Mayntz 1963, S. 36). Eine aktuelle Formulierung findet sich bei Klaus Grunwald, der Organisationen aus der Perspektive eines institutionellen Organisationsbegriffs mit den Merkmalen „spezifische Zweckorientierung, geregelte Arbeitsteilung und konstante Grenzen" (Grunwald 2015, S. 1141) beschreibt.

Ob bei den drei Merkmalen von a) Mitgliedschaft, Mitgliederkreis (Mayntz 1963, S. 36) oder festen Grenzen; b) Zweck/Ziel und c) interner Rollendifferenzierung, geregelter Arbeitsteilung/Kooperation, Organisiert-Sein (Mayntz 1963, S. 36) oder Hierarchie gesprochen wird, ist hier von untergeordnetem Interesse. Wir orientieren uns im Folgenden inhaltlich an Stefan Kühl (Kühl 2011) und Niklas Luhmann (Luhmann 2000), verwenden jedoch die Begrifflichkeit Mitgliedschaft, Ziel und Hierarchie.

2.2.1 Mitgliedschaft

Organisationen zeichnen sich – so die älteren Klassiker der Organisationssoziologie – durch klare Grenzen aus: Entweder gehört eine Person eindeutig einer Organisation an oder sie gehört ihr nicht an. Heute ist jedoch oft nicht mehr eindeutig feststellbar, wer Mitglied einer Organisation ist resp. wo die Außengrenzen der Organisation verlaufen: Durch Outsourcing, Netzwerkstrukturen und neue Formen der Kooperation, wie Freelance-Arbeit, Mandatsverhältnisse oder Projektmitarbeit, ist eine „Verflüssigung der Organisationsgrenzen" eingetreten (Luhmann 2000, S. 236), ein Trend, der sich im letzten Jahrzehnt durch das Internet verstärkt hat. Trotz heute z.T. unscharfer Außengrenzen sind es (meist) noch immer die Organisationen selbst, die über den Ein- und Austritt der Mitgliedschaft und eventuell zusätzliche Kooperationsformen bestimmen und entsprechende Regelungen dazu erlassen (vergl. Kühl 2011, S. 18; Luhmann 1975, S. 99): Ein Verein, ein Unternehmen oder eine Kirche kann gewöhnlich darüber befinden, wer ihrer Organisation angehören darf. Da die Mitgliedschaft dem Entscheid der Organisation unterliegt, bestehen Regeln, um Mitglied zu werden und Verhaltensvorstellungen, die eingehalten werden müssen, um Mitglied zu bleiben. Daraus entsteht in Organisationen ein mehr oder weniger großer Konformitätsdruck: Kühl nennt die Mitgliedschaft „das magische Mittel zur Herstellung von Konformität in Organisationen" (Kühl 2011, S. 31). Wer Mitglied eines Vereins, eines Unternehmens, einer Partei oder einer Kirche werden und bleiben will, muss die formalen Erwartungen der Organisationen erfüllen. Kühl weist darauf hin, dass die organisationsinterne Thematisierung solcher Regeln (Kühl 2011, S. 32 f.) neben dem Effekt der Produktion von Konformität auch die Frage der zukünftigen Mitgliedschaft aufwirft. Dies erklärt die Paradoxie, dass eine durch die Führung initiierte basisdemokratische Aushandlung von Teamregeln oft nicht die erwünschte einende Wirkung hat, sondern zu Fraktionsbildung führt – und die Frage, welche Fraktion wirklich die Ziele und Werte der Organisation vertritt, in den Vordergrund rückt.

Kühl nennt fünf Motivationen, Mitglied einer Organisation zu sein (vergl. Kühl 2011, S. 37–45): *Geld*, etwa in der Form von Lohn; *Zwang*, etwa durch gesetzliche Bestimmungen im Fall der Wehrpflicht oder der Schulpflicht, durch soziale Konventionen (etwa bei der Kirchenmitgliedschaft in ländlichen Schweizer Gemeinden in den 1950er-Jahren); *Zweckidentifikation*, das heißt die persönliche Überzeugung, Teil von etwas zu sein, das einen „guten und wichtigen" Zweck erfüllt; *Attraktivität der Handlung*, das heißt, eine Organisation bietet die Möglichkeit, attraktive Tätigkeiten (Fußballspielen, gemeinsames Singen im Chor, auszuführen; *Kollegialität*, die Möglichkeit der Beziehung zu anderen Mitgliedern in der Organisation. Neben diesen in der Literatur häufig genannten Motivationen spielen weitere Motive eine Rolle: Etwa das Sozialprestige oder die Erfahrung der eigenen Wirksamkeit (Flammer 1990) bei politischen Ämtern/Führungspositionen oder die soziale Anerkennung bei Ehrenämtern. Für die Mitgliedschaft in Organisationen spielen meist mehrere Motivationen eine Rolle, in einem Jugendverband beispielsweise Zweckidentifikation, Attraktivität der Handlung und Kollegialität. Verfügt eine Organisation über eine Struktur, die unterschiedliche Formen der Mitgliedschaft vorsieht, sind je nach Mitgliedschaftsform unterschiedliche Motivationsbündel wahrscheinlich. So sind etwa in einem gemeinnützigen Verein, der eine Kinderkrippe führt, je nach Funktion (professionelle Fachpersonen, ehrenamtliche Mitarbeitende, Vereinsvorstände oder „einfache" Vereinsmitglieder) unterschiedliche Mitgliedschaftsformen und damit verschiedene Mitgliedschaftsmotivationen zu finden.

2.2.2 Ziel

Die vordergründige Daseinsberechtigung von Organisationen ist es, spezifische Ziele zu erreichen: Heranwachsende zu bilden, Brände zu löschen oder Möbel herzustellen und zu verkaufen. In einem zweckrationalen Verständnis werden Organisationen als „zielorientierte[s] Zusammenwirken von Menschen zur Erstellung eines gemeinsamen materiellen oder immateriellen Produkts" (Müller-Jentsch 2003, S. 12) definiert. Sollen Ziele erreicht werden, die weder von Einzelpersonen resp. unstrukturierten Personengruppen noch einer bestehenden Organisation verwirklicht werden können, werden neue Organisationen geschaffen. Das heißt, es werden aufgrund rationaler Überlegungen Mittel eingesetzt, um möglichst effizient einen Zweck zu erreichen. Ein Beispiel: Junge Arbeitslose ohne Berufsausbildung haben oft große Schwierigkeiten, eine Arbeitsstelle zu finden, die ihnen eine berufliche Perspektive bietet. Deshalb wird eine Organisation gegründet, die spezielle Ausbildungsplätze in der Holzbearbeitung anbietet, mit dem Ziel, die mittel- und langfristigen Berufschancen für diese Zielgruppe zu erhöhen.

Die Ziele einer Organisation können von außen vorgegeben sein (z.B. staatliche Sozialhilfeprogramme), von der Systemspitze innerhalb der Organisation verordnet werden(z.B. neue strategische Ausrichtung durch die Geschäftsleitung) oder mehr oder weniger partizipativ ausgehandelt sein (z.B. als Ergebnis eines partizipativen Konzeptprozesses).

Nach Talcott Parsons (vergl. Parsons 2009) unterscheiden sich die Ziele von Organisationen je nach dem gesellschaftlichen Bereich, dem sie angehören. Parsons unterscheidet vier gesellschaftliche Teilsysteme: Wirtschaft, Politik, Soziales und Legitimation (im Sinne der Rechtfertigung von Ordnungen/Regeln bzw. des Handelns durch Wissenschaft und Religion). Jedes dieser Teilsysteme verfügt über eine spezifische Funktion innerhalb der Gesamtgesellschaft. Die Zugehörigkeit einer Organisation zu einem der vier Bereiche hat daher direkte Auswirkungen auf die Organisationszwecke (vergl. auch Zängl 2015, S. 95): Eine Möbelfabrik und eine Sozialfirma, die Möbel herstellt, produzieren beide Stühle und Tische. Trotzdem verfolgen sie unterschiedliche primäre Ziele: Das primäre Ziel einer Möbelfabrik ist es, Geld zu verdienen. Das Hauptziel der Sozialfirma ist die soziale Inklusion.

2. Organisationen

Gesellschaftliche Teilsysteme nach Parsons (2009)	Organisationsziel und Funktionen
Wirtschaft	Profitmaximierung/Adaption
Politik	Umsetzung politischer Vorhaben / goal attainment
Soziales	Wohlfahrt/Inklusion
Legitimation	Wertevermittlung / latency pattern (Zängl 2011)

W. Richard Scott und Gerald F. Davis (2007, S. 27–32) analysieren die unterschiedlichen theoretischen Perspektiven auf das „System Organisation". Sie beschreiben drei systemische Sichten auf Organisationen, nämlich a) Organisationen als rationale Systeme, b) Organisationen als natürliche Systeme und c) Organisationen als offene Systeme. Je nach gewählter Sicht auf das „System Organisation" werden Stellung und Wichtigkeit der „offiziellen" Ziele (goals), wie sie etwa in einem Leitbild beschrieben sind, unterschiedlich beurteilt.

Werden *Organisationen als rationale Systeme* definiert, werden eine spezifische Form der Zielverfolgung und die hohe Formalisierung zu den wichtigsten Unterscheidungsmerkmalen von Organisationen gegenüber anderen sozialen Größen. Organisationen werden dann als leistungsfähig betrachtet, wenn sie auf relativ spezifische Ziele ausgerichtet sind und die Interaktionen der Mitglieder untereinander gut koordiniert sind. Klar definierte Ziele ermöglichen eine rationale und schnelle Entscheidungsfindung, wenn Handlungsalternativen gewählt werden müssen (vergl. Scott/Davis 2007, S. 27). Dies bewirkt, so die beiden Autoren, dass, wenn Organisationen als rationale Systeme verstanden werden, großer Wert auf die Formalisierung gelegt wird. Eine möglichst exakte Festschreibung der Strukturen, Ziele und Abläufe soll eine effiziente Zielerreichung garantieren.

Übertragen auf das oben erwähnte Beispiel der Organisation der Arbeitsintegration, heißt dies etwa für die Konzeptphase: Ausgehend vom Ziel wird die Verwirklichung des Ziels rational geplant. Im Laufe des Planungsprozesses werden die Wirkungen definiert, die erzielt werden sollen (Integration in den ersten Arbeitsmarkt). Daraus werden wiederum Unterziele, Tätigkeiten und Prozesse abgeleitet: von der Aufnahme über die Programmunterschritte bis hin zum Programmabschluss und über das Pro-

2.2 Mitgliedschaft, Zweck und Hierarchie als zentrale Merkmale von Organisationen

grammende hinaus – inkl. Entscheidungskompetenzen, Controlling und Wirkungsmessung/Evaluation.

In der zweiten Perspektive nach Scott und David werden *Organisationen als natürliche Systeme* aufgefasst. In einer evolutionär-behavioristischen Sichtweise ist das Handeln der Mitglieder in den Organisationen selten von den definierten „offiziellen" Zielen bestimmt: Die Mitglieder von Organisationen verfolgen, so Scott und David (vergl. 2007, S. 30), die unterschiedlichsten Ziele, wobei das gemeinsame Interesse am Fortbestehen des Systems eine Hauptmotivation darstellt. Das heißt, unabhängig von den definierten Zielen führen Organisationen ein auf Selbsterhaltung ausgelegtes Eigenleben. Die Verfolgung von Zielen wird so zu einem komplexen und diffusen Vorgang. Die Ziele selbst verändern sich und „die Mitglieder der Organisation scheinen dabei von ihren eigenen Interessen motiviert zu sein und versuchen, diese in die Organisation hineinzutragen." (Scott/Davis 2007, S. 30) Die Mitglieder haben aber ein „gemeinsames Interesse am Fortbestehen des Systems" und beteiligen sich deshalb „an informell strukturierten Kollektivaktivitäten" (Scott 1986, S. 47). Organisationen unterscheiden sich in dieser Betrachtungsweise in Bezug auf die Zielorientierung nicht von anderen sozialen Strukturen: Der Fortbestand von Organisationen und die gemeinsame Zielverwirklichung hängen in erster Linie von kooperativem Verhalten und geteilten Normen und Werten ab.

Übertragen auf unser Beispiel der Arbeitsintegration heißt dies, dass für die Zielerreichung nicht das im Leitbild festgelegte Ziel oder minutiös definierte Prozesse ausschlaggebend sind, sondern die Kultur innerhalb der Organisation und wie sich die persönlichen Interessen der Mitglieder der Organisation auf die Verwirklichung der „offiziellen" Ziele auswirken.

In den genannten Betrachtungsweisen von Organisationen als rationale oder natürliche Systemen werden Organisationen als geschlossene Systeme mit klaren Grenzen verstanden, das heißt, „sie unterscheiden sich von ihrer Umgebung und verfügen über [...] klar identifizierbare Mitglieder" (Scott/Davis 2007, S. 31). Der Unterschied zwischen diesen Auffassungen ist, dass im einen Fall (Organisationen als rationale Systeme) die formalen Strukturen/Grenzen der Organisation und im anderen Fall (Organisationen als natürliche Systeme) die informellen Strukturen innerhalb der Organisation im Vordergrund stehen.

Werden *Organisationen als offene Systeme* betrachtet, verlagert sich das Interesse auf die „Koalition wechselnder Interessengruppen, die ihre Ziele in Verhandlungen entwickeln; die Struktur dieser Koalition, ihre Aktivitä-

2. Organisationen

ten und deren Resultate sind stark durch Umweltfaktoren geprägt" (Scott 1986, S. 47). Organisationen werden als Systeme von gegenseitig abhängigen Aktivitäten verstanden, wobei einige dieser Aktivitäten stringent miteinander verbunden und andere nur lose gekoppelt sind (vergl. Scott/Davis 2007, S. 31). Aktivitäten und Koalitionen müssen bewusst gestaltet werden, wenn eine Organisation langfristig überleben will. Die Mitglieder der Organisationen verfügen – so Scott und Davis (2007, S. 31) – über verschiedene Loyalitäten und Identitäten. Sie identifizieren sich mit der Organisation und ihren Zielen, verfolgen gleichzeitig eigene Interessen und beobachten die Reaktionen anderer Organisationen sowie der Umwelt insgesamt. Unter dieser Perspektive können einzelne Organisationen ohne die Betrachtung anderer Organisationen und der Umweltfaktoren kaum umfassend beschrieben werden.

Im Beispiel der Organisation der Arbeitsintegration für junge Arbeitslose ohne Berufsbildung ist nun die Frage, wie die Ziele z.B. zwischen dem Staat als Geldgeber einerseits und der Organisation andererseits ausgehandelt werden. Welche anderen Organisationen verfolgen die gleichen oder ähnliche Ziele? Wie arbeiten diese Organisationen zusammen? Wie verhalten sich die Mitarbeitenden der Organisationen zu den ausgehandelten Zielen? Welchen Einfluss hat die Art, wie sich Organisationen der Arbeitsintegration ihr längerfristiges Überleben sichern, auf ihre Ziele?

2.2.3 Hierarchie

Das Merkmal der Hierarchie ist in Organisationen aus dem Arbeitsfeld der Sozialen Arbeit/Sozialwirtschaft wohl das ambivalenteste Organisationsmerkmal. Bei der Vorstellung einer Organisation wird, nach der Vorstellung des Organisationszwecks/-ziels, oft anhand eines Organigramms der Organisationsaufbau erläutert: Die hierarchische Struktur wird so zum (Schau-)Bild der Organisation. Stefan Kühl sprich hier von den Fassaden (Kühl 2011, S. 136–157). Gleichzeitig wird von vielen Vertreter/innen des Fachs Soziale Arbeit – meist unter Betonung der Wichtigkeit fachlicher Entscheide für die Zielerreichung, der Präferenz für flache Hierarchien sowie der Notwendigkeit der Selbstorganisation – Widerspruch gegenüber der im Organigramm dargestellten Hierarchie resp. gegenüber einer betriebswirtschaftlichen Führungsvorstellung geäußert. Zusätzlich scheint zwischen einer hierarchischen Organisationsform und den Wirkungen, die Organisationen der Sozialen Arbeit erzielen wollen, ein unauflöslicher Wi-

2.2 Mitgliedschaft, Zweck und Hierarchie als zentrale Merkmale von Organisationen

derspruch zu bestehen: Kann eine Organisation, die hierarchisch organisiert ist, Partizipation, Inklusion, Humanisierung und Demokratisierung fördern? Trotz dieser Kritik ist die Hierarchie noch immer – auch in der Sozialen Arbeit – die dominante Kooperationsform in Organisationen und gehört nach Luhmann „im Sinne von mehr oder weniger langen [...] Weisungsketten zu den kaum zu ersetzenden Notwendigkeiten im Aufbau komplexer Organisationen" (Luhmann 2000, S. 20). So auch Mayntz: „Organisationen sind nicht nur definitionsgemäß immer strukturiert, sie besitzen auch immer [...] eine Autoritätsstruktur" (Mayntz 1963, S. 97). Das heißt, es bestehen formale Regeln und informelle Praktiken, wer was entscheiden kann und wer wie diese Entscheide respektieren bzw. umsetzen muss.

Neben der Festlegung der Unter- und Überordnung ihrer Mitglieder (Aufbauorganisation) wird in komplexeren Organisationen oder für spezielle Abläufe eine Aufgabenzuweisung (Ablauforganisation) beschrieben. Hierarchien zeigen also an, wer innerhalb der Organisation wofür zuständig ist.

Der Begriff Hierarchie im Sinn von Unter- und Überordnung in Organisationen ist seit dem 17. Jahrhundert in Verwendung. In der katholischen Kirche wurde damit die kirchliche Rangordnung beschrieben und gleichzeitig legitimiert: Das altgriechische „hierarchia" setzt sich aus heilig (hieros) und Führung/Befehlsgewalt (arche) zusammen und bezeichnete ursprünglich die Funktion (Amt) des Priesters. Obwohl zwischen der „Ordnung des Heiligen" und der „heiligen Ordnung" nur ein kleiner Schritt ist, wurde wohl hier „hierarchia" ursprünglich im ersten Sinn, als „Rangordnung" der Weihen verwendet. Es ist nicht überraschend, dass solche organisationsbezogenen Rangordnungsvorstellungen relativ jung sind. In vormodernen Gesellschaften wurde die Herrschaft in der Regel religiös legitimiert und durch Loyalitäten gesichert. Wer sich etwa als König etablieren konnte, wurde als von einer höheren Macht dafür auserwählt bezeichnet. Die Herrschenden sicherten ihre Herrschaft durch die Gewährung von Vorteilen (z.B. Ländereien, Rechte und Titel) und erwarteten im Gegenzug persönliche Loyalität und militärische Unterstützung.

Mit dem Aufkommen der modernen Organisationen resp. den Anforderungen der Arbeitsteilung, der Kommunikation und der Entscheidungsfindung innerhalb dieser Organisationen wurden neue zweck- und mitgliedschaftsbezogene Beschreibungen und Legitimationen der internen Rollendifferenzierung notwendig. Die Anerkennung der Hierarchie wurde so zu einer Mitgliedschaftsbedingung (vergl. Kühl 2011, S. 71): Wer Mitglied

2. Organisationen

einer Organisation werden oder bleiben will, muss sich in die Stufenordnung einer Organisation einfügen. Das heißt, von einem Mitglied einer Organisation wird „ein bestimmtes Minimum an Gehorchenwollen" (Weber 1968, S. 215) erwartet.

Als die prototypische hierarchische Organisation gilt das Militär. Moderne Armeen kennen rund zwanzig militärische Ränge. Militärische Hierarchien zeigen, wie sich in unterschiedlichen hierarchischen Subgruppen (Soldaten, Unteroffiziere, Offiziere, hohe Offiziere) jeweils eine eigene Subkultur ausprägt. Der jeweilige Rang spiegelt sich im gesamten Auftreten wider, sodass die Mitglieder dieser Subgruppen aufgrund ihres Verhaltens und ihrer ästhetischen Präferenzen einer hierarchischen Subgruppe zugeordnet werden können: Der Habitus des Soldaten unterscheidet sich z.B. vom Habitus des Offiziers. Ähnliche Habitusunterschiede lassen sich bei anderen Großorganisationen mit hierarchischen Subgruppen, wie Spitälern, Verwaltungen oder Universitäten, feststellen.

Freiheit und Macht nehmen, so (Luhmann 2000, S. 427), in der Sicht der klassischen Organisationstheorien auf dem Dienstweg nach unten ab. Untergebene oder externe Expertinnen und Experten können sich jedoch durch die Vermehrung von Komplexität Freiheit und Macht schaffen. Wer keine Macht hat, seine Entscheidungen durchzusetzen, kann Wahlmöglichkeiten konstruieren (vergl. Luhmann 2000, S. 427). Wer überzeugend eine „bessere" Handlungsalternative oder mögliche negative Folgen einer hierarchischen Entscheidung aufzeigt, stellt nicht nur die Entscheidung der vorgesetzten Ebene(n) infrage, sondern erzwingt einen Diskurs über die Entscheidung, ihre Folgen und ihre Wirkung. Das Risiko einer solchen Intervention ist es, später zur Rechenschaft gezogen zu werden, wenn sich die vorgeschlagenen Handlungsalternativen als Misserfolg herausstellen.

Nach Luhmann verlagert sich die Frage der Entscheidungsmacht auf die Ebene der Kommunikation. Dieser Gedanke findet sich schon bei Mayntz: „Die Kommunikationen in einer Organisation können entweder zwischen Gleichgestellten oder vertikal zwischen verschiedenen Rängen, von oben nach unten oder von unten nach oben, laufen" (Mayntz 1963, S. 90). Die Spitze einer Organisation muss über die relevanten Informationen verfügen, um rational entscheiden zu können. Die Untergebenen können nun Macht ausüben, indem sie relevante Informationen zurückhalten oder zu viele bzw. zu komplexe Informationen weiterleiten: Beides macht es den Vorgesetzten schwer bis unmöglich, schnell die „richtigen" Entscheidungen zu treffen. Es kommt erschwerend hinzu, dass bei allen Kommunikationen von unten nach oben und umgekehrt, interessengeleitet Informationen hinzugefügt, umgedeutet oder entfernt werden.

Eine hohe hierarchische Stellung muss nicht zwingend mit dem Umfang des Fachwissens übereinstimmen, das auf der operativen Ebene notwendig ist, um die Ziele der Organisation zu erreichen. In großen Organisationen der Sozialen Arbeit ist es nicht unüblich, das Topmanagement durch Personen zu besetzten, deren Kompetenzen im Bereich der Betriebs- oder Rechtswissenschaft liegen. Die größte Fachkenntnis der operativen Arbeit mit der Zielgruppe (z.B. wie die KlientInnen am besten beraten werden können) liegt meist an der Basis der Organisationen der Sozialen Arbeit. Viele Instrumente der Qualitätsentwicklung in der Sozialen Arbeit, z.B. Qualitätszirkel, sind darauf ausgelegt, temporär Hierarchien aufzuheben, um partizipativ und stufenübergreifend die Wirkung von Leistungen zu verbessern.

2.2.4 Organisationen ohne Hierarchien: Der aktuelle Diskurs um Selbstorganisation

In der Rezeption der populären Managementliteratur stößt das neue Paradigma der „Selbstorganisation" auf ein großes Echo. Das Postulat der aktuellen Selbstorganisationsansätze (Laloux 2015; Robertson 2016) ist es, dass Organisationen ohne Hierarchie funktionieren können. Das Versprechen ist sogar, dass sie besser funktionieren, wenn sich die Führung vom Management hin zu den einzelnen Mitarbeitenden bzw. in das Team verlagert. Die Personen sollen die Entscheidungen, die nur ihre Tätigkeiten betreffen, autonom treffen. Bei Themen, die mehrere Personen betreffen, werden diese im Team mit den Betroffenen oder mit Expert/innen abgestimmt: Sie muss nur im Vorfeld den Ratschlag aller betroffenen Personen sowie der vorhanden Experten einholen. Sie braucht deren Meinung nicht zu übernehmen, sollte sie aber zumindest hören und, so gut es geht, berücksichtigen.

Die Entscheidungsmacht wird an die Peripherie oder an die Basis verlagert. Es wird nicht mehr von oben herab entschieden, sondern vor Ort, im direkten Kund/innen- oder Klient/innenkontakt. Vorgaben, wie der Arbeitsalltag gestaltet wird, werden nicht mehr von einer Zentrale oder einer Führungskraft gemacht, sondern die einzelnen Personen und Teams entscheiden eigenständig, wie sie ihre Arbeit aufteilen und die Bedürfnisse der Kund/innen befriedigen. Auch Personalentscheidungen werden von den Betroffenen selbst getroffen. Zentrale Dienste unterstützen die Arbeit, statt sie zu strukturieren oder Vorgaben zu machen.

Personen mit einem ausgeprägten Professionsverständnis beanspruchen die Entscheide aufgrund ihres Fachwissens und ihrer professionellen Haltungen selbstständig fällen zu wollen. Übergeordnete Entscheide bzw. einschränkende Vorgaben, welche den Handlungsspielraum einschränken, werden kritisiert. Es ist deshalb nicht verwunderlich, dass die Selbstorganisationsansätze bei Fachpersonen der Sozialen Arbeit auf große Zustimmung stoßen. Bisher liegt jedoch noch wenig gesichertes Wissen rund um die Selbstorganisationsansätze vor. Eine kritische Auseinandersetzung mit dem Modell der Selbstorganisation erfolgt im nächsten Kapitel.

2.3 Eine alternative Sicht auf Organisationen: Das Trigon-Modell

Das Trigon-Modell bietet eine Sicht auf Organisationen, die von der bisher geschilderten Perspektive, die maßgeblich Luhmann (2000) folgt, abweicht. Die breite Anwendung des Modells in der Organisationsentwicklung (OE) macht das Trigon-Modell zu einem der bedeutendsten Ansätze in der Sozialwirtschaft. Der Name Trigon, geht auf jenes Beratungsunternehmen zurück, das von Hauptautor Friedrich Glasl mitbegründet wurde und in dem das Modell zusammen mit Trude Kalcher und Hannes Piper weiterentwickelt wurde. Als Grundlage dienten ihnen die Arbeit, die Glasl und Bernard Lievegoed in den späten 1960er- bis Mitte der 1980er-Jahren geleistet hatten.

Das Verständnis von Organisation im Trigon-Modell ist einerseits von einer anthroposophischen Welt- und Menschensicht, Deutungsmustern aus der Gestalt- und Tiefenpsychologie sowie kybernetischen Vorstellungen geprägt, anderseits werden Figuren und Postulate aus anderen Organisations(entwicklungs)- resp. Managementmodellen übernommen. So entsteht ein relativ geschlossener Zugang, der BeraterInnen in OE-Prozessen eine Orientierung im Prozess, bewährte Tools und ein kohärentes Storytelling zur Verfügung stellt und dem Management hilft, OE-Prozesse zu begründen und für anstehende Entscheide Komplexität zu reduzieren.

Vermutlich wegen der anthroposophisch geprägten Vorannahmen und des Rekurses auf psychologische Ansätze, die heute an den Hochschulen meist nur in einer historischem Perspektive unterrichtet werden (Gestalt- und Tiefenpsychologie), wird das Trigon-Modell in der Organisationssoziologie selten diskutiert: Im 77-seitigen Literaturverzeichnis des Heraus-

2.3 Eine alternative Sicht auf Organisationen: Das Trigon-Modell

geberwerkes „Organisationstheorien" von Alfred Kieser und Mark Ebers (2014) findet sich z.B. keine Publikation von Friedrich Glasl. Andererseits wird auch im Standardwerk des Trigon-Modells „Professionelle Prozessgestaltung" (Glasl et al. 2014) kaum auf die neueren Diskussionen in der Organisationssoziologie Bezug genommen. Konkurrierende Modelle der Organisationsentwicklung werden, wenn sie dargestellt werden, nicht als dem eigenen Modell widersprechend dargestellt, sondern eklektisch Ideen daraus verwendet. Aktuelle psychologische Ansätze oder empirische (Meta-)Studien zur Evaluierung von OE-Prozessen bleiben weitgehend unberücksichtigt. Das heißt, zwischen den eher beratungsorientierten Vertreter/innen des Trigon-Modells auf der einen Seite und der soziologischen oder der betriebswirtschaftlichen Organisationsforschung auf der anderen Seite findet aktuell wenig Diskurs statt – was niemanden zu stören scheint.

Das Verständnis der Organisation im Trigon-Modell besteht aus drei Konzepten: Den *Wesenselementen* der Organisation, den *Grundtypen* der Organisation und den *Entwicklungsphasen* der Organisation.

2.3.1 Sieben Wesenselemente der Organisation

Das Konzept der Wesenselemente wurde in den 1970er-Jahren von Friedrich Glasl und Hans von Sassen (Glasl et al. 2014, S. 73) entwickelt. Organisationen werden als offene, dynamische Systeme definiert, die aus unterschiedlichen Teilen/Elementen bestehen. Diese Elemente beeinflussen sich gegenseitig und bilden zusammen eine Ganzheit. Als erkennbare Ganzheit grenzen sich Organisationen von ihrer Umwelt ab. Organisationen stehen jedoch in einem dauernden Austausch mit der Umwelt und dadurch befinden sie sich in einem dauernden Wandel (vergl. Glasl et al. 2014, S. 53). Wichtige Teile/Elemente einer Organisation sind nach Glasl et al. die folgenden Größen: Identität, Politik, Struktur, Menschen, Funktionen, Prozesse und physische Mittel (Maschinen, Einrichtung, Gebäude). Glasl und von Sassen nennen diese Elemente/Teile Wesenselemente. In einem gestaltpsychologischen Sinn werden die Wesenselemente als gleichwertig und aufeinander bezogen verstanden. Nur in ihrer Gesamtheit machen sie die Organisation aus.

Die sieben Wesenselemente lassen sich in drei Subsysteme ordnen: das kulturelle, soziale und technisch-instrumentelle Subsystem. Das kulturelle Subsystem umfasst *Identität* und *Politik, Strategie und Konzepte/Programme*. Das soziale Subsystem besteht aus den Wesenselementen

Struktur, Menschen, Gruppen, Klima und *Einzelfunktionen, Organe*. Das technisch-instrumentelle Subsystem besteht aus den Elementen *Abläufe, Prozesse* und physische (Produktions-)*Mittel*. Diese drei Subsysteme stehen, je nach Organisationtyp, in einem anderen Verhältnis zueinander. Glasl et. al. (2014, S. 81 ff.) unterscheiden zwischen drei Organisationstypen: Produkt-, Dienstleistungs- und professionelle Organisation. In den Produktorganisationen, wie Autofabriken, dominiert das technisch-instrumentelle Subsystem. Technische Anlagen in Verbindung mit Ingenieurwissen ermöglichen die rationelle Produktion von Gütern. In Dienstleistungsorganisationen spielt das soziale Subsystem die entscheidende Rolle: Die Zufriedenheit der Kundinnen und Kunden, die Dienstleistungen in Anspruch nehmen, ist wesentlich vom Verhalten der Angestellten während des Kundenkontakts bestimmt. In professionellen Organisationen, wie Spitälern oder Universitäten, sind hochqualifizierte Fachpersonen tätig. Diese entscheiden und arbeiten aufgrund ihres Fachwissens weitgehend selbstverantwortlich. Deshalb ist es für professionelle Organisationen wichtig, dass die Fachpersonen die Ziele und Werte der Organisation teilen. In professionellen Organisationen kommt dem kulturellen Subsystem eine zentrale Bedeutung zu, da erst ein geteilter Werte- und Zielhorizont die Abstimmung der selbstverantwortlichen Entscheide der „Professionellen" möglich macht resp. die Kooperation erleichtert.

2.3.2 Die vier Entwicklungsphasen der Organisation

Organisationen durchlaufen nach Glasl vier Entwicklungsphasen, nämlich die Pionier-, die Differenzierungs-, die Integrations- und die Assoziationsphase. Im Entwicklungsverlauf geraten Organisationen jeweils in typische Krisen. In der produktiven Lösung dieser Krisen wird die Organisation jeweils zur nächsten Entwicklungsphase geführt. Dass Organisationen einem dauernden Wandel unterworfen sind, gehört zu den Kernaussagen des Trigon-Modells – und auch, dass dieser Wandel bewusst gestaltet werden kann.

Die Entwicklungslogik geht von einer personenorientierten, familiären Organisation (Pionierphase) über eine Phase der ordnenden (Über-)Formalisierung (Differenzierungsphase) zu einer Phase, in der sich die Organisation als „lebender Organismus" versteht (Integrationsphase), hin zur abschließenden Assoziationsphase. In dieser Phase bilden verschiedene Organisationen einen dynamischen Verbund von Organisationen, die ohne harte Organisationsgrenzen miteinander im Austausch stehen. Im Laufe dieser Entwicklung wechseln, so die Trigon-AutorInnen, innerhalb der Organisation auch die bewusstseinsbildenden Organisationsmetaphern (vergl. Morgan 2006) von der Familie (Pionierphase) zur Maschine (Differenzierungsphase) und über den lebenden Organismus (Integrationsphase) hin zur Biotopmetapher (Assoziationsphase).

Die sieben Wesenselemente erhalten in jeder der vier Entwicklungsphasen jeweils spezifische Inhalte, die sich zusammen mit den anderen Elementen zu einem phasentypischen Muster verbinden. Dies lässt sich anschaulich am Wesenselement der Identität illustrieren: In der Pionierphase ist die Identität eng mit den Persönlichkeiten der Gründer/innen verbunden; in der Differenzierungsphase ist die Identität von einer rationalen Marktpositionierung geprägt; in der Integrationsphase wird die Identität selbst zu einem zentralen Thema, was sich z.B. in der Erarbeitung von Leitbildern oder Mission-Statements niederschlägt; in der Assoziationsphase wird die Identität kooperativ zusammen mit den Stakeholdern definiert und beschreibt die Organisation als Teil eines „Biotops" (vergl. Glasl et al. 2014, S. 82 f.).

2.4 Veränderungen von Organisationen

Drei Phänomene sind für eine Reihe von Paradoxien in und von Organisationsentwicklungsprozessen (OE-Prozesse) verantwortlich. Organisationen sind in einem andauernden Veränderungsfluss. Es ist unmöglich, den Wandel in einer Organisation aufzuhalten. Die wenigsten der – zum Teil sehr kleinen – Veränderungen sind zielgerichtet, vielmehr ergeben sie sich aus einer Mischung von internen Interessenaushandlungen und Anpassungen an eine sich verändernde Umwelt (gesellschaftliche, fachliche, ökonomische und juristische Entwicklungen).

Um zu überleben, müssen sich Organisationen den sich ändernden Umweltbedingungen anpassen. Dies wird in der Managementliteratur (vergl. Hamel 2013) zu den Binsenwahrheiten gezählt, ebenso wie die Feststellung, dass diese Organisationsanpassungen heute im Vergleich zu früher in schnellerer Folge und tief greifender erfolgen müssen: „Von Menschen und Unternehmen wird – angesichts der zunehmenden Globalisierung und der notwendigen Umstrukturierungen – ein hohes Mass an Flexibilität und Kreativität verlangt." (Becker/Langosch 2002, Vorwort zur 5. Auflage, o.S.)

2. Organisationen

Organisationen bzw. ihre Mitglieder scheinen eine eigentümliche Resistenz gegenüber tief greifendem Wandel und Innovation zu haben (vergl. Maelicke 2009, S. 810; Wöhrle 2005, S. 19–22): Die Praxis zeigt, wie schwierig es ist, Organisationen zielgerichtet zu verändern. Die Mehrzahl der Veränderungsprojekte scheitert oder erreicht ihre Zielvorgaben nur unvollständig.

2.4.1 Spannung zwischen Theorie und Wirklichkeit von OE-Prozessen

Die meisten Ansätze der Organisationsentwicklung verstehen sich als rationale, wissenschaftsbasierte Vorgehensweisen zur geplanten Veränderung von Organisationen (vergl. Becker/Langosch 2002, S. 4 ff.). Solche Eingriffe in Organisationen werden dann in Angriff genommen, wenn der gegenwärtige Zustand einer Organisation als unbefriedigend erlebt wird (Becker/Langosch 2002, S. 6; Kühl 2010, S. 224 ff.) oder eine Organisation visions- oder theoriegeleitet verbessert werden soll.

Becker und Langosch unterscheiden aus der Managementperspektive drei Anlässe, die zu OE-Prozessen führen (Becker/Langosch 2002, S. 295): Druck von außen, Krise von innen und Änderungswünsche der Unternehmensspitze. Manfred Bornewasser (2009) will in Analogie zum Vorgehen einer Kfz-Mechanikerin oder eines Arztes zunächst eine Diagnostik des Zustands einer Organisation durchführen, um „regulierende Eingriffe in problematische Zustände" (Bornewasser 2009, S. 15) vornehmen zu können und/oder proaktiv die Organisation zukunftsfähig aufstellen zu können – in Letzterem tritt wieder der Gestaltungswille des Managements prominent in den Vordergrund. Hierfür sind „die Vorstellung normaler Abläufe sowie abweichender Störungen" (Bornewasser 2009, S. 16) sowie vielfältig diagnostische Instrumente notwendig. Hier kommt dem/der externen Berater/in als Experte/in eine besondere Rolle zu. Sie/er durchleuchtet im Auftrag des Managements systematisch die Organisation und schlägt, ausgehend von einer rationalen Analyse, Lösungsmöglichkeiten vor. Die Autoren des Trigon-Modells rechnen mit einem Veränderungsbedarf, der dem Lebenszyklus einer Organisation folgt. Die Veränderungen bei den Übergängen der Entwicklungsphasen sollen bewusst geschehen, da sonst die Gefahr des Wildwuchses bestehe. Die Ursachen für die OE-Prozesse liegen hier in der inneren Entwicklungslogik von Organisationen und machen ein professionell begleitetes Vorgehen notwendig.

2.4 Veränderungen von Organisationen

In Offerten wird von den Organisationsberater/innen (vergl. für das Folgende: Kühl 2010, S. 223) der Zustand der Organisationen, in denen OE-Prozesse durchgeführt werden sollen, oft als dramatisch schlecht beschrieben. Deshalb seien, so die Berater/innen, grundlegende Veränderungen unausweichlich. Auf dem Hintergrund dieser schwarzen Folie leuchten dann die Verheißungen der angekündigten Verbesserung umso heller. Meist ist es jedoch empirisch nicht belegt, dass das vorgeschlagene Vorgehen wirklich die erhofften Veränderungen bewirken kann.

Die realen Schwierigkeiten, Organisationen zu verändern, stehen in Kontrast zu den Versprechungen der Management- resp. Organisationsberatungsliteratur: Diese beschreibt Erfolgsgeschichten von rational geplanten, vorausschauend und kunstvoll durchgeführten Veränderungsprozessen (vergl. Kühl 2010, S. 213). Schwierigkeiten und Widerstände in Veränderungsprozessen werden in diesen Beschreibungen zwar nicht unterschlagen, ihre Überwindung wird jedoch als Beleg für die Wirksamkeit des vorgeschlagenen Vorgehens, geschickter Prozessanpassung und der (eigenen) Beratungskunst präsentiert. Wenn Veränderungsprozesse scheitern, wird dies oft als Beispiel für die Defizite konkurrierender Ansätze, für eine nicht fachgerechte Anwendung oder dafür dargestellt, dass sich Berater/innen und Unternehmen auf aussichtslose „Himmelfahrtskommandos" eingelassen haben.

Verschiedene Faktoren scheinen jedoch den Erfolg von OE-Prozessen (zu Erfolgsfaktoren in OE-Prozessen siehe: Glasl et al. 2014; Voegel 2011, S. 69–77) zu erhöhen, nämlich erstens klare Veränderungsziele auf der Grundlage eines geteilten Problembewusstseins (Becker/Langosch 2002, S. 23 ff.) aller relevanten Akteure/innen im Sinne einer gemeinsamen Wirklichkeit, zweitens die Unterstützung der Systemspitzen für den und im OE-Prozess, drittens das Ernstnehmen der vom OE-Prozess Betroffenen, viertens eine sorgfältige und offene Kommunikation sowie fünftens ausreichende Ressourcen.

2.4.2 Die neo-institutionellen Organisationstheorien als ein Schlüssel zum Verständnis von Veränderungsprozessen

Eine Kernaussage der neo-institutionellen Organisationstheorien ist es, dass sich Organisationen bei der Ausgestaltung ihrer Struktur und ihrer Aktivitäten nicht primär an ihrem Zweck / ihrer Aufgabe orientieren, sondern an den Regeln und Erwartungen der Umwelt (DiMaggio/Powell

1983; Meyer/Rowan 1977): Wenn Organisationen ihre Strukturen anpassen oder neue Elemente implementieren (z.b. Qualitätsmanagementtools, professionelle Standards, Logik der Rechnungslegung oder Arbeitszeiterfassung), tun sie das in erster Linie, weil dies von wichtigen Akteuren (z.B. Leistungsfinanzierenden, Berufsverbänden, wichtigen Konkurrenten/innen) als zwingend notwendig, wünschenswert oder angemessen beurteilt wird. Ob diese Elemente empirisch feststellbar die gewünschte Wirkung entfalten, spielt eine untergeordnete Rolle. Das heißt, Organisationen orientieren sich an dem, was im Arbeitsfeld oder in der Branche als selbstverständlich oder vorbildlich gilt. Diese allgemein geteilten Erwartungen, wie eine Organisation in einem bestimmten Arbeitsfeld oder einer bestimmten Branche zu strukturieren und wie (mit welchen Mitteln und Prozessen) der Zweck der Organisation umzusetzen ist, definieren das, was in den neo-institutionellen Organisationstheorien als „Institutionen"[3] bezeichnet wird (vergl. Koch 2009; Walgenbach 2014, S. 295f.; Walgenbach/Meyer 2008, S. 22–54).

Die Verwendung des Begriffs der Institution geht auf Berger und Luckmann (1994) zurück. In ihrem wissenssoziologischen Ansatz bezeichnen sie Institutionen (vergl. für das Folgende: Berger/Luckmann 1994, S. 58 f.) als wechselseitige, gewohnheitsmäßige Handlungen, die zum Allgemeingut werden: Grußrituale, aber auch komplexere Vorstellungen, die als zusammenhängendes Bündel von wechselseitigen, gewohnheitsmäßigen Handlungen verstanden werden können, wie etwa Vertrag, Beruf oder Ehe. Im Sozialdrama „I, Daniel Blake" von Ken Loach (2016) versucht sich die Hauptperson, ein 59-jähriger Zimmermann, der von gesundheitlichen Problemen betroffen ist, durch die Institutionen des britischen Sozialhilfesystems zu kämpfen. Er erlebt, wie durch Institutionen vorgegeben ist, wie sich KlientInnen und die verschiedenen Repräsentanten/innen des Hilfesystems zu verhalten haben: z.B. im Hinblick auf die Art der Terminvereinbarung, was in einem Gespräch als angemessen gilt, wie die Entscheide fallen, welche Rechtswege wann offenstehen, wie ein bestimmtes Verhalten sanktioniert werden kann, oder dass eine Anmeldung zwingend und ohne Ausnahme über das Internet erfolgen muss. Institutionen entste-

---

[3] Der Begriff der Institutionen wird umgangssprachlich synonym für eine wichtige Organisation verwendet. In der Soziologie werden Institutionen als *soziale Regelsysteme* verstanden, die das Verhalten und die Vorstellungen von Individuen und Organisationen beeinflussen. Je nach AutorIn werden Organisationen, wenn sie als Regelsysteme betrachtet werden, ebenfalls als Institutionen bezeichnet.

2.4 Veränderungen von Organisationen

hen, so Berger und Luckmann, immer in einem bestimmen historischen Kontext und es ist unmöglich, sie ohne diesen Kontext zu verstehen (vergl. Berger/Luckmann 1994, S. 58). Institutionen schränken das mögliche Verhalten ein, das in einer bestimmten Situation als angemessen gilt. Diese Verhaltensnormierung gibt den Akteure/innen einerseits Handlungssicherheit, anderseits ist sie eine starke Form der sozialen Kontrolle. Jede Missachtung einer Institution zieht Konsequenzen nach sich und kann im Extremfall (Missachtung von Gesetzen) zu Zwangsmaßnahmen führen.

Neo-institutionelle Organisationstheorien beschäftigen sich mit Institutionen innerhalb von Organisationen und in der Interaktion der Organisation mit ihrer Umwelt. Wollen Organisationen überleben, müssen sie sich an die Erwartungen ihrer gesellschaftlichen Umwelt anpassen. (Hasse/ Krücken 2008, S. 239). Dies gilt besonders für Organisationen der Sozialen Arbeit, die meist zu einem bedeutenden Teil von staatlichen bzw. Spendengeldern finanziert werden. Aber auch Produktorganisationen sehen sich, obwohl sie sich über den freien Markt finanzieren und stärker von der technischen Umwelt bestimmt sind, zunehmend mit institutionellen Erwartungen (z.b. im Bereich der Corporate Social Responsibility) konfrontiert (vergl. Scott/Davis 2007). Verpasst eine Organisation die Anpassung an sich verändernde gesellschaftliche Erwartungen, reduziert sich ihre Glaubwürdigkeit. So würden sich staatlich mitfinanzierte Organisationen der Sozialen Arbeit in der Schweiz wesentliche Nachteile einhandeln, wenn sie offen zugeben würden, über keinerlei Qualitätsmanagement zu verfügen. Sie würden unweigerlich in den Ruf geraten, nicht „professionell" zu arbeiten, selbst wenn sie erfolgreich ihren Auftrag erfüllen würden und ein Wirkungszusammenhang zwischen dem Qualitätsmanagement und der effektiven Qualität der Leistungen nicht nachgewiesen werden könnte. Es gehört u.U. zu den von außen vorgegebenen, nicht diskutierbaren „Spielregeln" der Leistungsfinanzierer/Geldgebenden, dass die unterstützten Organisationen über ein Qualitätsmanagement verfügen müssen. Wie diese Elemente in der Praxis implementiert sind, ob sie als Kultur gelebt oder nur pro forma „vorgetäuscht" werden, ist weniger wichtig. Die institutionellen Erwartungen führen vielfach zu widersprüchlichen Anforderungen an Organisationen und führen die Akteure/innen und Organisationen in Dilemmata.

Im erwähnten Film „I, Daniel Blake" wird der Hauptprotagonist gezwungen, aktiv einen Job zu suchen, obwohl er aus gesundheitlichen Gründen keinen Job annehmen kann. Weist er aber nicht nach, dass er ernsthaft auf Arbeitssuche ist, verliert er sein Arbeitslosengeld. Dieses

2. Organisationen

muss er beziehen, weil sein Antrag auf Sozialhilfe abgelehnt worden ist. Trotz seiner Arbeitsunfähigkeit gilt er als zu wenig beeinträchtigt für einen Sozialhilfeanspruch. Als er verzweifelt auf dieses verschachtelte Dilemma hinweisen will, wird er vom Hilfesystem als renitent wahrgenommen und eine Einschränkung der Unterstützung angedroht.

Auch Organisationen sind von solchen widersprüchlichen Erwartungen betroffen: Sie sollen z.B. möglichst viel Arbeitszeit im direkten Kontakt mit den Klienten/innen verbringen und gleichzeitig ihre Arbeit umfassend dokumentieren und auswerten.

2.4.3 Warum sich die Organisationen innerhalb eines Arbeitsfeldes ähnlich sind

Der Einfluss der institutionellen Erwartungen ist, so DiMaggio und Powell (1983), dafür verantwortlich, dass sich Organisationen eines bestimmten Arbeitsfeldes bzw. einer Branche in Bezug auf ihre Struktur und Praxis erstaunlich ähnlich (isomorph) sind. In den neo-institutionellen Organisationstheorien werden die Arbeitsfelder bzw. Branchen, DiMaggio folgend (vergl. 1986), „organisationale Felder" genannt. Das organisationale Feld einer Organisation umfasst alle Elemente und Organisationen, die für sie wichtig sind. Dieses Feld stellt in der Sozialen Arbeit / Sozialwirtschaft meist ein Netzwerk von Organisationen mit ähnlichem Auftrag, Organisationen mit ähnlichen Zielgruppen, Bildungs- und Forschungseinrichtungen, staatlichen Steuerungs-, Finanzierungs- und Controllingstellen, Dienstleister/innen, relevanten Medien oder Berufsverbänden dar. Die Autoren nennen drei Mechanismen, die innerhalb von organisationalen Feldern zu Isomorphien führen (DiMaggio/Powell 1983, S. 150): Erstens die *erzwungene Gleichförmigkeit* (coercive isomorphism) durch staatliche/ gesetzliche Vorgaben (z.B. Arbeitsrecht, Sozialgesetzgebung, Haftungsfragen, Vertragsrecht), welche von den Organisationen befolgt werden müssen. Zweitens die *nachahmerische Gleichförmigkeit* (mimetic isomorphism) von Organisationen, die ihr Vorgehen als erfolgreich darstellen. Dies ist besonders dann der Fall, wenn sich die übergeordneten Ziele faktisch schwer verwirklichen lassen (z.B. echte Partizipation von Jugendlichen in einem Gemeinwesen, allgemeine Drogenprävention, berufliche Inklusion). Drittens die *normative Nachahmung* (normative isomorphism) als Folge des Professionsverständnisses, das durch Ausbildungen geformt und von Berufsverbänden vertreten wird. Dies führt innerhalb einer bestimmten Berufsgruppe zu ähnlichen Werten, Problemlösungsmustern und Vorstellungen über „professionelles" Arbeiten und wünschenswerte organisationalen Strukturen.

DiMaggio und Powell (DiMaggio/Powell 1983) bezeichnen die Diffusion von institutionellen Elementen von einem organisationalen Feld in ein anderes als einen zentralen Faktor für die zunehmende Homogenität jenes Feldes, in das die Elemente übertragen werden (Walgenbach/Meyer 2008, S. 97). Im organisationalen Feld der Sozialen Arbeit nahm z.b. in den letzten Jahren die Bedeutung von betriebswirtschaftlichen Institutionen zu. Aufgrund des Verteilungskampfs um Gelder, der Infragestellung von Leistungen der Sozialen Arbeit durch Geldgeber/innen und der generellen Professionalisierung der Führung in Organisationen der Sozialen Arbeit versuchen Organisationen, sich durch die Übernahme von Tools und Vorstellungen aus der Betriebswirtschaft einen internen Effizienz-, vor allem aber einen Legitimitätsvorsprung zu verschaffen: Die Entscheider/innen bei den Geldgebenden/Leistungsfinanzierer/innen haben oft einen betriebswirtschaftlichen oder juristischen Hintergrund. Durch die Anpassung an die Gedankenwelt der Entscheider/innen gelingt es den Organisationen der Sozialen Arbeit, sich bei diesen besser verständlich zu machen. Damit verschiebt sich der Fokus des Wirkungsnachweises. An die Stelle der breiten Diskussion über die Ziele in der Sozialen Arbeit und des Nachweises der Erreichung schwer erreichbarer Ziele (z.B. der erwähnten echten Partizipation von Jugendlichen) tritt der scheinbar eindeutige formale Qualitätsnachweis der Leistungen der Sozialen Arbeit (z.B. durch ein Qualitätsmanagementsystem).

Sind Organisationen mit den beschriebenen Strategien erfolgreich, vermehren sie ihr legitimatorisches Prestige und gelten als „professionell" bzw. vorbildlich – was wiederum andere Organisationen des organisationalen Feldes motiviert, sie nachzuahmen (mimetic isomorphism).

2.4.4 Rationalität und Rationalitätsmythen

Die meisten Vertreter/innen der neo-institutionellen Organisationstheorien würden die Vorstellung einer „objektiven Rationalität" als unsinnig zurückweisen (vergl. Senge 2011; Sparsam 2015), da die Wirklichkeit im Sinne der Wissenssoziologie das Ergebnis eines gesellschaftlichen Aushandlungsprozesses ist. Rational ist folglich das, worüber der Konsens besteht, dass es rational ist. Dass ein zweckrationales Plan-Do-Check-Act-

Vorgehen (Planen-Ausführen-Überprüfen-Anpassen), richtig angewandt, fast unweigerlich und empirisch nachweisbar zu einem gewünschten Ergebnis führt, ist in einem neo-institutionellen Verständnis ein Mythos. Diese Verwendung des Mythen-Begriffs geht auf Meyer und Rowan (1977, S. 347) zurück. Die Autoren postulieren, dass Organisationen nicht auf der Grundlage von rationalen Überlegungen strukturiert werden, sondern auf der Grundlage von institutionellen Rationalitätsmythen (Rational Institutional Myths). Bowles (2003) hat diese Vorstellung breiter auf die Organisationen und das Management übertragen. Er beschreibt fünf archetypische Mythen von und in Organisationen: Erstens den Management-Mythos, d.h. die Vorstellung, alles planen und regeln zu können, zweitens den Mythos Sozialdarwinismus, d.h. die Verherrlichung der Konkurrenz und das Ausblenden der Vorteile von Kooperation, drittens den Mythos der Rationalität, d.h. die einseitige Fokussierung auf Zweck-Mittel-Relationen und technische Rationalität, viertens den Heldenmythos, d.h. den Glauben an die heroische Führungsperson, die alleine die Organisation steuert und rettet, und schließlich fünftens den Mythos, dass einzelne Unternehmerfiguren für den sozialen Fortschritt verantwortlich sind.

2.4.5 Entkoppelung von formaler Struktur und Tätigkeiten

Betrachtet man Organisationen als rationale Systeme (vergl. Scott/Davis 2007, S. 27), werden die Ziele einer Organisation auf der Grundlage strategischer Planung in möglichst effektiver und effizienter Weise umgesetzt. Bei dieser Planung orientieren sich die autonomen, rational handelnden Akteure/innen ausschließlich an der optimalen Umsetzung des Organisationszwecks. Nach Meyer und Rowan (Original 1977, Deutsch 2009) verschaffen sich Organisationen bedeutende Vorteile, wenn sie sich außer an ihren offiziellen Zielen konsequent an den institutionellen Erwartungen ausrichten (Meyer/Rowan 1977, S. 352): Durch eine Orientierung an den institutionellen Erwartungen erhöhen sie ihre Legitimität, erhalten mehr Ressourcen und steigern so ihre Überlebensfähigkeit, zum Beispiel, wie oben beschrieben, durch die Übernahme normativer Vorstellungen der Geldgebenden. Der Preis für diese höhere Legitimität ist, dass die „Konformität mit institutionellen Regeln […] häufig in deutlichem Widerspruch zur Effizienz" (Meyer/Rowan 2009, S. 29) einer Organisation steht. Das heißt, um Vorteile, wie mehr finanzielle Mittel zu erhalten, orientieren sich Organisationen an Ansprüchen, die (oft) in Widerspruch zur effizienten

Erfüllung ihrer „eigentlichen" Aufgaben stehen. Dies wird, so Meyer und Rowan, von den Organisationen etwas abgefedert, indem sie ihre „formellen Strukturen von den tatsächlichen Aktivitäten" (Meyer/Rowan 2009, S. 29) trennen.

Nehmen wir an, eine Organisation der Offenen Jugendarbeit steht unter Druck, da von den Geldgebenden die Professionalität und die Notwendigkeit der aufsuchenden Arbeit bezweifelt werden. Als Reaktion wird von der Organisation ein aufwendiges Qualitätsmanagement eingeführt Durch die akribische Erfassung und Auswertung der Aktivitäten entstehen für die Mitarbeitenden zusätzliche Aufgaben außerhalb der Kernaktivitäten. Dadurch sinkt die Effizienz der Organisation, falls sich aus dem Qualitätsmanagement keine Effizienzeffekte ergeben. Für die Legitimation der aufsuchenden Jugendarbeit kommt jedoch dem Qualitätsmanagement eine größere Bedeutung zu als der effektiven Arbeit mit der Zielgruppe. Um legitimationsförderliche Resultate zu erreichen, sind die Mitarbeitenden zudem leicht versucht, nicht nur die Erfassung etwas zu „frisieren". Sie könnten z.B. die Touren so legen, dass möglichst viele Jugendliche angetroffen werden, auch dann, wenn ihre Hauptzielgruppe (z.B. armutsbetroffene Jugendliche) an diesen Orten und zu diesen Zeiten gar nicht anzutreffen ist. Obwohl die Erfüllung der eigentlichen Aufgaben (Unterstützung von armutsbetroffenen Jugendlichen) leidet, steigt jedoch durch den (scheinbaren) Nachweis von Wirkung und Qualität die Legitimität der Organisation.

Ob sich die These einer weitgehenden Entkoppelung von formaler Struktur und Organisationszweck, wie sie von Meyer und Rowan (1977) postuliert wird, empirisch belegen lässt, wird in der Literatur angezweifelt (Walgenbach/Meyer 2008, S. 81 ff.). Walgenbach konnte jedoch nachweisen, dass etwa Elemente von Qualitätsmanagementsystemen übernommen werden, deren Umsetzung von den Verantwortlichen als sinnlos erachtet wird (Walgenbach/Meyer 2008, S. 83).

2.4.6 Neo-Institutionalismus und Organisationsveränderungen

Im Zusammenhang mit intendierten und spontanen Veränderungen von Organisationen sollen aus der Perspektive der neo-institutionellen Organisationstheorien drei Bereiche näher betrachtet werden: der Wandel der Institutionen, Organisationsprozesse als Folge von institutionellem Wandel und als Institutionen sowie strategische Reaktionen von Organisationen auf institutionelle Erwartungen.

2. Organisationen

In der frühen Phase der neo-institutionellen Theorien wurden Institutionen als unveränderlich und die Organisationen als passive Akteure betrachtet (Koch 2009, S. 117). Heute hat sich das Augenmerk einerseits auf den Wandel der Institutionen, anderseits auf die Wirkung der wichtigen Organisationen auf die Institutionen verschoben.

Die institutionellen Erwartungen verändern sich im Laufe der Zeit: John Campell (2004) unterscheidet zwischen evolutionärem und revolutionärem Wandel. Im evolutionären/kontinuierlichen Wandel verändern sich die Institutionen zwar erkennbar, die grundlegende Struktur und Logik sind jedoch immer noch ähnlich. Bei einem revolutionären/diskontinuierlichen Wandel treten in kurzer Zeit große und wichtige Veränderungen auf.

Der Unterschied zwischen diesen beiden Veränderungsformen lässt sich an einem Beispiel aus der Behindertenhilfe illustrieren. Geringfügige Anpassungen der Finanzierungsrichtlinien können als evolutionärer Wandel verstanden werden. Ein revolutionärer Wandel wäre die Umstellung der Finanzierungslogik von der Objekt- zu einer Subjektfinanzierung. Durch eine solche Umstellung verändern sich die institutionellen Erwartungen an Organisationen in der stationären Behindertenhilfe fundamental.

Es wäre jedoch zu kurz gegriffen, Organisationen nur als passiv von institutionellem Wandel Betroffene zu beschreiben. Die relevanten Organisationen und/oder Zusammenschlüsse von Organisationen beeinflussen ihrerseits das organisationale Feld. Große, prestigeträchtige Organisationen wirken nicht nur homogenisierend auf das organisationale Feld, sie beeinflussen vielfach etwa Berufsverbände, Ausbildungsorganisationen oder Leistungsfinanzierer und damit wiederum die institutionellen Erwartungen, die an sie gerichtet werden, wenn etwa ihre Arbeitsweise als Best-Practice-Beispiele herangezogen oder zum Quasi-Standard erhoben wird.

Der institutionelle Wandel löst bei Organisationen oft Veränderungsbedarf aus: Geplante Organisationsentwicklungsprozesse können aus neo-institutioneller Perspektive als Anpassungen an veränderte Erwartungen oder als Vorwegnahme von Erwartungsveränderungen verstanden werden, welche die Legitimation und die Überlebensfähigkeit von Organisationen verbessern (vergl. Mohe/Höner 2010).

Die OE-Prozesse selbst können als Institutionen verstanden werden, und es gehört zu den institutionellen Erwartungen im organisationalen Feld der Sozialen Arbeit, größere Veränderungen in Organisationen in Form eines OE-Prozesses durchzuführen.

Organisationsentwicklungsprozesse haben für Mitglieder einer Organisation meist etwas Bedrohliches, weil in ihrer Wahrnehmung beunruhigende Fragen mitschwingen: Werde ich nach der OE noch Mitglied der Organisation sein oder verändert sich die Organisation so, dass ich keinen Platz mehr darin habe? Werde ich meine Stellung in der Organisation halten können oder drohen Abstieg oder Gesichtsverlust? Werden sich die Ziele der Organisation so verändern, dass sie nicht mehr meinen Werten oder meiner bevorzugten Arbeitsweise entsprechen? Im Mainstream der OE-Literatur werden die „störenden" Reaktionen, die aus diesen Fragen entstehen, als Widerstand bezeichnet. Mit der Übernahme eines aus der Tiefenpsychologie stammenden Konzepts wird eine neue Institution geschaffen – und gleichzeitig die u.U. real bestehende existenzielle Bedrohung psychologisiert. Wenn in OE-Prozessen Widerstand auftritt, hat der/die OE-Berater/in die Aufgabe, auf die verschiedenen Arten von Widerstand zu achten und sie mit psychosozialen und Informationsprozessen zu bearbeiten. Anstelle von organisationspolitischen Konflikten aufgrund divergierender Interessen tritt eine psychosoziale Bearbeitung von individuellen und kollektiven Ängsten. Im Widerstandskonzept ist auch der Mythos enthalten, dass die Rationalität immer auf der Seite des OE-Prozesses, der Geschäftsleitung und der/dem Berater/in, die Opposition dagegen zwar emotional verständlich, jedoch irrational ist.

Christine Oliver (1991) beschäftigt sich mit strategischen Reaktionen auf institutionelle Erwartungen. Die Ergebnisse ihrer Untersuchung lassen sich auf OE-Prozesse übertragen. Verändert sich die institutionelle Erwartung an eine Organisation revolutionär, haben Organisationen eingeschränkte Handlungsmöglichkeiten, darauf zu reagieren (Oliver 1991, S. 146 f.). Oliver unterscheidet zwischen dem Kontext des Verhaltens der Organisation und ihren Motiven (Oliver 1991, S. 147): Sucht eine Organisation, wenn sie mit institutionellen Erwartungen konfrontiert wird, nach Stabilität und Vorhersehbarkeit, nach Legitimation; oder verfolgt sie andere Interessen? Organisationen schätzen Chancen und Risiken ab, die von der Befolgung bzw. Nichtbefolgung der externen Erwartungen ausgehen und vergleichen diese mit den eigenen Handlungsmöglichkeiten. Oliver rückt dabei die Fragen des Eigeninteresses und der Macht von Organisationen zurück ins Blickfeld (Walgenbach/Meyer 2008, S. 123). Die Autorin arbeitet fünf Strategien (Oliver 1991, S. 152) heraus, mit denen Organisationen auf institutionelle Erwartungen reagieren können: erstens sich *fügen* (acquiesce) und die Erwartungen erfüllen; zweitens einen *Ausgleich suchen* (compromise) und die Erwartungen mit den eigenen Interessen in Einklang bringen; drittens *vermeiden* (avoid), d.h., die Ansprüche mehr oder weniger offen nicht befolgen; viertens *widersetzen* (defy), d.h., die

Ansprüche provokativ ignorieren oder angreifen; fünftens *manipulieren* (manipulate), d.h., die Erwartungen selbst aktiv verändern oder die institutionellen Akteure zu eigenen Gunsten beeinflussen.

Wenn eine Organisation auf institutionelle Erwartungen mit einem OE-Prozess reagiert, ist für die Träger/innen der institutionellen Erwartungen (z.B. LeistungsfinanziererInnen) oft noch nicht erkennbar, welche Strategie nach Oliver die Organisation damit umsetzen will. Das heißt, die strategischen Ziele einer Organisation verbergen sich im Nebel des OE-Prozesses. Vordergründig reagieren die Organisationen mit einer scheinbar rationalen Anpassung an die institutionellen Erwartungen. Durch den OE-Prozess gewinnt die Organisation Zeit, um u.a. die Folgen der veränderten institutionellen Anforderungen abzuschätzen und das allgemeine Kräftespiel zu beobachten. Oliver folgend kann der wahre Grund für das Scheitern vieler OE-Prozesse darin zu suchen sein, dass das bewusste Scheitern oder „Verhungernlassen" von OE-Prozessen Ziel einer verstecken Strategie der Organisation ist, etwa wenn im Verlauf des Prozesses für die Organisation klar wird, dass eine Vermeidungsstrategie möglich ist, sich wichtige Akteure manipulieren lassen und so eine vollständige Übernahme der Ansprüche oder die Suche nach einem Ausgleich der Interessen nicht zwingend notwendig ist. Dieses Wirkungsgefüge zeigt die mehrschichtigen Prozesse des institutionellen und organisationalen Wandels. Organisationen sind zwar wesentlich von den Regeln und Erwartungen ihres organisationalen Feldes bestimmt, sie entwickeln jedoch Strategien, wie sie den institutionellen Wandel beeinflussen oder zu ihrem eigenen Vorteil nutzen können, und prägen so sowohl ihr organisationales Feld als auch den institutionellen Wandel mit.

2.5.7 Sozialwirtschaft unter einer neo-institutionellen Perspektive

Eine neo-institutionelle Perspektive (vergl. für das Folgende: Zängl 2017) in der Sozialwirtschaft zu übernehmen, bedeutet für eine Organisation eine mehrfache Herausforderung: Einerseits die Anerkennung der Grenzen der rationalen Plan- und Steuerbarkeit, der Unmöglichkeit, die eigene Praxis durch Best-Practice-Beispiele anderer Organisationen zu verbessern oder die beschriebene Problematik, die beispielsweise mit Methoden des Qualitätsmanagements verbunden ist und trotz dieser Erkenntnisse anderseits die vielfältigen institutionellen Anforderungen, denen Organisationen der Sozialwirtschaft gerecht werden müssen, um als „professionelle" Organisation zu gelten. Für die Führung bedeutet dies, sich primär an dem eigentlichen Ziel der Organisation zu orientieren und die Anstrengungen zur „blossen" Legitimation auf ein notwendiges Minimum zu beschränken. Wobei das notwendige Minimum meist bereits recht aufwändig ist, da sich Organisationen der Sozialwirtschaft großen institutionellen Anforderungen gegenübersehen.

Aus den Grundannahmen der neo-institutionalistischen Organisationstheorie kann eine Agenda der Sozialwirtschaft entwickelt werden, die für Forschung und Praxis der Analyse von Organisationen nutzbar ist. Meyer und Rowan (Meyer/Rowan 1991, S. 45 ff.) haben sechs Thesen zu Organisationen und ihrer Entwicklung aufgestellt, aus denen folgende Fragen zur Morphologie einer Organisation abgeleitet werden können (Zängl 2017, S. 166 f.):

- Welche rationalisierten institutionellen Regeln bestehen für Organisationen und welchen Einfluss haben diese auf die formalen Organisationsstrukturen?
- Wo lassen sich rationalisierte Institutionen (Rationalitätsmythen) in den Organisationen identifizieren?
- Wie sind gesellschaftlich legitimierte rationalisierte Elemente in den formalen Strukturen einer Organisation gekoppelt?
- Welche Kontroll- und Koordinationsversuche der Aktivitäten in institutionalisierten Organisationen führen zu Konflikten und zu Legitimierungsverlust?
- Welche Formen von Vertrauen, Gratifikation und Zuversicht sind in den Organisationen vorhanden?
- Wie sind Einblicke und die Bewertungen durch interne Manager und externe Beauftragte möglich?

Mithilfe einer Forschungsagenda auf dieser Basis wäre ein stärkerer organisationssoziologischer (neo-institutionalistischer) Bezug im Sozialmanagement der Sozialwirtschaft gewährleistet. Damit würde gleichermaßen ein Bindeglied zwischen Umwelt (z.B. Sozialpolitik) und prozeduraler Umsetzung (z.B. Betriebswirtschaft) geschaffen, wie es bereits Wendt (2010) mit seinem öko-sozialen Prinzip vorgedacht hat, um so den Trends und Megatrends in der Sozialwirtschaft (demographischer Wandel, Veränderungen der Arbeitswelt, Migration u.v.m) adäquat zu begegnen.

Lernkontrollfragen:

1. Warum wurde es in den vergangen Jahrzehnten zunehmend schwieriger zu bestimmen, wer Mitglied einer Organisation ist oder wer nicht?
2. Wie unterscheidet sich je nach der systemischen Sicht auf die Organisationen das Verständnis der Ziele resp. des Zwecks von Organisationen?
3. Sind Organisationen a) ohne Strukturen und b) ohne Hierarchien denkbar?
4. Wie erklären VertreterInnen der neoinstitutionellen Organisationstheorien, warum sich Organisationen eines bestimmten Arbeitsfeldes ähnlich sind?
5. Welche sind die Hauptgründe, warum sich Organisationen verändern?

Literatur

Becker, Horst/Langosch, Ingo (2002): Produktivität und Menschlichkeit. Organisationsentwicklung und ihre Anwendung in der Praxis. 5. Aufl. Stuttgart: Lucius & Lucius.

Berger, Peter Ludwig/Luckmann, Thomas (1994): Die gesellschaftliche Konstruktion der Wirklichkeit. Eine Theorie der Wissenssoziologie. Frankfurt a.M.: Fischer.

Bornewasser, Manfred (2009): Organisationsdiagnostik und Organisationsentwicklung. Stuttgart: Kohlhammer.

Bowles, Martin (2003): Der Management Mythos: Seine Ausprägung und Unzulänglichkeit in gegenwärtigen Organisationen. In: Sievers, Burkard/Ohlmeier, Dieter/Oberhoff, Bernd /Beumer, Ullrich (Hg.): Das Unbewusste in Organisationen. Freie Assoziationen zur psychosozialen Dynamik von Organisationen. Beiträge aus 5 Jahren Freie Assoziationen. Giessen: Psychosozialverlag. S. 275–306.

Campell, John L. (2004): Institutional Change and Globalization. Princeton: Princeton University Press.

DiMaggio, Paul (1986): Structural analysis of organizational fields: a blockmodel approach. In: Research in Organizational Behavior 8. S. 335–370.

DiMaggio, Paul J./Powell, Walter W. (1983): The Iron Cage Revisited. Institutional Isomorphism and Collective Rationality in Organizational Fields. In: American Sociological Review 48/2. S. 147–160.

Flammer, August (1990): Erfahrung der eigenen Wirksamkeit. Einführung in die Psychologie der Kontrollmeinung. Bern: Huber.

Glasl, Friedrich/Kalcher, Trude/Piper, Hannes (2014): Professionelle Prozessberatung: Das Trigon-Modell der sieben OE-Basisprozesse. 3 Aufl. Stuttgart: Freies Geistesleben.

Grunwald, Klaus (2015): Organisation und Organisationsgestaltung. In: Otto, Hans Uwe/Thiersch, Hans (Hg.): Handbuch Soziale Arbeit. Grundlagen der Sozialarbeit und Sozialpädagogik. München/Basel: Ernst Reinhardt. S. 1139–1150.

Hamel, Gary (2013): Worauf es jetzt ankommt. Erfolgreich in Zeit kompromisslosen Wandels, brutalen Wettbewerbs und unaufhaltsamer Innovation. Weinheim: Wiley.

Kieser, Alfred/Ebers, Mark (2014) (Hg.): Organisationstheorien. 7 Aufl. Stuttgart: Kohlhammer.

Koch, Sascha (2009): Die Bausteine neo-institutionalistischer Organisationstheorie – Begriffe und Konzepte im Lauf der Zeit. In: Koch, Sascha/Schemmann, Micheal (Hg.): Neo-Institutionalismus in der Erziehungswissenschaft. Grundlegende Texte und empirische Studien. Wiesbaden: VS Verlag. S. 110–132.

Kühl, Stefan (2010): „Rationalitätslücken" Ansatzpunkt einer sozialwissenschaftlich informierten Organisationsberatung. In: Kühl, Stefan/Moldaschl, Manfred (Hg.): Organisation und Intervention. Ansätze für eine sozialwissenschaftliche Fundierung von Organisationsberatung. München: Hampp. S. 213–243.

Kühl, Stefan (2011): Organisationen. Eine sehr kurze Einführung. Wiesbaden: VS Verlag.

Laloux, Frederic (2015): Reinventing Organizations. Ein Leitfaden zur Gestaltung sinnstiftender Formen der Zusammenarbeit. München: Vahlen.

Loach, Ken (Regisseur) (2016): I, Daniel Blake [Film]. London/Paris/Berlin: Sixteen Films, Why Not Productions, Wild Bunch.

Luhmann, Niklas (1975): Macht. Stuttgart: Ferdinand Enke.

Luhmann, Niklas (2000): Organisation und Entscheidung. Opladen/Wiesbaden: Westdeutscher Verlag.

Maelicke, Bernd (2009): Innovationsmanagement. In: Arnold, Ulli/Maelicke, Bernd (Hg.): Lehrbuch der Sozialwirtschaft. Baden-Baden: Nomos. S. 794–816.

Mayntz, Renate (1963): Soziologie der Organisationen. Reinbek bei Hamburg: Rowohlt.

Meyer, John W./Rowan, Brian (1977): Institutionalized Organizations: Formal Structure as Myth and Ceremony. In: American Journal of Sociology 83/2. S. 340–363.

Meyer, John W./Rowan, Brian (1991): Institutionalized organizations: Formal structure as myth and ceremoney. In: DiMaggio, Paul/Rowan, Brian (Hg.): The new institutionalism in organizational analysis. Chicago: University of Chicago Press. S. 41–62.

Meyer, John W./Rowan, Brian (2009): Institutionalisierte Organisationen. Formale Struktur als Mythos und Zeremonie. In: Koch, Sascha/Schemmann, Micheal (Hg.): Neo-Institutionalismus in der Erziehungswissenschaft. Grundlegende Texte und empirische Studien. Wiesbaden: VS Verlag. S. 28–56.

Mohe, Michael/Höner, Dirk (2010): Managementberatung und Legitimationskrisen. Eine historische Perspektive aus neo-institutionalistischer Perspektive. In: Kühl, Stefan/Moldaschl, Manfred (Hg.): Organisation und Intervention. Ansätze für eine sozialwissenschaftliche Fundierung von Organisationsberatung. München: Hampp. S. 31 92.

Morgan, Gareth (2006): Images of Organization. Thousand Oaks: Sage.

Müller-Jentsch, Walther (2003): Organisationssoziologie. Eine Einführung. Frankfurt a.M./New York: Campus.

Oliver, Christine (1991): Strategic responses to institutional processes. In: Academy of Management Review 16/1. S. 145–179.

Parsons, Talcott (2009): Das System moderner Gesellschaften. Weinheim: Juventa.

Robertson, Brian J. (2016): Holacracy: Ein revolutionäres Management-System für eine volatile Welt. München: Vahlen.

Rüegg-Stürm, Johannes/Grand, Simon (2014): Das St. Galler Management-Modell. 4. Generation – Einführung. Bern: Haupt.

Schwarz, Peter (2005): Organisation in Nonprofit-Organisationen. Grundlagen, Strukturen. Bern/Stuttgart/Wien: Haupt

Scott, W. Richard/Davis, Gerald F. (2007): Organizations and Organizing: Rational, Natural and Open Systems Perspectives. London/New York: Prentice Hall.

Senge, Konstanze (2011): Das Neue am Neo-Institutionalismus. Wiesbaden: VS Verlag.

Sparsam, Jan (2015): Wirtschaft in der New Economic Sociology: Eine Systematisierung und Kritik von Jan Sparsam. Wiesbaden: VS Verlag.

Voegel, Sandra Ariane (2011): Organisation im Wandel. Methodologische und methodische Rekonstruktion der Veränderung von Organisationen und deren Implikationen für geplante organisatorische Veränderungen. Universität St. Gallen. Dissertation. Schaan.

Walgenbach, Peter (2014): Neoinstitutionalistische Ansätze in der Organisationstheorie. In: Kieser, Alfred/Ebers, Mark (Hg.). Organisationstheorien. 7 Aufl. Stuttgart: Kohlhammer. S. 295–345.

Walgenbach, Peter/Meyer, Renate (2008): Neoinstitutionalistische Organisationstheorie. Stuttgart: Kohlhammer.

Weber, Max (1968): Die drei Typen der legitimen Macht. In: Winckelmann, Johannes (Hg.): Max Weber: Methodologische Schriften. Frankfurt: Fischer. S. 229–277.

Wendt, Wolf Rainer (2010): Das ökosoziale Prinzip. Freiburg: Lambertus.

Wöhrle, Armin (2005): Den Wandel managen. Organisationen analysieren und entwickeln. Baden-Baden: Nomos.

Zängl, Peter (2011): Das Social-Impact-Modell und seine Anwendung in Deutschland. In: Fritze, Agnes/Maelicke, Bernd/Uebelhart, Beat (Hg.): Management und Systementwicklung in der Sozialen Arbeit. Baden-Baden: Nomos. S. 312–335.

Zängl, Peter (2015): Organisation. In: Merten, Ueli/Kaegi, Urs (Hg.): Kooperation kompakt. Kooperation als Strukturmerkmal und Handlungsprinzip der Sozialen Arbeit. Opladen/Berlin/Toronto: Barbara Budrich.

Zängl, Peter (2017): Mythos Sozialmanagement? Ein Blick auf Organisationen der Sozialwirtschaft durch die neoinstitutionalistische Brille. In: Wöhrle, Armin/Fritze, Agnes/Prinz, Thomas/Schwarz, Gotthart (Hg.): Sozialmanagement – Eine Zwischenbilanz. Wiesbaden: Springer VS. S. 155–170.

3. Was ist Management?

Urs Kaegi und Peter Zängl

3.1 Was ist Management?

Management ist, so der Managementlehrer Fredmund Malik, „die Transformation von Ressourcen in Nutzen". Dieser Satz verursacht mit seiner brachialen Semantik insbesondere bei den frühen Semestern aller Fachrichtungen große Bewunderung. Doch bei genauerer Betrachtung handelt es sich bei dieser Art der Definition von „Management" um die Perfektion dessen, was Uwe Pörksen 2011 einmal so treffend mit dem Begriff „Plastikwort" belegt hat.

Warum sehen wir dies so? Der Hauptbestandteil unseres Tuns besteht darin, Ressourcen in Nutzen zu transformieren, egal ob Homo oeconomicus, Homo sociologicus oder Homo politicus. Ständig sind wir bemüht, Vorhandenes oder Erworbenes oder Erlerntes, also Ressourcen, in Nutzen zu überführen. Und so verhält es sich beim „Managen" eben auch.

Viele weitere Definitionsversuche sind ebenfalls Leerformeln. Zwar ist auch die Beschreibung von „Managen" als Prozess des Analysierens, des Planens, der Durchführung und der Überprüfung der Wirkungen von Maßnahmen – in der Literatur als Managementregelkreis bekannt und für Prüfungsfragen beliebt – bestechend einfach und nachvollziehbar: in der Realität aber nahezu sinnentleert und gegenstandsbefreit. Auch dieses Vorgehen lässt sich, zumindest idealtypisch, auf alle Lebensbereiche übertragen.

Es bleibt also die Eingangsfrage bestehen: Was ist eigentlich Management? Wir wagen einen eher soziologischen Versuch: Management kann – erstens – frei nach Max Weber als eine Form des sozialen Handelns verstanden werden, welches überwiegend (immer?) in einer Organisation, einem Unternehmen, einem Betrieb stattfindet. Und es geht – zweitens – immer darum, geeignete Rahmenbedingungen für das eigentliche Organisationsziel zu schaffen. So gesehen heißt Managen, die Kernprozesse, die sich direkt an der Verwirklichung des Unternehmensziels ausrichten, zu unterstützten, zu gewährleisten, zu sichern, zu verbessern.

3.1.1 Sozialmanagement

Für die Sozialwirtschaft stellt sich die Frage, was das Besondere am Sozialmanagement ist. Diese Frage lässt sich ebenfalls kaum eindeutig und vor allem nicht konsensual beantworten. Allein schon der Diskurs um die Konnotation des Begriffs Sozialmanagement (siehe bspw. Wöhrle, 2013) ist zwar vergleichsweise jung, aber ohne gemeinsam getragenen Konsens. Die einen sprechen von Sozialmanagement (bspw. Schwarz 1994; Merchel 2001), die anderen von Management in sozialen Organisationen (bspw. Puch/Westermeyer 1999), wiederum andere von sozialem Management (bspw. Pankoke 1997) oder Management von oder in Nonprofit-Organisationen (bspw. Badelt/Meyer/Simsa 2007; Schwarz 1996) und von Management in der Sozialwirtschaft (bspw. Maelicke 2000; Wendt 2002, Wöhrle 2003). In Deutschland wird meist von Management in der Sozialwirtschaft gesprochen, ein Begriff, den es so in der Schweiz gar nicht gibt (Schweiz: Sozialwesen). Beispielhaft für diese Diskussion sei auf die von Armin Wöhrle herausgegebenen drei Bände mit dem Titel „Theoriebildung Sozialmanagement in der Sozialwirtschaft" verwiesen, in denen sich 33 Autorinnen und Autoren mit Fragen zur entsprechenden Begriffs- und Theoriebildung beschäftigen (vgl. hierzu auch die Diskursanalyse von Amstutz).

Wöhrle schließlich schlägt vier Begriffsbestimmungen vor, welche aus seiner Sicht als brauchbar anzusehen sind: „Sozialmanagement", „Management in der Sozialwirtschaft", „Management in Organisationen, die Dienstleistungen der Sozialen Arbeit anbieten" und „Management des Sozialen" (Wöhrle 2013).

Um trotz dieser Unsicherheit weiterzukommen, schließen wir uns im Folgenden der Wendtschen Terminologie an und verstehen Sozialmanagement als einen Prozess des Planens, Lenkens und Entscheidens (Wendt 2002; Amstutz/Zängl 2015).

3.2 Managementmodelle in der Sozialwirtschaft

Modelle sind in ihrer Grundkonzeption immer Reduktionen der Wirklichkeit. Eine zentrale Herausforderung bei jeder Modellbildung ist die Beantwortung der Frage, wie differenziert ein Modell Realitäten abbilden soll. Dementsprechend wird der Modellbegriff in der Managementliteratur sehr unterschiedlich verwendet. In den 1950er-Jahren entwickelte Erich Gutenberg (1951, 1955, 1969) ein erstes, beinahe noch naives Blackbox-Modell

3.2 Managementmodelle in der Sozialwirtschaft

der Unternehmung. Er reduzierte alle Phänomene einer wirtschaftlich produzierenden Organisation auf wesentliche, gleichartige Merkmale und Prinzipien. Im Kern handelte es sich dabei um produktive Faktoren, Output, Prinzipien der Wirtschaftlichkeit, des finanziellen Gleichgewichts, der Autonomie, der Alleinbestimmung der Eigentümer und der Erwerbswirtschaftlichkeit (vgl. Rühli 2002). Spätere Modelle fokussieren auf spezielle Themenbereiche, wie zum Beispiel das EFQM-Modell, das Modell der Balanced Scorecard oder auch das Diamant-Konzept:

- das Management-Modell der European Foundation for Quality Management (EFQM-Modell) (Zink 2004) konzentriert sich auf den Aspekt der Qualität und deren kontinuierliche Entwicklung,
- das Modell der Balanced Scorecard (BSC) (Scherer/Alt 2002) fokussiert auf die Frage, welche Führungsgrößen für ein Unternehmen sinnvollerweise herbeigezogen werden können,
- Porter (1998a, 1998b) beschreibt in seinen Konzepten zu den Five Forces (Diamant-Konzept) das Branchenumfeld bzw. das regionale wirtschaftliche Umfeld einer Unternehmung.

Rüegg-Stürm (2002) beschreibt in seinem Überblick zu Management-Modellen diese als Orientierungskarten für Management-Fragestellungen und weist darauf hin, dass es aus einer Nutzungsperspektive nicht *die* Karte oder *das* Modell gibt, sondern nur für bestimmte Zwecke mehr oder weniger angemessene Karten oder Modelle. Die von uns im Anschluss besprochenen Management-Modelle gehören nicht zum gleichen Kartentyp, sie repräsentieren unterschiedliche Kartentypologien. Dabei verfolgen sie jedoch allesamt den gleichen Zweck: Sie wollen die Basis für eine differenzierte Managementlehre bieten. Sie sind Grundlage für eine bestimmte Art und Weise der Aus- und Weiterbildung und für die Beratung von Organisationen (vgl. Schneider & Minnig 2011).

Wir wenden uns zunächst dem St. Galler Management-Modell zu, beleuchten anschließend das Freiburger NPO-Modell und schließen unsere Darstellung mit einer kurzen Beschreibung des Social-Impact-Modells ab.

3.2.1 St. Galler Management-Modell (SGMM)

Das von Ulrich/Krieg (1972) und seinen Nachfolgern (vgl. vor allem Bleicher, 1994a und b/Rüegg-Stürm, 2003) begründete St. Galler Modell ist das im deutschsprachigen Sprachraum wohl gängigste Gedankengebäude für eine einheitliche Managementlehre. Generationen von Studierenden und sich weiterbildenden Praktikerinnen und Praktikern erhielten mit diesem Modell eine gemeinsame Plattform der Auseinandersetzung und ein terminologisch einheitliches Verständnis von Management. Einer der zentralen Gründe für die weite Verbreitung und die hohe Akzeptanz des Modells liegt darin, dass die Verantwortlichen das Modell Schritt für Schritt und unter Einbezug neuer Erkenntnisse weiterentwickelten und der sich wandelnden Unternehmensumwelt anpassten. Neue Ideen wie Qualitätsdenken, Business Engineering, Prozessdenken oder Organisationsentwicklung, aber auch Aspekte wie das Stakeholder-Management oder die Dimension und das Ordnungsmoment des gemeinsamen ethisch-normativen Sinnhorizonts in der Kultur wurden zentrale Bestandteile des Modells.

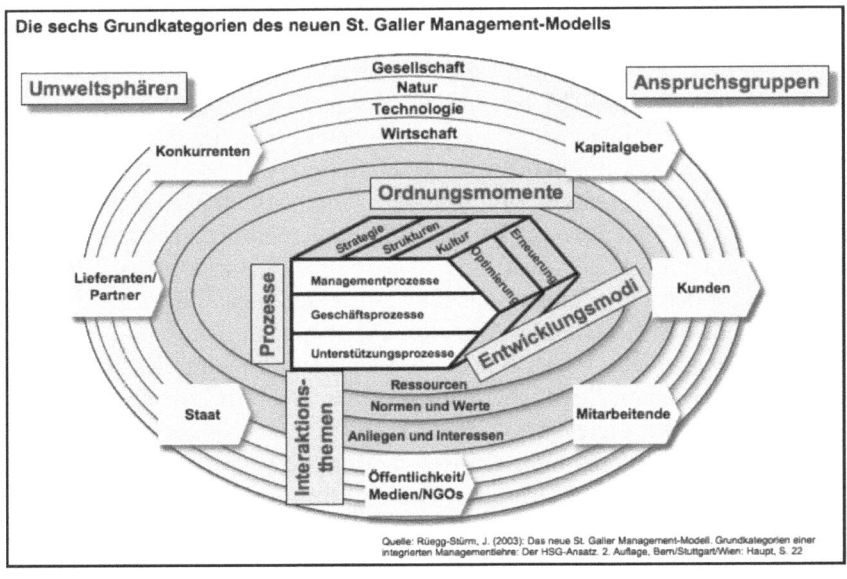

Abb. 1: Das St. Galler Management-Modell (Rüegg-Stürm 2003)

Müller-Stewens und Lechner (2005) komplettierten das Modell in diesem Jahrhundert durch das Konzept des General-Management-Navigators, das in der immer bedeutender werdenden Disziplin des strategischen Managements prozessuale, inhaltliche und strukturelle Sichtweisen verbindet. Den Verantwortlichen ist es gelungen, neue und wichtige Elemente in das Modell zu integrieren, ohne gleichzeitig jeder Modeerscheinung nachzurennen. Wer sich mit dem Modell beschäftigt, wird feststellen, dass die Modellkonstruktion konsistent und trotzdem flexibel und anpassungsfähig ist.

3.2 Managementmodelle in der Sozialwirtschaft

Erkenntnisse aus anderen Schulen und Wissenschaften oder neue Bauteile können ohne größere Schwierigkeiten in das Modell aufgenommen werden, was mit dessen – im positiven Sinn zu verstehenden – hohen Abstraktionsgrad begründet werden kann.

Im SGMM werden die Ebenen des normativen, strategischen und operativen Managements unterschieden. Darauf aufbauend kennt das Modell weitere sechs zentrale Kategorien. Auf der einen Ebene stehen die Kategorien Umweltsphären, Anspruchsgruppen und Interaktionsthemen, die sich auf das gesellschaftliche und ökologische Umfeld beziehen. Auf der anderen Ebene stehen die Kategorien Ordnungsmomente, Prozesse und Entwicklungsmodi, die sich auf die Innensicht der Organisation beziehen.

Umweltsphären

Die im St. Galler Management-Modell bezeichneten Umweltsphären liegen außerhalb des Unternehmens. Es handelt sich hierbei insbesondere um Entwicklungen, die das Unternehmen potenziell beeinflussen können. Die wichtigsten Einflussbereiche sind:
- Gesellschaft und Politik (z.B. Migrationsbewegungen und entsprechende politische Vorgaben)
- Natur (bspw. Einflüsse von Klimaveränderungen)
- Technologie (bspw. Digitalisierung)
- Wirtschaft (bspw. Unternehmenskooperationen bzw. -fusionen)

Unternehmen müssen die wichtigsten Trends aus diesen Bereichen beachten, wenn sie erfolgreich sein wollen.

Anspruchsgruppen

Anspruchsgruppen, auch Stakeholder genannt, sind direkt im Kontakt mit dem Unternehmen. Sie haben ein unmittelbares Interesse an ihm. Im St. Galler Management-Modell werden sieben Anspruchsgruppen unterschieden, die alle auch auf Organisationen im Sozialwesen bezogen werden können: Kunden/Klientinnen, Lieferanten, Konkurrenten, Mitarbeitende, Kapitalgebende, Staat und Öffentlichkeit.

Interaktionsthemen

Mit Interaktionsthemen sind die Kommunikationsprozesse zwischen dem Unternehmen und seinen Anspruchsgruppen gemeint. Es handelt sich dabei um die Beziehungen

3. Was ist Management?

- zu den Kunden/Klienten, den Lieferanten und der Konkurrenz auf den Güter- und Dienstleistungsmärkten,
- zu den Mitarbeitenden,
- zu den Kapitalgebenden auf dem Kapitalmarkt,
- zum Staat und zur Öffentlichkeit.

Gegenstand der Beziehungen zu den Anspruchsgruppen sind knappe Ressourcen. Innerhalb der Gesellschaft gibt es bestimmte Werte und Normen, anhand derer entschieden wird, welche Ressourcen einem Unternehmen zu welchen Bedingungen zur Verfügung gestellt werden. Dadurch entstehen verschiedene Anliegen und Interessen der Anspruchsgruppen.

Ordnungsmomente

Ordnungsmomente bieten im betrieblichen Alltag Orientierung. Sie zeigen sich in der Strategie, den Unternehmensstrukturen sowie der Kultur.

Unter Strategie werden die von der Unternehmensführung meistens langfristig geplanten Abläufe, Tätigkeiten, Routinen der Unternehmen zur Erreichung ihrer Ziele verstanden.

Dabei stehen folgende Fragen im Vordergrund:
- Über welche Fähigkeiten verfügt das Unternehmen?
- Welche Leistungen bietet das Unternehmen an?
- Welche Kooperationspartnerinnen und -partner benötigt das Unternehmen?

Unter Unternehmensstruktur wird üblicherweise die Aufbau- und Ablaufstruktur eines Unternehmens verstanden. Die Aufbaustruktur regelt die interne Rollendifferenzierung der Mitarbeitenden, bei der Ablaufstruktur handelt es sich um die Beschreibung und Abstimmung der verschiedenen (Arbeits-) Prozesse im Unternehmen. Die Kultur eines Unternehmens wird insbesondere durch die Art der Entscheidungsfindung, der Führung, der Beziehungen zu Kollegen und Kolleginnen, Kunden und Lieferanten sowie insbesondere durch die Kommunikation geprägt. Daraus ergibt sich für das Unternehmen ein Selbstverständnis, das es von anderen Unternehmen unterscheidet.

Prozesse

Im St. Galler Management-Modell werden drei verschiedene Arten von Prozessen unterschieden, die zumeist innerhalb der Organisation stattfinden:

- Managementprozesse (bspw. Führung, Strategieentwicklung, Repräsentation)
- Geschäftsprozesse oder auch Kernprozesse. Für Organisationen in der Sozialwirtschaft beziehen sich die Kernprozesse immer auf die Methoden der Sozialen Arbeit.
- Unterstützungsprozesse (bspw. Controlling, Personalentwicklung, Sachverwaltung)

Entwicklungsmodi

Die Entwicklungsmodi im St. Galler Management-Modell sind sehr nahe an dem, was heute mit Change-Prozessen oder als Organisationsentwicklung bezeichnet wurde. Im vorliegenden Managementmodell werden als essenziell für die stetige Anpassung von Organisationen an sich ändernde Umwelten Optimierung und Erneuerung genannt. Optimierung bedeutet dabei die Feinjustierung bestehender Organisationsstrukturen (Aufbau und Ablauf), Erneuerung bedeutet eine Neupositionierung des Unternehmens.

Fazit zum St. Galler Management-Modell

Das St. Galler Modell (Rüegg-Stürm, 2003) ist ein Orientierungsrahmen, um Managementtätigkeiten terminologisch, gedanklich und prozessual auf systematische und differenzierte Weise zu durchdringen. Das Modell erlaubt es, viele Managementprobleme – auch in und für soziale Organisationen und Nonprofit-Organisationen – analytisch zu strukturieren und Handlungsansätze für die Führung abzuleiten und zu evaluieren.

Obwohl nicht direkt dafür entwickelt, beinhaltet das SGGM aus NPO-Sicht alle Kernfaktoren zu einem NPO-Modell, wie sie Anheier (2005) auflistet: Das Modell kann als ganzheitlicher Ansatz verstanden werden (holistic conception), es verfügt über eine fundierte normative Ausprägung (normative dimension) und es legt einen klaren Fokus auf die strategische Entwicklungsdimension (strategic development dimension). Bei der operativen Umsetzung (operative dimension) ist das Modell weniger detailliert aufgearbeitet als etwa das Freiburger NPO-Modell (vgl. unten).

Kritisch anzumerken ist, dass das St. Galler Modell (wie andere Modelle) auf einer Prozesslogik aufbaut, die offenkundig auf Porters (1998a) Wertkettenkonzept basiert. Diese eher lineare Prozesslogik, die stark entlang einer traditionell für Sachgüter typischen Prozesskette von der Beschaffung über die Produktion bis zu Vertrieb und After-Sales-Services gedacht ist, wird neuerdings infrage gestellt und könnte etwa durch den

Value-Grid-Ansatz (Pil/Holweg 2006) ergänzt oder durch die Service Dominant Logic von Vargo und Lusch (2004a, 2004b) ergänzt oder gar ersetzt werden.

3.2.2 Freiburger Management-Modell

Das Freiburger Management-Modell für Nonprofit-Organisationen (NPO) wurde aus dem Bedürfnis heraus entwickelt, die Übertragbarkeit des St. Galler Modells auf die spezifischen Anforderungen des Managements von NPOs zu leisten. In den Achtzigerjahren des 20. Jahrhunderts wurde es zunächst im Diplomlehrgang Verbands-/NPO-Management und anderen Lehrgängen des Verbandsmanagement-Instituts (VMI) der Universität Freiburg/Schweiz verwendet. 1995 wurde das Modell erstmals in Buchform vorgestellt und in den folgenden Jahren kontinuierlich fortentwickelt. Inzwischen liegt bereits die 6. Auflage vor (Schwarz/Purtschert/Giroud/Schauer 2009).

DAS **FREIBURGER MANAGEMENT-MODELL** IM ÜBERBLICK		
SYSTEM-MANAGEMENT	**MARKETING**-MANAGEMENT	**RESSOURCEN**-MANAGEMENT
A) Managementphilosophie B) Willensbildung u. -sicherung C) Steuerung D) Führung und Motivation E) Organisation F) Innovation	A) Zweckbestimmung und Zweckerfüllung B) Marketing-Konzept C) Marketing-Planung	A) Humanressourcen B) Betriebsmittel und Kooperationen C) Leistungsbereitschaft und -fähigkeit gewährleisten

Abb. 2: Das Freiburger Management-Modell (Quelle: Institut für Verbands-, Stiftungs- und Genossenschaftsmanagement)

Das Verdienst des Freiburger Modells liegt darin, dass es erstmals ein konzeptionell einheitliches, integrales Gedankengerüst für die Arbeit in NPOs bereitstellt, in dem Aspekte des Managements herausgearbeitet werden, die in auf Ertrag orientierten Organisationen keine oder kaum eine Rolle spielen. So berücksichtigt das Freiburger Modell in seinem Stakeholder-Ansatz die NPO-spezifische Stakeholder-Umwelt sowohl auf der Beschaffungsseite (Freiwilligen-Problematik, Fundraising, Sponsoring usw.) als auch auf der Absatzseite (Mitglieder als Kunden, externe Kunden und Kundinnen, Verhandlungspartnerinnen und -partner als Kundinnen und Kunden usw.). Auch die spezifische Entscheidungskultur von NPOs findet

3.2 Managementmodelle in der Sozialwirtschaft

Eingang in das Modell. Damit wird ein ganz anderes und differenzierteres Bild von Management vermittelt, als dies in anderen Modellen der Fall ist. Im Unterschied zum St. Galler Modell wirkt das Freiburger Modell konkreter und damit anwendungsorientierter.

Im folgenden Ablaufschema werden die verschiedenen Management-Instrumente mit ihrer jeweiligen Schwerpunktsetzung auf Steuerung (Planung, Controlling, Qualitätsmanagement) systematisiert:

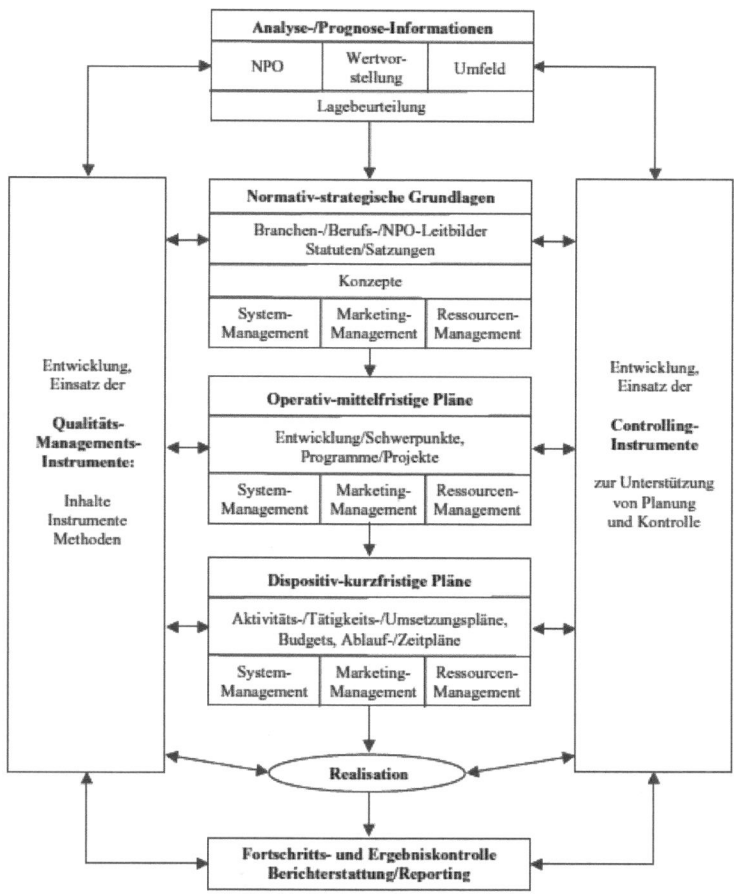

Abb. 3: die verschiedenen Management-Instrumente mit ihren jeweiligen Schwerpunktsetzungen
Quelle: Schwarz u.a., 1999, S. 95

3. Was ist Management?

Das Modell wurde ganz offenbar als Antwort der Nonprofit-Welt auf das Konstrukt des St. Galler Modells konzipiert. Im Einführungskapitel werden die Gemeinsamkeiten von NPOs und Wirtschaftsorganisationen herausgearbeitet, dann die Besonderheiten von NPOs dargestellt und schließlich das Modell entlang dieser Besonderheiten ausgearbeitet. Diese Vorgehensweise hat den Vorteil, dass NPO-Eigenheiten ein entsprechendes Gewicht haben.

Angesichts der Komplexität und Variabilität von NPOs besteht aber die Gefahr, dass die Ausführungen unübersichtlich werden und sich im Detail verlieren. Aus unserer Sicht sind die Modellkonstrukteure dieser Gefahr zum Teil erlegen. Das Modell ist im Unterschied zum sehr stringenten und konsistenten St. Galler Modell erklärungsbedürftiger. Der Aufwand, mithilfe des Modells die eigene Situation zu verstehen, ist erheblich. Ob die Empfehlungen zum Geschäftsmodell so apodiktisch zu verstehen sind, wie im Text formuliert, dürfte zumindest diskutabel sein. So wird beispielsweise Total Quality Management (TQM) als „Management-Philosophie der Management Excellence" (Schwarz/Purtschert/Giroud/Schauer 2009, S. 87 ff.) und Management by Objectives (MbO) und Management by Exception (MbE) als „Gestaltungsmodell für das System-Management" (Schwarz/Purtschert/Giroud/Schauer 2009, S. 103 ff.) stipuliert. Die konsequente Ausrichtung an den Besonderheiten des NPO-Managements und die inhaltlichen Gestaltungsaussagen sind aber vielleicht gerade auch Schwachstellen des Modells.

Das Modell verspricht Machbarkeit. Insofern entspricht es dem Geist der Zeit, in der das Modell (und vor ihm andere Modelle) entstanden ist. Dass diese Vorstellung vom Planen und Machen im Management nicht mehr ganz unseren heutigen Vorstellungen entspricht, verdeutlichen unter anderem die Arbeiten von Mintzberg (Mintzberg/Ahlstrand/Lampel 2005, vgl. dazu auch die „Strategy-as-Practice-Diskussion in Golsorkhi/Rouleau/Seidl/Vaara 2010".

Eine weitere Schwäche des Modells ist die fast gänzlich fehlende Thematisierung der im NPO-Kontext gegebenen spezifischen Abhängigkeit vieler Organisationen von Aufträgen der öffentlichen Hand und der damit einhergehenden Problematik der Entwicklung von kooperativen Netzwerkstrategien. Dies hängt teilweise mit dem Ansatz des Modells zusammen, welches, wie das St. Galler Modell, eine singuläre Organisation ins Zentrum der Betrachtung stellt und nicht etwa eine Versorgungskette, eine Branche oder ein organisatorisches Feld. Eine solche Verankerung in einer breiteren und differenzierten Umfeldlogik wäre aber notwendig.

3.2 Managementmodelle in der Sozialwirtschaft

Nicht genügend thematisiert wird schließlich der Dienstleistungscharakter der NPO-Produktion. Das Modell bleibt auch in seiner zweiten Version bei der von der Sachgüterlogik her tradierten Trennung der Prozesse: auf der einen Seite der Ressourcenbeschaffungsprozess (Ressourcenmanagement), auf der anderen Seite der Produktabgabeprozess (Marketing). Eine klare und differenzierte Dienstleistungslogik wird u.E. nicht genügend konsequent auf das Modell adaptiert.

In der dritten Auflage wurde das Grundgerüst des Modells auf die drei Bereiche System-, Marketing- und Ressourcenmanagement reduziert, verbunden mit einer präziseren Darstellung der damit zusammenhängenden Managementinstrumente (Schwarz/Purtschert/Giroud/Schauer 2009, insbesondere im Vorwort, S. 8, und in den Kapiteln 2 und 3, zum Beispiel S. 206 ff.). Aus externer Sicht ist in dieser neu entwickelten Modellversion eine terminologische Umbenennung erkennbar, die aber die Inkonsistenz der ersten Version (Überlappung von Marketing- und Ressourcenmanagement) nicht wirklich zu beheben vermag.

3.2.3 Social-Impact-Modell SIM

Das Social-Impact-Modell wurde im Institut Beratung, Coaching und Sozialmanagement der Fachhochschule Nordwestschweiz auf der Basis praktischer Erfahrungen aus zahlreichen Beratungs- und Dienstleistungsmandaten unter Berufung auf verschiedene Bezugswissenschaften, vor allem der Sozialen Arbeit, der Betriebswirtschaftslehre und der Sozialwissenschaften entwickelt. Detaillierte Beschreibungen des Modells finden sich in Fachaufsätzen von Agnès Fritze und Beat Uebelhart (Uebelhart/Fritze 2008, 2011) sowie in den entsprechenden Theorie- und Praxisbüchern (Fritze/Maelicke/Uebelhart 2011 und Uebelhart/Zängl 2013).

3. Was ist Management?

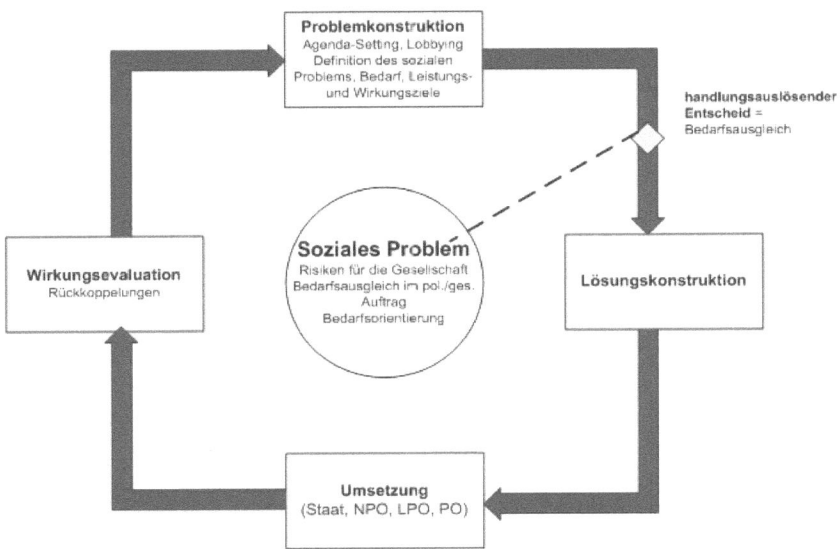

Abb. 4: Das Social Impact Modell SIM

Das Social-Impact-Modell beschreibt idealtypisch Prozesse der gesellschaftlichen Bearbeitung sozialer Probleme. SIM ist eine theoretisch fundierte Folie, die es erlaubt, Fehlentwicklungen und Lücken auf unterschiedlichen Ebenen zu erkennen („Bewertung"), Optimierungsmöglichkeiten für die Praxis des gesellschaftlichen Problemlösens vorzuschlagen („Anwendung", „Innovation") und den Zusammenhang zwischen Sozialer Arbeit und Sozialmanagement aufzuzeigen. Es leistet einen wichtigen Beitrag zur Professionsdebatte („Mandatierung") in der Sozialen Arbeit (siehe bspw. Hafen 2008).

Kurz gesagt: Das SIM bietet eine Systematik, einen Orientierungsrahmen und eine Logik zur Konstruktion, Analyse, Bearbeitung und Bewältigung sozialer Probleme. Die SIM-Logik impliziert im Hinblick auf diese Aufgabenstellung vier idealtypische Phasen (zu den Details s.u.), die wie folgt umrissen werden können:

Phase I   Problemkonstruktion – Analyse des Problems
Phase II   Problemlösung – Erarbeitung von Lösungsoptionen
Phase III Umsetzung – Allokation von Ressourcen und Implementierung von Lösungen

Phase IV   Evaluation – Überprüfung der Wirkungen der Lösung/Umsetzung

Die einzelnen Phasen sind nicht isoliert voneinander zu verstehen. Innerhalb der Phasen und zwischen ihnen existieren verschiedene Austauschebenen (strategische und/oder operative Ebene; interdisziplinär, multiperspektivisch, multiprofessionell, partizipativ) und mehrere Austauschformen (Workshops, Werkstätten, Gespräche, Interviews usw.) mit zum Teil wechselnden Akteuren (Fach- und Führungskräfte der Sozialen Arbeit, Vertreterinnen und Vertreter aus Politik, Verwaltung und Wissenschaft sowie die Betroffenen). Ergebnisse in und aus den Phasen sollen permanent rückgekoppelt und als reflexiver Prozess in das weitere Verfahren einbezogen werden. So führt beispielsweise das Ergebnis der Wirkungsüberprüfung zu einem neuen sozialen Problem oder zeigt Schwachstellen der Umsetzung auf, die gleich behoben werden können.

3.2.3.1 Die vier Logiken und Funktionen des SIM

Ein Modell, das den Anspruch hat, über Problem- und Lösungskonstruktion sowie Umsetzung und Wirkungsanalyse zu einem erheblichen Teil zur „gesellschaftlichen Modellierung" (vgl. Uebelhart/Castelli, 2008) beizutragen, muss vier Funktionen erfüllen bzw. die damit verbundenen Fragestellungen bearbeiten, die plakativ mit folgenden Begriffen beschrieben werden können: Innovation, Bewertung, Anwendung und Mandatierung.

(1) Innovation: Wie lässt sich das Modell im Kontext einer Problemkonstruktion über die Entwicklung und Umsetzung von Lösungsstrategien bis hin zur Bewertung der Wirkungen unter sich stetig ändernden Rahmenbedingungen anpassen, und wie lassen sich immer wieder neue Konzepte, Methoden und Instrumente entwickeln?

(2) Bewertung: Wie sind bisherige Lösungsansätze und deren Umsetzung vor dem Hintergrund politischer respektive gesellschaftlicher Zielsetzungen zu beurteilen?

(3) Anwendung: Welche Anwendungen haben sich als nützlich, zielführend und wirkungsvoll erwiesen und sollten weiterverfolgt werden. Welche sollten verworfen werden?

(4) Mandatierung: welchen Beitrag kann ein solches Modell im Rahmen der Professionalisierungsdebatte innerhalb der Sozialen Arbeit liefern?

3. Was ist Management?

Aus diesen vier Funktionen lassen sich gemäß der strukturfunktionalistischen Theorie nach Talcott Parsons (1976) vier Arbeitsgrundsätze für die Bearbeitung sozialer Probleme im Sinne des Social-Impact-Modells ableiten.

3.2.3.2 Die vier Arbeitsgrundsätze im SIM

Entscheidend für die korrekte Anwendung des SIM ist die Berücksichtigung zwingend vorgesehener Prozessschritte, die wiederum vorab definierten Qualitätskriterien entsprechen müssen. Damit soll einer eher heuristisch geprägten Vorgehensweise – einem „muddling through" – entgegengewirkt und stattdessen ein planbares, (intersubjektiv) nachvollziehbares und überprüfbares Verfahren etabliert werden.

Diese Arbeitsgrundsätze sind im Einzelnen:

Interdisziplinarität und Multiperspektivität

Um dem Qualitätsanspruch des SIM zu genügen, müssen das Problem, seine Lösung, die Umsetzung und die Wirkungsüberprüfung aus verschiedenen Blickwinkeln beobachtet werden. Analog zur Triangulation müssen verschiedene Methoden und Sichtweisen auf das soziale Problem angewendet oder verschiedenartige Daten zur Erforschung des sozialen Problems herangezogen werden. Dies bedeutet in diesem Zusammenhang, dass das Vorgehen wirkungsorientiert, partizipativ und wertebezogen sein muss.

Wirkungsorientierung

Es müssen bereits im Rahmen der Problemkonstruktion Zielkategorien für die Wirkungsüberprüfung entwickelt werden. Ein Beispiel für ein soziales Problem: Zunahme der Zahl der älteren Menschen, deren Teilhabe an der Gesellschaft zunehmend eingeschränkt und erschwert ist. Ziel: Stärkung der Selbstbestimmung. Mit der Wirkungsorientierung ist der Anspruch auf Interdisziplinarität, Partizipation und Wertebezogenheit verbunden.

Partizipation

Partizipation bedeutet vor diesem Hintergrund den Einbezug der Betroffenensicht in allen Phasen. Dieser Anspruch ist nicht immer vollständig einlösbar, entspricht aber in weiten Teilen der Definition einer Bürger- bzw.

3.2 Managementmodelle in der Sozialwirtschaft

Zivilgesellschaft, in der sich alle selbstbestimmt und freiwillig an der Diskussion und Gestaltung der sie betreffenden Dinge in der Gesellschaft beteiligen können. Hierzu gehören auch die Verwirklichung der Grundsätze der Interdisziplinarität sowie der Wirkungs- und Werteorientierung.

Wertebezug

SIM ohne ein Professionsverständnis der Sozialen Arbeit, wie es beispielsweise Staub-Bernasconi vertritt, ist nicht möglich. Der Mitgestaltungsanspruch des SIM lässt sich nur vor dem Hintergrund einer angestrebten Verwirklichung von Werten wie „‚Leben', ‚Befreiung und Freiheit' [‚freedom and liberty'], ‚Gleichheit und Nicht-Diskriminierung', ‚Gerechtigkeit', ‚Solidarität', ‚soziale Verantwortung', ‚Evolution bzw. Entwicklung, Frieden und Gewaltlosigkeit' sowie ‚Beziehungen zwischen Menschheit und Natur'" (Staub-Bernasconi 1995, S. 70) realisieren.

3.2.3.3 Die vier Phasen im Social Impact Modell

Die SIM-Logik impliziert vier idealtypische Phasen, welche im Folgenden dargestellt werden:

Phase I: Problemkonstruktion
- Feststellung eines sozialen Problems, seiner Erscheinungsformen und Folgen
- Herleitung eines gesellschaftlich/politisch legitimierten Bedarfs
- Multiperspektivische Risikoeinschätzung
- Demokratisch festgelegter Handlungsbedarf
- Formulierung transparenter Zielsetzungen und Wirkungsabsichten

Phase II: Lösungskonstruktion
- Entwicklung der „Geschäftsidee"
- Mögliche Finanzierungsvarianten und Finanzierungsströme bedürfen eines ganzheitlichen Verständnisses von lebenslagenorientierten Service-Ketten.
- Akteursvarianten und Akteursnetzwerke sind dahin gehend zu überprüfen, ob sie Organisationsstrukturen und -formen darstellen, welche die effiziente Erbringung von lebenslagenangemessenen sozialen Dienstleistungen garantieren und dabei die Formen der Leistungserbringung

an den Möglichkeiten und Fähigkeiten der Klientinnen und Klienten subsidiär ausrichten können.
– Angesichts komplexer sozialer Probleme und Lebenslagen sind den Aspekten Zugänglichkeit (z.B. One-Stop-Shop), Komplexität (kybernetische Wirkungsmodelle) und Rechtssicherheit besondere Beachtung zu schenken.

Phase III: Umsetzung
– Klar formulierte und messbare Ziele für Output, Effect, Impact und Outcome
– Nicht primär der Output, sondern Effizienz und Effektivität der Umsetzung stehen im Vordergrund.
– Bereitstellen von lebenslagenangemessenen Dienstleistungsketten
– Ein dem sozialarbeiterischen und ökonomischen Denken angemessenes Qualitätsmanagement sorgt für eine standardisierte und vergleichbare Umsetzung von Lösungsansätzen.
– Mittels einer laufenden Evaluation bei der Umsetzung sind Korrekturmaßnahmen innerhalb kürzester Zeit identifizierbar und können einer erneuten demokratischen Legitimierung zugeführt werden.

Phase IV: Evaluation
– Wirkungsevaluation umfasst die Politik-, Prozess-, Struktur- und Ergebnisaspekte auf den Ebenen Versorgungssysteme, Programme und Einzelfall sowie Effizienz und Effektivität.
– Beurteilung der Wirkungsannahmen, der Rückkoppelungseffekte und der Wirkungsverläufe in ihrer zeitlichen Dimension
– Steuerungs- und Bewertungskonzepte, die das öffentliche Gut Wohlfahrt problem- und lösungsangemessen planen, realisieren und weiterentwickeln, müssen auf der Makroebene die spontane Herausbildung von neuen Eigenschaften und/oder Strukturen berücksichtigen (Konvergenz).
– Rückkoppelungen (auch zwischen den vier SIM-Phasen) erbringen den Nachweis, dass und wie positiv verstärkende Auswirkungen das soziale Problem nachhaltig beeinflussen.

3.2.3.4 Beurteilung des Modells

Das SIM erhebt den Anspruch, aus der Perspektive der Sozialen Arbeit ein Handlungs- und Analysemodell zur Lösung sozialer respektive gesellschaftlicher Probleme zur Verfügung zu stellen. Es steht damit in der Tradition vergleichbarer Modelle anderer Wissenschaftsdisziplinen wie beispielsweise der Politikfeldanalyse aus der Politikwissenschaft oder der Evaluation aus der soziologisch begründeten empirischen Sozialforschung. Das SIM bietet Instrumente und Methoden für ein strukturiertes Vorgehen bei der Entwicklung von Maßnahmen zur Bereitstellung sozialer Hilfen, erhebt aber auch gleichzeitig den Anspruch, zur Mitgestaltung gesellschaftlicher Prozesse beizutragen. Dieser Anspruch ist so anspruchsvoll wie ambitioniert, insbesondere vor dem Hintergrund der sich zunehmend verschärfenden Problemlagen auf der Ebene der sozialen Ausgrenzung und der Sozialstaatsdebatte.

3.3 Organisationale Veränderungen: Evolution schreibt man mit „R"

So unterschiedlich die verschiedenen Managementmodelle sein mögen, bei allen zeigt sich, dass Organisationen vielfältigen Herausforderungen ausgesetzt sind. Das Umfeld von Unternehmen verändert sich kontinuierlich und mit großer Dynamik, neue Vorgehensweisen etablieren sich, es entsteht ein Druck zur Anpassung. Es wächst die Notwendigkeit, eingefahrene Wege zu überdenken und neue Lösungen zu finden.

Eigentlich ist es ein Widerspruch, Organisationen zu verändern, denn wie das Verb „organisieren" („planmäßig ordnen, gestalten, einrichten, aufbauen") verspricht, geht es bei einer Organisation eher um das Festlegen von Strukturen als um das Verändern. Das bestätigt auch Baecker, wenn er meint: „Organisation ist die Herstellung und Aufrechterhaltung von Ordnung." So werden beispielsweise Organisationen der Sozialen Arbeit geschaffen, um soziale Problemlagen, welche mit den aktuell vorhandenen Mitteln nicht bewältigt werden können, organisational geordnet zu meistern. In Organisationen werden Funktionen, Rollen, Strukturen und Hierarchien geschaffen, um Klarheit in den Abläufen und Zuständigkeiten zu schaffen.

Diesem ordnenden und eher absichernden Aspekt von Organisationen steht die Erfahrung gegenüber, dass Wandel gesellschaftlich und individuell eine Tatsache ist. Aufgrund dieser Ambivalenz stellt der Umgang mit

Veränderungen in Organisationen immer eine große Herausforderung dar. Alle Epochen sind gekennzeichnet durch Konstanz und Wandel, langsame und schnelle, kontinuierliche und diskontinuierliche Veränderungen. Nicht umsonst gibt es das Sprichwort „Evolution schreibt man mit R": Wandel im Sinne einer Evolution ist häufig mit konflikthaften Ereignissen, einer Revolution, verbunden.

Deshalb gilt es mittlerweile als Kernkompetenz einer Organisation, Veränderungen frühzeitig zu erkennen, organisatorische Veränderungen zu konzipieren und diese erfolgreich umzusetzen (siehe bspw. Greif/Runde/Seeberg 2004). So kann sie statt mit ungestalteter Evolution mit einer konstruktiven Revolution auf Herausforderungen reagieren und damit sowohl den Fortbestand des Unternehmens als auch dessen längerfristigen Erfolg sichern. Allerdings ist anzumerken, dass der Wandel sich nicht immer in die ursprünglich intendierte Richtung, das ursprüngliche Ziel der Organisation, vollzieht: Die soziale Problemlage konnte, allenfalls dank dem Engagement der Organisation, behoben werden, nun tritt plötzlich das Überleben der Organisation in den Vordergrund und neue Problemlagen werden gesucht und meist auch gefunden. Die Gefahr besteht dabei, dass das Überleben der Organisation zu einem reinen Selbstzweck wird und die Legitimation dann entsprechend zurechtgelegt wird. Eine Kritik, welcher sich Organisationen der Sozialwirtschaft vermehrt stellen müssen.

Der Sinn solcher Veränderungen steht im Folgenden jedoch nicht zur Debatte. Es geht vielmehr darum, welche Modelle organisationalen Wandels vorliegen, welche Theorien dahinterstehen, welche Phasen des Wandels durchlaufen werden und wie Wandel gestaltet werden kann. Abschließen werden wir mit einem Ausblick, in welche Richtungen sich Organisationen der Sozialwirtschaft verändern könnten.

3.4 Wandel erster und zweiter Ordnung: Etwas richtig tun oder das Richtige tun

Nicht jede Veränderung in Organisationen hat dieselbe Veränderungsstruktur. So stellte sich bei einer Spitex-Organisation nach einer längeren produktiven Phase die Frage, ob das bestehende Angebot mittelfristig noch den Bedürfnissen einer veränderten Generation von Seniorinnen und Senioren entsprechen wird. Anders sah dies in einer Organisation des Maßnahmenvollzugs aus, als die neue Leitung nach einigen Monaten feststellte, dass „der Umgang mit den Insassen nicht mehr dem Standard des heu-

3.4 Wandel erster und zweiter Ordnung: Etwas richtig tun oder das Richtige tun

tigen Wissens entspricht". Das klingt nicht mehr nach einer bloßen Optimierung des Angebotes wie in der Spitex-Organisation, sondern eher nach einem grundsätzlichen Wechsel der pädagogischen Interventionen.

Bei Veränderungen in Organisationen werden üblicherweise zwei Formen des Wandels unterschieden (siehe dazu als einer der ersten Autoren Watzlawick et al. 1974):
(1) Wandel erster Ordnung (Optimierung) und
(2) Wandel zweiter Ordnung (Musterwechsel).
Beim Wandel erster Ordnung geht es um die Optimierung bestehender Praktiken, Abläufe und Routinen. Die innere Systemlogik wird nicht verändert, es werden bloß Elemente ausgetauscht, die soziale Grammatik in Form der Organisationskultur bleibt bestehen. Muster und Regeln, beispielsweise wie kommuniziert und kooperiert wird und wie Entscheidungen zustande kommen, bleiben gleich. Die Leitfrage beim Wandel erster Ordnung ist: „Tun wir die Dinge richtig?" Die Überprüfung der Angebote in der Spitex-Organisation ist ein Beispiel dafür.

Der Wandel zweiter Ordnung ist ein Wechsel der Muster und der bestehenden Paradigmen. Es geht um einen „change in the nature of reality" (Gharajedaghi 2011), einen umfassenden Wechsel des Bezugsrahmens. In der Praxis geht es um neue Geschäftsmodelle und Organisationsformen, aber auch um neue Regeln, veränderte Rollen und verändertes Verhalten. Diese geraten, häufig unversehens, in Bewegung. Personen und Gruppen verändern ihr Verhalten, das System verändert seine Kooperations-, Reaktions- und Entscheidungsmuster. Die Leitfrage beim Wandel zweiter Ordnung lautet: „Tun wir die richtigen Dinge?" Für diese Leitfrage steht das Beispiel aus dem Maßnahmenvollzug.

In der Praxis zeigt sich häufig eine Entwicklungsdynamik in dem Sinne, dass Maßnahmen zunächst auf einen Wandel erster Ordnung zielen, dann aber zu Maßnahmen für einen Wandel zweiter Ordnung führen. So versucht eine Organisation häufig zuerst, innerhalb bestehender Rahmenbedingungen neue Abläufe und Routinen einzuführen. Führt dies zu keinen befriedigenden Ergebnissen, so steigt der Druck, die als notwendig erachteten Veränderungen „radikaler" anzugehen, indem nun Grundannahmen infrage gestellt werden.

3. Was ist Management?

Wandel erster Ordnung: Optimierung	Wandel zweiter Ordnung: Musterwechsel
• Optimierung bestehender Praktiken und Verhaltensweisen • Austausche von Elementen ohne Änderung der inneren Systemlogik, der sozialen Grammatik (Kultur), Muster und Regeln, wie kommuniziert bzw. kooperiert wird und wie Entscheidungen zustande kommen • Frage: «Tun wir die Dinge richtig?»	• Neue Geschäftsmodelle, Organisationsformen • Neue Regeln, Rollen und Verhalten • Kultur und innere Systemlogik selbst erfahren eine Transformation • Regeln, Werte, Normen geraten in Bewegung: Personen und Gruppen verändern ihr Verhalten, Systeme ihre Kooperations-, Reaktions- und Entscheidungsmuster • Frage der Effektivität: «Tun wir die richtigen Dinge?»

Abb. 5: Wandel erster und zweiter Ordnung

Die möglichst klare Unterscheidung in Wandel erster oder zweiter Ordnung ist in der Praxis von Bedeutung, da von der Art des Wandels auch die Geschwindigkeit der Veränderung und deren Akzeptanz bzw. Integration abhängt.

3.5 Phasen von Veränderungen nach Lewin

Kurt Lewin formulierte das „Urmodell" von Veränderungsprozessen in Gruppen und Organisationen bereits 1947. Sein Ansatz basiert auf Überlegungen, die er nach Kriegsende im Hinblick auf die Veränderung der diktatorischen Zustände in der Gesellschaft zu demokratischen Formen hin anstellte. Er gliedert diese Entwicklung in drei Phasen:

3.5.1 Unfreezing (Phase des Auftauens)

Die erste Phase einer Veränderung bildet die Einsicht, dass die Realität nicht mehr den Erwartungen entspricht. Einer stationären Einrichtung werden weniger Klienten zugewiesen, am Quartierfest nehmen weniger Senioren teil, die Finanzierung der familienergänzenden Betreuung wird geändert. Dadurch wird man sich der Notwendigkeit einer Veränderung immer deutlicher bewusst. Dieser Prozess läuft individuell ab, d.h., die Ein-

3.5 Phasen von Veränderungen nach Lewin

sicht, dass das bisherige Verhalten den veränderten Gegebenheiten nicht mehr entspricht, erfolgt bei den Beteiligten zu unterschiedlichen Zeitpunkten. Im günstigen Falle führt dies zur Bereitschaft, Veränderungen anzugehen, es kann aber auch zu einem längeren Beharren auf das bisherige Verhalten kommen. In dieser Phase sollen die nach Veränderung strebenden Kräfte gestärkt und unterstützt und dadurch ein Veränderungsbewusstsein induziert werden. Es geht um das Auftauen des bestehenden (eingefrorenen) Gleichgewichtes, um dadurch Bewegung zu ermöglichen.

3.5.2 Moving (Phase der Bewegung)

In der zweiten Phase werden Lösungen entwickelt, wird Neues ausprobiert und versucht, die Herausforderung in unterschiedlichen Kontexten zu lösen. Das kann geplant geschehen, aber auch spielerisch und spontan in einem kreativen Prozess. Häufig werden in dieser Phase unterschiedliche Konzepte gesammelt und einer eingehenden Prüfung unterzogen. Was sich als passend und sinnvoll erweist, wird eingeführt und dann längerfristig auf seine Tauglichkeit geprüft. Es kommt zur Implementierung der Veränderungen.

3.5.3 Refreezing (Phase des Einfrierens)

Nach der Implementierung der Veränderung folgt die Verstetigung. Das nun wiedergefundene Gleichgewicht wird zur neuen Gewohnheit, Rückfälle in alte Muster werden durch die Stabilisierung der Veränderungen verhindert. Letztendlich sind die Veränderungen aber erst dann stabil, wenn sie soweit habitualisiert sind, dass sie einen Teil des Alltags bilden und keiner besonderen Beachtung mehr bedürfen.

3. Was ist Management?

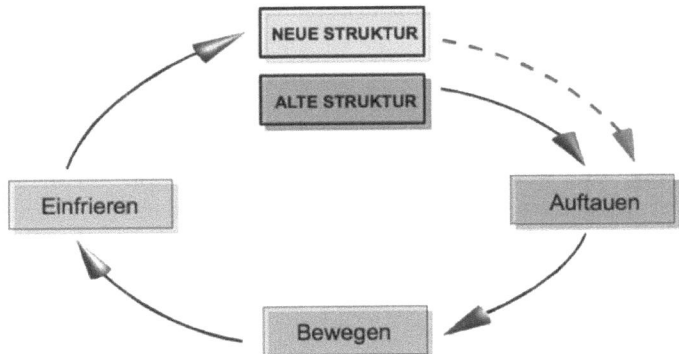

Abb. 6: Das Modell von Veränderungen nach Kurt Lewin (Quelle: http://docplayer.org/3607915-Change-management-die-welt-aendert-sich-wir-auch-hartmut-voehringer.html 23.06.2017)

Das Modell von Lewin gilt heute noch als Grundmodell für organisationale Veränderungen. Es gilt jedoch insofern als überholt, als es von Organisationen als statischen Einheiten ausgeht, welche sich nach längeren Phasen der Stabilität in einer kürzeren Phase der Veränderung zu neuer Stabilität bewegen. Dies gilt für viele Organisationen heute nicht mehr: Veränderungen sind heute die neue Stabilität, Phasen der eigentlichen Stabilität gibt es nicht mehr auf Dauer.

3.6 Change Management, organisationaler Wandel, Organisationsentwicklung, Transformationsmanagement ...

Für Veränderungen in Organisationen werden viele Begriffe verwendet. Am häufigsten wird von Change Management gesprochen. Wir verwenden hier aber meist den Begriff des „organisationalen Wandels", welcher noch nichts über die Vorgehensweise beim Veränderungsprozess aussagt, sondern bloß darauf verweist, dass in Organisationen umfassendere Veränderungen durchgeführt werden. Die Begriffe „Change Management", „Organisationsentwicklung" und „Transformationsmanagement" dagegen rekurrieren meist auf eine ganz bestimmte Vorgehensweise.

3.6 Change Management, organisationaler Wandel, Organisationsentwicklung

Change Management

Change Management beschreibt den Prozess des Managements der Veränderung, also die Steuerung der Veränderung. Zudem wird mit Change Management meist auf eine Vorgehensweise verwiesen, welche von einzelnen Personen (z.b. Führungskräften, Experten und Expertinnen.) entworfen wird und die von den Mitarbeitenden umzusetzen ist.

Organisationsentwicklung

Organisationsentwicklung (OE) (siebe bspw. Trebesch 2008) geht die Entwicklung „von innen" heraus an. Der Anstoß mag zwar von außen kommen, die Organisation sucht sich aber einen eigenen Weg, meist ohne externe Expertise. Und wenn Expertise ins Unternehmen geholt wird, so bezieht sich diese auf den Prozess der Veränderung. OE machte Betroffene zu Beteiligten und sucht nach der sozialen Integration der Veränderung.

Transformationsmanagement

Im Transformationsmanagement (siehe bspw. Prammer 2009) wird versucht, die eigene Logik mit einer externen Logik zu verbinden, also externe Expertise verbunden mit internem Know-how zu nutzen. Betroffene werden nicht mehr auf breiter Basis einbezogen, sondern nur noch dort, wo notwendig. Die Ziele der Veränderung werden meist von außen gesetzt, die Planung des Prozesses ist zirkulär.

Diese drei Formen weisen jeweils Stärken und Schwächen auf. In der Gegenüberstellung werden ihre unterschiedlichen Annahmen, Erfolgskriterien und Stärken deutlich:

	Change Management	Organisationsentwicklung	Transformationsmanagement
Bild der Organisation	Kausal wirkendes System	Bedürfnisorientiertes System	Steuerbares System
Fokus	(Messbare) Fakten	Beteiligung	Planung
Typische Vorgehensweise	Strukturen und Prozesse analysieren und strategiekonform optimieren	Eigeninitiative und Motivation der Mitarbeitenden zu einem stimmigen Ganzen fügen	Internes und externes Wissen nutzen und sinnvoll verbinden

3. Was ist Management?

	Change Management	Organisationsentwicklung	Transformationsmanagement
Veränderung ist erfolgreich, wenn ...	... Entscheidungen unter rationalen Aspekten zu einer höheren Effizienz führen	... Strukturen so verändert sind, dass sie den Bedürfnissen der Mitarbeitenden entsprechen	... Effizienz und Zufriedenheit stimmen
Stärken	Planbarkeit	Hohe Mitarbeitenden-beteiligung, Nutzen des internen Wissens	Planung und Beteiligung werden verbunden
Schwächen	Widerstand eher häufig	Wenig radikal Neues	Eher mit Widerstand

Tab. 1: Stärken und Schwächen des Change Managements, der Organisationsentwicklung und des Transformationsmanagements

3.7 Entwicklungsphasen in Veränderungen: die individuelle Sicht

Veränderungsprozesse verlaufen sehr unterschiedlich. Vor allem werden diese von den Betroffenen unterschiedlich wahrgenommen. Während Einzelne sehr schnell spüren, dass sich Grundlegendes ändert, brauchen andere lange Zeit, bis sie erkennen, dass wirklich eine Veränderung ansteht. Es gibt aber auch Einschnitte, welche so drastisch und plötzlich sind, dass niemand sie „übersehen" kann. Aber auch auf solche Ereignisse reagieren Menschen ganz unterschiedlich. Bei einigen können solche Ereignisse Motivation auslösen, bei anderen wiederum eine Starre. Die Dauer solcher Reaktionen ist individuell unterschiedlich, meistens zeigen sich jedoch sieben Phasen der individuellen Bewältigung von Veränderungen.

Ein vergleichbares Phasenmodell wurde erstmals von Kübler-Ross (2014) in Teilen dargestellt. Wir haben es mit Modellen aus dem organisationalen Kontext ergänzt und zu einem Modell individueller Veränderungsphasen erweitert. Die dargestellten Phasen finden sich, mit unterschiedlichen Intensitäten und Ausprägungen, in ihren Grundausprägungen in allen Veränderungsprozessen wieder. Das Modell hilft, die manchmal merkwürdigen Verhaltensweisen von Mitarbeitenden zu verstehen. Führungskräfte sind gut beraten, bei Veränderungsprozessen den unterschiedlichen Stand der Mitarbeitenden sorgfältig zu berücksichtigen. Manche

3.7 Entwicklungsphasen in Veränderungen: die individuelle Sicht

ihrer Emotionen sind leichter zu identifizieren, andere werden kaum nach außen gezeigt und sind den Betroffenen selbst manchmal gar nicht bewusst. Viele unterdrücken auch unangenehme Gefühle als Reaktion auf schwierige Situationen, da sie damit Schwäche verbinden. Wir greifen im Folgenden auf die detaillierte Bearbeitung dieser Phasen von Sabine Heins zurück, welche diese als das „8-Phasen-Modell der Organisationsberatung" (Heins, 2011) in ihrem Aufsatz sehr verständlich darstellt, haben es aber auf sieben Phasen reduziert.

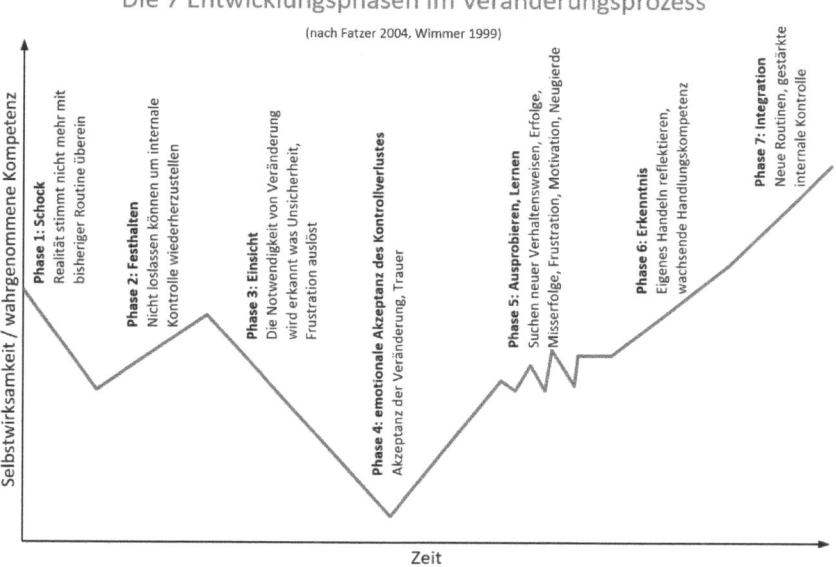

Abb. 7: Die sieben Entwicklungsphasen in Veränderungsprozessen (eigene Darstellung)

3.7.1 Schock

Schwierige Situationen bzw. neue Anforderungen und Erwartungen, die sie mit ihrem vorhandenen Wissen oder eingeübten Routinen nicht bewältigen können, kommen für Mitarbeitende häufig unerwartet. Die neuen Anforderungen scheinen nicht umzusetzen zu sein und es besteht Ungewissheit im Hinblick auf die Erwartungen der Vorgesetzten. Man ist schockiert und weiß nicht, was man tun soll.

3. Was ist Management?

Um diese unangenehme Situation zu meistern, werden meist externe Mängel und Probleme thematisiert. Man geht davon aus, dass die Situation gemeistert ist, sobald die extern verursachten Probleme weg sind. Diese Phase zeichnet sich für viele durch große Unsicherheit und starke Emotionen aus.

Abb. 8: Schock am Anfang (Höfler, Bodingbauer, Dolleschall, Schwarenthorer. In: Heins 2011)

3.7.2 Festhalten

Ist die erste Schockstarre überwunden, suchen Betroffene nach neuen Handlungsmöglichkeiten, welche mit den eigenen Kompetenzen bewältigt werden können. Dabei stehen sich bei organisationalen Veränderungen häufig die Verteidiger scheinbar bewährter Positionen, Routinen, und Strukturen und die Befürworter eines Veränderungsprozesses gegenüber. Während die einen den anstehenden Prozess als Chance für sich und die Organisation sehen, fühlen sich die anderen bedroht. Letztere versuchen die unangenehme Situation dadurch zu meistern, dass sie die bisher etablierten Handlungsweisen als Rettungsring interpretieren.

Das Motto in dieser Phase lautet: „mehr von demselben". Man arbeitet noch härter und noch intensiver, um Kontrolle zurückzugewinnen, ist aber nicht fähig, Änderungen anzugehen.

3.7.3 Einsicht

Nachdem sich zeigt, dass das Festhalten an alten Mustern keinen Erfolg bringt, wächst die Einsicht in die Notwendigkeit einer Veränderung. Das Realitätsbewusstsein wächst. Langsam werden die neue Situation und die damit verbundenen Anforderungen und Erwartungen akzeptiert. Die eigene Handlungskompetenz wird kritisch betrachtet. Dabei zeigt sich oft, dass die Einsicht zunächst nur zum Anwenden kurzfristiger Lösungen reicht. Die großen Veränderungen sind es meist noch nicht, Symptombekämpfung steht im Vordergrund.

3.7.4 Loslassen/emotionale Distanz

Am Anfang dieser Phase steht das „valley of tears": die umfassende Einsicht, dass die alten Muster nicht mehr helfen und neue, noch unbekannte Lösungen gefragt sind. Tiefe Enttäuschung macht sich breit.

Hoffnung entsteht erst dann, wenn die neue Realität akzeptiert wird und erste Pläne Besserungen versprechen. Es entstehen Optimismus und Neugierde, die erforderlichen Energien werden mobilisiert und Pläne geschmiedet. Bisher ungenutzte Potenziale werden langsam frei und allmählich können in den neuen Rahmenbedingungen eher die Chancen als die Gefahren gesehen werden.

Wird diese schwierige Phase nicht durchschritten, so kann sich der gesamte Veränderungsprozess verlangsamen oder die alten Muster werden beibehalten und es findet keine Veränderung statt.

3.7.5 Ausprobieren/Lernen

Nun kommt Kraft in die Veränderung. Die hoffungsvolle Grundhaltung führt zu einer Phase des Ausprobierens. Änderungen werden umgesetzt und es wird auch akzeptiert, dass nicht alles gleich auf Anhieb zielführend ist. Beim Ausprobieren setzt eine Phase des Lernens neuer Abläufe, Tätigkeiten und Routinen ein. Kommen in dieser Phase positive Rückmeldungen aus der Umwelt zu den neuen, innovativen Verfahrens- und Verhaltensweisen, so entsteht weitere Energie, auch Ungewohntes zu versuchen.

3.7.6 Erkenntnis

In dieser Phase des Testens neuer Abläufe und Routinen werden Gründe für Erfolge und Misserfolge ersichtlich. Nun wird ermittelt und reflektiert, weshalb etwas erreicht wurde oder gescheitert ist. Informationen werden gesammelt, welche Aufschluss über den eingeschlagenen Weg geben. Die Folgen sind eine Erweiterung des Bewusstseins und des Handlungsrepertoires, was eine größere Handlungsflexibilität ermöglicht. Die wahrgenommene eigene Kompetenz steigt sichtbar über das Niveau vor dem Veränderungsstart.

3.7.7 Integration

Langsam beginnen sich nun Routinen auszubilden, welche dazu führen, dass den meisten kaum noch bewusst ist, dass alles einmal anders war. Die Wahrnehmungs-, Denk- und Handlungsmuster haben sich verändert und für den Moment ist der Veränderungsprozess abgeschlossen. Erfolgreich werden solche Prozesse aber erst, wenn bereits in dieser Phase schon wieder ein neues innovatives Veränderungsvorhaben angedacht wird und die Mitarbeitenden nicht zu stark in neue starre Bahnen verfallen.

3.8 Steuerungsansätze bei organisationalem Wandel

Stehen organisationale Veränderungen an, so stellt sich die Frage nach der Steuerung des Prozesses. Idealtypisch sind hier vier Formen zu unterscheiden: Wildwuchs, Experten-Ansatz, Macht-/Zwang-Ansätze, Entwicklungsansatz.

3.8.1 Wildwuchs

Entgegen dem üblichen Anspruch einer Organisation, geplant, transparent, stabil und zielgerichtet zu arbeiten, können sich Organisationen auch ungeplant und zufällig verändern. Dabei werden Neuerungen meist kurzfristig eingeführt, verbunden mit der Hoffnung, dass die Herausforderung damit gemeistert ist. Es wird weder langfristig geplant, noch eine transparente Steuerung implementiert. Hier handelt es sich um ein Modell der additiven Entwicklung. Wer Macht hat, kann auf das Verhalten und Denken in der Organisation einwirken und Neuerungen einsetzen. Diese Form der Veränderung ist oft bei großem Dissens bezüglich der Ziele einer Veränderung und entsprechendem Widerstand gegenüber dem Wandel anzutreffen, aber auch beim Fehlen einer geteilten Vision, wohin die Entwicklung gehen soll.

3.8.2 Experten-, resp. Expertinnen-Ansatz

Werden interne oder externe Expertinnen und Experten mit der Umsetzung des Wandels beauftragt, so begründet man dies meist mit ihrem speziellen Wissen über Veränderungsprozesse und deren Inhalte. Solche Veränderungsprozesse wirken rational und logisch, da man auf die Expertise der Beauftragten setzt. Sie stellen fest, woran es mangelt (Diagnose), legen fest, wo es hingehen soll (Vision) und welche Mittel dazu eingesetzt werden (Prozess).

Der Experten-Ansatz ermöglicht eine präzise Steuerung, eine klare Ausrichtung und eine meist kurze Veränderungsdauer. Er hat aber den Nachteil, dass Betroffene eher in Widerstand gehen, da mit ihnen nur wenig über den Sinn und die Notwendigkeit einer Veränderung kommuniziert wird.

3.8.3 Macht-/Zwang-Ansatz

Ein weiterer Ansatz ist dort zu beobachten, wo strenge Hierarchien bestehen und wenig Wert auf die Beteiligung der Mitarbeitenden gelegt wird. Dieser Ansatz schafft sich Legitimation durch Macht, welche meist auf struktureller Macht beruht. Es kann aber auch über moralische Appelle Druck ausgeübt werden („wir müssen diesen Zusammenschluss durchziehen, sonst verlieren wir an Einfluss"). Wer sich gegen die Veränderung stellt, wird abgewertet, da er, resp. sie eine positive Entwicklung der Organisation verhindert. Man unterstellt, eigene Interessen zu verfolgen, anstatt an das Ganze zu denken.

Dieser Ansatz verwendet auch Drohungen, um Veränderungen durchzusetzen: Jeder soll selbst entscheiden, ob er noch „einen Platz auf diesem Boot" hat.

3. Was ist Management?

3.8.4 Entwicklungsansatz

Der vierte Ansatz entspricht am ehesten dem Konzept der Organisationsentwicklung. Er versucht, über partizipative Prozesse Einsicht in die Notwendigkeit einer Veränderung zu schaffen. Erst wenn diese Einsicht besteht, werden neue Visionen und Ziele gesucht. Der Entwicklungsansatz versucht, unterschiedliche Denkweisen erkenn- und nutzbar zu machen, weiß mit Emotionen umzugehen und reflektiert regelmäßig über den Entwicklungsverlauf. Veränderte Ideen, Ziele und Werte bilden die Basis des Prozesses, welcher immer wieder aufs Neue überprüft und angepasst wird. Der „Masterplan" wird regelmäßig den Bedürfnissen angepasst. Empowerment, Emanzipation, Humanisierung der Arbeit sowie Betroffene zu Beteiligten zu machen, sind Grundlagen dieses Ansatzes.

3.9 Basisprozesse der Steuerung von Veränderungen

Beim schrittweisen Erarbeiten und Umsetzen von Veränderungen geht es nach Glasl (2014) immer um das Zusammenwirken von sieben Prozessarten. Diese sind vor allem bei Veränderungen zu beachten, welche auf Basis eines Organisationsentwicklungsprozesses vorgenommen werden. Im Veränderungsprozess können phasenweise ein oder zwei dieser Prozesse im Vordergrund stehen, es wirken jedoch immer alle sieben Basisprozesse zusammen. Aus dem Zusammenspiel der Basisprozesse ergibt sich die jeweils besondere Vorgehensweise in einem vielschichtigen und vernetzten OE-Prozess.

Die Basisprozesse der Steuerung von Veränderungen sowie weitere Instrumente zur Gestaltung von organisationalem Wandel werden in Kapitel „Adaptierbare Diagnose-Methoden in der Organisationsentwicklung" vorgestellt.

3.10 Die lernende Organisation

Die Grundüberlegung im Modell von Peter Senge (2011) ist die Frage, wie eine Organisation den Spagat zwischen Stabilität und Veränderung schafft. Senge hat ein Modell vorgelegt, welches das Paradox von Organisationen, nämlich der Stabilitätsorientierung einerseits und der Veränderungsorientierung andererseits, aufzulösen versucht. Sein Modell der lernenden Organisation basiert auf der Einsicht, dass Denk- und Verhaltensmuster, welche sich bloß an einzelnen Ereignissen und linearen Wirkketten orientieren, komplexen Systemen und Situationen nicht gewachsen sind. Die Hoffnung auf „eine richtige" Organisationsstruktur ist zu verabschieden, vielmehr gilt es, Prinzipien für einen andauernden Organisationswandlungsprozess zu schaffen. Stefan Kühl folgert, dass es darum geht, „(…) tragfähige Prinzipien, Regeln und Rezepte zu entwickeln, mit denen die wechselnden Herausforderungen bewältigt werden können" (2017, S. 4).

Den hochkomplexen und dynamischen Systemen, die unsere moderne (Arbeits-)Welt bestimmen, sind lineare Lösungen nicht angemessen und auf Dauer nicht zuträglich. Senge sieht deshalb eine systemische Betrachtungsweise insgesamt als zielführender. Das systemische Denken orientiert sich an Wechselbeziehungen und versteht Einzelelemente relational. Damit wird darauf hingewiesen, dass die Bedeutung des Einzelelementes von der Beziehung zu allen anderen Elementen abhängt.

Die lernende Organisation baut auf „fünf Disziplinen" des Denkens in Systemen auf. Senge verwendet den Begriff „Disziplinen" in seinem Ansatz, um zu betonen, dass es sich um praktische, einzuübende Haltungen und Fähigkeiten handelt.

Personal Mastery: Sein eigenes Potenzial bestmöglich zu entwickeln, ist die erste Fähigkeit. Im Arbeitskontext geht es um Selbstführung und Persönlichkeitsentwicklung. Ein fortwährendes Korrigieren und sich Entwickeln verhindert ein Steckenbleiben. Dazu gehören eine persönliche Vision, kreative Spannung, Mitgefühl, Engagement für das Ganze, Offenheit für Intuition und Vernunft. An erster Stelle steht für Senge der Mensch, eine Leistungssteigerung ist für ihn bloß ein positiver Effekt.

Mentale Modelle: Damit sind (unbewusste) Grundannahmen gemeint, welche unsere Wahrnehmungs- und Verhaltensmuster beeinflussen. Prinzipien des Denkens, Handelns und Fühlens müssen erkannt, benannt und daraufhin überprüft werden, ob sie den übergeordneten Zielen förderlich oder hinderlich sind.

Gemeinsame Visionen: Erst eine spannende und herausfordernde Vision fördert echtes Engagement und motivierte Mitarbeit. Es geht dabei nicht bloß um die geteilte und attraktive Vision, sondern auch um gemeinsame Ziele und Werte, welche sich nicht von oben verordnen lassen.

Team-Lernen: Das Lernen im und durch das Team ist die Nagelprobe für die lernende Organisation. Hier zeigt sich, ob es gelungen ist, eine Atmosphäre zu schaffen, in der alle Beteiligten bereit sind, ihre Annahmen und Standpunkte zu überprüfen und sich dem Diskurs zu stellen. Es geht um gegenseitige Offenheit, aber auch um Offenheit für Unerwartetes, Neues, Unbekanntes. Gelingt Team-Lernen, so ist auf einer wichtigen Ebene der Organisation ein Grundstein für organisationales Lernen gelegt.

Systems Thinking: Durch das Denken in Systemen wird den Mitarbeitenden bewusst, dass die Strukturen des Systems auf ihr Handeln und Denken Einfluss nehmen, dass sie aber auch durch ihr Handeln auf das System einwirken. Systeme haben Grenzen, hier die organisationalen Grenzen. Diese bestimmen, wer drin ist und wer draußen. Dabei stellt sich immer die Frage, wie hart diese Grenzen definiert werden. Systemdenken zielt somit auf ein Bewusstsein für die Zusammenhänge und Austauschbeziehungen sowohl innerhalb der Organisation wie auch zum Umfeld ab. Konkret bedeutet dies für Organisationen der Sozialwirtschaft beispielsweise, dass Führungskräfte mit Entscheidungsträgern in der Verwaltung, Leitungskräften anderer Organisationen und der Klientel systematisch in einen Dialog eintreten, um deren Perspektive in die lernende Organisation zu integrieren.

3.10.1 Kritik am Modell von Senge: „guter" Wandel ist eine Falle

Senge versucht mit seinem Konzept der lernenden Organisation, den Spagat zwischen Wandel und Sicherheit zu schaffen, indem er ein Konzept des „guten" Wandels beschreibt. Dazu gehören Prinzipien wie „klare Ziele und Vision", „Identifikation der Mitarbeitenden", „Menschen im Mittelpunkt", „Kommunikation", „Selbstorganisation" und „Lernen". Kühl (2017) weist berechtigterweise darauf hin, dass das Konzept der lernenden Organisation auch eine Falle sein kann. Denn alle Prinzipien, die für einen guten organisationalen Wandel stehen, beinhalten Dilemmata. Im Folgenden stellen wir einige dieser von Stefan Kühl beschriebenen Dilemmata vor:

Klare Ziele und Visionen

In Veränderungsprozessen geben klare Ziele die Richtung in manchmal unübersichtlichen Prozessen. Sie schaffen dadurch Orientierung. Ziele stärken zudem das Durchhaltevermögen und erhöhen, sofern sie als erstrebenswert erachtet werden, die Motivation.

Eine Vision kann ein positives Zukunftsbild und eine Entwicklungsrichtung aufzeigen. Zugleich dient sie Mitarbeitenden jeden Tag als Leitlinie, an der auch die operativen Maßnahmen ausgerichtet werden können.

Aber: Ziele können durch ihre Festschreibung genau das bewirken, was „guter" Wandel eigentlich verhindern soll. Sie können starr werden und die Organisation dann unflexibel gegenüber plötzlichen Veränderungen während des Wandels reagieren lassen.

Identifikation der Mitarbeitenden

Nicht mehr über das hohe Salär oder Druck werden Mitarbeitende an die Organisation gebunden, sondern über ganzheitliche Arbeit, Vielfalt, Lernmöglichkeiten, Kundenkontakte und transparente Kommunikation. Dadurch entstehen Identifikation und schlussendlich hohe Produktivität, was Organisationen ja meist bezwecken.

Aber: Wenn sich Mitarbeitende stark mit ihrer Arbeit identifizieren, verlieren sie u.U. die Bereitschaft, von den von ihnen als sinnvoll und interessant erachteten Prozessen abzuweichen. Durch ein Festhalten an von großer Identifikation geprägten Arbeitsweisen, bspw. dem lösungsorientierten Ansatz in der Sozialpädagogik, können sie die Wandlungsfähigkeit der Organisation beeinträchtigen.

Menschen in den Mittelpunkt stellen

Im Gegensatz zur Logik, Mitarbeitende als organisational zu nutzende Humanressource zu betrachten – wie sie in der Bezeichnung HRM (Human Resource Management) zum Ausdruck kommt –, sieht „guter" Wandel im Mitarbeitenden den Menschen und stellt diesen in den Mittelpunkt. Es werden organisationale Bedingungen geschaffen, die den Mitarbeitenden dazu bringen sollen, sich mit seiner ganzen Person in die Organisation einzubringen. Die Mitarbeitenden sollen sich in der Organisation selbst verwirklichen können.

Aber: Dies kann zu der paradoxen Situation führen, dass sich Mitarbeitende als unternehmerisch handelnde Individuen über organisationale Grenzen hinwegsetzen und sich nicht mehr an die formalisierten Rollen und Strukturen halten.

Breite Kommunikation

Breite Kommunikation gilt bei organisationalen Veränderungen als ein weiterer wichtiger Aspekt „guten" Wandels. Sie beinhaltet einerseits die Information der Betroffenen über den Veränderungsprozess, andererseits aber auch Verhandlung und Verständigung während des Prozesses. Das im Modell dargelegte Konzept von Kommunikation beruht auf der Annahme,

3. Was ist Management?

dass durch das „Abwägen der verschiedenen Ansichten die beste Vorgehensweise gefunden und so die Qualität der Lösung optimiert wird" (ebenda S. 127).

Aber: Da Führungskräfte häufig den Anspruch an sich stellen, in Veränderungsprozessen Orientierung geben zu müssen, vermeiden sie Informationen, welche noch nicht gesichert sind. Es wird bloß das kommuniziert, was sich als „wasserdicht" erwiesen hat, um erwartete Unsicherheiten bei den Mitarbeitenden zu vermeiden.

Selbstorganisation

Mitarbeitende vermehrt zu Selbstorganisation zu führen, ist ein weiteres Merkmal „guten" Wandels. Doch wie lernen Mitarbeitende, Selbstorganisation umzusetzen? Häufig wird in Teams bloß das reproduziert, was man vorher an formalisierten Strukturen erlebt hat. Gelingt Selbstorganisation, so entlastet dies die Führung von ihren Aufgaben. Zudem erhöht sie durch die höhere Identifizierung mit der Arbeit die Problemlösekapazität.

Aber: Häufig bauen Problemlösungen nur auf bisherigem Wissen auf. Es werden Lösungen kreiert, die sich an die bekannten Mechanismen anschließen, welche in den vertrauten hierarchischen Bahnen verlaufen. Hier würden Anregungen von außen manchmal zu neuen, ungewohnten Lösungen in den Organisationen führen.

Ressourcen für Veränderungen

Organisationale Veränderungen brauchen zusätzliche Ressourcen. Organisationen, die sich bis aufs Notwendigste verschlankt haben, gehen davon aus, dass in absehbarer Zeit keine Veränderungen zu bewältigen sind. Dies mag über eine gewisse Zeit auch gelingen, führt aber längerfristig zum Untergang. Wer Spielräume für Veränderungen und Innovationen will, tut gut daran, etwas „organisationales Fett" aufzubauen.

Aber: Kurzfristig „Fettpolster" für den Mehraufwand im Wandelprozess aufzubauen gestaltet sich meist als schwierig. Noch schwieriger wird es dann, diese „Fettpolster" wieder loszuwerden, resp. in operativ produktive Strukturen umzuwandeln.

Lernen

Lernen gilt als zentrales Element für eine erfolgreiche Organisation. Wer es schafft, organisationales Lernen zu etablieren, ist gut für die Zukunft gerüstet. Dabei ist die große Herausforderung, wie Lernen zu „Wissen von

Organisationen" und nicht zu „Wissen in Organisationen" wird. Denn meist lernt der einzelne Mitarbeitende und behält das Gelernte dann für sich. Gelingt es jedoch, Erlerntes in die Organisation hineinzutragen, schlägt sich dies häufig in erneuerten Strukturen, Leitlinien oder Handbüchern nieder.

Aber: Erfolgreiche Lern- und Wissensprozesse können zu verfestigten Strukturen, Regeln und Kulturen, in „Kompetenzfallen" (ebenda S. 150) führen, d.h., einmal eingeführte Lernprozesse können selbst zu einem Hemmschuh für neue Lern- und Wandelprozesse werden.

3.11 Gut geplant ist halb verändert

Wächst das Unbehagen gegenüber den Strukturen, Angeboten oder der bestehenden Kultur in Organisationen, so stellen sich vor dem Einstieg in einen organisationalen Wandel einige grundlegende Fragen. Wir haben im Folgenden, zum Teil in Anlehnung an Heins (2011), auf der Grundlage der bisherigen Ausführungen eine Liste mit entsprechenden Fragen zusammengestellt:

(1) Liegen die Ansatzpunkte eher auf kultureller, struktureller, technologischer oder personeller Ebene? Wo drückt der Schuh?
(2) Wie stark soll die Veränderung sein? Geht es eher um Wandel erster oder zweiter Ordnung? Welche Teile der Organisation sind betroffen? (Diagnose)
(3) Sind bereits jetzt mögliche Grenzen der Entwicklung erkennbar? Wie ist das Verhältnis zwischen innovativen und bewahrenden Kräften? Wie gestalten sich die Planungs- und Entscheidungsräume? Sind bereits Rollen erkennbar? Welche Einflüsse resp. Grenzen gibt es von außen?
(4) Wie wird der Wandel gestaltet? Wie erfahren Mitarbeitende davon? Auf welche Kultur ist bei der Gestaltung Rücksicht zu nehmen? Wie werden Kunden betroffen resp. einbezogen? Wie werden Mitarbeitende beteiligt? Welche Gefäße (bspw. Steuergruppe) werden geschaffen?
(5) Wie soll die Zukunft aussehen? Wie wird die Phase zwischen heute und der Zukunft gestaltet?
(6) Weshalb besteht Unzufriedenheit? Wie wird mit Unzufriedenheit umgegangen?
(7) Wie kann gesichert werden, dass das Tagesgeschäft weiterläuft und trotzdem genügend Ressourcen für den Wandel vorhanden sind?

3. Was ist Management?

3.12 Organisationaler Wandel in Organisationen der Sozialwirtschaft

Die bisherigen Ausführungen zum Wandel in Organisationen bezogen sich auf Modelle von Veränderungen in allen Formen von Organisationen. Wie sieht dies nun mit Blick auf Organisationen der Sozialwirtschaft aus?

Diese sind genauso durch den starken und insgesamt beschleunigten sozialen und gesellschaftlichen Wandel geprägt. Verändert sich die Gesellschaft, verändern sich die sozialen Problemlagen und damit auch die Klientel. Dies hat meist Auswirkungen auf die Organisation. Die sich daraus ergebenden Veränderungen vollziehen sich häufig krisenhaft (Motto: ohne Konflikt kein Wandel). Es geht um Traditionen, Strukturen, Kultur und Arbeitsplätze, um das eigene Berufsethos, aber auch um die Schwerfälligkeit von Organisationen, wenn Anpassungen anstehen.

Organisationen stehen vor der Herausforderung politische und wirtschaftliche Entscheide im Alltag zu treffen und zugleich neue, innovative und zukunftsfähige Handlungsfelder zu identifizieren und wirksam anzugehen. Dies haben sie vor dem Hintergrund politischer, gesellschaftlicher und ökonomischer Vorgaben und unterschiedlicher professioneller Ansprüche zu gewährleisten.

Hinzu kommt, dass Organisationen der Sozialwirtschaft neben den vielfältigen Anforderungen auch eine stärkere Abhängigkeit von der Umwelt verspüren. (Merchel, 2005). Insbesondere die eigenen fachlichen Ansprüche an professionelles Handeln, die eine hohe Flexibilität, beständige Reflexion und eine individuelle Anpassung der Angebote und Unterstützungsleistungen an Klientinnen und Klienten erfordern, sind ein zentraler Grund dafür, sich mit der Organisationsgestaltung auseinanderzusetzen. Die Herausforderung besteht insbesondere darin, sich weder so stark zu verändern, dass jegliche Stabilität verloren geht, noch veränderungsresistent zu sein. Beides führt nach Merchel (2005, S. 14) zum Scheitern der Organisation. „Die Kunst der Veränderung ist es, ein Gleichgewicht zwischen Stabilität und Dynamik zu finden, stets sind beide Pole notwendig, um die Veränderung überhaupt durchführen zu können." (Tippe 2010; S. 191).

3.13 Change in Richtung Selbstorganisation: der große Trend

Die bisherigen Ausführungen zeigen, dass Fragen nach dem idealen Organisationsmodell an Grenzen stoßen. Eine Antwort wäre, die traditionellen

3.13 Change in Richtung Selbstorganisation: der große Trend

organisationalen Konzepte über Bord zu werfen. Dabei rücken neue organisationale Paradigmen wie Selbstorganisation sowie ein neues Führungsverständnis in Richtung einer Entrepreneurship in den Fokus. Dazu bestehen bereits Modelle in der Praxis: „agile Führung" (bspw. Scherber/Lang 2015), „demokratische Organisationen" (Sattelberger/Welpe/Boes, 2015), „Entrepreneurship" (Beschorner & Hajduk, 2011), „Reinventing Organizations" (Laloux, 2015), „Scrum-Prinzip" (Sutherland, 2015), „Leading Change" (Kotter, 2011), „laterale Führung" (Kühl, 2016), Accelerate (Kotter, 2014), Holacracy (Robertson, 2016) und weitere.

Diesen Modellen ist gemeinsam, dass sie Selbstorganisation als zentrales Strukturelement verwenden. Sie reduzieren zentralistische Steuerungselemente und senken dadurch Kosten. Innerhalb der Selbststeuerung bauen diese Modelle auf Peer-Beziehungen und verzichten auf Hierarchien im herkömmlichen Sinn. Controllingprozesse sind auf ein Minimum beschränkt resp. werden nicht hierarchisch wahrgenommen.

Die Herausforderung bei der Diskussion dieser Konzepte ist, dass sie meist bloß auf empirischen Anekdoten basieren und eher zu einer Art „Pop-Kultur" des Managements zu zählen sind (vgl. Minnig/Zängl 2016).

Wir rücken im Folgenden das Modell von Frederic Laloux (2015) in den Fokus. An ihm lassen sich exemplarisch die Besonderheiten der Selbstorganisation in Betrieben darstellen. Doch was ist überhaupt unter Selbstorganisation zu verstehen?

3.13.1 Selbstorganisation

Selbstorganisation wird meist auf einer individuellen und sozialen Ebene beschrieben. Die individuelle Ebene entspricht dem Konzept der Selbstbestimmung und meint die Autonomie, die Kontrolle über das eigene Leben zu haben. Dazu gehört die Wahlmöglichkeit zwischen akzeptablen Alternativen und größtmögliche Unabhängigkeit von den Entscheidungen anderer.

Die soziale Ebene von Selbstorganisation, auf welche wir uns im Folgenden beziehen, schließt mehr an ein Verständnis aus der Systemtheorie an. Das Konzept geht davon aus, dass die Organisationsmitglieder ein hohes Maß an Eigensteuerungspotenzial besitzen, welches unter hierarchischen Bedingungen brachliegt. Menschen besitzen nach diesem Konzept Wissen und Kompetenzen, um in begrenzten und überschaubaren Subsystemen selbstbestimmt eine verhaltensregulierende Ordnung zu schaffen. In diesem Sinne bezeichnet Selbstorganisation Selbstregulation, Selbststeuerung und Selbstmanagement.

Uneinig ist man sich über die Bedingungen, welche Selbstorganisation in Unternehmen ermöglichen. So gehen die einen davon aus, dass sich Selbstorganisation als emergenter Prozess selbst bildet. Eine Gestaltung ist nicht nötig. Andere wiederum meinen, dass Selbstorganisation gesteuert werden muss und dass immer wieder Reflexionsschlaufen über den Prozess angelegt werden müssen, um unerwünschte, schädliche Muster zu verhindern.

3.13.2 Reinventing Organizations nach Laloux

In seiner Publikation schildert Laloux den Wandel in zehn Organisationen, die neue organisationale Strukturen entwickelt haben. Bei den von ihm beschriebenen Organisationen hat er drei aus seiner Sicht charakteristische Elemente evolutionärer Organisationen gefunden (vgl. hierzu auch Rüther 2017):
– Selbstorganisation/Management
– Ganzheitlichkeit
– Evolutionärer Zweck/Sinn

Typisch für diese Organisationen ist nach Laloux, dass sie versuchen, allen Mitarbeitenden gleich viel Macht zu geben. Dadurch werde die Organisation als Ganzes mächtiger. Zudem wird in diesen Organisationen neben der Ratio auch Emotionalität und Spiritualität Platz geboten, was den Mitarbeitenden ermöglicht, sich mit allen Aspekten ihrer Persönlichkeit einzubringen.

3.13.2.1 Zentrale Elemente der Selbstorganisation

In den beschriebenen Organisationen sind zentrale Elemente der Selbstorganisation erkennbar:
(1) *Hierarchie*: Klassische und stabile „Machthierarchien" werden aufgebrochen und durch flexible und temporäre Arten einer „Fachhierarchie" ersetzt. Hierarchie ist nicht mehr eine überdauernde Zuschreibung, sondern wird situativ zugemessen.
(2) *Evolutionäre Sinnstiftung und Strategie*: Entwicklungen der Unternehmen werden nicht zwingend „top-down" gesteuert, sondern die trei-

benden Entwicklungskräfte stammen aus dem Inneren der Organisation. So entsteht für alle Beteiligten ein persönlicher Sinn in dem, was sie tun.
(3) *Ganzheitlichkeit in Bezug auf das Menschenbild*: Mitarbeitende werden vielseitiger wahrgenommen und können sich umfassender einbringen. Der Mitarbeitende ist nicht mehr bloß eine „human resource", sondern ein Mensch mit Wünschen, Zielen und Hoffnungen.
(4) *Simplifizierung der Organisationen und ihrer Konzepte*: Professionalisierung bedeutet nicht ein Mehr an Managementkonzepten und Ideen, sondern ist geprägt durch einen bewussteren, gezielten und oft reduzierten Einsatz derartiger Konzepte. In selbstorganisierten Teams sollen neue, oft auch ungewohnte Konzepte angewendet werden.

3.13.2.2 Annahmen über Mitarbeitende

Das Konzept von Laloux basiert auf Annahmen über Mitarbeitende. Er baut darauf, dass er es mit kreativen, aufmerksamen und vertrauenswürdigen Erwachsenen zu tun hat. Diese sind selbst fähig, wichtige Entscheidungen zu treffen, für die sie sich verantwortlich und rechenschaftspflichtig fühlen. Er betont die Einzigartigkeit der Mitarbeitenden und ist sich dessen bewusst, dass sie fehlerhaft sind. Mitarbeitende wollen ihre Talente und Fertigkeiten einbringen und anwenden, um so einen positiven Beitrag in der Organisation und in der Welt zu leisten. Dazu sind sie motiviert, denn sie wissen, warum und für wen sie arbeiten und dass sie dort die Freiheit haben, selbstständig und verantwortungsvoll zu arbeiten und Entscheidungen zu treffen.

3.13.2.3 Arbeit in Teams

Der zentrale Ort, an dem sowohl strategische als auch operative Prozesse ablaufen, ist nach dem Konzept von Laloux das Team. Er geht von einer Teamgröße von bis zu zwölf Personen aus, die sich selbst verwalten und organisieren. Alle Aufgaben sollen im Team organisiert werden, selbst die Einstellung neuen Personals, die Gehaltshöhe und die gegenseitige Beurteilung. Es gibt in solchen Organisationen kein mittleres Management mehr, allenfalls auf Zeit oder für ein bestimmtes Projekt gewählte fachli-

3. Was ist Management?

che Führungskräfte. Informationen liegen allen Teammitgliedern in vollständiger Transparenz vor.

Die Entscheidungsprozesse sind radikal vereinfacht. Mitarbeitende treffen Entscheidungen nach einem Konsultationsprozess. Es ist kein Konsens notwendig, denn es genügt, wenn niemand schwerwiegende Vorbehalte äußert.

Ein Grundprinzip ist Vertrauen statt Kontrolle, nach dem Motto „Wir sind alle erwachsen".

Da in solch kooperativen Arbeitsformen unterschiedliche Meinungen aufeinanderprallen, werden Weiterbildungen zum Umgang miteinander und zu konstruktiven Konfliktlösungen angeboten.

Vertrauen wird in der Teamarbeit zu einem zentralen Element: Wir treten uns mit einer positiven Haltung gegenüber. Es gilt das Prinzip: Bevor wir andere Erfahrungen machen, basiert die Zusammenarbeit auf diesem erlebten Vertrauen. Ein Missbrauch wird offen und bewusst angesprochen. Freiheit und Verantwortung sind zwei Seiten der gleichen Münze. Im Zentrum steht nicht der Einzelne, sondern das Kollektiv und dessen Intelligenz.

Ebenso sind Verantwortung und Rechenschaft wichtig: Jede/r hat volle Verantwortung für die Organisation. Wenn Probleme und Herausforderungen erkannt werden, müssen diese angesprochen werden. Niemand darf nur auf die eigene Rolle achten, sondern muss bereit und fähig sein, durch Feedback und respektvolle Konfrontation das Commitment der Mitarbeitenden einzufordern.

Als eigentliche „Killer" von selbstorganisierten Teams haben sich „Stellungskriege" sowie die Überbetonung der eigenen Leistung erwiesen. Dies verbraucht und bindet viel Energie im Team.

Ebenso beeinflussen überbordende Controlling- und Compliance-Aktivitäten die Arbeit in selbstorganisierten Teams. Sie binden Mittel und untergraben das Vertrauen in das Engagement und die Sorgfalt der Mitarbeitenden. So erbringen sie letztendlich oft nicht die erhoffte Sicherheit.

Informations-Meetings müssen in selbstorganisierten Teams wegfallen, denn allen sind alle Informationen jederzeit zugänglich. Meetings werden ad hoc einberufen, wenn ein Austausch notwendig ist.

3.13.2.4 Zentrale Kritikpunkte bei Laloux

Das Modell von Laloux ist aber nicht widerspruchsfrei. Wir sehen drei zentrale Kritikpunkte:

Fehlende theoretische Fundierung

Laloux versucht, seinen Ansatz theoretisch zu verorten, indem er sich auf Ken Wilber (2007) und die „Spiral Dynamics" von Beck/Cowan (1996) bezieht, welche er zu verbinden sucht. „Spiral Dynamics" wurden von Beck und Cowan auf der Basis von Clare Graves Studien entwickelt. In den 50er- bis 70er-Jahren des 20. Jahrhunderts hat Clare Graves das Modell der Spiral-Dynamics entwickelt, das die Entwicklung des Menschen in acht großen Wellen des Bewusstseins darstellt.

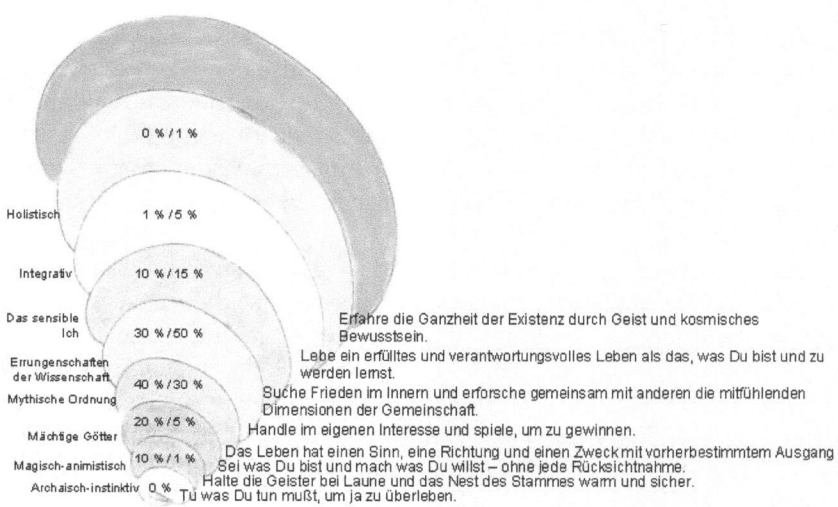

Abb. 9: Die Spiralen der Entwicklung (https://commons.wikimedia.org/w/index.php?curid=1064270)

Das Modell der Spiral-Entwicklung mag für die Entwicklung von menschlichen Weltanschauungsebenen zutreffend sein, eine Übertragung auf den organisationalen Kontext löst doch einige Zweifel aus. Es bestehen bezüglich der individuellen Entwicklung einige empirische Belege für dieses Modell, für den organisationalen Kontext fehlen sie aber vollständig.

Untersuchungsbereich unklar und sehr klein

Laloux beschreibt in seiner Publikation zehn Beispiele von positiv verlaufenden Veränderungen. Korrekterweise spricht er dabei von empirischen Anekdoten. Als Auswahl für eine „best practice"-Beschreibung mag dies durchgehen, aber nicht für die Formulierung einer Theorie, besonders wenn es um die Falsifizierung eines Modells geht. Zur empirischen Theoriebildung würde auch gehören, dass Organisationen beschrieben werden, welche diesen Wandel weniger erfolgreich umgesetzt haben oder dabei sogar gescheitert sind. Weiter ist zu bemängeln, dass der Blick in die Organisation sehr einseitig geschieht: Es kommen nur Führungskräfte zu Wort und damit fehlen beispielsweise die Schilderungen der Mitarbeitenden.

Das Paradoxon der organisationalen Heterarchie

Laloux beschreibt sehr eindrücklich, wie in dezentralisierten Organisationen Führungskräfte formale Autorität abgeben, also den Wechsel von Hierarchie zur Heterarchie. Bei dieser stehen die Mitarbeitenden nicht in einem Über- und Unterordnungsverhältnis, sondern mehr oder weniger gleichberechtigt nebeneinander. Das betrifft sowohl strategische Fragen als auch die Personal- und Finanzplanung sowie Fragen der organisationalen Entwicklung.

Seine Beispiele zeigen aber auch, dass Wandel stark von den Persönlichkeiten der Führungskräfte sowie von deren persönlichen Visionen abhängen. Selbstorganisation, so wie Laloux sie beschreibt, ist meist in hierarchischen Umgebungen und auf Initiative der Entscheidungsträger entstanden. Wenn Wandel aber so stark von einzelnen Personen abhängt, dann stellt sich die Frage, was passiert, wenn diese nicht mehr im Betrieb sind. Hier zeigte sich beispielsweise bei einer der von Laloux aufgeführten Organisation, dass diese sehr schnell wieder in die alten Strukturen zurückgefallen ist, nachdem die Führung wieder gewechselt hatte.

3.13.3 Selbstorganisation und Führung

Die Beschreibungen der von Laloux dargestellten Organisationen beeindrucken und haben viele positive Reaktionen ausgelöst. Die deskriptiven

3.13 Change in Richtung Selbstorganisation: der große Trend

Skizzen dieser Organisationen taugen zwar nicht zu einer eigentlichen Theorie, sie weisen aber einen Weg, in welche Richtungen sich Organisationen entwickeln können. Dass der Impuls zu einem Changeprozess in Richtung Selbstorganisation, wie Laloux auch schreibt, in den meisten Fällen vom Top-Management ausgeht, heißt nicht, dass nur diese Personen die nachhaltige Umsetzung garantieren. Verantwortungsvolle Führungskräfte verstehen es, sich im Laufe des Prozesses aus der zentralen Rolle heraus zu begeben und den Weg für wirkliche Selbstorganisation freizumachen.

Es scheint, dass in organisationalen Veränderungen einiges von der Führungskraft abhängt. Wir haben deshalb vier idealtypische Verhaltensweisen von Führungskräften skizziert. Denn bereits jetzt kann festgehalten werden, dass sich Führung in selbstorganisierten Organisationen deutlich von der in traditionellen Organisationen unterscheidet.

Die Aufgaben zwischen der, oft zeitlich begrenzten, Führung und den Mitarbeitenden muss neu ausgehandelt werden. Das bedeutet nicht, dass die Organisationen führungslos werden und in Anarchie verfallen, sondern dass durch partizipative Prozesse Vertrauen und neue Stabilität gewonnen werden. Dies führt insgesamt auch zu kulturellen Veränderungen innerhalb der Organisation.

Führung verlangt nun deutlich mehr Kooperation mit Mitarbeitenden und anderen Führungskräften. Entscheidungen werden nicht mehr andauernd von den gleichen Personen getroffen, sondern werden in neuen Aushandlungsprozessen entschieden, bspw. dem Konsentverfahren nach Rüther (2010).

Führung ist nicht mehr eine permanente Funktion aufgrund struktureller Zuschreibung, sondern wird aufgrund der jeweiligen Kompetenzen in Bezug auf die zu erledigende Arbeit übernommen. Führung kann somit wechseln und wird dem zugesprochen, der fachlich am besten geeignet ist, eine bestimmte Aufgabe zu meistern, sei dabei eher Fachexpertise gefordert, oder eher System- bzw. Führungsexpertise.

Zwei Aspekte der Führung in selbstorganisierten Organisationen sind somit zentral:
- wie Kooperationen möglich werden,
- wie Entscheidungen getroffen werden.

3.13.4 Kooperation als Merkmal der Selbstorganisation

Kooperation in Organisation ist oft reich an Herausforderung. Sie muss gezielt und langfristig gefördert werden. Ziel ist, dass die Menschen in einer Organisation ein gemeinsames Verständnis der Entwicklungs- und Lernprozesse haben. Dabei zeigt sich, dass insbesondere gemeinsame Problemlösungssystematiken und Entscheidungsprozesse, das Wissen übereinander, Vertrauensvorschuss, systematische Rückkoppelungsprozesse, die Klärung unterschiedlicher Zielperspektiven und Verantwortungsübernahme von Bedeutung sind (vgl. Merten/Kaegi 2016).

Kooperative Unternehmen weisen Strukturen auf, bei denen Entscheidungsprozesse dorthin verlegt werden, wo sie wirklich anfallen und Entscheidungen reflektiert und zeitnah getroffen werden können. Kooperative Prozesse unterstützen geteilte Erwartungen, Ziele und Zukunftsvisionen. Kooperatives Handeln fordert zudem eine angemessene konstruktive Konfliktbearbeitung, denn gemeinsame Prozesse generieren immer wieder Spannungen. Organisationen mit ausgeprägten kooperativen Strukturen entwickeln und etablieren somit eigene Realitäten, welche Autonomie und selbstständiges Handeln fördern.

Deshalb muss immer wieder ausbalanciert werden, wie viel individuelle Autonomie und Engagement des Einzelnen zugunsten der Organisation und Gemeinschaft möglich und notwendig sind. Kooperation ist somit selten eine feste Struktur, sondern ein subjektiv auszuhandelnder Prozess, welcher immer wieder zu Veränderungen führt.

In kooperativen Prozessen müssen alle Beteiligten bezüglich operativer und strategischer Fragen ein gemeinsam getragenes Verständnis der interaktiven Prozesse in der Organisation entwickeln. Dazu gehört:
- in kooperativen Prozessen zu denken und zu handeln sowie entsprechende Lern- und Entwicklungsprozesse voranzutreiben,
- in ganzheitlichen Denkweisen die Vernetzung zwischen der Organisation und ihrer Umwelt zu denken und demgemäß zu handeln,
- in der Organisation in cross-organisationalen Prozessen zu arbeiten,
- mit wichtigen Partnern innerhalb und außerhalb der Organisation reflektierte Kooperationen aktiv zu pflegen,
- unterschiedliche Hierarchieformen zuzulassen, um Herausforderungen angemessen und dort lösen zu können, wo sie anfallen (Minnig/Bühler, 2004),
- Kooperation als ein neues Handlungsprinzip zu verstehen, welches in den bestehenden Strukturen erst neu entwickelt werden muss.

3.13.5 Entscheidungsfindung als Merkmal der Selbstorganisation

In herkömmlichen Organisationen sind Entscheidungsprozesse meist klar deklariert, hierarchisch und geplant. Selbstorganisation fordert hier veränderte Vorgehensweisen. Eine davon beschreibt der Ansatz der Soziokratie. Dort geht bei einer anstehenden Entscheidung die Frage um: „Kannst du diesen Beschluss ausführen? Liegt dieser Vorschlag innerhalb deiner Toleranzbreite im Hinblick auf unser gemeinsames Ziel?" Wenn jetzt bei einem Teilnehmenden ein innerliches „Nein" kommt, dann ist die zweite Frage, ob es ein „schwerwiegender" Einwand ist, welcher die Person wirklich hindert, weiterzumachen und bei der Ausführung mitzuwirken. Ist der Einwand „schwerwiegend", wird weitergefragt, welches die Argumente sind, die dahinterstecken, welche Informationen das Team bei der gemeinsamen Erarbeitung noch nicht berücksichtigt hat. Liegen diese Argumente auf dem Tisch, wird ein neuer Beschlussvorschlag vom ganzen Team erarbeitet und erneut als Beschlussvorlage zum Konsent gebracht.

Es geht beim Konsentverfahren nicht darum zuzustimmen, sondern darum, keine schwerwiegenden Einwände zu haben. Ich brauche kein „Ja" zu haben, ich sollte nur kein „Nein" mehr haben.

3.14 Fazit und Ausblick

Organisationen der Sozialwirtschaft gelten oft als veränderungsresistent. Strukturen und Haltungen sind oft auf Langlebigkeit ausgelegt. Allerdings zeigen zunehmend mehr dieser Organisationen die notwendige Flexibilität und Bewegung, um sich den aktuellen Herausforderungen zu stellen. Die wirksame Planung, Umsetzung und Begleitung der Veränderung erfordert Mut und das Rüstzeug wirksamer Führung, beim Ansatz der Selbstorganisation der Selbstführung. Ein solcher Wandel muss nicht zwangsläufig radikal verlaufen, sondern wird oft über weiche Kanäle gesteuert.

Das Bild der Führung verändert sich. War es ursprünglich eine große Führungspersönlichkeit, welche die Organisation durch die Stürme der Veränderung führte, dann die partizipative Führungskraft und anschließend der Coach, wird in den neuesten Modellen Führung nur noch situativ und befristet wahrgenommen, abhängig von der zu erfüllenden Aufgabe.

Immer häufiger werden organisationale Grenzen verschwinden und Aufgaben ganzheitlich in Teamstrukturen wahrgenommen. Menschen sollen sich ganzheitlich, also mit ihren Fähigkeiten, Interessen und Zielen in

Fragen zur Lernzielkontrolle & Literatur

ihre Arbeit einbringen können. Teams organisieren sich so, dass sie den gesamten Arbeitsprozess erledigen können. Dazu sind neue Entscheidungsformen, Führungsstrukturen und Haltungen gefordert. So wird ein Vorschuss an Vertrauen ein wichtiges Merkmal gelingender Kooperation in den sich selbst organisierenden Teams.

Fragen zur Lernzielkontrolle:

1. Welche Begriffe finden Verwendung, wenn von «Sozialmanagement» gesprochen wird?
2. Wie unterscheiden sich die drei Modelle, das St. Galler Management-Modell, das Freiburger NPO-Modell und das Social-Impact-Modell voneinander?
3. Erklären Sie die Systematik des Social-Impact-Modells SIM.
4. Welches sind die vier Phasen im Social-Impact-Modell? Was beinhalten diese Phasen?
5. Wie unterscheiden sich Wandel erster und zweiter Ordnung?
6. Welche Phasen von Veränderungen nach Lewin kennen Sie?
7. Erklären Sie die vier möglichen Steuerungsansätze bei organisationalem Wandel.
8. Legen Sie die Grundidee beim Modell der lernenden Organisation nach Senge sowie die von ihm beschriebenen „fünf Disziplinen" dar.
9. Was versteht man unter «Selbstorganisation»? Was sind die zentralen Elemente? Wie sieht Führung in Selbstorganisation aus und wie können Entscheidungen getroffen werden?

Literatur

Amstutz, Jeremias (2014). Sozialmanagement und das Verhältnis zur Sozialen Arbeit. Eine empirische Analyse. Wiesbaden: Springer Fachmedien.
Amstutz, Jeremias/Zängl, Peter (2015). Was heißt hier eigentlich Management? Entscheidungsprozesse und Entscheidungsarenen in sozialen Dienstleistungsorganisationen. In: Wüthrich, Bernadette/Amstutz, Jeremias/Fritze, Agnès (Hrsg.). Soziale Versorgung zukunftsfähig gestalten. Wiesbaden: Springer, VS Verlag. S 169–175.
Anheier, Helmut K. (2005). Nonprofit Organizations: Theory, Management, Policy. London: Routledge.
Badelt, Christoph/Meyer, Michael/Simsa, Ruth (2007). Handbuch der Nonprofit-Organisation. Strukturen und Management. 2. Auflage, Stuttgart: Schäfer-Pöschel.
Baecker, Dirk (2011). Organisation und Störung. Berlin: Suhrkamp.

Beck, Don/Cowan, Chris (1996). Spiral Dynamics: Mastering Values, Leadership, and Change. Malden: Blackwell Pubishing

Beschorner, Thomas/Hajduk, Thomas (2011). Der ehrbare Kaufmann – Unternehmensverantwortung „light"? In: CSR MAGAZIN 3, S. 6–8.

Bleicher, Knut (1994a). Normatives Management. Politik, Verfassung und Philosophie des Unternehmens. Frankfurt a.M.: Campus.

Bleicher, Knut (1994b). Das Konzept integriertes Management. Visionen – Missionen – Programme. 6. Auflage, Frankfurt a.M.: Campus.

Bodingbauer, Dietmar/Dolleschall, Hubert/Höfler, Manfred/Schwarenthorer, Franz (2011). Abenteuer Change Management. Frankfurt a.M.: Frankfurter Allgemeine.

Freiburger-Management-Modell. http://www.vmi.ch/de/15-fmm.html, 22.06.2017

Fritze, Agnès/Maelicke, Bern/Uebelhart, Beat (Hrsg.) (2011). Management und Systementwicklung in der Sozialen Arbeit. Baden-Baden: Nomos.

Gharajedaghi, Jamshid (2011). Systems Thinking: Managing Chaos and Complexity: A Platform for Designing Business Architecture. MK-Publisher.

Golsorkhi, Damon/Rouleau, Linda/Seidl, David/Vaara, Eero (Hrsg.) (2010). Cambridge Handbook of Strategy as Practice. Cambridge: Cambridge University Press.

Greif, Siegfried/Runde, Bernd/Seeberg, Ilka (2004). Change Management. Erfolge und Misserfolge beim Change Management (1. Ed.). Göttingen: Hogrefe Verlag.

Gutenberg, Erich (1951/1983). Grundlagen der Betriebswirtschaftslehre. Bd. 1: Die Produktion. 24. Auflage, Berlin/Heidelberg: Springer.

Gutenberg, Erich (1955/1987). Grundlagen der Betriebswirtschaftslehre. Bd. 2: Der Absatz. 17. Auflage, Berlin/Heidelberg: Springer.

Gutenberg, Erich (1969/1980). Grundlagen der Betriebswirtschaftslehre. Bd. 3: Die Finanzen. 8. Auflage, Berlin/Heidelberg: Springer.

Hafen, Martin (2008). Die Mandatierung der Sozialarbeit – eine systemtheoretische Analyse und ihre Folgerungen für die Praxis der Sozialarbeit. In: Theorie und Praxis der Sozialen Arbeit 6, S. 453–459.

Heins, Sabine. Das 8-Phasen-Modell der Organisationsberatung www.sabine-heins.de, 13.06.2017.

Kotter, John P. (2011). Leading Change. Wie Sie Ihr Unternehmen in acht Schritten erfolgreich verändern. München: Vahlen.

Kotter, John P. (2014). Accelerate. Building Strategic Agility for a Faster-Moving World. Harvard Business Review Press.

Kübler-Ross, Elisabeth (2014). Interviews mit Sterbenden. 6. Auflage, Freiburg: Herder.

Kühl, Stefan (2016). Laterales Führen. Eine kurze organisationstheoretisch informierte Handreichung zu Macht, Verständigung und Vertrauen. Wiesbaden: Springer VS.

Kühl, Stefan (2017). Das Regenmacher-Phänomen. 2., aktualisierte Auflage, Frankfurt: Campus. S. 87–159.

Laloux, Frederic (2015). Reinventing Organizations. Ein Leitfaden zur Gestaltung sinnstiftender Formen der Zusammenarbeit. München: Vahlen.

Lewin, Kurt (1947). Frontiers in group dynamics. Concept, method and reality in social science. Social equilibria and social change. In: Human Relations 1/1, S. 5–41; deutsche Übersetzung unter dem Titel: Gleichgewichte und Veränderungen in der Gruppendynamik. In: Kurt

Lewin, Kurt (1963). Feldtheorie in den Sozialwissenschaften. Ausgewählte theoretische Schriften. Hrsg. von Dorwin Cartwright. Bern: Hans Huber, S. 223–270.

Maelicke, Bernd (Hrsg.; 2000). Veränderungsmanagement in der Sozialwirtschaft. Baden-Baden: Nomos.

Malik, Fredmund (2013). Management – Das A und O des Handwerks. Campus Verlag: Frankfurt.

Merchel, Joachim (2001). Sozialmanagement. Eine Einführung in Hintergründe, Anforderungen und Gestaltungsperspektiven des Managements in Einrichtungen der Sozialen Arbeit, Weinheim: Juventa.

Merchel, Joachim (2005). Organisationsgestaltung in der Sozialen Arbeit. Grundlagen und Konzepte zur Reflexion, Gestaltung und Veränderung von Organisationen. Weinheim/München: Juventa Verlag.

Merten, Ueli/Kaegi, Urs (2016). Zur Relevanz der Kooperation in der Sozialen Arbeit – Kooperation als Strukturmerkmal und Handlungsmaxime der Sozialen Arbeit. In: SozialAktuell 1, S. 10–14.

Minnig, Christoph/Bühler-Rogger, Sybille (2004). Die Idee der lernenden Organisation als Denkansatz zur Ausgestaltung einer eigenständigeren Corporate Governance-Diskussion im Nonprofit Bereich. In: Voggensperger R. u.a. (Hrsg.). Gutes besser tun. Bern: Haupt Verlag, S. 237–254.

Minnig, Christoph/Zängl, Peter (2016). Leadership in self-organized systems – squaring the circle or a new kind of responsibility? Vortrag anlässlich der 4. International Conference of Responsible Leadership, Gorden Institute of Business Science, Johannesburg.

Mintzberg, Henry/Ahlstrand, Bruce/Lampel, Joseph (2005). Strategy bites back, it is far more, and less, than you ever imagined. Upper Saddle River: Pearson-Prentice Hall.

Müller-Stewens, Günter/Lechner, Christoph (2005). Strategisches Management. Wie strategische Initiativen zum Wandel führen. 2. Auflage, Stuttgart: Schäffer-Poeschel.

Pankoke, Eckart (1997). Soziales Management: „Systemdenken" und „strategisches Lernen" für soziale Dienste. In: Bassarak (Hrsg.), S. 113 ff.

Parsons, Talcott (1976). Das System moderner Gesellschaften. München: Juventa.

Piber, Hannes/Kalcher, Trude/Glasl, Friedrich (2014). Professionelle Prozessberatung: Das Trigon-Modell der sieben OE-Basisprozesse. Bern: Haupt.

Pil, Frits K./Holweg, Matthias (2006). Evolving from Value Chain to Value Grid. In: MIT Sloan Management Review 47/4, S. 72–80.

Pörksen, Uwe (2011). Plastikwörter – Die Sprache einer internationalen Diktatur. Klett-Cotta-Verlag: Stuttgart.

Porter, Michael E. (1998a). Competitive Advantage, Creating and Sustaining Superior Performance. New York: Free Press.

Porter, Michael E. (1998b). The Competitive Advantage of Nations. New York: Free Press.

Prammer, Karl (2009). Transformations Management – Theorie und Werkzeugset für betriebliche Veränderungsprozesse. Augsburg: Carl-Auer-Verlag.

Puch, Hans-Joachim/Westermeyer, Katharina (1999). Managementkonzepte. Freiburg: Eine Einführung für soziale Berufe.

Robertson, Brian J. (2016). Holacracy. Ein revolutionäres Management-System für eine volatile Welt. München: Vahlen.

Rüegg-Stürm, Johannes (2003). Das neue St. Galler Management-Modell. Grundkategorien einer integrierten Managementlehre. Der HSG-Ansatz. Bern: Haupt.

Rühli, Edwin (2002). Betriebswirtschaftslehre nach dem Zweiten Weltkrieg (1945–1970). In: Gaugler, Eduard/Köhler, Richard. Entwicklungen der Betriebswirtschaftslehre: 100 Jahre Fachdisziplin – zugleich eine Verlagsgeschichte. Stuttgart: Schäffer-Poeschel, S. 111–133.

Rüther, Christian (2010). Soziokratie. Ein Organisationsmodell. Grundlagen, Methoden und Praxis. Seminarunterlage und Einführungstext. 2., korrigierte und leicht aktualisierte Auflage, http://soziokratie.org/wp-content/uploads/2011/06/soziokratieskript2.7.pdf, 26.06.2017.

Rüther, C. (2017). Skript: Soziokratie, Holakratie, Frederic Laloux „Reinventing Organizations" und ... Ein Überblick über die gängigsten Ansätze zur Selbstorganisation und Partizipation. Manuskript. 26.06.2017.

Sattelberger, Thomas/Welpe, Isabell/Boes, Andreas (Hrsg.) (2015). Das demokratische Unternehmen: Neue Arbeits- und Führungskulturen im Zeitalter digitaler Wirtschaft. Freiburg: Haufe-Lexware.

Scherber, Stefan/Lang, Michael (Hrsg.) (2015). Agile Führung. Vom agilen Projekt zum agilen Unternehmen. Düsseldorf: Verlag Symposion.

Scherer, Andreas Georg/Alt, Jens Michael (Hrsg.) (2002). Balanced Scorecard in Verwaltung und Non-Profit-Organisationen. Stuttgart: Schäffer-Poeschel.

Schneider, Jürg/Minnig, Christoph (2011). Management-Modelle und die Führung von NPO – Ein Aufruf zur Modellvielfalt in Lehre und Beratung. In: Fritze, Agnès/Maelicke, Bernd/Uebelhart Beat (Hrsg.). Management und Systementwicklung in der Sozialen Arbeit. Baden-Baden: Nomos-Verlag.

Schwarz, Gotthart (1994): Sozialmanagement. Augsburg: Ziel.

Schwarz, Peter (1996). Management-Brevier für Nonprofit-Organisationen. Eine Einführung in die besonderen Probleme und Techniken des Managements von privaten Nonprofit-Organisationen unter Einbezug von Beispielen und Parallelen aus dem Bereich der öffentlichen NPO. Bern/Stuttgart/Wien: Haupt.

Schwarz, Peter/Purtschert, Robert/Giroud, Charles/Schauer, Reinbert (1999/2009). Das Freiburger Management-Modell für Nonprofit-Organisationen. 6. Auflage, Bern: Haupt.

Senge, Peter (2011). Die fünfte Disziplin – Kunst und Praxis der lernenden Organisation. Stuttgart: Schäffer-Poeschel.

Staub-Bernasconi, Silvia (1995). Das fachliche Selbstverständnis Sozialer Arbeit – Wege aus der Bescheidenheit. Soziale Arbeit als „Human Rights Profession". In: Wendt, Wolf Rainer (Hrsg.). Soziale Arbeit im Wandel ihres Selbstverständnisses. Freiburg im Breisgau: Lambertus, S. 57–104.

Sutherland, Jeff (2015). Die Scrum-Revolution. Management mit der bahnbrechenden Methode der erfolgreichsten Unternehmen. Frankfurt/Main: Campus.

Tippe, Andrea (2010). Veränderung stabilisieren: Eine gruppendynamische Perspektive. In: Faßnacht, Michael/Kuhn, Hubert/Schrapper, Christian (Hrsg.). Organisation organisieren. Gruppendynamische Zugänge und Perspektiven für die Praxis. Weinheim/München: Juventa Verlag, S. 191–205.

Trebesch, Karsten (Hrsg.) (2008). Organisationsentwicklung – Konzepte, Strategien, Fallstudien. Stuttgart: Schäffer-Poeschel Verlag.

Uebelhart, Beat/Fritze, Agnès (2008). Ein multiperspektivischer Ansatz zur wirkungsorientierten Bearbeitung sozialer Herausforderungen: Social Impact Management. In: Bassarak, Herbert/Wöhrle, Armin (Hrsg.). Sozialwirtschaft und Sozialmanagement im deutschsprachigen Raum. Bestandsaufnahme und Perspektiven. Augsburg: Ziel, S. 206–209.

Uebelhart, Beat/Castelli, Francesco (2008). An der Schnittstelle von Sozialarbeit und Politik. Soziale Arbeit als Mitgestalterin gesellschaftlicher Modellierung – vom politischen Problembewusstsein bis zu Steuerungsmechanismen. Am Beispiel eines Projekts zur Entwicklung einer interregionalen Jugendpolitik. In: SozialAktuell 5, S. 29–31.

Uebelhart, Beat/Zängl, Peter (Hrsg.) (2013). Praxisbuch zum Social-Impact-Modell. Baden-Baden: Nomos.

Ulrich, Hans/Krieg, Walter K. (1972). Das St. Galler Management-Modell. Bern: Haupt.

Vargo, Stephen L./Lusch, Robert F. (2004a). Evolving to a new dominant logic for marketing. In: Journal of Marketing 68, S. 1–17.

Vargo, Stephen L./Lusch, Robert F. (2004b). The Four Service Marketing Myths: Remnants of a Goods-Based, Manufacturing Model. In: Journal of Service Research 6/4, S. 324–335.

Watzlawick, Paul/Weakland, John H./Fisch, Richard (1974). Change: Principles of problem formation and problem resolution. 1. Auflage, New York/London: W. W. Norton & Company.

Wendt, Wolf- Rainer (2002). Sozialwirtschaftslehre. Grundlagen und Perspektiven. Baden-Baden: Nomos

Wilber, Ken (2007). The Integral Vision: A Very Short Introduction to the Revolutionary Integral Approach to Life, God, the Universe, and Everything. Boston: Shambhala.

Wöhrle, Armin (2003). Grundlagen des Managements in der Sozialwirtschaft. Baden-Baden: Nomos.

Wöhrle, Armin (2012). Auf der Suche nach Sozialmanagementkonzepten und Managementkonzepten für und in der Sozialwirtschaft: eine Bestandsaufnahme zum Stand der Diskussion und Forschung in drei Bänden. Augsburg: ZIEL.

Wöhrle, Armin (2013). Mit welchen Begriffen des Managements argumentieren wir? Ein Beitrag zur Klärung der Begriffe Management von Organisationen, die Dienstleistungen der Sozialen Arbeit erbringen, Sozialmanagement, Management in der Sozialwirtschaft und Management des Sozialen. In: Kölner Journal Wissenschaftliches Forum für Sozialwirtschaft und Sozialmanagement 1, S. 34–59.

Zink, Klaus J. (2004). TQM als integratives Managementkonzept: Das EFQM Excellence-Modell und seine Umsetzung. 2., vollständig überarbeitete und erweiterte Auflage, München/Wien: Hanser.

4. Wie kann man Organisationen analysieren? Adaptierbare Diagnose-Methoden in der Organisationsentwicklung

Paul Brandl

Ausgehend von den sieben Glaslschen Wesenselementen werden ausgewählte Instrumente der Organisationsentwicklung vorgestellt. Mit ihnen kann ein Überblick über den Zustand einer Organisation bzw. Organisationseinheit erlangt werden. Dazu wird das Glaslsche Aspekteraster sowie das Instrument „Dialogbild" vorgestellt. Anschließend wird die Deltadiagnose als Analyseinstrument auf das Leitbild umgelegt, gefolgt vom Instrument der Prozesslandkarte. Soll die Zusammenarbeit analysiert werden, so bietet sich entweder das Teamrad oder das Flussdiagramm an. Letzteres wird noch um die Instrumente „Customer Journey" und „Persona" erweitert, um noch effizienter an der Kundenorientierung und den Anforderungen an soziale Dienstleistungen arbeiten zu können.

4.1 Ausgangspunkt – Zielsetzungen – Lernziele

Sowohl interne als auch externe Berater stellen sich immer wieder die Frage, wie und welche quantitative oder qualitative Erhebungsmethoden möglichst einfach und ressourcenschonend zur Diagnose von Organisationen oder Organisationseinheiten eingesetzt werden können. Passende Antworten erarbeitete ich mir im Zuge meiner OE-Ausbildung bei TRIGON. Wir erhielten hier von Fritz Glasl immer wieder die Aufgabe, die eingesetzten Instrumente an die jeweilige Organisation sprachlich anzupassen, aber auch inhaltlich auszurichten. Dazu zählte etwa auch die Aufgabe, den zu untersuchenden Betrieb anhand der sieben Wesenselemente einer der nachfolgend dargestellten vier Unternehmensphasen zuzuordnen und dies auch zu begründen. Diese immer wiederkehrende Adaptierung von Instrumenten in meinen Projekten motivierte mich zum vorliegenden Artikel mit der Idee, das Augenmerk wieder einmal auf diese einfachen und einfach anwendbaren Instrumente zu legen.

Am Beginn eines OE-Projektes geht es immer wieder um das Beschreiben von betrieblichen Situationen – fokussiert auf das Sammeln von Einschätzungen, Problemen und Befürchtungen sowie Wünschen und Ideen von Personengruppen. Dies kann – je nach Einsichtigkeit der Personen des zu untersuchenden Systems – sowohl in Form einer Selbst- oder auch als Fremddiagnose erfolgen. Dabei wird – die Einsicht der Führungskräfte und MitarbeiterInnen vorausgesetzt – die Selbstdiagnose als stärkerer Motivator präferiert. In der Folge werden ausgehend von der Qualitätspyramide anhand der Glaslschen Wesenselemente leicht adaptierbare Instrumente zur Beschreibung und Analyse von Organisationen mit jeweils mehreren Beispielen vorgestellt, um den/die Leser/in zum Nachmachen einzuladen. Damit können diese Instrumente von den Beratenden selbst auf die je spezifische Fragestellung und das entsprechende betriebliche Wording angepasst und Erfahrungen rund um den Einsatz des jeweiligen Instrumentes gewonnen werden. Im Zuge der Erstellung von Selbstdiagnosen etwa durch Adaptierung der nachfolgend vorgestellten Instrumente wird bei der Diskussion um die Anpassung dieser Instrumente ein tieferes Verständnis der betrieblichen Situation bei den teilnehmenden MitarbeiterInnen erreicht.

Damit ergeben sich folgende Lernziele für den/die Leser/in. Er/Sie ...
1. eignet sich die Basisprozesse der Organisationsentwicklung nach Glasl an, um den Inhalt des Artikels zu den Phasen der Organisationsentwicklung einordnen zu können.
2. erarbeitet sich die theoretischen Grundlagen (Qualitätshierarchie, dynamisches Organisationsmodell).
3. lernt fünf (Analyse-)Methoden der Organisationsentwicklung (teils in mehreren Varianten) kennen.

4.2 Theoretische Verortung der Instrumente

Wir gehen zur theoretischen Verortung der nachfolgend dargestellten Methoden zunächst von der Hierarchie der Qualität aus. Dieses Modell hat den Ansatz des St. Galler Managementmodells im Hintergrund und zeigt die Abhängigkeit der Qualität der Produkte und Dienstleistungen von der Qualität der Prozesse sowie von der der Unternehmung. Damit werden sie maßgeblich vom Qualitätsbewusstsein seiner Führungskräfte bzw. MitarbeiterInnen beeinflusst, wobei (nicht sichtbar) die Kultur und Struktur des Unternehmens als prägende Faktoren dazukommen (Seghezzi/Fahrni/Friedli, 2013):

4. Wie kann man Organisationen analysieren?

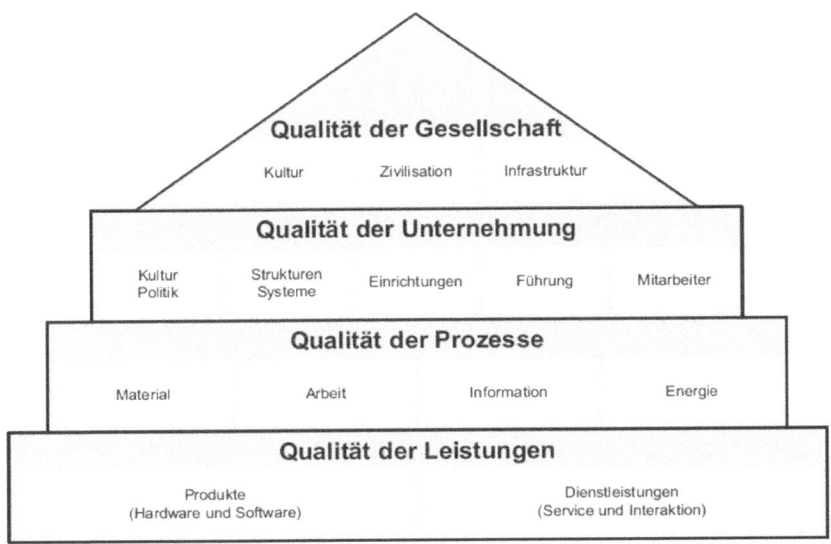

Bild 1.1 Hierarchie der Qualität

Abb. 1: Hierarchie der Qualität

Entsprechend dieser Pyramide reicht es nicht, nur bei den Produkten bzw. Dienstleistungen anzusetzen, es bedarf auch der beiden übergeordneten Ebenen der Prozesse sowie der Unternehmung. Damit sind die Ansatzpunkte für Organisationsentwicklung klargestellt. Um hier als Organisationsentwickler besser ansetzen zu können, referenzieren wir weiter auf das Glasl'sche OE-Modell mit den sieben Basisprozessen der Organisationsentwicklung (Glasl/Kalcher/Piber, 2014). Damit wird es möglich, auf die Phasen der Organisationsentwicklung spezieller einzugehen. In diesem Artikel fokussieren wir insbesondere auf die Anfangsphase und insbesondere auf die Diagnoseprozesse der Organisationsentwicklung. Dies deshalb, weil die Methoden üblicherweise am Beginn eines OE-Projektes mit dem Ziel zum Einsatz kommen und um die Ausgangssituation einer Organisationsentwicklung für alle Beteiligten im Sinne eines gemeinsamen Verständnisses sichtbar und beschreibbar zu machen:
– Diagnoseprozesse:
 Analyse und Diagnose der Situation u.a. auch zur Bewusstseinsbildung: Wer/wie sind wir? Warum sind wir so?

- Soll-Entwurfsprozesse:
  Überlegungen über die gewünschte Zukunft, um eine Willensbildung zu ermöglichen: Wohin wollen/sollen wir? Wozu?
- Psychosoziale Änderungsprozesse:
  Alte Beziehungen und Rollen loslassen, um notwendige emotionale Veränderungen zu ermöglichen und neue Beziehungen eingehen zu können.
- Lernprozesse:
  Erlernen neuen Wissens und Könnens, indem Lernprozesse neue Fähigkeiten vermitteln. Dabei kann die praktische Umsetzung bereits mit den Lernprozessen kombiniert werden.
- Informationsprozesse:
  Laufende Informationen an die Betroffenen, denn sie setzen Menschen richtig ins Bild.
- Umsetzungsprozesse:
  Implementieren der geplanten Veränderungen. Worte werden in Taten umgesetzt.
- Management der gesamten Veränderungsprozesse:
  Planen, Lenken, Beschließen, Koordinieren, Evaluieren aller Veränderungsschritte sowie diese mit personellen und materiellen Ressourcen ausstatten.

In der Anfangsphase eines OE-Projektes verschaffen sich die Projektgruppe und die externen BeraterInnen ein notwendiges, gemeinsames Verständnis der aktuellen betrieblichen Situation. Ein weiteres Ziel des Diagnoseprozesses ist das Anstoßen von Umdenkprozessen in der Regel durch die Ergebnisse der Erhebungen (Glasl/Kalcher/Piber, 2014). Als theoretischer Hintergrund eignet sich das dynamische Organisationsmodell von Glasl/Lievegoed (2016) mit den sieben Wesenselementen für die mentale Strukturierung eines OE-Prozesses:

4. Wie kann man Organisationen analysieren?

Sub-systeme	Wesenselemente	Innensystem	Umfeld
Kulturelles Subsystem	1. Identität	Gesellschaftliche Aufgabe der Organisation, Mission, Sinn, Zweck, Leitbild, Philosophie, Fernziel, Grundwerte, historisches Selbstverständnis, Image nach innen	Image beim Kunden, Lieferanten, Banken, Politik, Gewerkschaft, Konkurrenten, Position in Märkten und Gesellschaft, Selbstständigkeit und Abhängigkeit
	2. Politik, Strategie, Programme	Langfristige Programme und Pläne der Organisation, Unternehmenspolitik, Leitsätze für Teilbereiche	Leitsätze für das Umgehen mit Lieferanten, Kunden etc.; PR-Konzepte, Marktpolitik und -strategie, Branchen-Spielregeln
Soziales Subsystem	3. Struktur der Aufbauorganisation	Statuten, Gesellschaftervertrag, Aufbauprinzipien, Führungshierarchie, Linien und Stabstellen, zentrale und dezentrale Stellen, formales Layout und CD	Strukturelle Beziehungen zu externen Gruppierungen, präsent in Verbänden, strategische Allianzen, Verträge und Vereinbarungen
	4. Menschen, Gruppen, Klima	Haltungen und Einstellungen der MA, detto Wissen und Können, Beziehungen, Führungsstile, informelle Beziehungen, Rollen und Macht, Konflikte, Betriebsklima	Pflege der informellen, externen Beziehungen, Beziehungsklima in der Branche und mit dem Umfeld
	5. Einzelfunktionen, Organe	Aufgaben, Kompetenzen, Verantwortung als Inhalte der einzelnen Funktionen, Gremien, Kommissionen, Projektgruppen, Spezialisten, Koordination	Verhältnis zum Branchenverständnis, Pflege der externen Schnittstellen

4.2 Theoretische Verortung der Instrumente

Sub-systeme	Wesenselemente	Innensystem	Umfeld
Technisches Subsystem	6. Prozesse, Abläufe	Kern-, Support- und Lenkungsprozesse, interne Logistik, Planung, Informations-, Entscheidungs- und Steuerungsprozesse	Beschaffungsprozesse, Lieferprozesse, Aktivitäten zur Beschaffung von externen Informationen
	7. Physische Mittel	Instrumente, Maschinen, Geräte, Material, Möbel, Transportmittel, Gebäude und Räume, finanzielle Mittel	Physisches Umfeld, Position im Umfeld, Einbettung in der Landschaft, Verkehrssystem, Eigenmittel – Fremdmittel

Abb. 2: Die sieben Wesenselemente nach Glasl

Diese sieben Wesenselemente finden sich auch in jeder der nachfolgenden vier Phasen der Unternehmensentwicklung wieder. Diese Wesenselemente sind es auch, die charakteristische Anknüpfungspunkte für Organisationsentwickler bieten. Dazu ist die Zuordnung des Unternehmens zu den vier Phasen der Unternehmensentwicklung notwendig (Glasl/Lievegoed, 2016):

1. Zu Beginn steht die **Pionierphase**, in der die (kleine) Organisation als verschworene Gemeinschaft oder Familie funktioniert. In dieser Phase wird weniger geplant und mehr improvisiert. Es gibt viel spontanen und direkten Kontakt unter den MitarbeiterInnen (meist mit Naheverhältnis zum Gründer bzw. Eigentümer) wie auch zu den KundInnen. In dieser Phase sind Organisationen meist sehr flexibel und effizient. Im Mittelpunkt gibt es meist eine charismatische Person, die die Fäden in der Hand hält. Sie lenkt die Organisation und ihre MitarbeiterInnen. Formalismen sind gering ausgeprägt. Oft wird nach dem Motto gedacht: „Was der Kunde braucht, das machen wir". Gefahren sind in dieser Phase ein Personenkult, Nachfolge- und Machtkämpfe, Chaos, Undurchschaubarkeit sowie abhängige und unselbstständige MitarbeiterInnen.
2. Wächst bzw. entwickelt sich das Unternehmen, so folgt nach der Pionierphase die **Differenzierungsphase**, in der sich die Organisation nach Überwindung einer Formalismuskrise zu einem rationalen Apparat entwickelt. Hier bemüht sich die Organisation um Transparenz, Systematik, Logik und Steuerbarkeit und bedient sich der Mittel einer

technokratischen Organisationslehre, um das Unternehmen rational durchzukonstruieren. Es entstehen Standardisierungen, Spezialisierungen, Koordination und Formalisierungen. Weiters erfolgt eine funktionale Trennung in verschiedene Abteilungen. Es ermöglicht so eine Konzentration auf die sogenannten „Sachzwänge". Die Gefahr ist, dass sich in dieser Phase die einzelnen Abteilungen (weit) voneinander entfernen, eigene Denk- und Arbeitsweisen entwickeln und sogar eine „andere Sprache" sprechen. Dann wird mehr geregelt, organisiert und geplant als vielleicht notwendig ist. Bürokratie nimmt zu und das gemeinsame Erleben der MitarbeiterInnen und Kunden geht verloren.

3. Am Ende der Differenzierungsphase bedarf es wieder der Orientierung am Kunden. Es gilt die Kraft der Pionierphase mit der Rationalität der Differenzierungsphase zu kombinieren, die Organisation wächst in der sogenannten **Integrationsphase** zu einem Organismus. Sollte dieser Entwicklungsweg nicht beschritten werden, (können) droht der Untergang, auch Versteinerungsphase genannt. Schafft die Organisation den Einstieg in die Integrationsphase, so werden oftmals aus größeren Organisationen kleinere überschaubare Arbeitseinheiten gebildet, womit die daraus entstehenden Organisationen wieder flexibler werden. Die kleineren Einheiten übernehmen auch wieder ganzheitliche Aufgaben und können weitgehend selbst planen, organisieren und Selbstkontrolle ausüben. Eine zentrale Stelle steuert und reglementiert nicht, sondern bietet unterstützende und beratende Dienstleistungen an. Die Gefahr in dieser Phase liegt u.a. darin, dass sich die Organisation zu sehr auf ihre eigene Welt und deren Funktionieren konzentriert, so dass die KundInnen wieder aus dem Blick geraten. Dieser „Ich"-Bezug lässt das „Wir" in den Hintergrund treten.

4. Die Integrationsphase wird gefolgt von der **Assoziationsphase**, die wissenschaftlich noch am wenigsten erforscht ist. In der Assoziationsphase geht die Organisation intensive Beziehungen mit anderen Organisationen ein. Es öffnen sich Unternehmensgrenzen und es werden auch gemeinsame Strategien entwickelt. Dies gilt sowohl für den Auftritt am Markt als auch für schwierige Situationen. Es bedarf wie in der Integrationsphase einer unternehmensübergreifenden gemeinsamen Ausrichtung. Als Gefahr drohen hier Macht-Netzwerke, die Monopolstellungen anstreben.

Entsprechend der Einordnung der infrage stehenden Organisation unterscheiden sich auch die Ansatzpunkte für die Organisationsentwicklung in der jeweiligen Phase Glasl/Kalcher/Piber (2014). Während es in der Pionierphase Sinn macht, beim Pionier als Eigentümer anzusetzen um dann auf die mentale Ausrichtung des Betriebes einzugehen, liegen die Ansatzpunkte in der Differenzierungsphase bei der Neuausrichtung der Organisation, den Prozessen und dem Verständnis der Funktionen, insbesondere der Führungskräfte. Schließlich geht es dann in der Integrations- und Assoziationsphase um das Optimieren der Prozesse und der Schnittstellen sowie wiederum um die Ausrichtung der Organisation auf einen Leitgedanken. In der Assoziationsphase wird das Optimieren der Prozesse und auch der Dienstleistungen verstärkt, ausgerichtet auf ein den beteiligten Unternehmen gemeinsames Leitbild. Daher ist es nicht erforderlich und auch nicht sinnvoll, alle Wesenselemente im Zuge einer Befragung der Führungskräfte oder MitarbeiterInnen, aber ggf. auch Kunden und Lieferanten abzufragen. Zum einen werden viele Mitarbeiter insbesondere im operativen Bereich kaum etwas zur strategischen Ausrichtung des Unternehmens beitragen können, zum anderen können sie gut beurteilen, wie ausgeprägt die Prozesse und Dienstleistungen auf die Kunden ausgerichtet sind und wie sie die Ausstattung sowie die eingesetzten betrieblichen Mittel beurteilen.

Nun reicht in der Regel die Prozessoptimierung sowohl in der Integrations- und vor allem in der Assoziationsphase alleine nicht aus, um den Kundennutzen zu erhöhen. Daher gilt es auch, die Qualität der (sozialen) Dienstleistungen aus Kundensicht zu überprüfen und in der Folge am Nutzen für Kunden und Lieferanten auszurichten. Ausgehend von einer neuen mentalen Ausrichtung müssen diese Beiträge zur Bewältigung der zukünftigen Herausforderungen führen (Brandl, 2017). Rund um das Service Design (etwa Becker, 2015) oder Service Design Thinking (etwa Uebernickel et al., 2015) hat sich die Theorie zur Entwicklung von Dienstleistungen weiterentwickelt. Im Sinne der Anwendungsorientierung greifen wir eine Methode zur Gestaltung des Prozesses zur Entwicklung von Dienstleistungen heraus. Die Quadromo-Methode (Becker, 2015) ermöglicht eine strukturierte Vorgangsweise bei der Erstellung der (sozialen) Dienstleistungen:

- Am Beginn der Neuentwicklung einer Dienstleistung steht die Frage nach dem **Nutzen der Dienstleistungserbringung** für den Kunden. Es gilt daher, die Bedürfnisse des Kunden aus der Sicht des Kunden zu erheben.
- Anschließend fragt man sich, inwieweit man den Kunden an der Erstellung beteiligen kann und welche Varianten der Dienstleistungserbringung damit denkbar wären. Diese Möglichkeiten zur Beteiligung des Kunden münden in der Erstellung von **Prozessvarianten** für die **Erbringung der Dienstleistung**.

- Im nächsten Schritt geht es um die zur Dienstleistungserstellung **benötigten Ressourcen** wiederum ausgehend von der 100%-Erstellung durch den Dienstleister bis zur maximalen Beteiligung des Kunden an der Dienstleistungserbringung.
- Schließlich gilt es die Kosten einer individualisierten Inanspruchnahme zu erheben. Es liegt dann an den Rahmenbedingungen und der Finanzkraft der Kunden, die Entscheidungen für die Inanspruchnahme der angebotenen Varianten zu treffen.

In aller Regel führt die Abarbeitung dieser vier Punkte zu modularisierbaren Dienstleistungen und davon abhängig zu einer Vielfalt von neuen Prozessen bzw. Prozessvarianten. Zudem können die Kunden zu Coproduzenten von Dienstleistungen werden und somit an der Erstellung teilhaben. Damit wird eine individualisierbare und damit kundengerechte Inanspruchnahme von Dienstleistungen möglich.

4.3 OE-Methoden zum Anpassen

4.3.1 Auswahl und Zielsetzung

Es wurden – den Glasl'schen Wesenselementen folgend – Instrumente zu fünf Themenbereichen ausgewählt. Sie sollen auch für Einsteiger in die Organisationsentwicklung gut nachvollziehbar und abwandelbar sein. Zudem wurden bei der Auswahl der Instrumente auch Überlegungen hinsichtlich der Lehr-/Lernmethoden, wie etwa die vier Lernstile nach Kolb (Macher, Entdecker, Entscheider, Denker, vgl. etwa www.arbowis.ch) sowie nach Birkenbihl (2016) im Sinne eines gehirngerechten Lernens einbezogen und zum selben Thema zumindest zwei Herangehensweisen ausgewählt. Wir beginnen dabei zunächst beim **Überblick über die Organisation** mit dem sogenannten **Aspekteraster** nach Glasl (Glasl/Kalcher/Piber, 2014) und dem **Dialog- oder Zielbild** (dialogbild.de oder auch Weiss, 2010). Während das Aspekteraster (Narbeshuber, 2008) einen quantitativen, systematischen Überblick über eine Organisation ermöglicht, soll mit dem Dialog- oder Zielbild eine Methode vorgestellt werden, mit der man abseits der gewohnten sachlichen, quantitativen Darstellung sowie sprachlichen Ausdrucksweise ein oder mehrere Bilder der Realität eines charakteristischen Unternehmensausschnitts entwirft und mit den beteiligten Personen in Dialog tritt. Ziele sind im ersten Schritt die Darstellung der IST-Situation zum Erkennen der Problempotenziale und im zweiten Schritt zum Entwickeln von Zielbildern als anzustrebende betriebliche Zustände. Dies unter der Annahme, dass möglichst alle Probleme im Zielbild zur Zufriedenheit von Kunden, Lieferanten und MitarbeiterInnen gelöst sind. Mit dem Beispiel der nachfolgend vorgestellten **Deltadiagnose** (Glasl/Kalcher/Piber, 2014) soll gezeigt werden, wie ein **Leitbild** schnell „überprüft" werden kann, in dem man die gefühlte Abweichung vom Zielbild (= 100%) mittels Klebepunkten festhält. Wird das Problem eher in Arbeitsgruppen vermutet, so kann das **Teamrad** (Fischer, 1997) eine Hilfestellung bieten und einem Team zu besserer **Zusammenarbeit** verhelfen. Mit dem Instrument **der Prozesslandkarte** (Brandl, 2013) wollen wir wiederum einen **Überblick über die Prozesse** eines Unternehmens bieten und auf den weiteren Handlungsbedarf fokussieren. Hier können sowohl die Rückmeldungen der Kunden und Lieferanten, als auch die Aussagen der Mitarbeiter eingearbeitet werden. Somit ermöglicht diese Art der Bearbeitung eine systematische Strukturierung der weiteren Vorgangsweise, etwa um mittels **Flussdiagramm** (Wagner/Patzak, 2013) noch weiter in die Welt der **Prozesse** bis hin zu den **Arbeitsschritten** vorzudringen. In Kombination mit dem Prozessdenken bieten sich noch zwei Methoden an: Die **„Customer Journey"** (Uebernickel, 2015) als Methode für ein Nachvollziehen des Weges der Kunden bis zur Inanspruchnahme der Dienstleistung und einem anschließenden Service etwa der Produkte. Schließlich lassen sich für die typischen Personen einer Zielgruppe sogenannte **Personas** (Uebernickel, 2015) entwickeln. Personas sind Prototypen für jeweils eine Gruppe von Nutzern, mit konkret ausgeprägten Eigenschaften und einem konkreten Nutzungsverhalten Damit wird die Anpassung von (Teil-)Dienstleistungen an die Bedürfnisse und Anforderungen der typischen Kundengruppen noch besser möglich.

4.3.2 Aspekteraster und Dialogbild für den Überblick

Für einen generellen Überblick über ein Unternehmen bietet sich der Aspekteraster mit den sieben Wesenselementen nach Glasl/Lievegoed (2011) an. Mit diesem Instrument besteht die Möglichkeit, alle oder auch nur ausgewählte Wesenselemente der Organisation von Führungskräften, MitarbeiterInnen, Kundinnen oder auch Lieferanten bewerten zu lassen. So entsteht ein quantifiziertes Bild von einer Organisation aus der Perspektive der befragten Zielgruppen. Offene Fragestellungen können die Fragekategorien ergänzen, so dass auch Ideen eingesammelt und nachfolgend wei-

4. Wie kann man Organisationen analysieren?

terbearbeitet werden können. Im Zuge der OE-Werkstatt bei Glasl haben wir folgenden Aspekteraster als Ausgangspunkt genommen (Glasl, o.J.):

Identität:	
1.	Marktposition der Firma
2.	Image des Unternehmens nach außen
3.	Image des Unternehmens nach Innen
4.	Langfristige Unternehmensziele, Leitbild
5.	Tradition der Firma
6.	Zukunftsorientierung der Firma
7.	Konkurrenzposition
8.	Rechtsform der Firma
9.	Qualität der Produkte
10.	Werbung, Selbstdarstellung der Firma nach Außen

Leitsätze:	
11.	Marktpolitik, Vertriebspolitik
12.	Marktstrategie
13.	Gesamt-Unternehmensstrategie
14.	Produktprogramm, Produktpalette
15.	Produktentwicklungs-Programm
16.	Preispolitik
17.	Finanzierungspolitik
18.	Investitionspolitik
19.	Personalpolitik, Gehaltspolitik
20.	Führungsgrundsätze

Struktur:	
21.	Struktur der Gesamtorganisation
22.	Standort der Betriebe, Zentrale
23.	Verhältnis Zentrale zu Betrieben
24.	Verhältnis der Betriebe untereinander
25.	Gliederung der Abteilungen
26.	Führungsebene(n) im Unternehmen
27.	(Un-)Durchschaubarkeit der Organisation
28.	Flexibilität/Starrheit der Organisation
29.	Zusammenhang der organisatorischen Einheiten
30.	Verhältnis Geschäftsführung – Betrieb

Funktion:	
31.	Betriebsklima allgemein
32.	Führungsstile im Unternehmen
33.	Identifikation der Mitarbeiter mit der Firma
34.	Motivation/Leistungsbereitschaft
35.	Aufgeschlossenheit für Neuerungen
36.	Klima Chef-Mitarbeiter
37.	Vertrauensbeziehungen Betriebsrat - GL
38.	Qualität und Quantität des Personals
39.	(Un-)Sicherheit im Betrieb
40.	Aus- und Weiterbildung

Menschen:	
41.	Funktion der GL
42.	Funktion der Betriebsleitung
43.	Klarheit/Logik der Aufgabenverteilung
44.	Klarheit über Entscheidungsprozesse
45.	Verantwortungsgebiete
46.	Delegieren
47.	Stellvertreterregelungen
48.	Planungsfunktion
49.	Kontrollfunktion
50.	Koordinationsfunktion

Prozesse:	
51.	Informationen über die Firma
52.	Dienstwege
53.	Entscheidungsprozesse
54.	Behandeln von Reklamationen
55.	Auftragsabwicklung
56.	Erstellen von Kalkulationen
57.	Arbeits- und Produktionsplanung
58.	Verkaufsplanung
59.	Berichtswesen, Informationsprozeduren
60.	Materialfluss, Logistik

Ressourcen:	
61.	Formulare
62.	Büroräume, Möbel, Komfort
63.	Ausstattung mit Büromaschinen
64.	Transportmittel/-systeme
65.	Betriebsgebäude
66.	Maschinen und Anlagen
67.	Betriebsmittel, Materialgüte
68.	Kapitalausstattung
69.	Liquidität der Firma
70.	Ertragslage der Firma

Abb. 3: Aspekteraster zur differenzierten Einschätzung nach Glasl

4.3 OE-Methoden zum Anpassen

Je nach Zielsetzung des OE-Projektes ist die Erstellung des Erhebungsinstrumentes (vgl. Huemer, 2008) mit dem auf den jeweiligen Betrieb abgestimmten Wording zur Beschreibung einer Organisation notwendig, um Verständnisschwierigkeiten und Widerstände bereits im Vorfeld zu reduzieren. Das obige Aspekteraster wird hier zur Orientierung verwendet. Glatz hat daraus einen allgemein gehaltenen Aspekteraster veröffentlicht (Glatz/Graf-Götz, 2011):

Elemente und Aspekte der Organisation

1 Identität   0   100
- Orientieren wir uns an den Bedürfnissen oder Problemen unserer Kunden?
- Wird der Daseinszweck im Unternehmen kommuniziert?
- Welches Image hat unsere Organisation in der Umwelt?

2 Konzepte und Strategien
- Sind unsere grundsätzlichen Strategien klar?
- Sind wir sensibel für Tendenzen in der Umwelt?
- Korrespondieren die Strategien mit vorhandenen Stärken?

3 Strukturen
- Ist unsere Organisation marktgerecht strukturiert?
- Kommunizieren die Bereiche ausreichend miteinander?
- Verändern wir unsere Strukturen entsprechend neuen Anforderungen?

4 Menschen
- Treffen Fähigkeiten, Wissen, Können die zukünftigen Anforderungen?
- Wie sind die Einstellung, das Verhalten, die Motivation zur Leistung?
- Ist die Personalentwicklung aktiv und gezielt?
- Werden Reibungen und Konflikte produktiv bearbeitet?

5 Funktionen
- Übernehmen die Mitarbeiter gern Verantwortung?
- Sind Aufgaben klar definiert und mit Kompetenz ausgestattet?

6 Abläufe
- Sind die Abläufe gut aufeinander abgestimmt?
- Stehen Zweckmäßigkeit und inhaltliche Güte im Vordergrund?
- Wie ist die Qualität von Entscheidungen (gibt es Lücken oder Doppelgleisigkeiten etc.)?
- Wie verlaufen Informationsprozesse?

7 Sachmittel
- In welchem Zustand sind Gebäude, Anlagen und Ausstattung?
- Wie gut stehen wir finanziell da?
- Wie gut fördert die räumliche Situation die Zusammenarbeit?

Abb. 4: Beispiel für ein Instrument auf Basis des Aspekterasters

Wahlweise könnten auch offene Fragen zu den Wesenselementen oder sogar zu den einzelnen Fragen eingefügt werden, um vorhandene Ideen von den MitarbeiterInnen einsammeln und weiterbearbeiten zu können. Die Ergebnisse aus dem Aspekteraster sind für die Weiterarbeit insofern nutzbar, als daraus die Ansatzpunkte für die Weiterarbeit im OE-Projekt gewonnen werden können. Die gesammelten Ideen können im Sinne von Verbesserungsvorschlägen aufgelistet, mittels Problemlösetechniken weiterbearbeitet und schließlich umgesetzt werden.

Während es in der Pionierphase Sinn macht, beim Pionier als Eigentümer anzusetzen und die Ausrichtung des Unternehmens mit ihm bzw. seinen engsten MitarbeiterInnen zu klären, liegen die Ansatzpunkte in der Differenzierungsphase bei der Neuausrichtung des Unternehmens, den Prozessen und einem neuen Verständnis der Funktionen. Dies wird umso mehr offensichtlich, je länger die Differenzierungsphase dauert. Sie geht mit der Zeit in eine Art „Versteinerungsphase" über, in der der Kontakt zum Kunden und zu den MitarbeiterInnen sukzessive verloren geht. Schließlich geht es in der nachfolgenden Integrationsphase um die auf den Kunden ausgerichtete Optimierung der Prozesse und Schnittstellen sowie wiederum um die Präzisierung und Ausrichtung auf einen (neuen) Leitgedanken. In der Assoziationsphase wird die konsequente Kundenorientierung unternehmensübergreifend vom Lieferanten bis zum Kunden weiter intensiviert, es entsteht ein auf ein Leitbild ausgerichtetes Netzwerk von (kleineren) Unternehmen.

Eine alternative Herangehensweise zum Aspekteraster wird durch eine auf den sieben Wesenselementen aufbauende Problemsammlung mittels Interview möglichst unterschiedlicher Personen vom Lieferanten über den Mitarbeiter bis hin zu den Kunden erreicht. Die Befragungsergebnisse werden in eine oder mehrere Zeichnungen verpackt und die Teilnehmer an Workshops erhalten zu Beginn die Aufgabe, die Problemfelder zu identifizieren und schriftlich festzuhalten (www.dialogbild.de):

4.3 OE-Methoden zum Anpassen

Abb. 5: Ein Dialogbild

Im Anschluss daran kann wiederum die Aufgabe gestellt werden, wie die Zeichnung aussehen würde, wenn die Problemzonen gelöst wären. Dieses auf gleichem Weg erstellte Zukunftsbild kann auch dafür genützt werden, um von den MitarbeiterInnen Handlungspotenziale für die nahe Zukunft erarbeiten zu lassen (www.dialogbild.de):

Abb. 6: Zielbild zum Diskutieren der Lösungen

In einfacherer Form können die Bilder auch von MitarbeiterInnen im Rahmen von Workshops von Hand mit Farbkreide angefertigt werden, so wie dies nachstehend der Fall war. Die TeilnehmerInnen hatten hier im Rah-

4. Wie kann man Organisationen analysieren?

men eines Kreativitätstrainings die Aufgabe, Möglichkeiten der Wäscheversorgung von älteren Menschen in der eigenen Wohnung zu zeichnen. Es sollten für ein regionales Wäschereinigungsunternehmen neue Wege, Möglichkeiten, Kooperationen und Kombinationen überlegt werden – ohne zunächst auf bestehende Grenzen oder gesetzliche Vorgaben zu achten. Fünf parallel arbeitende Gruppen präsentierten hier ihre recht unterschiedlichen Ergebnisse, wobei deren Ideen in der letzten Phase des Kreativitätstrainings und auch in der Nachbearbeitung verdichtet wurden (Gruber, 2011):

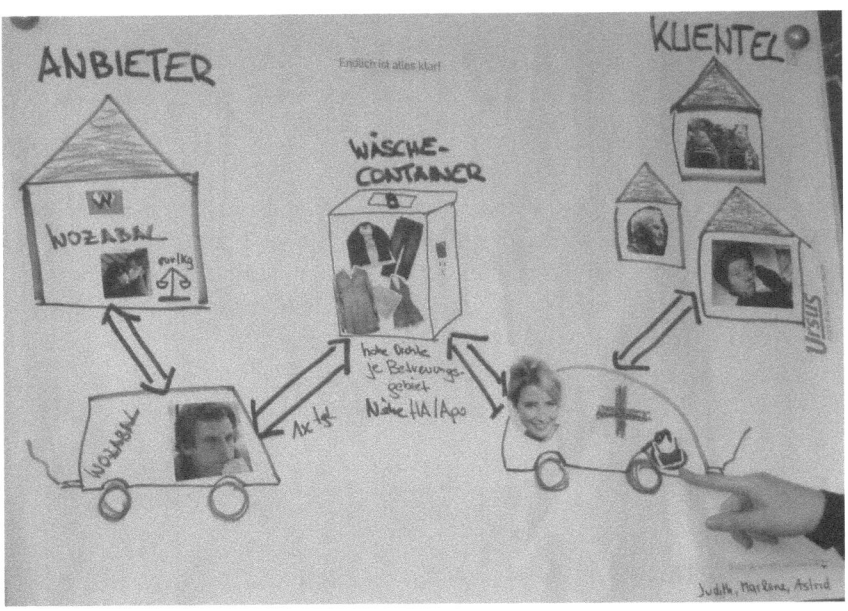

Abb. 7: Zielbild für die Wäscheversorgung in der mobilen Altenbetreuung

Die Zeichnung hier zeigt eine Lösung, in der die mobile Altenbetreuung die schmutzige Wäsche in Säcke verpackt zu einem Container bringt und sich von dort die saubere Wäsche holt. Umgekehrt holt sich die Wäscherei die Schmutzwäsche ab und bringt die saubere Wäsche in einem definierten Zeitraum zum Wäschecontainer. Anschließend wird die saubere Wäsche beim nächsten Besuch der mobilen Altenbetreuung zu deren KundInnen ausgeliefert.

4.3.3 Deltadiagnose: Einfache Standortbestimmung beim Leitbild

Das Leitbild des Magistrates der Landeshauptstadt Linz – mit Beratung durch Fritz Glasl entstanden und verstanden als Führungsinstrument – sollte Führungskräften und MitarbeiterInnen auch zeigen, wo das Unternehmen steht und wo genau ein Entwicklungsbedarf identifiziert werden kann. Zu diesem Zweck haben wir – dem Modell einer Deltadiagnose (Glasl/Kalcher/Piber, 2014) folgend – die Dimensionen dieses Leitbildes in seine Überschriften/Themenabschnitte zerschnitten und hier neue MitarbeiterInnen[4] zwei Fragestellungen bearbeiten lassen:
a) Wieweit sehen Sie den einzelnen Satz des Leitbildes erfüllt? (0–100%)
b) Was müsste geschehen, damit sich der Wert deutlich (= 10 oder 20%) sichtbar in Richtung 100% bewegt?

Die TeilnehmerInnen klebten zur Beantwortung der Frage A einen Punkt je Dimension auf die Pinnwand, während sie die zweite Frage auf einem Flipchart sammelten (Magistrat Linz, Leitbild, o.J.):

Das Leitbild – ein Maßstab

	0% erfüllt zu 100%
• Politik - Verwaltung	
• Führungskräfte	
• MitarbeiterInnen	
• Organisationskonzept	
• Wirtschaftliches Handeln	
• Öffentlichkeitsarbeit	
• Kund-/PartnerInnen	
• Aufgaben und Ziele	

Amt für Personal und Organisation

Abb. 8: Beispiel für eine Deltaanalyse entlang des Leitbildes des Magistrates der Landeshauptstadt Linz

Auf diese Art und Weise erhielten die Führungskräfte ein differenziertes Bild der Organisation bzw. für einen Unternehmensteil aus der Sicht der MitarbeiterInnen, in diesem Fall von neuen MitarbeiterInnen im Rahmen

---

4 Der gesamte Text stand allen TeilnehmerInnen zur Verfügung!

der Veranstaltung „Klar zum Einstieg!". Die zu befragende Zielgruppe kann von der jeweilig zuständigen Projektgruppe festgelegt werden. Darüber hinaus wäre es auch möglich, etwa die Dienstleistungen eines Unternehmens beurteilen zu lassen. Somit liegt es in der Kompetenz der Projektgruppe, Veränderungen im Sinne der Organisationsentwicklung gezielter anzustoßen. Die Weiterarbeit könnte zumindest in drei unterschiedliche Richtungen erfolgen:
1. Konsequent linear weiterdenken kann man entlang folgender Fragestellung: Welche Maßnahmen müssen gesetzt werden, um das Ausmaß der Zielerreichung um 10% (oder mehr) zu steigern?
2. In Anlehnung an die U-Prozedur (Glasl/Kalcher/Piber, 2014 oder Scharmer, 2013) bedarf es – bei grundsätzlicherer Bearbeitung des Leitbildes – der Beantwortung der nachfolgenden drei Fragenkomplexe:
    A) Wie kann einfließen, dass etwa die betriebliche Umwelt komplexer, die Entwicklungen unsicherer zum Voraussagen und zukünftige Vorhaben schwieriger zu planen sind? Was hat sich in der Zwischenzeit verändert? Welche neuen Wertvorstellungen/Einstellungen müssen in eine Problemlösung mit einfließen?
    B) Was muss an Werten und Einstellungen unbedingt beibehalten werden?
    C) Welche (liebgewonnenen) Wertvorstellungen/Einstellungen und damit Verhaltensweisen sind zur Bewältigung der zukünftigen Aufgaben nicht mehr hilfreich?
3. Die Weiterarbeit erfolgt durch die gezielte Bearbeitung der vermuteten Probleme und Befragungsergebnisse im Unternehmen. Dazu werden nachfolgend einige Instrumente vorgestellt.

4.3.4 Prozesslandkarte: Übersichtlich Prioritäten setzen

Wurden die Arbeitsabläufe als unzulänglich eingestuft, so ermöglicht das Instrument der Prozesslandkarte mit dem Überblick über die relevanten Prozesse des Unternehmens eine Fokussierung auf die brennendsten Problemzonen eines Unternehmens. Die nachfolgende generische Projekt-

4.3 OE-Methoden zum Anpassen

landkarte[5] eines sozialen Dienstleisters ist hier nur Platzhalter für das jeweilige Unternehmen:

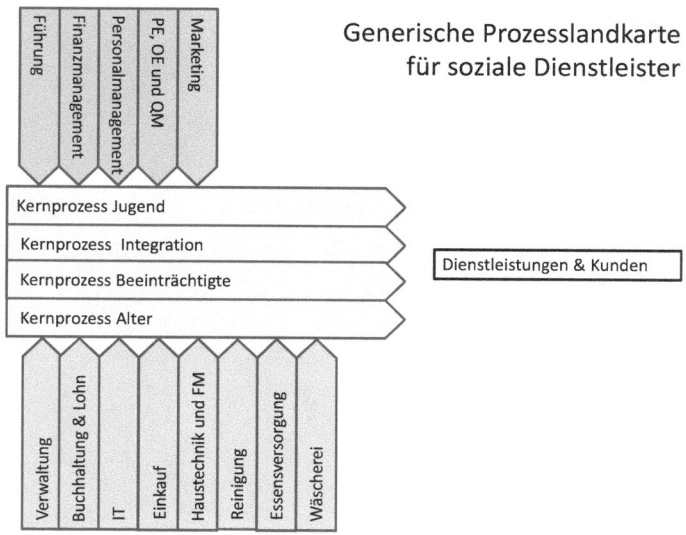

Abb. 9: *Muster einer generischen Prozesslandkarte für Dienstleister in der Sozialwirtschaft (eigene Darstellung)*

Die Anordnung der Prozesse erfolgt grundsätzlich getrennt nach Kern- (gelb), Unterstützungs- (grün) und Lenkungsprozessen (blau). Innerhalb des/r Kernprozesse erfolgt die Anordnung in der konsequenten Ausrichtung von links beginnend entlang des Prozesses der Leistungserstellung hin zum Kunden. Die Unterstützungsprozesse können getrennt nach internen, zentralen und externen Dienstleistern dargestellt werden.

An welchen drei Prozessen einer Prozesslandkarte anschließend in einer Projektgruppe weitergearbeitet werden soll, kann mittels Bepunktung ganz einfach erfolgen oder auch in einer Matrix nach dringend/wichtig priorisiert werden:
a) Wie hoch (oder dringend) schätzen Sie den Bearbeitungsaufwand?
b) Wie hoch (oder wichtig) schätzen Sie den Nutzen der Problemlösung?

---

5 Generische Prozesslandkarte meint eine allgemeingültige Fassung, die auf das konkrete Unternehmen angepasst werden muss.

4. Wie kann man Organisationen analysieren?

Nachfolgend zeigen wir weiterführend anhand eines Beispiels aus einem Projekt mit den Kreuzschwestern in Oberösterreich die visuelle Umsetzung des Standes des OE-Projektes (Burghofer, 2015):

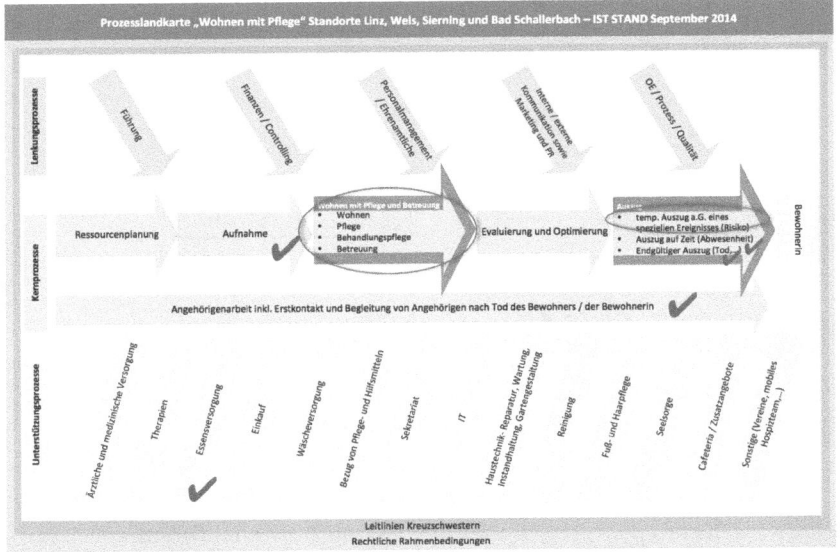

Abb. 10: Prozesslandkarte der Kreuzschwestern

So kann der Stand eines OE-Projektes mithilfe einer Prozesslandkarte rasch visualisiert werden. Die Information der MitarbeiterInnen ist mit diesem Bild einfach möglich. Die Weiterarbeit im Rahmen eines OE-Projektes kann somit einfach visualisiert und kommuniziert werden.

Zudem wird durch die Prozesslandkarte auch die prozessbezogene Aufteilung der Abteilungen nach Prozessen möglich. Schnittstellen werden damit nicht nur sichtbar, sondern bewusst gestaltbar. Zudem wird – in Weiterführung des eingangs angesprochenen Prozess-Lebenszyklus von Wagner/Patzak – das Erstellen von Kennzahlen entlang der Prozesse und das regelmäßige Überdenken der strategischen Ausrichtung ermöglicht.

4.3.5 Teamrad: Ansatzpunkte für die Teamentwicklung

Wenn eine Projektgruppe feststellt, dass die Arbeitszufriedenheit oder besser formuliert die Qualität der Zusammenarbeit in einer Arbeitsgruppe als

4.3 OE-Methoden zum Anpassen

Problemzone anzusehen ist, so würde eine flächendeckende Mitarbeiterbefragung relativ aufwändig und teuer sein, insbesondere wenn kein standardisierter Fragebogen zum Einsatz gelangt. Deshalb haben wir uns im Bereich der Leadership-Literatur nach wegweisenden Beispielen umgeschaut. Indem wir eine möglichst einfache Erhebung mit geringem Aufwand anstreben, fokussieren wir in der Folge auf das Instrument „Teamrad" (Fischer, 1997) oder „Teamspinne" (www.teamradar.de). Drei Beispiele sollen dem/r LeserIn einen Einblick in die Arbeitsweise und Unterschiede in der methodischen Handhabung des Teamrades vermitteln. Die Kriterien (= Speichen) des Teamrades werden von den Autoren je nach Zielsetzung und Verständnis unterschiedlich bezeichnet. Gemeinsam ist ihnen das Rad, das als Symbol für eine sehr gute Zusammenarbeit steht. Beginnen wir mit einer elaborierten Version des „Teamkulturrades" (www.leadership-development.de):

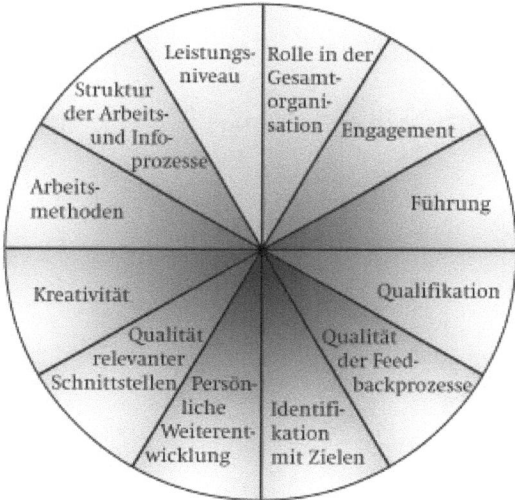

Abb. 11: Ein Beispiel für ein Teamkulturrad

Auch bei der nächsten Version, die der Evaluierung der Weiterbildung diente, signalisiert die Metapher „Rad", dass es im Idealfall rund läuft und Abweichungen aufzeigt, indem ein niedriger Erfüllungsgrad sofort sichtbar wird: Das wäre in der Wahrnehmung schnell holprig. Nach Begründungen kann begleitend oder in einer weiteren Runde im Sinne der Interpretation der Ergebnisse gefragt werden, indem sie auf einem nebenste-

4. Wie kann man Organisationen analysieren?

henden Flipchart gesammelt werden. Die Fragestellung bleibt auch hier auf einen Begriff beschränkt, könnte so als wenig konkret bezeichnet werden und eröffnet gleichzeitig einen respektablen Interpretationsspielraum (www.teamradar.de):

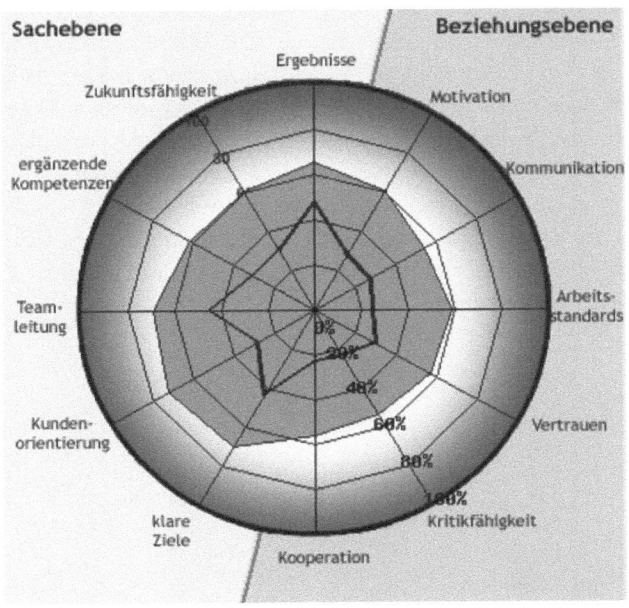

Leistungskriterium	Durchschnitt	Einigkeit
Sachorientierung	**66**	**37**
Zielklarheit	70	43
Kundenorientierung	72	28
Teamleitung	69	45
Kompetenzen	61	30
Zukunftsorientierung	60	30
Ergebnisorientierung	65	48
Beziehungsorientierung	**57**	**26**
Motivation	60	28
Kommunikation	54	28
Arbeitsstandards	59	25
Vertrauen	57	30
Kritikfähigkeit	54	23
Kooperationsverhalten	56	23

Abb. 12: Teamrad mit zwei Messungen

4.3 OE-Methoden zum Anpassen

Noch stärker fokussiert etwa Reder auf die Zusammenarbeit von Teams, indem er die Kriterien der Zusammenarbeit im Verlauf eines Jahres sammelte und als Kriterien für dieses Instrument verwendete. Damit konnte er einen IST-Stand in den verschiedenen Häusern seiner Organisation erheben (Reder, 2012):

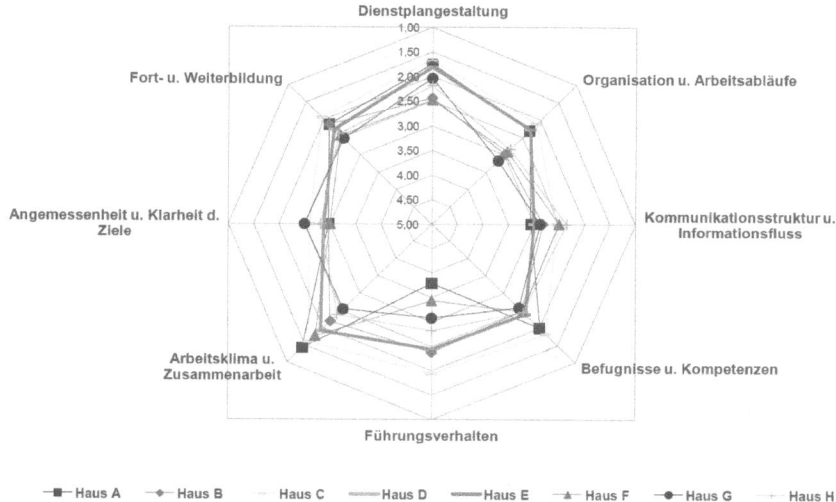

Abb. 13: *Teamrad zur Zusammenarbeit*

Der logische nächste Schritt ist hier die in jedem Haus bzw. jeder Abteilung anders beantwortete Frage: Was kann getan werden, um die Zusammenarbeit im Haus x/y/z um 10% oder 20% zu verbessern? Damit generieren sie in der Regel eine Vielzahl von Ideen, die sie verdichten und anschließend abarbeiten können. Es geht/ging in allen diesen Beispielen bewusst nicht um einen Vergleich der Häuser und ein darauf aufbauendes Ranking. Die Energie sollte lösungsorientiert eingesetzt werden. Die Beteiligung der Mitarbeiter war tatsächlich sehr hoch, da u.a. die Kriterien sowohl als auch die Themenbereiche in der Sprache an die Zielgruppe angepasst waren. Wesentlich ist bei diesem Instrument nicht nur eine quantitative Auswertung im Sinne wissenschaftlich fundierter Erhebungen, sondern vielmehr eine nachfolgende zeitnahe Bearbeitung der qualitativen Ergebnisse. Die dort benannten Problemzonen können wieder in einen Themenspeicher eingebracht und entsprechend der Dringlichkeit nach und nach einer Lösung zugeführt werden. Eine Kategorisierung in kurz-, mittel- und langfristig zu lösende Themenbereiche erscheint hilfreich.

4.3.6 Flussdiagramm und Customer Journey: Prozesse optimieren

Wurden etwa durch die Ergebnisse aus dem Aspekteraster oder im Zuge der Arbeiten mit dem Dialogbild die Prozesse als verbesserungsbedürftig erkannt und/oder mittels einer Prozesslandkarte lokalisiert, so kann mit einem Flussdiagramm ein strukturierter Einblick in die Teilprozesse gewonnen und visualisiert werden. Egal in welcher Granularität nun ein Flussdiagramm erstellt wird, es muss zunächst nur das Instrument sein, mit welchem einfach sichtbar gemacht werden kann, wo es genau entlang der Erstellung der jeweiligen Dienstleistung zu Fehlerhäufungen, Verzögerungen oder Konflikten in der laufenden Arbeit kommt. Nachstehend stellen wir drei Varianten vor. Im ersten Beispiel wird sehr grob – auf einem Flipchart der Ablauf der Wäscheversorgung dargestellt. Die Problembereiche sind entweder mit einem Blitz (= Fehlerhäufung) oder einer Uhr (= Verzögerungen) versehen und werden in einem nebenstehenden Flipchart nummeriert und knapp, aber verständlich beschrieben. Dieses Flipchart dient(e) anschließend als Themenspeicher für die Ausarbeitung der Soll-Prozesse und für einen Maßnahmenplan. Bei der Präsentation des Maßnahmenplans zur Entscheidungsfindung mit der Geschäftsleitung eignet sich dieses Instrument zum Gegenüberstellen der Probleme, Maßnahmen und Lösungen. Eine Erhebung der Kosten oder/und des Zeitaufwandes für den IST-Prozess wurde im nachfolgenden Fall nicht durchgeführt. Eine Schätzung wäre – nachträglich betrachtet – für die Präsentation vor den Führungskräften hilfreich im Sinne des Beeindruckens gewesen, auch wenn dadurch keine anderen Ergebnisse erzielt worden wären. Fast alle Verbesserungsvorschläge für die Optimierung des Ablaufes wurden - wie von der Projektgruppe vorgeschlagen - angenommen. Die vorgeschlagene Reduzierung der Anzahl der Lieferanten zur Verminderung der Komplexität für die MitarbeiterInnen wurde nicht durchgeführt. Damit wurde in der Praxis eine größere Zahl der Vorschläge, aber nur ein kleinerer Teil der Probleme gemessen an der möglichen Wirkung gelöst (Brandl, 2010):

4.3 OE-Methoden zum Anpassen

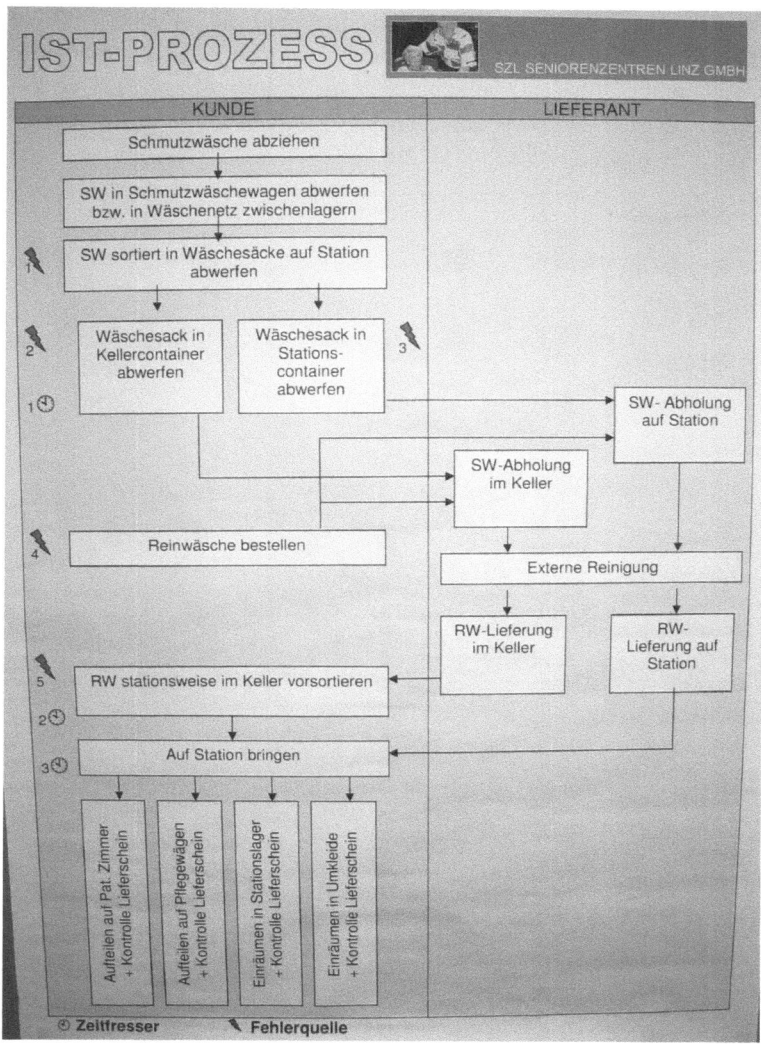

Abb. 14: *Ablauf der Wäscheversorgung mit Nummerierung der Problemzonen*

Die nachstehende Darstellungsform ermöglicht – etwa im Rahmen eines internen Audits – das genaue Lokalisieren der Probleme und das nachfolgende Erarbeiten eines neuen Ablaufes, ebenso eine Schätzung hinsichtlich der Zeit und damit der Kosten. Diese sind entsprechend der Frequenz

4. Wie kann man Organisationen analysieren?

der Prozesse wöchentlich, monatlich und jährlich zu berechnen. Diese Schätzungen sind –im Sinne eines vorsichtigen Kaufmannes – entsprechend der Datenlage moderat zu schätzen und zu kalkulieren, um Widerständen vorzubeugen und Verständnis bei Führungskräften und MitarbeiterInnen zu generieren (Jungreitmayr, 2015):

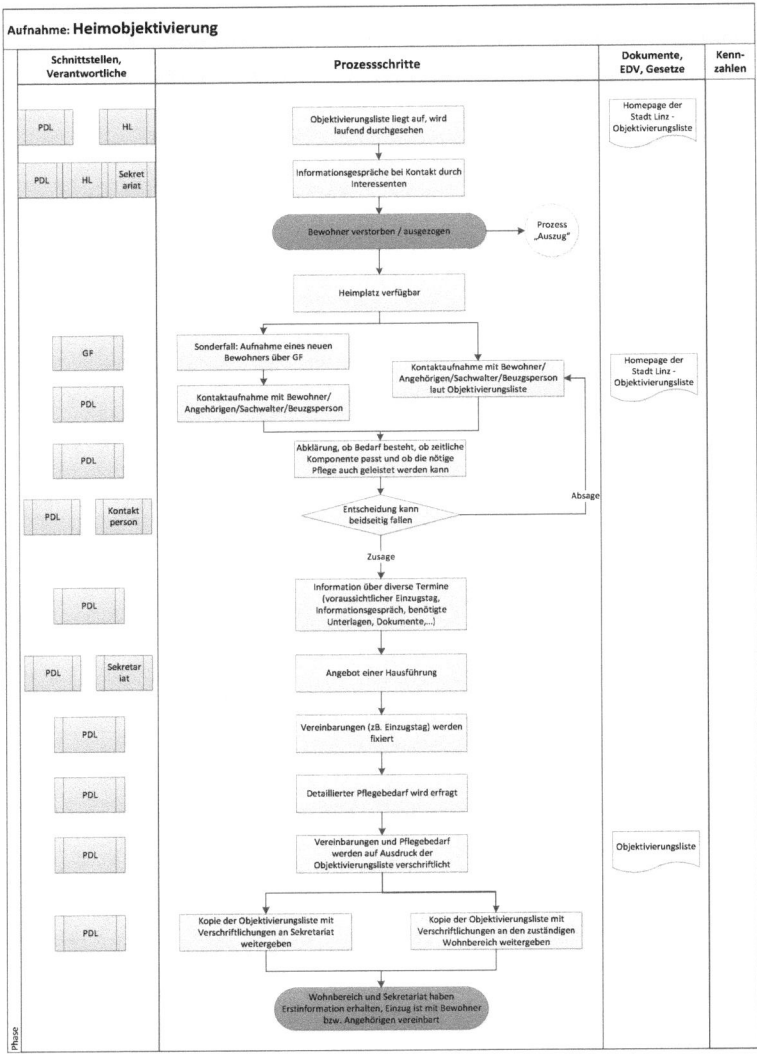

Abb. 15: Einzug eines neuen Heimbewohners

4.3 OE-Methoden zum Anpassen

Alternativ dazu kann die Darstellung auch in einem Excel-Sheet dargestellt werden. Hier wird nicht nur der durchführende Mitarbeiter[6] sichtbar, sondern auch das Arbeitsergebnis benannt. In einer zusätzlichen Spalte kann die benötigte Zeit eingetragen werden; Warte- und Liegezeiten müssen in einer eigenen Zeile berücksichtigt werden. Diese Vorgangsweise wird im nachfolgenden Beispiel von Hinterplattner/Schöngruber (2011) gezeigt:

Gemeinde:	Aschach an der Steyr					
Prozessname:	Ausgangsrechnung in Defakto-Steuern-Abgaben unbar					
	Akteure					
Lfd. Nr.	Prozessschritt-Beschreibung	MA-Poststelle	Buchhalter I	Buchhalter II	Amtsleiter (AL)	Bürgermeister	Workproduct
1	Personen- und Abgabenstamm in "Defakto-Steuern und Abgaben" anlegen, anpassen oder kontrollieren (auf Basis von Bescheiden, Verträgen, Vereinbarungen, ...)		X	X			Abgabenstamm
IF	Wenn eine automatische Soll-Stellung erfolgt, weiter bei Schritt 5						
2	Forderung manuell buchen, Buchungsbeleg generieren und Workflow anstoßen		X				Buchungsbeleg (ohne Unterschriften) und Aufgabe
3	Buchungsbeleg rechnerisch und sachlich zeichnen		X				
4	Buchungsbeleg freigeben				X		automatisch archivierter Beleg (EASY-Archiv)
5	Datenaustausch mit Rechenzentrum durchführen		X				Sendedatei, Lastschriftanzeigen und/oder Bankdatenträger, Zeitbuch
IF	Wenn Abbuchungsauftrag genutzt wird, weiter bei Schritt 8b						
6a	Lastschriftanzeigen werden bei Kennzeichen "Geschlossen" von Rechenzentrum versandt						
6b	Restliche Lastschriftanzeigen überprüfen und kuvertieren		X				versandfertige Lastschriftanzeigen
7	versandfertige Lastschriftanzeige in Postliste eintragen und zur Post geben	X					
8a	Zahlungseingänge mittels Retourdatenträger verbuchen		X				Steuerbuchung, archivierte Mappe Auszugsliste
8b	Zahlungseingänge mittels EDV-Nummern verbuchen		X				Steuerbuchung, archivierte Mappe Auszugsliste
9	Datenaustausch mit Rechenzentrum durchführen		X				Zeitbuch
10	Workflow anstoßen - Tagesabschluss mit Zeitbuch Steuern und Abgaben freigeben		X				
11	Zeitbuch Steuern und Abgaben freigeben				X		archiviertes Zeitbuch

Abb. 16: IST-Prozess-- Ausgangsrechnung Defakto-Steuern-Abgaben St. Marien unbar

---

6 Damit wird auch das Erstellen von Arbeitsplatzbeschreibungen erleichtert.

Damit ist die Grundlage geschaffen, dass durch eine systematische Anwendung der Instrumente des PDCA-Zyklusses Lösungen erarbeitet und zusammen mit den Führungskräften entschieden werden können. Ein Hinweis am Rande: Viele Verbesserungen benötigen erfahrungsgemäß keine oder zumindest wenig finanzielle Ressourcen, für größere Veränderungen ist ein Finanzierungsplan zu erstellen.

Im Sinne der Optimierung des Kundennutzens besteht die Möglichkeit, nicht nur mithilfe von Interviews ein Flussdiagramm anzufertigen, darüber hinaus besteht die Möglichkeit, die Sichtweise des Kunden durch eine sogenannte Customer Journey (U, i.w.S. das Nachvollziehen/Begehen des Ablaufes zu visualisieren und mittels eines Service Blueprints (Wittko, 2017) als erweiterte Form eines Flussdiagramms darzustellen. Welche Rollen bzw. Funktionen in die Darstellung eines Flussdiagrammes einfließen, kann von der jeweiligen Projektgruppe festgelegt werden. Interessant sind jedenfalls drei Schnittstellen:
- als erste typische Problemzonen: die des Lieferanten zum Kunden
- ebenso die Schnittstellen innerhalb des Kundensystems
- und letztlich die Schnittstellen zum Kunden des Kunden.

4.3.7 Personas: Dienstleistungen neugestalten

Im nachfolgenden Beispiel wird der Wertschöpfungsprozess im Social Media Marketing dargestellt. Hier gilt es, den Kunden bestmöglich zu verstehen (Simmet, 2014).

4.3 OE-Methoden zum Anpassen

Abb. 17: Der mögliche Ablauf vom Kundenwunsch bis zur Kundenbindung

Der konkrete Ablauf kann durch das Nachvollziehen des Ablaufes bei einem Kunden oder das Begleiten eines Kunden entlang der Kaufentscheidung dargestellt werden. Gleiches gilt für die Inanspruchnahme einer (sozialen) Dienstleistung. Neben der Gestaltung der Prozesse nimmt die möglichst individuelle Gestaltung der Inanspruchnahme von (sozialen) Dienstleistungen einen zunehmend wichtigen Platz in der Organisationsentwicklung ein. Ausgehend nicht nur von der Zufriedenheit des Kunden mit bestehenden Dienstleistungen, sondern vom möglichen Kundennutzen bei der Erstellung und nach der Inanspruchnahme einer Dienstleistung gerät die Person bzw. Persönlichkeit des Kunden in den Fokus der Organisationsentwickler. So wie oben bereits angeführt geht es in der Organisationsentwicklung um die Gestaltung des Prozesses der Dienstleistungsentwicklung. Dazu gibt es eine Reihe von bekannten, adaptierten und neuen Methoden. Brandl/Riedl (2016) haben dazu eine Auswahl dieser Methoden dem Service-Design-Prozess zugeordnet:

4. Wie kann man Organisationen analysieren?

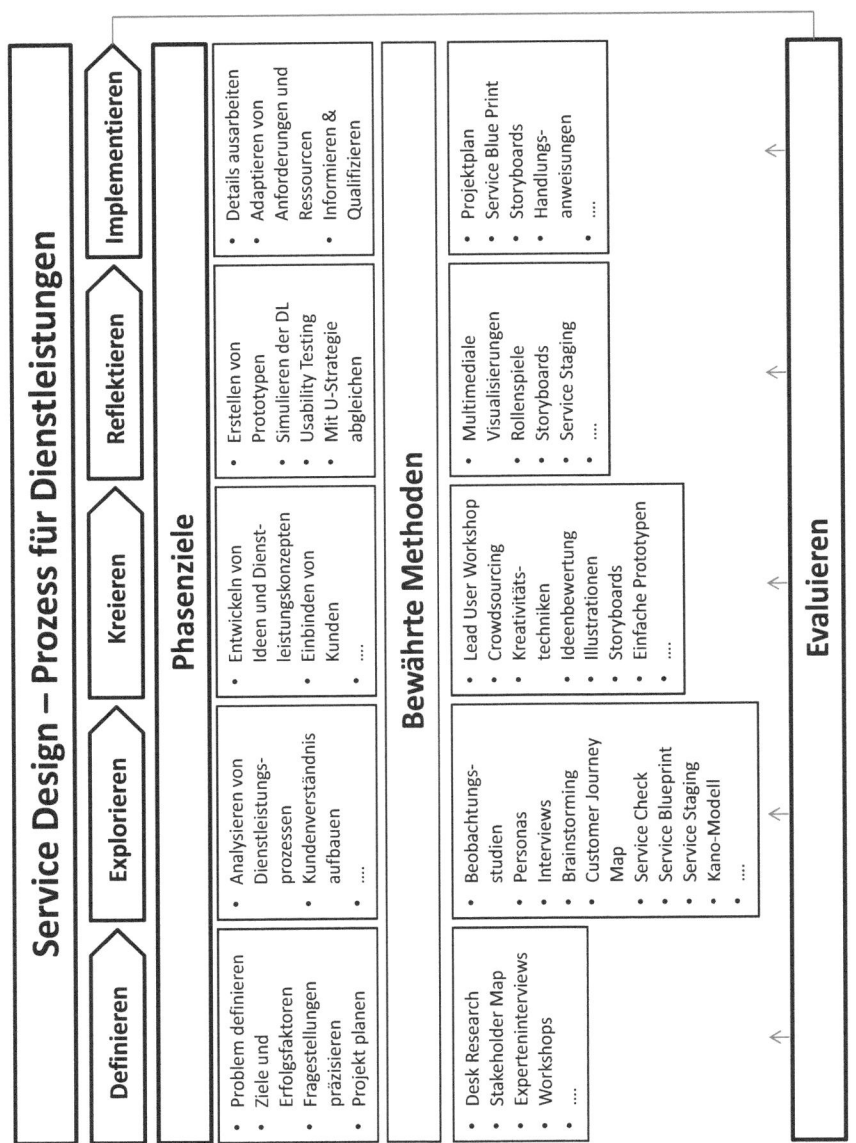

Abb. 18: Methoden für den Service-Design-Prozess

4.3 OE-Methoden zum Anpassen

Eine herausstechende Methode dabei ist die der Personas (Uebernickel et al., 2015). Bereits in der Antike weist der Begriff im antiken Theater auf Schauspielermasken hin und wird in jüngster Zeit auch für „Schein-Identitäten" verwendet. Im Marketing werden darunter „typische Personen einer Zielgruppe" verstanden, von denen Anforderungen an Arbeitsabläufe oder Dienstleistungen abgeleitet werden können. Nachstehend haben wir ein relativ einfaches Beispiel für eine Persona – für eine typische Person – angeführt (www.browserwerk.de):

Persona
Diana Frisch, 38 Jahre, Marketing Managerin

- Hat BWL studiert und bereits 10 Jahre Erfahrung im Sales Management
- Ist die Leiterin der Marketing Abteilung eines Online Druckshops
- Nutzt das Internet für Shopping und Recherche
- Geht 3 mal pro Woche zum Schwimmen
- Umgänglich, ruhig, gewissenhaft, sicherheitsliebend, bodenständig, neugierig

- Verheiratet, 2 Kinder, wohnt in München
- Jahresbruttogehalt: 60.000,- Euro
- Beruflich ambitioniert, liebt neue Herausforderung
- Möchte den aktuellen Webshop für mobile Endgeräte optimieren lassen
- Nutzt ihr Smartphone und Laptop beruflich und privat
- Touchpoints: HubSpot und Moz, t3n, internetword.de, Twitter, Facebook

Abb. 19: Beispiel für eine einfache Persona

Es ist Aufgabe der jeweiligen Projektgruppe, Fotos, Bilder und Kriterien festzulegen, die die Personas der infrage stehenden Zielgruppe am weitesten nahekommen lassen. Eine rein quantitative Beschreibung ist schnell zu wenig, wenn es um die Einbindung regionaler Besonderheiten geht. Qualitative Kriterien machen erst die Bedürfnisse der Nutzer und damit Anforderungen an die Dienstleistung und deren Erstellung sichtbar. Nachstehend folgt ein Beispiel für eine differenziertere Persona und versucht damit den Unterschied zum ersten Beispiel sichtbar zu machen (http://usercentrix.com/de/expertenbasierte-methoden/):

4. Wie kann man Organisationen analysieren?

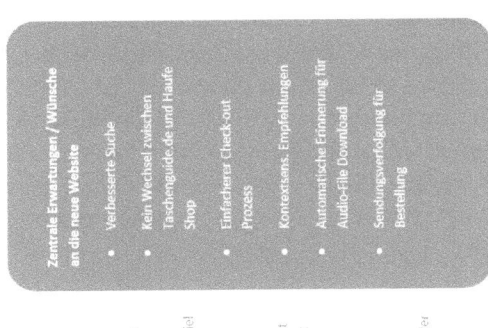

Abb. 20: Persona zum Themenbereich „Online-Shopper"

4.3 OE-Methoden zum Anpassen

Man kann die Personas lebendig erhalten, indem man sie beständig ergänzt und erweitert. Im Verlauf der Arbeit kommen weitere Kriterien dazu und es können die notwendigen Rahmenbedingungen präziser formuliert und kombiniert werden. Das Gewinnen eigener Erfahrungen während einer Ausbildung und/oder einem Projekt ist unerlässlich.

Als letztes Beispiel haben wir die Mobilitätsstufen von Menschen im Alter ausgewählt. Ausgehend von der dreistufigen Einteilung der älteren Menschen nach deren Mobilität „go go – slow go – no go" (vgl. Fargel, 2012) wurden fünf Stufen gebildet und in Form von fiktiven Personen dargestellt (in Anlehnung an arjohuntleigh.de):

Abb. 21: *Steckbriefe für fünf Personen im Alter mit sich verschlechternder Mobilität*

4. Wie kann man Organisationen analysieren?

Daran kann man etwa die Frage anschließen, wie diese Personen ihre Essensversorgung gestalten wollen. Während die erste Person Wahlfreiheit hat, ob er/sie sich das Essen zubereitet, zustellen lässt oder auch in ein Lokal fährt, werden diese Möglichkeiten mit sinkendem Mobilitätsgrad eingeschränkt. Die Beteiligung am Erstellen der Dienstleistungen wird zunehmend weniger oder auf andere Personen bzw. etwa einem Gastronomen mit Zustellservice übertragen. Auch eine Ergänzung der Personas in Richtung des Einbezugs der regionalen Möglichkeiten oder des sozialen Umfeldes der Personen liegt im Bereich der Projektgruppe. So werden noch präzisere Aussagen möglich.

4.4 Weiterführende Überlegungen

Mit den oben dargestellten Methoden wird der/die LeserIn in die Lage versetzt, ein differenziertes Bild der betrieblichen Unternehmensrealität mit begrenztem Aufwand einzufangen und nachfolgend den Schwerpunkt auf die Lösung der sichtbar gewordenen Problemzonen und Potenziale zu legen. Da die Anwendung der oben dargestellten Methoden im Kontext des Gesamtprojektes[7] gesehen werden muss, sind die oben skizzierten Basisprozesse der Organisationsentwicklung mitzudenken. Bereits in der Diagnosephase erweitert sich in allen anderen Basisprozessen der Erkenntnisstand und damit das Denken und Handeln der ProjektmitarbeiterInnen. Gleichzeitig laufen beim Auswählen und Erstellen der Diagnoseinstrumente bei den ProjektbearbeiterInnen neben den Lernprozessen im engeren Sinn auch Lernprozesse im Bereich der Bewusstseinsbildung und Verhaltensänderung ab – letztere dauern länger und müssen daher bereits möglichst früh angestoßen werden. Dazu folgende Überlegungen zum Abschluss:

Aspekteraster und Dialogbild:

Die Ergebnisse des Aspekterasters bzw. die gleichartig strukturierte Zusammenfassung der Diskussionen rund um ein Dialogbild erlauben einen fundierten, systematischen Einblick in Form von Zahlen bzw. einer qualitativen Zusammenfassung inklusive Bilder/Zeichnungen zusammen mit

---

7 Projektmanagement wird als „conditio sine qua non" und somit als Basis für alle OE-Projekte gesehen. Es unterbleibt daher eine Beschreibung.

4.4 Weiterführende Überlegungen

abschließenden Überlegungen, wo und wie in einem OE-Projekt weitergearbeitet werden soll. Auch die Notwendigkeit von Strukturmaßnahmen kann hier bereits in einem frühen Stadium initiiert werden. Dazu sind allerdings eine Reihe weiterführender Informationen und Überlegungen sowie vor allem Zeit und Geduld nötig.

Leitbild:

Leitbilder müssen – ebenso wie Unternehmensstrategien – immer wieder im Abstand mehrerer Jahre überarbeitet werden, um zu zeigen, wohin sich ein Unternehmen entwickeln soll. Indem man die Dimensionen des Leitbildes als Raster nimmt, wird es möglich, den Erreichungsgrad der identifizierten Kriterien von Führungskräften, MitarbeiterInnen, KundInnen oder Lieferanten einschätzen zu lassen. Damit kann anschließend entweder in Richtung eines stärkeren Erfüllungsgrades oder einer Überarbeitung des Leitbildes entlang der Denkfigur der U-Prozedur weitergearbeitet werden.

Prozesslandkarte

Mit der Prozesslandkarte kann gezeigt werden, welche Bereiche bzw. Teilprozesse eines Unternehmens von Veränderungen betroffen sein sollten/ werden. Gleichzeitig kann so auf die dringendsten und wichtigsten Handlungsbedarfe fokussiert werden. Es ist dies eine weitere Möglichkeit für eine strukturierte, strategie- und zielorientierte Vorgangsweise in OE-Projekten.

Teamrad

Das Thema Zusammenarbeit ist in Organisationen ein Dauerbrenner. Auch hier macht es Sinn, nach einer Einschätzung der IST-Situation durch die beteiligten MitarbeiterInnen die Diskussion rund um die Weiterentwicklung auf sachlicher Basis zu führen, um dazu konkrete Vereinbarungen treffen zu können. Die Sammlung der Sichtweisen der beteiligten MitarbeiterInnen ist auch geeignet, stärker abweichende Einzelmeinungen zu relativieren.

Flussdiagramm und Customer Journey

Mit allen Varianten des Flussdiagrammes bis hin zum Service Blueprint kann ein Ablauf etwa auf Basis einer Begehung visuell dargestellt oder

Lernzielkontrolle & Literatur

durch das Nebeneinanderstellen der im Alltag getrennten Arbeitsbereiche für alle sichtbar und damit besprechbar gemacht werden. Speziell Schnittstellenthemen und eine technologische Weiterentwicklung können so in den Fokus des OE-Projektes gerückt werden.

Personas

Während in einem ersten Schritt das Denken in der Regel problemorientiert startet und erst in einem zweiten Schritt auf Lösungsorientierung umschalten kann, ermöglichen die Personas sofort ein Arbeiten an der Lösung. Damit sollte die Bearbeitungszeit von Problemen deutlich verkürzt werden können, dass die Hauptenergie der Arbeit auf eine zielorientierte Lösung gelegt wird. Es entsteht hinsichtlich der neuartigen Vorgangsweise gleichzeitig ein Erklärungsbedarf bei Entscheidungsträgern und allen Außenstehenden. Dieser Umdenkprozess erfordert neben Informationen auch Zeit.

Gemeinsam ist allen obigen Instrumenten, dass sie auf eine sachliche Bearbeitung der Probleme zielen, die Instrumente in der Regel gut in die Moderation eingebunden werden können und die Weiterarbeit bis hin zu konkreten Vereinbarungen damit vorgezeichnet wird. Die Arbeitsweise sowie die Funktionsweise der Methoden müssen den Mitarbeitern ebenso kommuniziert werden wie die Ergebnisse. Viel Spaß beim Ausprobieren und Anwenden.

Lernzielkontrolle

Entlang der Struktur des Artikels wurden die nachfolgenden Arbeitsaufgaben formuliert. Sie sind eingeladen, die obigen Ausführungen auf Ihr persönliches Beispiel oder etwa in einer Gruppenarbeit auf ein gewähltes Unternehmen, Leitbild, Prozesse, Gruppe oder Dienstleistung zu übertragen. Weiterführende Literatur finden sie im bzw. über das Literaturverzeichnis. Musterlösungen können in diesem Fall nicht vorgegeben werden, weshalb im Text – zwecks Wahlfreiheit – meist mehrere Beispiele angeführt sind:
1. Versuchen Sie aus den sieben Wesenselementen die drei wesentlichen Ansatzpunkte für das OE-Projekt herauszufinden und begründen Sie ihre Entscheidung
2. Nehmen Sie die drei Wesenselemente als Beispiel, in denen sie die wichtigsten Ansatzpunkte für ein OE-Projekt gefunden haben. Produ-

zieren Sie dazu ein passendes Aspekteraster in Anlehnung an Glatz/ Graf-Götz (2011).
3. Nehmen jene drei Wesenselemente als Vorlage, in denen sie die wichtigsten Ansatzpunkte für ein (Ihr) OE-Projekt gefunden haben. Erstellen Sie ein Dialogbild und versuchen Sie eine gemeinsame IST-Beschreibung zu erstellen.
4. Nehmen Sie das Leitbild eines sozialen Dienstleisters zur Hand und erstellen Sie ein dazu passendes Instrument einer Deltadiagnose. Überlegen Sie auch den nächsten Schritt der Weiterarbeit mit den Ergebnissen in Richtung „Lösung".
5. Erstellen Sie eine Prozesslandkarte für ihr Unternehmen. Nehmen Sie ggf. noch andere Beispiele für Prozesslandkarten aus dem Internet zur Hand. Achten sie bitte auf die Einteilung in Kern-, Unterstützungs- und Steuerungsprozesse.
6. Zeichnen Sie ein Flussdiagramm für einen Prozess aus Ihrem Unternehmen (Name, Anfang, Ende, Teilprozesse oder Aktivitäten) und machen Sie jene Stellen kenntlich, an denen Sie Schwierigkeiten erleben/ vermuten. Tragen Sie diese in einer Legende zusammen.
7. Erstellen Sie für eine von Ihnen gewählte Zielgruppe jene drei bis fünf typischen KundInnen (= Personas), indem sie jene Merkmale von Personen beschreiben, die für die Inanspruchnahme von sozialen Dienstleistungen besonders relevant sind.

Literatur

Arbowis: www.arbowis.ch/index.php/erwachsenenbildung/lernen/83-2014/erwachsenenbildung/lernen/lernstile/175-lernstile, 11.06.2017.
ARJOHUNTELEIGH: Mobilitätsgalerie, www.arjohuntleigh.de/wissen/mobilitaetsgalerie/, 11.06.2017.
Becker, Jörg et al. (2015): Service Design – Mit der Quadromo-Methode von der Idee zum Konzept, Berlin: Springer Gabler.
Birkenbihl, Vera F. (2016): Stroh im Kopf. Vom Gehirn-Besitzer zum Gehirn-Benutzer, 36. Auflage, München: MVG.
Brandl, Paul (2010): Optimieren und Neugestalten: Zukunftsstrategien für die mobile und stationäre Altenpflege, Linz: Wagner Verlag.
Brandl, Paul (2013): Prozesslandkarte, in: Grunwald, Klaus/Horcher, Georg/Maelicke, Bernd (Hrsg.), Lexikon der Sozialwirtschaft, 2. Auflage, Baden-Baden: Nomos.
Brandl, Paul/Riedl, Anton K. (2016): Kosten senken und Kundennutzen optimieren, in: Sozialwirtschaft 1.

Lernzielkontrolle & Literatur

Brandl, Paul (2017): Optimieren und Neugestalten mit benchmark- und prozessorientierten Qualitätsmanagement, in: Grillitsch, Waltraud/Brandl, Paul/Schuller, Stephanie (Hrsg.): Gegenwart und Zukunft des Sozialmanagements und der Sozialwirtschaft – Aktuelle Herausforderungen, strategische Ansätze und fachliche Perspektiven, Springer VS.

browserwerk.de, Buyer Personas für zielgruppen-orientiertes Marketing, http://www.browserwerk.de/onlinemarketing/buyer-personas-fuer-erfolgreiches-und-zielgruppenorientiertes-marketing/, 10.06.2017.

Burghofer, Michael (2015): Der Kreuzschwestern-Standard – 2. Teil, Praktikumsbericht, Linz.

Dialogbild®, www.dialogbild.de/de/, 11.06.2016.

Fargel, Mathias: Achtung, hier kommen: Go Go, Slow Go und No Go, 8.5.2012, http://www.magazin66.de/2012/05/achtung-hier-kommen-go-go-slow-go-und-no-go/, 10.06.2017

Fischer, Hans-Peter (1997): Die Kultur der schwarzen Zahlen – Das Fieldbook der Unternehmenstransformation bei Mercedes-Benz, Stuttgart: Klett.

Glasl, Friedrich (o.J.): Der Aspekteraster, unv. Seminarunterlage.

Glasl, Friedrich/Kalcher, Trude/Piber, Hannes (2014): Professionelle Prozessberatung: Das Trigon-Modell der sieben OE-Basisprozesse, Bern: Haupt – Freies Geistesleben.

Glasl, Friedrich/Lievegoed, Bernardus C. (2011): Dynamische Unternehmensentwicklung: Vom Pionierbetrieb zum schlanken Unternehmen, Bern: Haupt – Freies Geistesleben.

Glatz, Hans/Graf-Götz, Friedrich (2011): Handbuch Organisation gestalten: Für Praktiker aus Profit- und Non-Profit-Unternehmen, Trainer und Berater, 2. Auflage, Weinheim: Beltz.

Gruber, Ulrike (2011): Persönliches Wäscheservice für Klienten der mobilen Pflege, Linz.

Hinterplattner, Christoph/Shöngruber, Adolf (2011): Gemeindekooperation im kommunalen Rechnungswesen, Linz.

Huemer, Brigitte (2008): Die Auswahl der Fragen (für eine Mitarbeiterbefragung, Anm. PB), in: Trigon-Themen 1.

Jungreitmayr, Victoria (2015): Der Kreuzschwesternstandard – Entwicklung, Einführung und Nutzen eines Qualitätsmanagements, Linz.

leadership-development.de, http://www.leadership-development.de/tag/team/, 16.04.2017.

Magistrat der Landeshauptstadt Linz: Leitbild, o.J.

Narbeshuber, Johannes (2008): Die Mitarbeiterbefragung als Diagnoseprozess der Organisationsentwicklung, in: TRIGON-Themen 1.

Reder, Gerhard (2012): Arbeitszufriedenheit als Baustein zur MitarbeiterInnenbindung am Beispiel der Pflegeheime eines oberösterreichischen Sozialhilfeverbandes, Linz.

Scharmer, Claus O. (2013): Theorie U. Von der Zukunft her führen: Presencing als soziale Technik, 2. Auflage, Heidelberg: Carl Auer.

Seghezzi, Hans Dieter/Fahrni, Fritz/Friedli, Thomas (2013): Integriertes Qualitätsmanagement – Der St. Galler Ansatz, 4. Auflage, München: Hanser.

Simmet, Heike (2014): Wertschöpfung durch Kundenintegration im Social Media Marketing, https://hsimmet.com/2014/08/23/wertschopfung-durch-kundenintegration-im-social-media-marketing/, 10.06.2017.

Stickdorn, Marc/Schneider, Jakob (2014): This is Service Design Thinking – Basics – Tools – Cases, Amsterdam, BIS Publishers.

Teamradar.de, Teamradar®– Erfolgreich im Team, www.teamradar.de, 11.06.2017.

Uebernickel, Falk et al. (2015): Design Thinking: Das Handbuch, Frankfurter Allgemeine Buch.

Wagner, Karl Werner/Patzak, Gerold (2015): Performance Excellence – Der Praxisleitfaden zum effektiven Prozessmanagement, 2. Auflage, München: Hanser.

Weiss, Mario (2010): Management in Skizzen: Die Kraft der Bilder im Change Management, Bern: Haupt.

Wittko, Ole: Die konzeptionellen Grundlagen des ServiceBlueprint^{tm}, www.fernuni-hagen.de/bwldlmprojekte/SBP/service/grundlagen.pdf, 10.07.2017.

5. Wie kann man Organisationen verändern?

Reinhilde Beck

Einleitung

Seit den 80er-Jahren des letzten Jahrhunderts entstand eine kaum noch zu überschauende Vielfalt von Denkschulen, Ansätzen und Strategien, die sich mit der Frage befassen, wie Organisationen verändert und an neue Herausforderungen in ihren sich ebenfalls wandelnden Umwelten angepasst werden können. Damit einhergehend bzw. auch parallel dazu wurde eine Fülle neuer Instrumente und Methoden zur Gestaltung des organisationalen Wandels entwickelt.

Theorien über Organisationen und ihr Management spiegeln die jeweiligen Herausforderungen wider, mit denen diese konfrontiert werden. Sie verändern sich mit dem geschichtlich-gesellschaftlich-technologischen Wandel und damit auch mit den Organisationsumwelten. Armin Wöhrle hat dies zu Beginn seines Beitrags in diesem Band dargelegt. Davon betroffen sind auch Vorstellungen, Theorien und Konzepte darüber, wie Organisationen geändert und an die jeweiligen organisationsexternen wie auch organisationsinternen Rahmenbedingungen und Erfordernisse angepasst bzw. entsprechend weiterentwickelt werden können.

Im ersten Kapitel dieses Beitrags werfen wir einen Blick auf Veränderungsdruck und -dynamik im Umfeld von Organisationen, welche dazu geführt haben, dass die Gestaltung des organisatorischen Wandels – auch in der Sozialwirtschaft – zu einer anspruchsvollen Daueraufgabe geworden ist.

Dies führt zu der Frage, wie Organisationen gezielt, geplant und methodisch unterstützt an ihre sich dynamisch ändernden Umwelten angepasst bzw. auch weiterentwickelt werden können. Antworten hierauf finden sich in Ansätzen zur Organisationsentwicklung und zum Change Management. In Kapitel zwei geht es daher zunächst darum, Verständnis, historische Wurzeln und Entwicklungslinien von Organisationsentwicklung und Change Management zu klären. Einige ausgewählte, neuere Ansätze werden anschließend in Kapitel drei vorgestellt.

Im vierten Kapitel wird ein pragmatisch angelegter, grober Orientierungsrahmen aufgezeigt, der einen Überblick gibt über zentrale Handlungsebenen, Ablaufphasen, zugeordnete Erfolgsfaktoren und Instrumente, welche bei der Planung, Gestaltung und Steuerung von Veränderungsprozessen zu berücksichtigen sind.

Das letzte Kapitel dieses Beitrags beinhaltet ein knappes Resümee, in dem auf die Grenzen der Plan- und Umsetzbarkeit von Veränderungen hingewiesen und zum Ausdruck gebracht wird, dass mit Blick auf die bei Veränderungsvorhaben angestrebten Ziele auf „Bescheidenheit und Augenmaß" geachtet werden sollte.

Ziel dieses Beitrages ist es, dem Leser, der Leserin einen Überblick zu geben in historische Wurzeln, Entwicklungslinien und neuere Ansätze von Organisationsentwicklung und Change Managements sowie Einblick zu verschaffen in die vielschichten Möglichkeiten der Planung, Gestaltung und Steuerung organisationaler Veränderungsprozesse.

5.1 Veränderungsdruck und Organisationswandel als Daueraufgabe

In diesem einführenden Kapitel lenken wir Ihren Blick auf den Organisationswandel, der sich auf dem Hintergrund des Veränderungsdrucks und der Veränderungsdynamik im Umfeld von Organisationen zu einer Daueraufgabe – auch für Entscheidungsträger und Führungskräfte im Bereich der Sozialwirtschaft – entwickelt hat.

Lernziele sind:
– Sie können beschreiben, was mit Blick auf die organisationsextern und -intern sich dynamisch verändernden Umwelten von Organisationen mit „Agilität" gemeint ist.
– Sie können die mit der Ausdifferenzierung der Anforderungen an das Management einhergehenden Erwartungen benennen.
– Sie kennen zentrale Merkmale, anhand deren Anlässe und Problemen, die einen Change erfordern und sich von Routineproblemen im Alltagsbetrieb unterscheiden lassen.

5.1.1 Gravierende Veränderungen in der Organisationsumwelt

Bereits seit Anfang der 90er-Jahre des letzten Jahrhunderts sind die binnenorganisatorischen wie auch die externen Anforderungen und Rahmenbedingungen für die Organisationen komplexer und anspruchsvoller geworden. Dies gilt nicht nur für Unternehmen der Privatwirtschaft, sondern

5. Wie kann man Organisationen verändern?

auch für Organisationen in der Gesundheitsbranche, im Bildungsbereich, im sozialen Sektor, wie auch für Organisationen der öffentlichen Verwaltung.

Die geschichtlich gewachsenen Organisationsverhältnisse und -strukturen stehen vor allem seit Anfang dieses Jahrhunderts unter einem andauernden Veränderungsdruck. Die Intensität dieses Veränderungsdrucks ist nicht vergleichbar mit den Anpassungs- und Umgestaltungserfordernissen, die seit Anfängen der Industrialisierung sowie einhergehend mit den Modernisierungsprozessen unserer Gesellschaft teils kontinuierlich, teils umbruchartig zutage getreten sind (vgl. Wimmer 2011, S. 17). Veränderungen und Disruptionen in einem vermutlich kaum zu überschätzenden Ausmaß stehen uns auch angesichts der „digitalen Revolution" noch bevor. Zwar sind deren positive/negative Folgen aus heutiger Sicht noch nicht abzusehen. Dennoch besteht kein Zweifel, dass sich Leben und Arbeiten in unserer Gesellschaft und im globalen Kontext fundamental verändern wird (vgl. auch Roehl 2015). Die bis in die jüngste Gegenwart in Politik und Öffentlichkeit meist schlagwortartig thematisierte „Digitalisierung" wird eine „fundamentale Veränderung des ökonomischen Modells" und damit radikale Transformationsleistungen erforderlich machen, die bis weit hinein in das gesellschaftliche Gesamtsystem reichen (vgl. z.B. Kreimeier 2015, S. 14; Spielberg/Roehl 2015, 3, S. 8; Capgemini Consulting 2012; 2017).

Die in den letzten Jahren in einschlägigen Publikationen zum Organisationswandel häufiger auftauchende Abkürzung „VUKA" (für Volatilität, Unsicherheit, Komplexität, Ambivalenz) bringt diesen neuen Zustand einer unübersichtlicher, sich zunehmend vernetzender, unsicherer, volatiler, komplexer und ambivalenter gewordenen Welt zum Ausdruck (vgl. hierzu einschlägige Beiträge in der Zeitschrift OrganisationsEntwicklung, Nr. 4, 2015 bzw. auch Wachter 2018).

Offensichtlich besteht kein Zweifel daran, dass es für die Existenzsicherung von Unternehmen noch wichtiger wird, permanent zu schauen und zu prüfen, wo sie mit Blick auf die für sie bedeutsamen Umwelten und die hier ablaufenden wie auch zu erwartenden Veränderungen stehen. Sie müssen, so lauten aktuelle Forderungen noch „agiler" werden, um sich schnell an Veränderungen anpassen zu können.

Angesichts der skizzierten Entwicklungen und Zukunftsaussichten ist es nicht verwunderlich, dass der Begriff „Agilität" in jüngster Zeit in der einschlägigen Literatur zur Gestaltung des Change zu einem häufig verwendeten Schlagwort (Modewort?!) geworden ist. Gemeint ist damit vor

5.1 Veränderungsdruck und Organisationswandel als Daueraufgabe

allem die Anforderung bzw. auch Fähigkeit des Managements einer Organisation (in der Privatwirtschaft wie auch in der Sozialwirtschaft und zunehmend auch in Behörden) antizipativ, proaktiv und flexibel zu agieren, um notwendige organisatorische Anpassungen und Transformationen angesichts einer sich organisationsextern wie auch -intern verändernden Umwelt vorzunehmen (vgl. Kotter 2014; Messerer 2015; Bergdolt 2017).

Radikale Veränderungen in der Organisationsumwelt sind auch in der Sozialwirtschaft gegeben (vgl. Schwarz/Beck 2010; Beck/Schwarz 2018). Die seit den 1990er-Jahren erfolgten sozialstaatlichen und sozialpolitischen Umbrüche und Umbaumaßnahmen brachten bekanntlich neue Rahmen- und Steuerungsvorgaben für die Organisationen der Sozialwirtschaft, mit der Konsequenz der Einführung von Elementen des neuen Steuerungsmodells bzw. der Einführung von Managementinstrumenten wie Qualitätsmanagement, Controlling, Marketing u.a. Die damit einhergehende, vielfach auch kritisch gesehene Ökonomisierung sozialer Einrichtungen und Dienste und entsprechende Folgen auf Ebene der Träger, der Organisationen und des Personals wurden vielfach beschrieben (vgl. hierzu den Beitrag von Armin Wöhrle in diesem Band; siehe auch Schwarz 2012 sowie die Beiträge in der von Wöhrle/Fritze/Prinz/Schwarz 2017, herausgegebenen Publikation).

5.1.2 Steigerung der Eigenkomplexität von Organisationen

Einhergehend mit den soeben skizzierten Veränderungen der Organisationsumwelt kam es zu einer Steigerung der Eigenkomplexität von Organisationen. Der Blick auf sozialwirtschaftliche Organisationen zeigt, dass auch diese heute mit einer wesentlich komplexer gewordenen Umwelt von Finanzgebern, Finanzträgern, Auftraggebern, Wettbewerbern, LeistungsempfängerInnen konfrontiert werden. Zur Bewältigung der sich in diesem Kontext stellenden Ansprüche und Aufgaben haben die meisten Organisationen der Sozialwirtschaft in den zurückliegenden gut zwei Jahrzehnten ihre Eigenkomplexität in erheblichem Maße erhöht. Nach Grunwald/Roß (2017) entwickeln sich diese zunehmend zu „hybriden Organisationen".

Mit der Zunahme der für sozialwirtschaftliche Organisationen relevanten Steuerungssphären und damit auch Steuerungslogiken werden Entscheidungsträger, das Management aber auch MitarbeiterInnen sozialwirtschaftlicher Organisationen mit vielfältiger gewordenen und auch widersprüchlichen Anforderungen konfrontiert. Wie gerade angesprochen geht damit eine beträchtliche Zunahme und Ausdifferenzierung der Anforderungen und Aufgaben des Managements einher. Vom Management als Planungsinstanz der Organisation wird erwartet, dass es organisationsexterne wie auch -interne Veränderungsanforderungen aufgreift und Produktivität sowie Wertschöpfung sichert und weiterentwickelt. Darüber hinaus wird vom Management auch erwartet, dass es für Kontinuität, Sicherheit und Stabilität sorgt. Verlässlichkeit, Wiederholbarkeit sind geradezu zentrale Merkmale von Organisationen. Sie sollen ihren Mitgliedern, ihren Kunden und Kundinnen, ihren Klienten und Klientinnen, ihren Finanzgebern usw. Sicherheit geben (vgl. Ortmann 2001).

Die sich hier zeigende grundlegende Paradoxie beschreibt Wimmer (2011, S. 17) wie folgt: „Die Gleichzeitigkeit des Erfordernisses effizienzsteigernder Routinisierung mit der Permanenz organisationalen Umbaus schafft schon seit einiger Zeit fundamental widersprüchliche Gestaltungsherausforderungen, für die es noch in den wenigsten Organisationen einen ‚routinierten' Umgang gibt. In der gekonnten Bearbeitung dieser wohl nicht mehr wegzukriegenden Paradoxie liegt zweifelsohne die zentrale Herausforderung, wenn es heute um die Wandlungsfähigkeit von Organisationen geht." (ebd.).

5.1.3 Die Gestaltung des organisationalen Wandels wird zu einer Daueraufgabe

Die Ansprüche an die Wandlungsfähigkeit von Unternehmen in der Sozialwirtschaft haben auch hier den „Change" zu einer Daueraufgabe der Organisationen bzw. deren Management werden lassen.

Herausforderungen, Anlässe bzw. Probleme, die einen Change erfordern, unterscheiden sich von Routineproblemen im Alltagsbetrieb hinsichtlich folgender Merkmale (vgl. Beck/Schwarz 2011b, S. 51):
Diese
– sind schlechter strukturiert und komplexer,
– erfordern die Beteiligung mehrere/vieler Personen/Stellen,
– benötigen einen größeren Zeitumfang, bis sie gelöst sind,
– sind risikoreicher, d.h., die erzielten (Teil-)Lösungen können mangelhaft sein, Prozesse können abgebrochen werden bzw. ohne Ergebnisse im Sand verlaufen und

- sie weisen einen Neuigkeitsgrad sowohl im Hinblick auf das zu lösende Probleme wie auch auf zu entwickelnde/findende/zu erarbeitende Lösungen auf.

Dementsprechend sind Change-Projekte auch wesentlich anspruchsvoller als sog. Routineprojekte.

Tabelle 1 gibt einen Überblick über die Unterschiede zwischen Routine- und Change-Projekten.

	Projekte im Kerngeschäft	**Chance-Projekte**
Ziel	eindeutig und messbar	oft unscharf und schlecht messbar
Analyse der Ausgangssituation	umfassend und detailliert	kaum abschließend möglich
Projektstruktur und -steuerung	umfassend und detailliert	u. a. wegen ungeahnter Wechselwirkungen ist viel Flexibilität erforderlich
Leitgedanke	linear-kausaler Projektablauf auf Basis einer eindeutigen Start-Ziel-Beziehung	Aushandlungsprozesse im Projektverlauf stehen im Fokus
Bedeutung für Beschäftigte	Projekte im Kerngeschäft sind normal, oft sogar: Kerngeschäft = Projektmanagement	Veränderungen sind außergewöhnlich und anstrengend

Tab. 1: Unterschiede zwischen Projekten im Kerngeschäft und Change-Projekten (Streit 2013, S. 48)

Die professionelle Steuerung und Gestaltung der erforderlichen Anpassungen, der Umbaumaßnahmen, der Modernisierungen und Innovationen wurden in den letzten Jahren zu einer zentralen Aufgabe des Sozialmanagements. Es reicht nicht aus, sich hier auf die Expertise eigens beauftragter OrganisationsberaterInnen zu verlassen, sofern im Sozialbereich dafür überhaupt die erforderlichen Ressourcen zur Verfügung gestellt werden (können). EntscheidungsträgerInnen und Führungskräfte sollten selbst eine Vorstellung, ein Wissen davon haben, was relevante Prinzipien der Veränderungsgestaltung sind und schließlich auch in der Lage sein, erforderliche organisatorische Veränderungen systematisch anzugehen, zu gestaltet und umzusetzen und zwar auch dann, wenn externe Beratung in Anspruch genommen wird.

5. Wie kann man Organisationen verändern?

Der Veränderungsdruck verleitet mitunter zu Schnellschüssen bzw. Spontanreaktionen, die subjektiv-psychologisch verständlich, objektiv-sachlich jedoch kaum zielführend sind. Hier stellt sich die Frage, ob bzw. inwieweit bei der Bewältigung organisationaler Veränderungsanforderungen durch einen Rückgriff auf vorhandene, gängige Theorien zur Organisationsentwicklung und Change-Konzepte, eine Orientierung gegeben, Handlungsfähigkeit aufrechterhalten und abgesichert werden kann.

Alljährlich, sogar monatlich erscheinen Bücher und Artikel zu „neuen" Tools, Methoden und Herangehensweisen der Organisationsentwicklung bzw. des Change Managements. Parallel dazu ist auch der Markt der Angebote an Organisationsberatungs- und Prozessbegleitungsdienstleistungen größer, vielfältiger und differenzierter geworden. Eine „blühende Change-Industrie" (Reineck/Anderl/Roller 2016, S. 51) ist entstanden. Allen hier suggerierten Erfolgsversprechungen zum Trotz besteht dennoch kein Zweifel, dass es hinsichtlich der (Dauer-) Aufgabe den organisatorischen Wandel zu gestalten keine Patentrezepte gibt.

Auf die Frage, wie der organisatorische Wandel gestaltet und wie Organisationen verändert werden können, finden sich historisch wie auch gegenwärtig unterschiedliche Antworten. Diese werden wir in den beiden nachfolgenden Kapiteln betrachten.

5.2 Verständnis und historische Wurzeln von „Organisationsentwicklung" und „Change Management"

Organisationen werden gegründet, sie entwickeln sich, differenzieren sich aus, etablieren sich und vergehen auch wieder. Die Frage, wie Organisationen verändert werden können, zielt jedoch auf ein bewusstes, intendiertes, geplantes, methodisch strukturiertes Herbeiführen bzw. auch Eingreifen in Prozesse organisationaler Veränderungen (vgl. Steinmann/ Schreyögg 2000) und zwar in der Regel unterstützt durch externe Berater (Change Agents, OrganisationsberaterInnen), welche diese Prozesse des erfahrungsbedingten Lernens begleiten (vgl. Staehle 1999). Hierfür steht der in den 1950er-Jahren in den USA erstmals auftretende Begriff „Organisationsentwicklung", der insbesondere auf die Forschungsarbeit von Kurt Lewin zurückgeht.

Historische Wurzeln und Verständnis von Organisationsentwicklung und Change Management sind Gegenstand dieses Kapitels.

5.2 Verständnis von „Organisationsentwicklung" und „Change Management"

Lernziele sind:
- Sie kennen die Gemeinsamkeiten hinsichtlich verschiedener Begriffsfassungen von Organisationsentwicklung und können diese benennen.
- Sie haben Einblick gewonnen in traditionelle Konzepte der Organisationsentwicklung und können diese anhand ihrer charakteristischen Merkmale beschreiben.
- Sie haben Einblick gewonnen in historische Wurzeln und Herkunft des Change Managements und können anhand typischer Merkmale skizzieren, was mit „Business Reengineering", „Transformationsmanagement" und „Change Management als missing link" gemeint ist.
- Sie sind in der Lage, zentrale Unterschiede und Gemeinsamkeiten (Annäherungen) im Verständnis von Organisationsentwicklung und Change Management zu benennen.

5.2.1 Was kann unter Organisationsentwicklung verstanden werden?

Die einschlägige Fachliteratur weist eine Reihe unterschiedlicher Definitionen des Begriffs Organisationsentwicklung auf. Ein Grund hierfür ist wohl darin zu sehen, dass die Organisationsentwicklung nicht als geschlossener, theoretisch-wissenschaftlicher Ansatz gesehen werden kann. Bei der Organisationsentwicklung geht es vor allem um praxisbezogene, handlungsorientierte Strategien zur Veränderung von Organisationen, die sich auf eine Reihe sozialpsychologisch-verhaltenswissenschaftlicher Theorien, Methoden und Techniken stützen (vgl. Sturm/Opterbeck/Gurt 2011, S. 30).

Zahlreiche Definitionen von Organisationsentwicklung orientierten sich an French/Bell, die vor allem im englischen Sprachraum den Begriff „Organization Development" geprägt und etabliert haben. Darunter verstehen sie „ ... a long-term effort, led and supported by top management to improve an organization's visioning, empowerment, learning, and problem-solving process, through an ongoing, collaborative management of organization culture - with special emphasis on the culture of intact work teams and other team configurations - using the consultant-facilitator role and the theory and technology of applied behavioral science, including action research" (French/Bell 1999, S. 25 f.).

Stellvertretend für die weiteren, zahlreichen Definitionen sollen hier noch drei Begriffsverständnisse aufgeführt werden, welche die Kernmerkmale einer theoriegeleiteten bzw. auch durch Forschungen gestützte, me-

5. Wie kann man Organisationen verändern?

thodisch begründete Vorgehensweise bei der Gestaltung von organisationalen Veränderungen treffend charakterisieren.

In seiner Publikation aus dem Jahre 1980 umschreibt Becker Organisationsentwicklung als „eine langfristige und komplexe Ausbildungsstrategie mit dem Ziel, die Leistungsfähigkeit und das Wohlbefinden von Teams, Abteilungen oder Gruppen in einer Organisation so zu verbessern, dass diese sich leichter an veränderte Umweltbedingungen anpassen kann (z.B. Marktlage, neue Technologien, gesellschaftliche Veränderungen). Dabei werden einerseits Erkenntnisse der Systemtheorie, insbesondere der Kybernetik, andererseits Erkenntnisse der Sozialpsychologie, speziell der Kleingruppenforschung, angewandt. Im Mittelpunkt stehen bei Organisationsentwicklungsprogrammen nicht mehr die Ablauf- und Aufbauorganisation, sondern die am Arbeitsprozess beteiligten Menschen. Von den Problemen der Zusammenarbeit ausgehend werden Änderungen in der Organisationsform vorgenommen, wenn dies notwendig ist" (Becker 1980, 871 ff.).

Die 1980 als berufsständische Institution gegründete (und 1997 bereits wieder aufgelöste) Deutsche Gesellschaft für Organisationsentwicklung e.V. (GOE) definierte Organisationsentwicklung als einen „längerfristig angelegten, nachhaltigen Entwicklungs- und Veränderungsprozess von Organisationen und der in ihr tätigen Menschen. Die Wirkung dieses Prozesses beruht auf dem gemeinsamen Lernen aller beteiligten Personen durch direkte Mitwirkung bei der Bearbeitung und Lösung betrieblicher und unternehmerischer Probleme" (Freimuth/Barth 2011, S. 7 – siehe auch S. 9).

Nach einer neueren Definition von Grossmann/Bauer/Scala (2015, S. 14) bezeichnet Organisationsentwicklung „die systematische Generierung von Wissen, den Wandel in und zwischen Organisationen konzeptgeleitet und gezielt zu gestalten. Charakteristisch für die Organisationsentwicklung ist die Verknüpfung von Forschung und einem professionellen Selbstverständnis von Managern und Beratern für die Art und Weise, Veränderungen in Organisationen zu gestalten und umzusetzen." (ebd.).

Die vorgestellten Definitionen lassen erkennen, dass der Begriff „Organisationsentwicklung" ein sehr weit gefasster, kein streng definierter Begriff im wissenschaftlichen Sinne ist. Trotz der Unterschiede verweisen die Begriffsfassungen dennoch auf Gemeinsamkeiten. Diese sind darin zu sehen, dass es bei der Organisationsentwicklung primär um eine auf sozialwissenschaftliche Erkenntnisse gestützte, umfassende, bewusst geplante und auch längerfristig angelegte Veränderung von Organisationen geht, wobei der Schwerpunkt auf dem Wandel von Gruppen und weniger auf

5.2 Verständnis von „Organisationsentwicklung" und „Change Management"

den Wandel von Individuen liegt. Externe BeraterInnen (OrganisationsberaterInnen, „Change Agents") unterstützten die Organisation bzw. das Management bei der Gestaltung und Umsetzung dieser Veränderungsprozesse.

Die grundlegende Bedeutung des Verständnisses von Organisationsentwicklung lässt sich mit Blick auf deren geschichtliche Wurzeln weiter verdeutlichen. Im nächsten Abschnitt werfen wir daher einen Blick auf die historischen Ursprünge traditioneller Konzepte der Organisationsentwicklung.

5.2.2 Historische Wurzeln traditioneller Konzepte der Organisationsentwicklung

Die seit Mitte des letzten Jahrhunderts entwickelten klassischen Ansätze der Organisationsentwicklung sind in der psychologisch-sozialwissenschaftlichen Tradition verankert und zwar vor allem in
- der Laboratoriumsmethode, basierend auf der Forschungsarbeit von Kurt Lewin (am Research Center of Group Dynamics am Massachusetts Institute of Technology in den 40er-Jahren des letzten Jahrhunderts),
- der Aktionsforschung und dem Survey Feedback, als einer Strategie gezielter Veränderung von Organisationen – ebenfalls zurückgehend auf Forschungen von Lewin und
- dem sozio-technischen Systemansatz, zurückgehend auf Forschungsarbeiten im Kontext des Tavistock Institute of Human Relations in London, Ende der 40er-Jahre.

5.2.2.1 Laboratoriumsmethode – Gruppendynamik

Eine Schlüsselrolle bei der Herausbildung der ersten Ansätze der Organisationsentwicklung spielte der deutsche Sozialpsychologe Kurt Lewin. Nach der Machtübernahme durch die Nationalsozialisten immigrierte dieser in die USA. Mit Blick auf den Holocaust und den Zweiten Weltkrieg ging Lewin in den Jahren 1944–47, im Rahmen des für ihn eingerichteten Research Center of Group Dynamics, am Massachusetts Institute of Technology, der Frage nach, wie humane Werte und damit auch eine demokratische Gesellschaft gefördert und eine demokratische Kultur in Organisa-

5. Wie kann man Organisationen verändern?

tionen entwickelt und verankert werden kann (vgl. Grossmann/Bauer/ Scala 2105, S. 16; Freimuth/Barth 2011, S. 5).

Lewin überträgt im Rahmen der von ihm entwickelten Feldtheorie die Vorstellung von Kräftefeldern in der Physik auf soziale Kontexte. Hierin beschreibt er das menschliche Verhalten als eine Funktion des Zusammenwirkens von Personen (Wissen, Persönlichkeit, Motivation usw.) und sozialer Umwelt (Erwartungen anderer, soziale, gesellschaftliche Situation) (vgl. Grossmann/Bauer, Scala 2015, S. 16). Lewin und die Forschungsgruppe um ihn sahen eine Möglichkeit darin, über Trainings im Zusammenspiel zwischen Individuen im Rahmen einer Gruppe entsprechende Verhaltensweisen zu erleben, zu verändern und einzuüben. Hierzu diente die von Lewin im Jahr 1947 entwickelte Laboratoriumsmethode, auch als „Sensitivity Training" bzw. „T(rainings)-Gruppe" bezeichnet. Die Trainings-Gruppe setzte sich aus Personen unterschiedlicher Organisationen zusammen (stranger-group). Eine Orientierung an vorgegebenen Rollen war damit nicht möglich. Der Lerngegenstand in einer solchen, zeitlich befristeten Gruppe, ist das eigene Erleben und Verhalten, das beobachtet, thematisiert und reflektiert wird und auf diesem Wege auch zur Änderung persönlicher Einstellungen und Verhaltensweisen führen soll (vgl. Nerdinger/Blicke/Schaper 2014, Kindle-Positionen 6876-6882). Der Prozess des Erlernens neuer Verhaltensweisen und Einstellungen vollzieht sich nach Lewin in dem Dreierschritt „Auftauen verfestigter Einstellungen und Verhaltensweisen", „Verändern durch Ausprobieren neuer Verhaltensweisen" und „Stabilisierung derselben im Verlaufe des Trainings in der Gruppe" (ebd., Kindle-Positionen 6890-6893).

Die im Rahmen der T-Groups gewonnenen Erkenntnisse führten zur Gründung des „National Training Laboratory in Group Development (NTL)", in Bethel, Maine. Hier wurden über Jahrzehnte hinweg bis in die Gegenwart T-Group Laboratories durchgeführt. Zum Kreis der Teilnehmenden gehörten neben Pädagogen und Pädagoginnen vor allem auch Führungskräfte, die für eine Teamleitung qualifiziert und auf ihre Rolle und Aufgaben bei Veränderungsprozessen in ihren Organisationen vorbereitet werden sollten (vgl. Grossmann/Bauer/Scala 2015, S. 16 f.; Nerdinger/Blicke/Schaper 2014).

Bereits Anfang der 50er-Jahre des letzten Jahrhunderts wurde mit der Einführung und Durchführung von Trainings mit TeilnehmerInnen aus ein und demselben Unternehmen ein wesentlicher Schritt hin zur Organisationsentwicklung im unmittelbaren Unternehmenskontext realisiert. Die Lernerfahrungen der an diesen Trainings Teilnehmenden konnte direkt für

5.2 Verständnis von „Organisationsentwicklung" und „Change Management"

ihre Zusammenarbeit im Unternehmen genutzt werden. Der Begriff „organization development" taucht dann auch erstmals in diesem Zusammenhang auf (vgl. Cummings/Worley 2001).

5.2.2.2 Aktionsforschung und Survey Feedback

Ein weiterer Beitrag Lewins zur Organisationsentwicklung ist der Ansatz der Aktionsforschung. Gemeint ist damit, dass Organisationsforscher (in erster Linie die BeraterInnen) mit den Menschen vor Ort, d.h. den Mitgliedern einer zu beratenden Organisation, in ihrem jeweiligen sozialen Umfeld, gemeinsam Probleme analysieren und Lösungen erarbeiten (vgl. Marcus 2011, S. 116). Das klassische Verhältnis von Forschern zu ihrem Forschungsgegenstand, mit anderen Worten das „Subjekt (Forscher)-Objekt (die zu Erforschenden)-Verhältnis" wird hier überwunden. Anstelle dessen tritt eine Subjekt-Subjekt-Beziehung, die durch eine gleichberechtigte Kooperation gekennzeichnet ist (vgl. Nerdinger/Blicke/Schaper 2014, Kindle-Positionen6905-6916). Das Erkenntnisinteresse des Forschers rückt hier in den Hintergrund und „er wird zum Katalysator zur Förderung von Selbstreflexion" (Freimuth/Barth 2011, S. 5). Dieses Verhältnis ist auch charakteristisch für die Rolle der Beratung, als Prozessberatung in der Organisationsentwicklung. Der/die BeraterIn (Change Agent) leistet Hilfe zur Selbsthilfe, gibt jedoch keine inhaltlichen Lösungen vor.

In den 60er-Jahren des letzten Jahrhunderts wurde das Konzept der Prozess-Beratung bzw. -begleitung von Veränderungsprozessen in Organisationen durch einen neutralen Beobachter weiter konturiert (vgl. Schein 2010). Schein (2010) hob die Bedeutung der gemeinsamen Analyse mit dem „Klientsystem" zwecks Erzeugung von „Selbsteinsicht" als einem wichtigen Ausgangspunkt für den organisationalen Wandel hervor. Das Modell der Expertenberatung grenzte er davon ab.

Die Aktionsforschung stützt sich im Wesentlichen auf das Survey Feedback. Hier werden mithilfe von Methoden der empirischen Sozialforschung (meist schriftliche und mündliche Befragung, Einsatz von Einstellungsskalen u.a.) Daten über Strukturen, Prozesse und Problembereiche einer Organisation erhoben, wie z.B. über die Art und Weise der Kooperation und Kommunikation, über Führungsverhalten, Entscheidungsfindung, Konfliktwahrnehmungen und Art der Konfliktlösungen. Wichtig ist dabei die Sicht und Einbeziehung möglichst vieler Mitarbeitenden (als Betroffene). Im Anschluss daran werden die gesammelten Daten dem Management vorgestellt und an dieses rückgemeldet (Survey-Feedback). Im Anschluss daran kann eine Präsentation und Diskussion der Daten in den jeweiligen Abteilungen, im Team, in Arbeitsgruppen und gegenüber deren Vorgesetzten bzw. Teamleitungen erfolgen. Die Betroffenen sowie das Management analysieren die Ergebnisse vor dem jeweiligen Hintergrund ihrer Erfahrungen, erarbeiten unterstützt durch die BeraterInnen Lösungen und setzen diese möglichst auch um. Die Ergebnisse und Folgen der Umsetzung können dann in einer weiteren Survey-Feedback-Runde evaluiert werden (vgl. Cummings/Worley 2001; im Überblick Nerdinger/Blicke/Schaper 2014).

Tabelle 2 gibt einen Überblick über das Vorgehen bei der Aktionsforschung, das den Ablauf eines Organisationsentwicklungsprozesses bestimmt.

1	**Kontaktphase**
	Ein an Unterstützung interessierter Vertreter einer Organisation nimmt Kontakt mit einer Beratung auf.
2	**Vorgespräche**
	Im nächsten Schritt wird in Vorgesprächen der Projektrahmen (Umfang, Methodeneinsatz, Rolle der Beratung usw.) abgesteckt.
3	**Vereinbarung des Vorgehens**
	Wurde Einigkeit über das grundsätzliche Vorgehen erzielt, konkretisieren die Kooperationspartner (Auftraggeber und Auftragnehmer) die Form der Zusammenarbeit und das Vorgehen. Betroffene MitarbeiterInnen werden einbezogen. Diese sind im Verständnis der Aktionsforschung „Experten für ihre Situation" und sollen daher an Diagnose, Maßnahmeplanung und Umsetzung beteiligt werden.
4	**Datenerhebung**
	Die Datenerhebung erfolgt unter Rückgriff auf Methoden der empirischen Sozialforschung. Zum Einsatz kommen vor allem Fragebögen und / oder qualitative Interviews.
5	**Aufbereitung der Daten**
	Die gesammelten Daten werden aufbereitet (zusammengefasst, ggf. grafisch veranschaulicht) und zwar auch unter Beteiligung betroffener Gruppen in der Organisation.

5.2 Verständnis von „Organisationsentwicklung" und „Change Management"

6	Datenrückkoppelung
	Die Daten werden schriftlich/mündlich (in unterschiedlichen Formen) an einzelne Mitarbeiter, an Gruppen, an die ganze Organisation (wie z. B. Betriebsversammlung, Klausurtagung) rückgemeldet.
7	Diagnose
	Die Daten werden bewertet und Probleme, Handlungs-, Veränderungsbedarfe herausgearbeitet. Zu beachten ist hierbei, dass die verschiedenen, an diesem Prozess beteiligten Gruppen zu einer gemeinsamen Problemdefinition kommen.
8	Maßnahmeplanung und durchführung
	Die Phase der Planung und Umsetzung der Maßnahmen ist die anspruchsvollste, umfassendste und schwierigste. Hierbei sollen die Organisationsmitglieder (die betroffenen MitarbeiterInnen und Gruppen) die Initiative ergreifen.
9	Erfolgskontrolle
	Die Ergebnisse werden anhand (möglichst schon zu Beginn des Prozesses) gemeinsam erarbeiteter Erfolgskriterien systematisch analysiert und bewertet.

Tab. 2: Phasen der Organisationsentwicklung nach dem Ablaufmodell der Aktionsforschung
Quelle: erstellt nach Nerlinger/Blickle/Schaber 2014, Kindle-Positionen 6917-6938

Mitarbeiterbefragungen, die zwischenzeitlich auch in einigen Organisationen der Sozialwirtschaft eingeführt und zyklisch (z. B. in einem 2–3-jährigen Rhythmus) durchgeführt wurden, beruhen auf einer ähnlichen Vorgehensweise.

Der Dreierschritt des Erlernens neuer Einstellungen und Verhaltensweisen, der sich ursprünglich auf individuelle Lernprozesse bezog, wurde später auf die Veränderung von Organisationen übertragen und als Drei-Phasen-Modell der Organisationsentwicklung (auftauen – verändern – stabilisieren) äußerst populär (vgl. Nerdinger/Blicke/Schaper 2014; Werther/Jacobs 2014, S. 51). Angereichert durch Vorstellungen aus der von Lewin (1963) entwickelten Feldtheorie bildet dieses z.T. bis in die Gegenwart noch eine Grundlage für viele soziale Veränderungsmodelle. Die drei Phasen der Veränderung nach Lewin stellen Urs Kaegi und Peter Zängl unter Ziff. 3.5 in ihrem Beitrag zu diesem Band vor.

Dem Drei-Phasen-Modell liegt die Annahme zugrunde, dass es zu Beginn und am Ende des Veränderungsprozesses einen Gleichgewichtszustand gibt, wobei dieser am Ende ein höheres Niveau erreicht hat. Diese

Vorstellung ist aus heutiger Sicht kritisch zu betrachten, da mit Blick auf die ständigen Anpassungsherausforderungen, mit denen Organisationen heute konfrontiert werden, die Vorstellung von Gleichgewichtszuständen als wenig tragfähig erscheint (vgl. siehe auch Werther/Jacobs 2014, S. 51).

5.2.2.3 Der Soziotechnische Systemansatz

Neben den Beiträgen von Lewin bilden die Forschungsarbeiten des nach dem Zweiten Weltkrieg neu gegründeten Tavistock Institute of Human Relations in London, eine weitere zentrale historische Basis der Organisationsentwicklung. Die im Rahmen dieses Instituts durchgeführten Forschungen mündeten in die Entwicklung einer Theorie soziotechnischer Systeme. Veranlasst durch die eher zufällige Entdeckung des Potenzials sich selbst regulierender Arbeitsgruppen im britischen Kohlebergbau wurden im Rahmen dieses Instituts Untersuchungen durchgeführt, die eindrucksvoll die Bedeutung sozialer Strukturen (wie z.B. die Arbeitsorganisation) und zwar auch im Zusammenspiel mit technischen Änderungen und Gegebenheiten, für die Arbeitsmotivation und die Leistungsfähigkeit von Organisationen belegen.

Die hieraus resultierende Erkenntnis, dass Autonomie und Selbstorganisation von Arbeitsgruppen, auf der Basis einer konsequenten Aufgabenorientierung, zu einer höheren Leistung führen als ein enger, primär von technologischen Gegebenheiten umrissener Aufgabenbereich, mündete schließlich in die Entwicklung des sozio-technischen Systemansatzes. Dieser geht davon aus, dass das soziale und das technische System sich wechselseitig beeinflussen und daher auch im Verlaufe eines Veränderungsprozesses gemeinsam optimiert werden müssen (vgl. Nerdinger/ Blicke/Schaper 2014, Kindle-Positionen6939-6955; Wimmer 2004).

5.2.2.4 Zur Einschätzung traditioneller Ansätze – Gemeinsamkeiten und Kritikpunkte

Die Zeitspanne von 1975 bis 1985 war gekennzeichnet durch ein großes Interesse an der Ausweitung und Etablierung partizipativer Kooperationsformen und der Verbesserung der Kommunikation in Organisationen. Die gleichzeitig verfolgten Ziele gingen in zwei Richtungen und zwar auf der einen Seite Abbau hierarchischer Strukturen in den Unternehmen und Or-

5.2 Verständnis von „Organisationsentwicklung" und „Change Management"

ganisationen, mit dem Ziel, für mehr Menschlichkeit und Humanität zu sorgen und andererseits Steigerung der Effizienz (vgl. Trebesch/Minx 2011, S. 21). Entsprechende Einflüsse und Impulse hierzu resultieren auch aus den traditionellen Ansätzen der Organisationsentwicklung. Bis in die 90er-Jahre des letzten Jahrhunderts hinein hatte die auf diesen Ansätzen beruhende Organisationsentwicklung, als Theorie und Praxis einer erfahrungsbezogenen Prozessgestaltung organisationaler Veränderungen, relativ klar bestimmte normative Ziele. Die drei Traditionsstränge der Organisationsentwicklung zeigen ungeachtet ihrer unterschiedlichen Entstehungszusammenhänge und Entwicklungsgeschichte Gemeinsamkeiten in den Grundannahmen über die Vorstellungen von Organisation und ihrer Veränderbarkeit (vgl. Cummings/Worley 2015, S. 22 ff.).

Charakteristisch für diese grundlegenden Ansätze der Organisationsentwicklung sind:
- eine starke Binnenorientierung,
- die normative Ausrichtung auf der Grundlage eines humanistisch geprägten Menschenbildes, welches das individuelle Bedürfnis nach sozialer Anerkennung und Wertschätzung sowie das Streben nach Selbstverwirklichung zum Ausdruck bringt,
- eine hierarchiekritische Einstellung und ein Interesse an der „Demokratisierung" von Organisationen,
- eine aktive, möglichst breite bzw. auch (bei kleineren Organisationen) flächendeckende Einbindung der von den Veränderungsvorhaben Betroffenen in die Um- bzw. Neugestaltung der Organisation (Partizipation),
- die hohe Bewertung kommunikativer Austauschprozesse,
- eine ausgeprägte Lernorientierung,
- Vorstellungen vom Wandel einer Organisation und den damit angestrebten Zielen, die von relativ stabilen Umweltbedingungen ausgehen.

Nach 1990 kam diese Ausrichtung der Organisationsentwicklung unter Druck. Um die Anschlussfähigkeit an Umweltentwicklungen nicht zu verlieren, konzentrierten sich die Unternehmen und Organisationen zunehmend auf Marktorientierung, Leanmanagement, Prozessoptimierung, Kostenmanagement, welche zunehmend auch die Veränderungsziele bestimmten (vgl. Trebesch/Minx 2011, S. 21).

Die in den 90er-Jahren einsetzende und seit Beginn dieses Jahrhunderts nochmals erheblich beschleunigte Veränderungsdynamik in allen gesellschaftlichen Bereichen und damit auch in Organisationen der Privat- und Sozialwirtschaft löste einen Prozess der kritischen Auseinandersetzung mit den ursprünglichen Vorstellungen der traditionellen Konzepte der Organisationsentwicklung aus. Bereits Ende der 90er-Jahre des letzten Jahrhunderts kam Schreyögg (1999; 2000; vgl. auch Schreyögg/Noss 2000) zu der Einschätzung, dass das traditionelle Veränderungskonzept der Organisationsentwicklung für die einschneidenden Organisationsveränderungen „keine Weiterentwicklung zulässt und ... nicht anschlussfähig (ist) an die relevantesten neuen Entwicklungen in Theorie und Praxis" ist (Schreyögg 1999, S. 79). Die Organisationsprobleme, deren Lösung sich die klassische Organisationsentwicklung verschrieben hatte, stehen heute nicht mehr im Zentrum, so lautet auch eine ähnliche Einschätzung von Wimmer (2004). Eine etwas später gezogene Bilanz, die in die gleiche Richtung geht lautet: „Die Organisationsentwicklung hat auch zu spät erkannt, dass die Organisation als funktionale Einflussgröße ein entscheidender Wettbewerbsfaktor geworden ist. Kurz: Sie wird nicht ausreichend der Dynamik gerecht, die der Veränderungsdruck innerhalb der Systeme und in der Beziehung zum Umfeld auslöst." (Trebesch/Minx 2011, S. 22).

Die dem Veränderungskonzept der traditionellen Ansätze der Organisationsentwicklung zugrunde liegenden Organisationszustände sind zwar heute noch in vielen Unternehmen vorzufinden. Hinzu kamen jedoch angesichts radikaler Organisationstransformationen in den zurückliegenden 20–30 Jahren, zunächst in der Industrie, später im Dienstleistungsbereich der Privatwirtschaft, zwischenzeitlich auch in der Sozialwirtschaft neue Herausforderungen, die einen weitergehenden organisatorischen Wandel erfordern. Die in diesem Zusammenhang formulierte Kritik an den traditionellen Ansätzen der Organisationsentwicklung konzentriert sich insbesondere auf folgende zwei Aspekte:

– Wimmer (2004, S. 27) vertritt die These, „dass der OE-Ansatz seine historische Kraft weitestgehend eingebüßt hat. Sein Interventionsrepertoire und das diesem zugrunde liegende professionelle Selbstverständnis trifft immer seltener jene Kernthemen und Herausforderungen, die Organisationen in ihrem jeweiligen gesellschaftlichen Umfeld in ihrem Ringen um Antwortfähigkeit heute bewältigen müssen." (Ebd.). Das theoretische Konzept wie auch das praktisches Handlungsrepertoire der mehr als ein halbes Jahrhundert alten klassischen Organisationsentwicklungsansätze greift auf diesem Hintergrund zu kurz (so Wimmer ebd.).

– Ein zweiter Kritikpunkt bezieht sich auf die reklamierte Einseitigkeit der normativen Ausrichtung der klassischen Konzepte der Organisationsentwicklung. Die Kritik hierzu fasst Trebesch (2004, S. 76) wie

5.2 Verständnis von „Organisationsentwicklung" und „Change Management"

folgt zusammen: „Die normative Grundhaltung hat sich als dysfunktional erwiesen, v.a. hinsichtlich der Harmonievorstellungen und der Vereinbarkeit von humanistischen mit Effektivitäts-Zielen. ... Die Organisationsentwickler hatten sich zudem zu sehr den rationalitätsbezogenen und linearen Denkmustern des Managements angepasst, von denen sich die Organisationsentwicklung heute aber mit zirkulären Prozessgestaltungen abzukoppeln beginnt."
Letzteres verweist auf die seit den 80er- und vor allem den 90er-Jahren des letzten Jahrhunderts entwickelten und ausdifferenzierten Ansätze einer systemtheoretisch erweiterten Organisationsentwicklung.

Trotz dieser Kritikpunkte ist festzuhalten, dass die traditionellen Ansätze der Organisationsentwicklung mit ihrem „hidden curriculum" (Baecker 2003, S. 137) den Blick auf die Bedeutung der Kommunikation in Organisationen gerichtet und damit das lange Zeit dominante, technische Verständnis der Funktionsweise und der Steuerung von Organisationen zugunsten eines sozialen Verständnisses von Organisation relativiert haben. Damit hat die traditionelle Organisationsentwicklung einen unverkennbaren Beitrag zur Humanisierung des betrieblichen Geschehens in Organisationen/Unternehmen geleistet. Über viele Jahrzehnte hinweg waren diese Ansätze wegweisend für geplante organisationale Veränderungen, insbesondere auch in sozialen Organisationen und Diensten. Letzteres liegt sicher auch darin begründet, dass das den traditionellen Ansätzen der Organisationsentwicklung zugrunde liegende zentrale Veränderungsparadigma, das hier vertretene Menschenbild und die diesem zugrunde liegende Wertebasis eine Reihe von Anknüpfungspunkten zu der soziale Einrichtungen und Organisationen prägenden Kernkultur aufweist (vgl. Beck 2005; 2012).

Bis in die 90er-Jahre hinein knüpften sich an Prozesse der Organisationsanalyse und Organisationsentwicklung im sozialen Bereich zahlreiche Hoffnungen und Erwartungen an die Veränderbarkeit sozialer Organisationen in Richtung der Realisierung humanistischer und demokratischer Ziele. Von „Change Management" war bis dahin im Sozialbereich noch kaum die Rede. Das hat sich zwischenzeitlich geändert. Der Begriff der Organisationsentwicklung wurde in den zurückliegenden zwei Jahrzehnten sowohl als Bezeichnung für innerbetriebliche Dienstleistungsfunktionen wie auch in einschlägigen Fachpublikationen tendenziell abgelöst durch den des Change Managements. Hierin äußert sich ein Paradigmenwechsel (vgl. Beck 2005).

5. Wie kann man Organisationen verändern?

Ab 2005 waren organisatorische Veränderungsvorhaben und -bemühungen gerichtet auf System-Umwelt-Verknüpfungen. Strategisches Management, Marktanpassungen, Kundenorientierung, Kostenreduktion bestimmten fortan die Zielrichtung organisationaler Veränderungen und zwar auch in vielen Organisationen der Sozialwirtschaft. Aufgrund mangelnden Expertenwissens wurden hier nun die Defizite der herkömmlichen Organisationsentwicklung besonders offensichtlich. Mit diesen Entwicklungen und neuen Herausforderungen einhergehend rückten auch Ansätze des Change Managements in den Mittelpunkt des Interesses (vgl. Tebesch/Minx 2011, S. 21). Tebesch/Minx kommen diesbezüglich zu folgendem Fazit: „Organisationsentwicklung war ein Hoffnungsträger für die Entwicklung von Unternehmen aller Art. Sie war aber ideologisch basiert und hat damit ihre Anpassungsfähigkeit, bzw. Veränderung zu geforderten Leistungen reduziert. Sie hat die Ideologie, bzw. Paradigmen-Korrektur unterschätzt. Diese Schwäche hat zu der parallelen Entwicklung des sogenannten Change Managements geführt." (Trebesch/Minx 2011, S. 22).

Der Blickwechsel weg von der ursprünglich binnenorganisatorischen Ausrichtung hin zur Fokussierung der Abhängigkeiten und Beziehungen einer Organisation mit ihren jeweiligen Umwelten (System-Umwelt-Verknüpfungen) wurde theoretisch auch gefördert durch die Verbreitung systemtheoretischer Ansätze (vgl. hierzu auch Ziff. 3.3).

Der nächste Abschnitt widmet sich nun der Frage, was unter der Bezeichnung „Change Management" verstanden wird.

5.2.3 Change Management – historische Wurzeln und Verständnis

Zunächst kann festgehalten werden, dass auch dem Begriff „Change Management" kein einheitliches Verständnis zugrunde liegt. Bereits 2004 stellten Kraus/Becker-Kolle/Fischer fest, dass der Begriff „Change Management" gewissermaßen als eine „Etikette" fungiert, hinter der sich höchst unterschiedliche Veränderungsparadigmen verbergen. Demnach geht es hier gewissermaßen um einen „Meta-Begriff", der einzelne Konzepte subsumiert, die sich ergänzen oder auch wiedersprechen können (vgl. Kraus/Becker-Kolle/Fischer 2004, S. 15).

Diese Einschätzung trifft auch heute noch weitgehend zu. Oftmals wird die Bezeichnung „Change Management" mehr oder weniger gleichgesetzt mit dem Begriff Organisationsentwicklung und zwar meist unter Vernachlässigung der unterschiedlichen historisch-disziplinären Wurzeln. Die sich

5.2 Verständnis von „Organisationsentwicklung" und „Change Management"

unterscheidenden konzeptuellen Grundlagen bleiben weitgehend „im Dunkeln". Dies hat zur Folge, dass erhebliche Differenzen in der grundsätzlichen Sicht von Veränderung, deren Gestaltung sowie in der jeweiligen Prioritätensetzung mit Blick auf Veränderungsziele, Veränderungsthemen-/Problembereiche und Strategien eher Verwirrung als Klarheit stiften (vgl. Beck 2005; 2012).

Die wichtigsten, das Verständnis von Change Management kennzeichnenden Vorstellungen und Aspekte werden nachfolgend aufgezeigt.

5.2.3.1 Historische Wurzeln von Change Management

Mit „Change Management" werden – wie bereits angesprochen – z. T. sehr unterschiedliche, in den zurückliegenden vier bis fünf Jahrzehnten entstandene Konzepte in Verbindung gebracht. Deren Gemeinsamkeit ist darin zu sehen, dass sie den Anspruch erheben, Orientierung zu geben für die Gestaltung und Umsetzung eines gravierenden organisatorischen Wandels (vgl. Wöhrle 2002; Kraus/Becker-Kolle/Fischer 2004; Kulmer/ Trebesch 2004; Wisede 2007).

Der Begriff „Change-Management" kommt auch dem angelsächsischen Sprachraum und hat betriebswirtschaftliche Wurzeln. Er bezieht sich insbesondere auf Konzepte zur Effizienzsteigerung, wie z.B. Business Reengineering oder auch Lean Production, Lean Management, Qualitätsmanagement bzw. Total Quality Management (vgl. Beck/Schwarz 2011a; Nerdinger/Blicke/Schaber 2014).

Während die Organisationsentwicklung in dem vorab dargelegten Verständnis humanitäre Ziele und Effizienz-Ziele anstrebt, mit einer Betonung der erstgenannten, steht die Effizienzsteigerung im Fokus herkömmlicher bzw. ursprünglicher Change-Konzepte. Besonders deutlich wird dies an dem in der internationalen Managementliteratur ab Mitte der 90er-Jahre des letzten Jahrhunderts über nahezu ein Jahrzehnt hinweg als „Erfolgsrezept par excellence" propagierten Ansatz des „Business Process Reengineering" (Hammer/Champy 1994; Hammer 1997). Werfen wir einen Blick auf dieses Konzept, als Beispiel für einen Change Management Ansatz, in dem die ursprüngliche, zentrale Fokussierung betriebswirtschaftlicher Effizienzziele besonders markant zum Ausdruck gebracht wird.

Für die Urheber dieses Konzepts, Michael Hammer und James Champy, ist das Business Process Reengineering verbunden mit einem fundamentalem Überdenken und einem radikalen Redesign zentraler Strukturen und Prozesse eines Unternehmens, die stringent an den Zielen „Kostenreduktion" und „Qualitätssteigerung" ausgerichtet werden. Vermittels eines neuen Geschäftsmodells soll das Unternehmen strikt auf neue Anforderungen des Marktes hin ausgerichtet werden.

Tabelle 3 gibt einen Überblick über die charakteristischen Merkmale des Business Process Reengineering.

Konzeptleitlinien
— Zur Vergangenheit des Unternehmens wird ein klarer Trennstrich gezogen (Radikaler Paradigmenwechsel – Tabula-rasa-Prinzip: Nichts soll so bleiben, wie es war!)   — Veränderungen zielen auf einen vollständigen, radikalen Umbau des Unternehmens bzw. Neuaufbau (Veränderung 2. Ordnung, „Quantensprung")   — Prozessorientierte Gestaltung der Arbeitsabläufe
Fokus der Veränderung
— Kernprozesse des Unternehmens (erfolgskritische Geschäftsprozesse)   — Konzentration auf die Kernkompetenzen des Unternehmens   — Ausrichtung der Kernprozesse auf den Kunden
Ziele
— Kostenreduktion   — Erhöhung der Produkt- und Servicequalität   — Erhöhung der Prozessgeschwindigkeit (z. B. zügige Bearbeitung von Aufträgen)   — Erweiterung und Stärkung der Wettbewerbsfähigkeit
Steuerung der Veränderung
— Steuerung der Veränderung „von oben" (Unternehmensspitze): Top-down-Vorgehen
Ressourcen
— Informations- und Kommunikationstechnologie, die alle Bereiche/Prozesse miteinander vernetzt   — Empowerment: Befähigung der MitarbeiterInnen zu eigenständigem, selbstverantwortlichem Handeln

Tab. 3: Charakteristische Merkmale des Business Prozess Reengineering (erstellt nach Hammer/Campy 1994)

Die Ablaufphasen eines Reengineering-Prozesses und die jeweils anstehenden Aufgaben werden in nachfolgender Abbildung 1 dargestellt.

5.2 Verständnis von „Organisationsentwicklung" und „Change Management"

Schritt 1: Positionierung	Schritt 4: Controlling
• Analyse der Ausgangslage • Festlegung operativer & strategischer Ziele • Bestimmung der betrieblichen Infrastruktur • Beschreibung der Unternehmenskultur	• Umgesetzte Maßnahmen und Reorganisation überprüfen. • Bei Bedarf weitere Prozessoptimierungen vornehmen.

Schritt 2: Prozessbeschreibung Instrumente	Schritt 3: Prozessdesign
• Prozessmodellierung: Bildliche Darstellung der Geschäftsprozesse mit zugehörigen Aufgaben/Tätigkeiten … • Prozesssimulation: mit Blick auf Zeiten, unterschiedliche Aufgaben, Wahrscheinlichkeitsverteilungen usw.	• Strategisch ausgerichtete Neugestaltung betrieblicher Abläufe, z. B.: Verlagerung von Entscheidung/Verantwortung auf Prozessteams • Zusammenfassung Personalstellen • Reduzierung von Schnittstellen • Kombination zentraler/dezentraler Aufgaben

Abb. 1: Phasen eines Reengineering-Prozesses (erstellt nach Hammer/Campy 1994)

Wie beiden Abbildungen zu entnehmen ist, zielt der betriebswirtschaftlich orientierte Ansatz des Business Prozess Reengineering primär auf eine Erhöhung der Wirtschaftlichkeit über eine grundlegende Neustrukturierung eines Unternehmens/einer Organisation unter Nutzung von Informationstechnologien (vgl. Hammer/Champy 1994; vgl. auch Trebesch 1998). Gesteuert wird die Veränderung vom Top-Management, gegebenenfalls unterstützt durch externe Beratung. Auf der Basis eines Plans (einer Konzeption) der angezielten organisatorischen Veränderungen sollen die erforderlichen Entscheidungen schnell getroffen und – dem Plan (der „Blaupause") entsprechend – auch zügig umgesetzt werden. Die Beteiligung von MitarbeiterInnen bei der Planung bzw. Gestaltung des Umsetzungsprozesses spielt keine explizite bzw. lediglich eine zu vernachlässigende Rolle.

Nun besteht sicher kein Zweifel daran, dass sich auch einschneidende organisatorische Veränderungen in einem vergleichsweise kurzen Zeitraum umsetzen lassen. Die Frage ist allerdings, welcher Preis dafür in

Kauf genommen werden muss. „Wem es in einem Überraschungsmoment gelingt, die maßgeblichen Gegenkräfte zu überrumpeln, kann die folgende Phase der Destabilisierung zu seinen Gunsten nutzen." (Lindinger/Goller 2004, S. 12). Steht dann jedoch der Neuaufbau an, stellt sich die Situation schon anders dar: Auftretende Blockaden und das Auseinanderdriften von Interessen binden Energien. Oftmals sind korrigierende, zusätzliche Maßnahmen erforderlich, wodurch ursprünglich nicht bedachte und nicht kalkulierte Zusatzkosten produziert werden. Für das Scheitern von Change-Projekten, bei denen nach diesem Muster vorgegangen wurde, lieferte die Praxis schon recht bald nach Einsetzen der ersten Euphorie des Business Reengineering zahlreiche Beispiele (vgl. hierzu Micklethwait/Wooldrige 1998).

Oftmals werden die bei Change-Projekten auftretenden Schwierigkeiten vonseiten der Entscheidungsträger auf Managementprobleme zurückgeführt und angenommen, dass sich diese bei konsequentem Vorgehen und der erforderlichen Durchsetzungskraft vermeiden bzw. beseitigen lassen (vgl. Lindinger/Goller 2004, S. 14). Diese Vorstellung hinsichtlich einer stringent-linear-technokratischen Umsetzbarkeit geplanter Veränderungen bzw. der „Machbarkeit" wurde zwischenzeitlich jedoch als „klassischer Mythos der Moderne" (ebd.) entlarvt (vgl. auch Trebesch 1998).

Mit ihrem normativ besetzten Anspruch auf Partizipation (Betroffene zu Beteiligten machen) und der Bedeutung von Kommunikation in Organisationen sowie bei organisatorischen Veränderungen nehmen die klassischen Ansätze der Organisationsentwicklung eine diametrale Gegenposition ein zum Business Reengineering Konzept. In diesem Konzept spielt die Kommunikation – wie gerade angesprochen – vor allem dann eine Rolle, wenn Technologie oder Hierarchie scheitern (vgl. Baecker 2003).

5.2.3.2 Ansätze des Transformationsmanagements

Ansätze des „Transformationsmanagements" versuchen nun diese Problematik zu umgehen oder zumindest zu reduzieren, indem sie eine Verbindung der Vorteile der Organisationsentwicklung mit denen des Change Konzeptes Business Reengineering anstreben.

„Transformationsmanagement" ist allerdings noch weniger ein einheitlicher Change Ansatz als die Ansätze der Organisationsentwicklung. Nach Janes/Prammer/Schulte-Derne (2001) ist unter Transformationsmanagement eine ansatzübergeifende, jedoch grundsätzlich „systemisch" orien-

5.2 Verständnis von „Organisationsentwicklung" und „Change Management"

tierte Veränderungsstrategie zu verstehen. Sie verknüpft Phasen partizipativ angelegter Veränderungsprozesse der Organisationsentwicklung mit beschleunigenden und machtvollen Strategien primär betriebswirtschaftlich orientierter Ansätze.

Change Konzepte des Transformationsmanagements setzen bei organisationalen Veränderungen auf folgende „Erfolgsfaktoren":
- qualifizierte Top-down-Steuerung durch das (Top-) Management,
- Rückgriff auf Methoden und Instrumente des Projektmanagements, mit
- Konzentration auf eine klar strukturierte Planung und Koordination anfallender Aufgaben,
- effektive und effiziente Steuerung der Aufgabenumsetzung.

Hinsichtlich der externen Unterstützung von Change-Projekten stützt man sich auf Ansätze der Komplementärberatung, in deren Rahmen Fachberatung mit Prozessberatung kombiniert wird (so z.b. Königswieser/Sonuc 2008).

Im Transformationsmanagement sollen auf diese Weise die Vorteile der klassischen und der systemisch weiterentwickelten Ansätze der Organisationsentwicklung mit den im Konzept des Business Reengineering propagierten Vorgehensweisen verbunden werden.

Im Verlaufe dieser Entwicklungen bzw. auch parallel dazu bildete sich nun ein weiteres Verständnis von Change Management heraus, auf das im nächsten Abschnitt eingegangen wird.

5.2.3.3 Changemanagement als „missing link" zwischen organisationalen Soll-Konzepten und praktischen Umsetzungsdefiziten

Wimmer (2011, S. 17) weist in einem Beitrag zur „Zukunft des Change Management" darauf hin, dass rückblickend gesehen sich der Begriff Change Management vor allem im Kontext großer Unternehmensberatungen etabliert hat, deren Berater als (Fach-)Experten Sollkonzepte für die Lösung von Organisationsproblemen und -aufgaben entwickeln und zwar im Auftrag des jeweiligen Topmanagements einer Organisation/eines Unternehmens. Die massiven Probleme bei der Umsetzung solcher Konzepte führten auf Kundenseite zu einer anhaltenden Kritik hinsichtlich der dürftigen bzw. auch fehlenden professionellen Unterstützung beim Umsetzungsprozess. Die Experten-orientierten Unternehmensberatungen reagierten mit entsprechenden Angeboten (vgl. Wimmer 2011).

5. Wie kann man Organisationen verändern?

Damit kommen wir nun zu einem Aspekt, der maßgeblich ist für eine weitere Facette bzw. ein weiter gefasstes Verständnis dessen, was unter Change Management – im Unterschied zur Organisationsentwicklung – verstanden werden kann.

Der in dem soeben angesprochenen Kontext verwendete Begriff „Change Management" bezieht sich auf sämtliche „Aktivitäten, die darauf zielen, eine mithilfe spezifischer Tools entwickelte Blaupause des Soll-Zustandes der Organisation tatsächlich in die Umsetzung zu bringen ..." (Wimmer 2011, S. 17). Hierbei geht es – so Wimmer (ebd.) – „um Bemühungen, auf den Ebenen des mittleren und unteren Managements sowie in der Belegschaft als Ganzes, die Einsicht in die ‚Alternativlosigkeit' des Veränderungsvorhabens zu verankern und damit ein engagiertes Mittun in der Realisierung der von den Experten entwickelten Blaupause sicherzustellen." Dem liegt die Vermutung zugrunde, dass betroffene Führungskräfte (auf den unteren Hierarchieebenen) aufgrund eigener Interessen und Machterhaltungsbedürfnisse sich gegen die Entwicklung und Umsetzung weitreichender Veränderungsvorhaben stellen bzw. mit anderen Worten Widerstand leisten (vgl. ebd.).

Tatsächlich verweisen nun zahlreiche Studien und Erfahrungsberichte auf ein hohes Risiko des Scheiterns von Veränderungsprojekten. Bei über 60 % der Veränderungen werden angestrebte Ziele nicht erreicht (vgl. Greif/Runde/Seeberg 2004; siehe auch Capgemeni Consulting 2008; 2015).

Im Bereich einschlägiger Forschungsaktivitäten führte dies dazu, dass neben der bislang dominanten Betrachtung ökonomischer und betriebswirtschaftlicher Aspekte zunehmend die Bedeutung und der Einfluss „weicher", psychischer und sozialer Faktoren, d.h. die Rolle der in einem Veränderungsprozess involvierten Personen (erneut) in das Blickfeld geriet und weiter erforscht wurde. Eine Reihe von Untersuchungen belegen die zentrale Rolle der Menschen für Erfolge/Misserfolge in und von Veränderungsprozessen (vgl. Gerkhardt/Frey 2006; Kotter 1996; 2013; Capgemeni Consulting 2008; 2015).

Mit Blick auf die gescheiterten bzw. mäßig erfolgreich verlaufenen Veränderungsprojekte sehen Trebesch/Minx (2011, S. 22) im Change Management ein ausgezeichnetes Beispiel dafür, wie aufgrund des Erwartungsdrucks der Auftraggeber/Kunden, konkret der Unternehmensspitze (das Top-Management) konventionelle, Experten-orientierte Unternehmensberatungen ein neues Problemlösungsverfahren in ihr Angebot aufgenommen haben.

5.2 Verständnis von „Organisationsentwicklung" und „Change Management"

Die von Trebesch/Minx geäußerte Kritik an dieser Entwicklung lässt sich in folgenden Punkten zusammenfassen (vgl. Trebesch/Minx 2011, S. 22):

- Change Management wird insbesondere den Führungskräften als Unterstützung angeboten, während die Organisationsentwicklung das gesamte System als Kunden betrachtet.
- Bei der Angebotsgestaltung wird selektiv auf ausgewählte Interventionen aus dem Repertoire der (systemisch weiterentwickelten) Organisationsentwicklung (d.h. ihren reichlich gefüllten „Werkzeugkoffer") zurückgegriffen.
- Change Management wird dadurch mehr und mehr zu einer „Managementtechnologie", die nicht – wie die traditionelle Organisationsentwicklung – normativ-ideologisch ausgerichtet ist, daher auch dem Management eher entgegenkommt und „... die Durchsetzung ihrer Interessen (verspricht), nämlich der schnellen und kontinuierlichen Veränderung, ohne die Bedürfnisse und das Wissen der Mitarbeiter immer ausreichend zu berücksichtigen" (ebd.).

So gesehen ist in diesem Kontext Change Management zu einem „missing link" (Wimmer 2011, S. 17) zwischen geplanten, organisationalen Soll-Konzepten und praktischen Umsetzungsschwierigkeiten und -defiziten geworden. Change Management hat in diesem Verständnis die Funktion, mithilfe geeigneter Instrumente Umsetzungsprobleme zu minimieren bzw. auch zu umgehen, damit die Re- bzw. Neuorganisation möglichst plangerecht realisiert werden kann. Das funktional-instrumentelle Verständnis von Change Management wird hier offensichtlich.

5.2.3.4 Zur weiteren Entwicklung des Verständnisses von Change Management

Wie in den vorausgehenden Abschnitten (5.2.3.1, 5.2.3.2 und 5.2.3.3) dargelegt hat der Begriff Change Management betriebswirtschaftliche Wurzeln und etablierte sich mit den auftretenden Umsetzungsproblemen bei Re- und Neuorganisationen als neues, zusätzliches Angebot im Rahmen einer ursprünglich Experten-orientierten Unternehmensberatung. Dabei ist es jedoch nicht geblieben.

In den letzten zwei Jahrzehnten setzte sich der Begriff Change Management auch weitgehend im Kontext „der professionellen Community der Organisationsentwicklung" durch (vgl. Wimmer 2011). Einen wichtigen

Beitrag zur Verbreitung leistete dabei auch die erstmals 1994 erschienene Publikation von Doppler und Lauterburg, welche neben anwendungsorientierten Konzeptgrundlagen auch eine ganze Reihe nützlicher Instrumente für die Gestaltung von Change-Projekten beschreibt (siehe Doppler/Lauterburg 2008).

Im Kontext der professionellen Community der Organisationsentwicklung, d.h. den primär sozialwissenschaftlich qualifizierten Organisationsberatern und -beraterinnen, steht Change Management „für den Einsatz des tradierten Interventionsrepertoires bei der Begleitung von Veränderungsvorhaben aller Art" (Wimmer 2011, S. 17). Wie auch bereits in der Tradition der Organisationsentwicklung werden die zentralen Schwierigkeiten bei der Umsetzung von Veränderungsvorhaben vor allem im Kommunikations- und Führungsverhalten von Vorgesetzten mittlerer bzw. unterer Hierarchieebenen gesehen. Dem Konzept des Widerstands kommt auch hier, d.h. mit Blick auf die bei der Umsetzung organisationaler Veränderungen auftretenden Hindernisse, eine zentrale Bedeutung zu. Dieser Umsetzungsproblematik soll mithilfe geeigneter Partizipationssettings, hierarchie- und bereichsübergreifend mit ausgewählten Funktionsträgern besetzt, entgegengewirkt und tragfähige, weitgehend akzeptierte organisationale Lösungen entwickelt werden. Die Betroffenen werden damit in die Mitverantwortung für das Finden und die Entwicklung organisationaler Lösungen eingebunden (vgl. Wimmer 2011).

Dieses Verständnis von Change Management wird auch in neueren Publikationen zum Ausdruck gebracht, in denen vor allem die Ebene und Perspektive des Managements angesprochen wird. Hierzu zwei Beispiele.

Beim Change Management geht es – so Lauer (2014, S. 3 f.) – um spezielle „ … Managementtechniken, die zur Steuerung der Prozesse im Rahmen von Wandel selbst erforderlich sind …". Der Fokus liegt hierbei auf der Gestaltung des Wegs zum Ziel, d.h. auf der Prozesssteuerung. Die inhaltliche Bestimmung des Veränderungsziels wird davon ausgeschlossen (vgl. ebd. S. 11).

Lauer (2014, S. 4) zieht hier auch einen Grenzstrich hin zur strategischen Unternehmensführung, die auf eine optimale Anpassung an die Umwelt zielt. Er betont in diesem Zusammenhang, dass rückblickend im Bereich der Managementlehre die Vermittlung von Methoden zur Strategiefindung im Vordergrund stand und der erforderliche Wandel bzw. der Umsetzungsprozess eher als Automatismus begriffen und nicht bzw. zu wenig beachtet wurde. Darin liegt jedoch – bekanntlich – die eigentliche Herausforderung (vgl. ebd.). Zusammenfassend lässt sich das hier dargelegte Ver-

5.2 Verständnis von „Organisationsentwicklung" und „Change Management"

ständnis von Change Management wie folgt charakterisieren (vgl. Lauer 2014, S. 4 ff.):
- Die Umsetzung von Wandel ist kein mechanischer Prozess. MitarbeiterInnen müssen dabei aktiv unterstützt werden.
- Organisatorischer Wandel ist eingebettet in ein komplexes Handlungsfeld, bestehend aus formalen Strukturen der Unternehmensorganisation und – noch wichtiger – informellen, gewachsenen Strukturen.
- Wandel erfordert einen kompetenten Umgang mit diversen Führungstechniken und oftmals auch eine Veränderung der Einstellungen bzgl. des Selbstverständnisses von Führungskräften.
- Change Management ist nicht nur eine Sozialtechnik, sondern auch eine spezifische Philosophie der Unternehmensführung.
- Die Anerkennung von MitarbeiterInnen, als eigenständig handelnde Wesen, ist nicht primär aus humanitären Gründen unverzichtbar, sondern dient der Steigerung der wirtschaftlichen Effizienz und wird damit als „Erfolgsfaktor" gesehen.
- Die Steuerung des Unternehmenswandels, als Gegenstand von Change Management, kann sich beziehen auf die Bewältigung künftiger Herausforderungen (proaktiv) oder auf die Bewältigung krisenhafter Ereignisse (reaktiv).
- Change Management kann sich auf den Wandel des gesamten Unternehmens beziehen oder auch auf die Veränderung von Einzelbestandteilen, Sparten, Abteilungen usw. eines Unternehmens.
- Change Management bezieht sich sowohl auf die Steuerung des privatwirtschaftlichen Unternehmenswandels, wie auch auf die Steuerung organisationalen Wandels bei nichtkommerziellen Organisationen, Hilfsorganisationen, staatlichen und kommunalen Einrichtungen.

Zu einer durchaus vergleichbaren Charakterisierung von Change Management kommen auch Werther/Jakobs (2014, S. 45 ff.). Sie grenzen ihr Verständnis von Change Management von dem der Organisationsentwicklung explizit ab. Charakteristisch für Letzteres ist aus ihrer Sicht das dieser zugrunde liegende Menschenbild, die zentrale Bedeutung der Partizipation und längerfristig angelegte, transparente Veränderungsprozesse. Bei der Konkretisierung ihres Verständnisses von Change Management orientieren sie sich an Doppler/Lauterburg (2008). Ihr Verständnis von Change Management kennzeichnen sie wie folgt (vgl. ebd., S. 46 ff.):
- Längerfristige und eher unspezifische Veränderungsprozesse werden im Kontext von überschaubaren Change-Projekten organisiert und strukturiert.

5. Wie kann man Organisationen verändern?

- Für Change Management ist nicht der Weg das Ziel. Vielmehr geht es darum, alle Maßnahmen auf möglichst konkret erfassbare und von den Beteiligten auch wahrnehmbare Ergebnisse auszurichten.
- Change Management berücksichtigt wichtige Umwelteinflüsse (Märkte, Gesellschaft, politische Akteure usw.).
- Veränderungsprozesse sind in der Regel mit Ängsten, Unsicherheiten, Einschränkungen verbunden. Change Management geht damit offen um und stimmt Betroffene auch direkt darauf ein.
- Changemanagement setzt auf Selbstverantwortung anstatt auf Selbsthilfe (wie dies vor allem bei der Organisationsentwicklung der Fall ist).

5.2.4 Organisationsentwicklung und Change Management – Unterschiede und Annäherungen

Am Ende dieses Kapitels können wir zentrale Unterschiede und Annäherungen im Verständnis von Change Management und Organisationsentwicklung festhalten und entsprechende Konsequenzen für sozialwirtschaftliche Unternehmen ziehen:
- Change Management in dem hier dargelegten Verständnis konzentriert sich auf die projektmäßig organisierte und koordinierte Gestaltung und Steuerung des organisationalen Wandels, einschließlich der Begleitung von Veränderungsvorhaben aller Art, mithilfe geeigneter Instrumente/ Interventionen. Aus traditionellen Konzepten der Organisationsentwicklung ergeben sich nur wenige Hinweise für eine systematische Gestaltung und Steuerung komplexer Veränderungsprozesse. Die zunehmende Komplexität der zur Bewältigung anstehenden Themen und Aufgaben verlangen von Organisationen der Sozialwirtschaft mehr Innovationen und Professionalität in der Steuerung der Veränderungsprozesse (vgl. Hodges/Howieson 2017). Die vorliegenden Erfahrungen mit Prozessen und Projekten organisationalen Wandels führten zu der Erkenntnis, dass auch die in traditionellen Ansätzen der Organisationsentwicklung für unverzichtbar gehaltene Einbindung und Wertschätzung von MitarbeiternInnen („bottom up Entwicklungsprozesse") und weiterer relevanter Anspruchsgruppen bzw. strategischer Partner nur dann eine Chance haben, erfolgreich zu verlaufen und außerdem wirtschaftlich vertretbar sind, wenn sie zugleich von der Führungsebene aus (top down) verantwortet und professionell gestaltet, gesteuert und koordiniert werden.

5.2 Verständnis von „Organisationsentwicklung" und „Change Management"

- Change Management Konzepte berücksichtigen wichtige Umwelteinflüsse (Märkte, Gesellschaft, politische Akteure usw.). Traditionelle Ansätze der Organisationsentwicklung konzentrieren sich dagegen vor allem auf die Veränderung und Weiterentwicklung binnenorganisatorischer Strukturen und Prozesse. Soziale Einrichtungen und Dienste, gleich ob unter der Regie von freien, öffentlichen oder einer zwischenzeitlich zunehmenden Anzahl privat-gewerblicher Trägern stehen in vielfältigen engen Austausch- und Abhängigkeitsbeziehungen mit ihrem jeweiligen gesellschaftlichen Umfeld. In ihm müssen sie sich positionieren und durchsetzen, indem sie nicht nur ihr Innenleben pflegen und binnenorganisatorisch weiterentwickeln, sondern sich auch nach außen öffnen und mit einer Vielzahl von Organisationen und Akteuren unterschiedlichster Interessenrichtungen kommunizieren, sich vernetzen und kooperieren. Die Blickverengung der traditionellen Ansätze der Organisationsentwicklung auf primär binnenorganisatorisch zu lösende Probleme reicht auch im Sozialbereich heute nicht mehr aus bzw. ist im Hinblick auf die Veränderungen im gesellschaftlich-politisch-wirtschaftlichen Umfeld sozialer Organisationen zu erweitern. Interessen, Erwartungen, Anliegen, Einflüsse vonseiten der unterschiedlichen Stakeholder- bzw. Anspruchsgruppen einer Sozialorganisation müssen daher auch auf der Ebene der strategischen Konzipierung und Steuerung eines Veränderungsprozesses wahrgenommen und „bearbeitet" werden. Die zunehmende Komplexität der Veränderungsprozesse und der in diesem Kontext zu bewältigenden Aufgaben, erfordert vielfach organisationsübergreifende Bündnisse, strategische Allianzen, die Einbindung organisationsexterner Anspruchsgruppen (Stakeholder), intelligente Formen der Vernetzung und entsprechende Kooperationsstrategien. Neuere Ansätze systemischer Organisationsentwicklung nehmen explizit auch die Organisations-Umwelt-Beziehungen (System-Umwelt-Beziehungen) ins Blickfeld und bieten damit weitergehende Orientierungsperspektiven (vgl. unten Ziff. 5.3.3).

- Die inhaltliche Bestimmung des Veränderungsziels wird nicht (primär) als Aufgabe des Change Managements gesehen. Traditionelle Ansätze der Organisationsentwicklung sind dagegen normativ ausgerichtet, orientieren sich an Vorstellungen eines humanistischen Menschenbildes und zielen auf Hierarchieabbau und Demokratisierung von Organisationen. Die theoretischen Diskurse wie auch die Praxis von Organisationsentwicklungsprojekten im Kontext sozialer Organisationen waren lange Zeit dominiert von den humanistisch geprägten Menschenbildvorstellungen der traditionellen Organisationsentwicklung. Die aus der humanistischen Psychologie, der Sozialpsychologie und Gruppendynamik heraus entwickelten Human-Resources-Konzepte haben seit den 60er-Jahren in der Organisationstheorie und Managementpraxis zunehmend an Bedeutung gewonnen. Der einzelne Mitarbeiter rückt stärker in den Mittelpunkt des Interesses – vorausgesetzt, er ist für den Arbeits- und Produktionsprozess wichtig. Klassische Ansätze der Organisationsentwicklung gehen wie vorab dargestellt von dem Bild des Menschen als einem sozialen Wesen und differenzierten Individuum aus, das mit einem vielschichtigen Bündel an emotionalen, motivationalen, intellektuell-kognitiven und praktischen Fähigkeiten ausgestattet ist. Charakteristisch hierfür sind die Annahmen, dass die meisten Menschen in unserer Gesellschaft das Bedürfnis haben, sich selbst zu verwirklichen, nach mehr Verantwortung und einer sinnerfüllten Tätigkeit streben, sowie ein echtes Interesse daran haben, einen größeren Beitrag zur Realisierung der Ziele einer Organisation zu leisten, als ihnen normalerweise in der Organisation eingeräumt wird. Eine solche Auffassung ist mit Blick auf die traditionellerweise im Sozialbereich vertretenen Normen und Werte durchaus verträglich und anschlussfähig. Auch wenn diese humanistisch geprägten Menschenbildvorstellungen hinsichtlich ihres Idealbildcharakters vielfach kritisiert wurden, stellen sie dennoch eine ethisch wertvolle Orientierungsperspektive für die Ausrichtung, Gestaltung und Steuerung von Veränderungsvorhaben auf normativer Ebene und zwar insbesondere auch im Bereich sozialwirtschaftlicher Organisationen dar.

– Erfahrungen mit gelungenen und mehr noch mit gescheiterten Change-Projekten führten zu einer Annäherung von Organisationsentwicklung und Change Management: Die Gestaltung und Steuerung von Kommunikation und Partizipation bzw. die Zusammenstellung geeigneter Partizipationssettings sowie die aktive Unterstützung von MitarbeiterInnen wird heute als eine zentrale Aufgabe des Change Managements gesehen und hat sich als wichtigster Erfolgsfaktor mit Blick auf die Erreichung/Annäherung an die Veränderungsziele erwiesen. Diesem funktional-instrumentellen Verständnis der Bedeutung von Partizipation und Kommunikation steht in der Tradition der Organisationsentwicklung – wie bereits mehrfach dargelegt – der normativ besetzten Anspruch auf Partizipation (Betroffene zu Beteiligten machen) und Kommunikation bei der Planung, Gestaltung und Umsetzung organisatorischer Veränderungen gegenüber. Insbesondere die traditionellen Ansät-

5.2 Verständnis von „Organisationsentwicklung" und „Change Management"

ze der Organisationsentwicklung stellen hier eine für die strategische Gestaltung und Steuerung von Veränderungsvorhaben relevante Leitperspektive zur Verfügung. Sie setzen auf die zielführenden Wirkungen partizipativer, bottum up angelegter Veränderungsstrategien. Hierbei ist jedoch auch Folgendes zu bedenken: Menschen sind zwar begeisterungs- und lernfähig, aber auch bestrebt, in einer unsicherer werdenden Arbeitswelt materielle und emotionale Sicherheiten zu haben. Sie haben das – manchmal sehr ausgeprägte – Bedürfnis, sich mittels Verhaltensroutinen und Wertesystemen abzusichern und zu stabilisieren. Das Festhalten an Gewohnheiten schafft Verlässlichkeit, Kontinuität und Identifikationsmöglichkeiten. Allerdings sind es gerade auch Sicherheitsbedürfnisse, die Menschen dazu bewegen, sich Veränderungen entgegenzustellen, sie zu blockieren, zu unterlaufen und/oder auch als „kalten" Konflikt auszusitzen (vgl. Beck/Schwarz 2008; Lawrence/Nohria 2003).

Veränderungen werden nicht nur erwartungs- und hoffnungsvoll begrüßt, sondern subjektiv meist auch als Zumutungen erlebt, die zunächst Abwehr hervorrufen. Charakteristisch für den Menschen ist das Bedürfnis nach Klarheit, Ordnung und Sicherheit. Wenn Rahmenbedingungen sich drastisch ändern – was in vielen Sozialorganisationen und Verwaltungen in den letzten Jahren der Fall war und nach wie vor ist – kann auf eigene (Lebens-) Erfahrungen nur noch begrenzt zurückgegriffen werden, so Doppler (2006, S. 29). Somit ist die Forderung nach Einbeziehung der von Veränderungen Betroffenen sowie nach klarer und transparenter Kommunikation nachvollziehbar. Konflikte sind in diesem Prozess unvermeidbar (vgl. Beck/Schwarz 2008).

- Aus Sicht der sozialwissenschaftlichen Forschung ist die Befundlage recht eindeutig und zwar unabhängig davon, ob es sich um privat- oder sozialwirtschaftliche Organisationen handelt. Forschungen über Change Management Prozesse zeigen, je weniger auf Erklärbarkeit, Vorhersehbarkeit und Beeinflussbarkeit geachtet wird, je mehr Betroffene vor vollendete Tatsachen gestellt werden, desto geringer sind Engagement und Bereitschaft, sich mit den Veränderungen und darauf bezogenen Entscheidungen zu identifizieren (vgl. Frey/Fischer 2007, S. 65; siehe auch Streicher/Frey 2008; Nerdinger 2007). Dagegen ist das Erleben und Verhalten von Menschen insgesamt positiver und die Identifikation stärker, wenn sie das Gefühl haben, Vorgänge beeinflussen zu können (vgl. Frey/Fischer 2007). Das „Wohlbefinden" und die Wertschätzung von MitarbeiterInnen werden in der Flut einer einschlägigen Fachliteratur und in den Leitbildern zwischenzeitlich vieler sozialer Unternehmen als „erfolgskritische" Größen wahrgenommen. Vergleichbares gilt für Eigenmotivation und Selbstverantwortung, die als entscheidend angesehen werden für den „Erfolg" von immer komplexer arbeitenden Organisationen in ihren vielfältiger gewordenen Austausch- und Abhängigkeitsbeziehungen. Mit zunehmender Komplexität ist eine Organisation darauf angewiesen, dass ihre MitarbeiterInnen ihr Wissen, ihre Erfahrungen, ihr Entscheidungsvermögen von sich aus in die alltäglichen betrieblichen Arbeitsabläufe einbringen und mit unerwarteten Ereignissen souverän und kompetent umgehen können. Von diesen Entwicklungen sind soziale Organisationen und Einrichtungen bekanntlich auch nicht mehr ausgenommen (vgl. auch Müller 2017).

Am Ende dieses Abschnitt bleibt festzuhalten: Auch wenn es heute hinsichtlich der Verwendung der Begriffe Change Management und Organisationsentwicklung gewisse Überlagerungen gibt und beide Begriffe in der Praxis wie auch in einigen Publikationen oftmals synonym verwendet werden, so sollten doch die unterschiedlichen historischen Wurzeln und Ausrichtungen mit im Auge behalten werden.

Neuere, erweiterte Vorstellungen von Organisationsentwicklung und Change Management knüpfen einerseits an die skizzierten Traditionsstränge an und stützen sich darüber hinausgehend auf weitere Ansätze, die in den letzten zwei Jahrzehnten ausdifferenziert wurden. Dazu gehören u.a. auch Ansätze der Lernenden Organisation und der systemisch weiterentwickelten Organisationsentwicklung, welche im nächsten Abschnitt kurz vorgestellt werden.

5.3 Wie kann man Organisationen verändern? Konzeptuelle Vorstellungen und Veränderungsstrategien aus Sicht neuerer Theorieansätze

Die Anzahl und Vielfalt der zwischenzeitlich zahlreich weiter- bzw. auch neu entwickelten Theorieansätze, die sich umfassend oder auch mit einzelnen Dimensionen und Aspekten des Organisationswandels befassen, ist kaum überschaubar. In diesem Kapitel konzentrieren wir uns auf drei Komplexe, die bis in die Gegenwart hinein Theorie und Praxis des Organisationswandels maßgeblich beeinflussen. Dazu gehören Ansätze einer Lernenden Organisation, das Acht-Phasen-Modell von Kotter und Ansätze einer systemischen Organisationsentwicklung.

5.3 Wie kann man Organisationen verändern?

Lernziele sind:
- Sie haben einen Einblick gewonnen in das Verständnis von „Lernen" im Ansatz des „Organisationslernens" von Agyris und Schön (1978) und können die hier unterschiedenen drei Arten des Lernens beschreiben.
- Sie kennen das Verständnis von „Lernender Organisation" im Ansatz von Senge und die hier vorgestellten fünf „Fähigkeiten" bzw. „Disziplinen".
- Sie sind in der Lage, die acht Stufen im „Rahmenkonzept für den Wandel" von Kotter zu charakterisieren.
- Sie haben eine Vorstellung vom Verständnis von Organisationen als „autopoietische" Systeme gewonnen.
- Sie kennen die in systemischen Ansätzen der Organisationsentwickung vorgenommenen Unterscheidungen, können diese benennen und aufzeigen, welche Konsequenzen sich jeweils hieraus für die Organisationsentwicklung ergeben.
- Sie haben zwei idealtypisch unterschiedene Change-Strategien kennengelernt und können die hier jeweils relevanten und zu berücksichtigenden organisatorischen Rahmenbedingungen aufzeigen.

5.3.1 Organisationslernen – Lernende Organisation – Organisationskultur

Die Erhaltung von Wettbewerbsfähigkeit und die Existenzsicherung machen es erforderlich, dass sich Organisationen stetig mit ihrer Umwelt verändern und nicht lediglich auf Änderungen in der Umwelt reagieren. Dies bildete den Hintergrund für die Entwicklung von Vorstellungen zur Bewältigung des erforderlichen organisatorischen Wandels, die in Ansätzen zum „Organisationslernen" und zur „Lernenden Organisation" dargelegt wurden. Die beiden bekanntesten Ansätze, der von Agyris und Schön (1978) sowie von Senge (1990) werden nachfolgend vorgestellt. Abschließend folgt ein Einblick in das von Edgar H. Schein entwickelte Strukturmodell von Organisationskultur und dessen Implikationen für organisationale Veränderungs- und Lernprozesse.

Ansätze zum Organisationslernen bzw. einer „Lernenden Organisation" verstehen und beschreiben den organisationalen Wandel als einen andauernden Lernprozess auf allen Ebenen einer Organisation. Lernen wird hier zu einem zentralen Wettbewerbsfaktor (vgl. Schreyögg 2008; Steinmann Schreyögg 2000). Nun können Organisationen als solche nicht lernen.

5. Wie kann man Organisationen verändern?

Lernen im Sinne eines organisationalen Wandels geschieht nur über Menschen, als Mitglieder, MitarbeiterInnen einer Organisation sowie durch die Aufnahme neuer Organisationsmitglieder, mit ihren jeweiligen Kompetenzen, Interessen, Einstellungen und Wertorientierungen. Lernen einer Organisation kann jedoch auch nicht lediglich als die Summe der Ergebnisse individueller Lernprozesse gesehen bzw. darauf reduziert werden. Eine „lernende Organisation" ist dadurch gekennzeichnet, dass sie an die individuellen Lernprozesse anknüpft, aktiv deren Wissen aufgreift, nutzt und in die gesamte Organisation hinein vermittelt (vgl. Nerdinger/Blickle/Schaber 2014, Kindle-Positionen7129-7151).

Organisationslernen

Chris Argyris legte mit seinen Arbeiten einen theoretischen Grundstein für das Verständnis solcher organisationaler Lernprozesse. Argyris und Schön führten 1978 den Begriff „Organisationslernen" ein (vgl. Nauheimer 2015). Bezogen auf drei Ebenen des Organisationslernens werden folgende drei Arten des Lernens unterschieden (vgl. Argyris/Schön 1999):
– Single-Loop-Learning (Adaptives oder Anpassungslernen): Auf dieser Ebene werden auftretende Fehler unter Rückgriff auf bewährte Routinen in der Vergangenheit und vorhandene organisationale Praktiken behoben bzw. bewältigt. Die Fähigkeiten einer Organisation zur Erreichung ihrer Ziele sollen auf diese Weise verbessert werden. Es geht dabei lediglich um Anpassung an externe oder binnenorganisatorische Veränderungen. Die grundlegenden Werte und Annahmen werden nicht verändert. Diese Art des Lernens wird verglichen mit einem kybernetischer Regelkreis, der sich in einem festen Rahmen bewegt. Als eine Form des „Anpassungslernens" (Single-Loop-Learning) trägt es innerhalb dieses Rahmens zu einer Erweiterung der bereits bestehenden Wissensbasis bei. Bei nicht gewollten Abweichungen sind auch kleine Korrekturen möglich.
– Double-Loop-Learning (Veränderungslernen): Die zweite Ebene des organisationalen Lernens ist gekennzeichnet durch das Double-Loop-Learning bzw. das generative Lernen: Hier werden Fehler behoben und Probleme gelöst, indem auch etablierte Routinen, festgelegte, standardisierte organisationale Vorgehensweisen bzw. Geschäftspraktiken verändert und organisationale Ziele neu bewertet und modifiziert werden. In diesem Lernprozess können auch die auf der ersten Lernebene gege-

benen festen Bezugsrahmen modifiziert und neue Standards gesetzt werden. Auf dieser Ebene ist somit ein Veränderungslernen möglich. Dieses setzt allerdings eine offene Unternehmenskultur voraus, die eine Veränderung von Werten, Regeln und Normen zulässt sowie Veränderungsbereitschaft ermöglicht, fördert und darüber hinaus auch selbst für Änderungen zugänglich ist.

- Deutero-Learning (lernen zu lernen): Auf dieser Ebene des Organisationslernens steht der Lernprozess als solcher im Zentrum der Betrachtung. Dabei werden Lernerfolge und -misserfolge analysiert, reflektiert, lernförderliche und lernhinderliche Faktoren identifiziert und zwar mit dem Ziel, das Lernen selbst zu optimieren. Deutero-Learning wird daher auch als ein Prozesslernen gesehen, in dessen Zentrum die Veränderungsfähigkeit einer Organisation steht. Deutero-Learning wird als eine höhere Ebene des Lernens gesehen, als Meta-Perspektive, die über die beiden vorhergehenden Ebenen organisationalen Lernens hinausgeht und diese damit auch mit in den Blick nimmt. Ein nachhaltiger organisatorischer Wandel beruht demnach auf dieser Form des Lernens und damit auf der Beobachtung, Optimierung und Veränderung des eigenen Lernens.

Der Ansatz von Argyris und Schön wurde auch von Senge übernommen, der als eigentlicher Pionier bei der Entwicklung konzeptioneller Vorstellungen zur Lernenden Organisation gilt.

Die fünf Disziplinen einer Lernenden Organisation

Senge stellte seine Überlegungen in seiner erstmals 1990 erschienenen Publikation „The fith discipline" vor. Hierin nimmt er Bezug auf grundlegende Arbeiten und Erkenntnisse der humanistischen Psychologie, auf systemtheoretische Ansätze sowie auch auf die Arbeiten von Argyris und Schön (vgl. auch Nauheimer 2015, S. 91).

Senge (1996) geht in seinem Ansatz davon aus, dass mentale Modelle (innere Bilder, Annahmen, Einstellungen usw.) über die Wirklichkeit das Verhalten in Organisationen steuern. Infolgedessen müssen Interventionen bei diesen mentalen Modellen ansetzen. Unter einer „Lernenden Organisationen" versteht Senge solche Organisationen, „ … in denen Menschen kontinuierlich die Fähigkeit entfalten, ihre wahren Ziele zu verwirklichen, in denen neue Denkformen gefördert und gemeinsame Hoffnungen freigesetzt werden und in denen Menschen lernen, miteinander zu lernen" (Senge 1996, S. 3).

Die Entwicklung hin zu einer solchen, lernenden Organisation erfordert nach Senge die Beachtung und Förderung folgender fünf Fähigkeiten bzw. „fünf Disziplinen" (vgl. Senge 1996):
– Personal Mastery (bzw. Selbstführung)
– Mentale Modelle
– Gemeinsame Vision
– Teamlernen
– Systemisches Denken

Unter Ziff. 3.10 des Beitrags von Urs Kaegi und Peter Zängl im vorliegenden Band werden diese fünf Fähigkeiten näher beschrieben sowie eine Kritik am Modell von Senge vorgestellt.

Senge gründete 1991 das Center for Organizational Learning (OLC) am MIT – Massachusetts Institute of Technology sowie 1997 die Society for Organisational Learning und war auch maßgeblich an deren Entwicklung beteiligt (vgl. Nauheimer 2015).

Organisationsentwicklung in Sinne des organisationalen Lernens ist eine Aufgabe aller Mitglieder einer Organisation und beschränkt sich nicht auf die Leitungsebene, den Vorstand, die Geschäftsführung. In den Konzepten des Organisationslernens und der Lernenden Organisation wird deutlich, dass Personalentwicklung und Organisationsentwicklung für einen erfolgreichen organisationalen Wandel erforderlich ist. Einerseits ist eine Organisationsentwicklung auf Personalentwicklung angewiesen. Andererseits benötigt eine erfolgreiche Personalentwicklung geeignete, förderliche Rahmenbedingungen.

Der Begriff „Lernende Organisation" wird heute nur noch selten verwendet.

Mit der bereits Ende der 90er-Jahre des letzten Jahrhunderts einsetzenden Kritik an seinem Ansatz (vgl. auch Kühl 2015) setzte sich Senge u.a. in seinem „Fieldbook zur Fünften Disziplin" (Senge 1999) sowie in der Neufassung seines Buchs zur Fünften Disziplin (Senge 2017) auseinander.

Insbesondere reklamiert wird, dass die theoretische Fundierung des Systemdenkens zu kurz kommt. Ungeachtet dessen sind heute viele der von Senge formulierten Vorstellungen und Forderungen (z.B. zur Persönlichkeitsentwicklung, zum lebenslangem Lernen, zur Teamarbeit bzw. zum collaborativen Lernen, zur Partizipation, zur Entwicklung von Visionen, zur Bedeutung von Unternehmenswerten und Unternehmenskultur usw.)

5.3 Wie kann man Organisationen verändern?

ein fester Bestandteil neuerer Konzepte von Führung und Zusammenarbeit (vgl. umfassender Überblick bei Wunderer 2011).

Organisationskultur – „Mentale Tiefenstrukturen"

Das von Edgar H. Schein entwickelte und sehr populär gewordene Strukturmodell von Organisationskultur weist gewisse Parallelen zur Bedeutung mentaler Modelle für die Steuerung des Verhaltens in Organisationen auf. Dieses beinhaltet folgende Ebenen (vgl. Schein 1985):

- **Grundlegende Annahmen (basic assuptions):** Gemeint sind hier unbewusste, unsichtbare, grundlegende Annahmen über die Beziehungen zur Umwelt wie auch über die menschliche Natur. Sie haben einen großen Einfluss auf die anderen Ebenen der Kultur und können somit individuelle Lernprozesse wie auch organisationale Veränderungsprozesse blockieren oder auch befördern.
- **Werte und Normen:** Diese bewegen sich auf einer höheren Bewusstseinsebene und bilden sich in einem sozialen Aushandlungsprozess. Es kann sich hierbei um grundsätzliche bzw. allgemeine Orientierungen, um implizite Regeln bzw. auch implizite Verbote handeln. Sie sind jedoch nicht explizit verschriftlich bzw. festgehalten. Damit sind sie auch nur bedingt direkt beobachtbar. Dennoch haben sie einen Einfluss auf Denken, Handeln und Verhalten von Menschen in einem jeweiligen organisationalen Kontext bzw. sozialen System (vgl. unten Abschnitt 5.3.3). Davon zu unterscheiden sind wiederum offizielle, verpflichtende, auch verschriftlichte Grundsätze, Richt- bzw. Leitlinien (z.B. Unternehmensleitbild, Führungsleitlinien u.a.). Diese müssen jedoch nicht immer deckungsgleich sein mit einer „gelebten" Realität.
- **Artefakte:** Hierzu gehören sichtbare Symbole unterschiedlicher Art (z.B. Umgangsformen, Kleidung, Erscheinungsbild des Unternehmens, Unternehmenslogo, Gestaltung des Unternehmensgebäudes usw.) aber auch Mythen, Unternehmensgeschichten, Rituale, deren Sinn und Bedeutung nicht immer eindeutig interpretierbar sind.

Das Verständnis von Organisationskultur basiert auf der Vorstellung von Organisation „als ein gemeinschaftlich hervorgebrachtes Sinnsystem" (Brunner 1993, S. 23). Die Organisationskultur repräsentiert dieses Sinnsystem, sorgt für Komplexitätsreduktion, Stabilität und Orientierung und damit auf für Sicherheit und Verlässlichkeit. Dies verweist auf den systemerhaltend konservativen Charakter der Organisationskultur, die auf individueller wie auf organisatorischer Ebene Lern-, Anpassungs- und Veränderungsprozesse erschweren, behindern oder auch verhindern kann (vgl. ebd.)

Unternehmenskultur wird einerseits geprägt durch Wahrnehmungs- und Verhaltensmuster, durch Werthaltungen, Gebräuche und Umgangsformen der Organisationsmitglieder und beeinflusst ihrerseits wiederum Einstellungen und Verhaltensweisen der Organisationsmitglieder, die Kommunikation zwischen ihnen sowie die strukturelle, funktionale und instrumentelle Gestaltung einer Organisation. Sie beeinflusst und prägt auf diese Weise auch Problemlösungsverhalten, den Umgang mit Fehlern, Konflikten und Ergebnissen (vgl. Wunderer 2011; vgl. auch Beck/Schwarz 2008).

Edgar H. Schein lieferte mit seinem Strukturmodell der Organisationskultur einen wichtigen Beitrag für das Verständnis von Organisationen und organisationaler Lern- und Veränderungsprozesse.

Am Ende dieses Abschnitts halten wir fest: Veränderungsprozesse in Organisationen müssen mit mentalen Tiefenstrukturen rechnen, welche die Identität einer Organisation, ihre Kultur ausmachen. Ein bewusstes, intendiertes, geplantes, methodisch strukturiertes Herbeiführen von Veränderungen in Organisationen sollte daher diese mentalen Strukturen nicht außer Acht lassen und bei der gemeinsamen Reflexion dieser mentalen Strukturen ansetzen (vgl. Freimuth/Barth 2011, S. 12). Folgt man der Auffassung von Werther/Jacobs (2014, S. 58), so ist die Organisationskultur (Unternehmenskultur) zentraler Ausgangspunkt jeder Organisationsentwicklungsmaßnahme, da jede Organisationsentwicklung im Prinzip auch eine Kulturentwicklung darstellt bzw. beinhaltet.

Die weitere Befassung mit Konzepten der Organisationskultur und ihrer Bedeutung – insbesondere auch beim Organisationswandel – haben u.a. auch zu einer Erweiterung des Repertoires an Interventionen wie imaginative und narrative Formen geführt (vgl. ebd.; siehe auch Loebbert 2003).

5.3.2 Das „Acht-Stufen-Rahmenkonzept für den Wandel" von Kotter

Die Sicht, dass Organisationen sich heute eher in einem Zustand permanenten Wandels befinden, beförderte – wie soeben aufgezeigt – die Entwicklung der Ansätze und Vorstellungen von einer „Lernenden Organisation". Zugleich führte sie auch zu einer Relativierung des populären klassischen Dreiphasen-Modells von Lewin und der Entwicklung differenzierter Phasenmodelle (vgl. French/Bell 1977; Glasl /de la Houssaye 1975; Sie-

5.3 Wie kann man Organisationen verändern?

vers 1980; Streich 1997). Auf diese Modelle wird hier nicht näher eingegangen.

Ein – sehr praxisnah konzipiertes – Phasen- bzw. Stufenmodell, das in den letzten Jahren eine hohe Resonanz und Popularität erfahren hat und sich als Orientierungsmodell für Organisationsentwicklungen unterschiedlicher Anlässe etablierte, wird etwas ausführlicher vorgestellt. Es handelt sich hierbei um das „Acht-Stufen-Rahmenkonzept für den Wandel" von John Kotter, einem international bedeutenden Protagonisten des Organisationswandels.

Kotters Modell beruht auf der Analyse zahlreicher Veränderungsprojekte in und von Unternehmen. Ein zentrales Ergebnis dieser Erfahrungsauswertung veranlasst ihn, in der fehlenden Kommunikation einen zentralen Faktor für das Scheitern vieler Veränderungen zu sehen. Er beschreibt folgende acht Fehler, die er für das Misslingen verantwortlich macht (2013, Kapitel 1):

– Zu viel Selbstgefälligkeit zulassen, sich in eine Veränderung stürzen, ohne vorab die erforderliche Dringlichkeit bei Führungskräften und Mitarbeitern zu verdeutlichen.
– Die Schaffung einer ausreichend starken Führungskoalition scheitert.
– Die Kraft der Vision wird unterschätzt.
– Mangelnde Kommunikation der Vision (zu wenig intensiv, unglaubwürdig).
– Zulassen, dass neue Hindernisse die Vision blockieren.
– Die Unfähigkeit, schnelle Erfolge zu erzielen.
– Den Sieg zu früh erklären (d.h. bevor sich der Wandel tief in der Kultur verankert hat, was drei bis zehn Jahre dauern kann).
– Es wird versäumt, die Veränderungen fest in der Kultur zu verankern.

Kotter zieht daraus die Konsequenz, dass der Faktor „Leadership" (Führen) als Motor des Wandels zu begreifen ist. In der Leadership sieht er den zentralen Faktor für den Aufbau und die Weiterentwicklung eines erfolgreichen Unternehmens im 21. Jahrhundert und zwar nicht nur für die hierarchische Spitze, sondern in modifizierter Form für das gesamte Unternehmen. Das Verhältnis bzw. die Verknüpfung von „Leadership" und Management charakterisiert Kotter (2013, Position 570 ff.) wie folgt:

– Zu den wichtigsten Managementaufgaben gehört die Planung, die Budgetierung, Organisation, Personalbesetzung, Controlling und die mit Blick auf eine identifizierte Planabweichung organisierte Problemlösung. Durch die Bewältigung dieser Aufgaben wird ein gewisses Maß

an Vorhersehbarkeit und Ordnung gewährleistet, was auch vonseiten der verschiedenen Stakeholder erwartet wird.
- Leadership konzentriert sich dagegen auf gestalterische, auf die Zukunft des Unternehmens gerichtete Prozesse. Dazu gehören die Entwicklung einer Zukunftsvision und Strategien zur Erreichung dieser Vision, die Kommunikation der neuen Ausrichtung durch Worte und Taten und zwar an alle, deren Kooperation benötigt wird, sowie die Motivation der Mitarbeiter, damit diese in der Lage sind, zentrale politische, bürokratische, zwischenmenschliche Hindernisse des Wandels abzubauen. Leadership erzeugt in einem oftmals dramatischen Ausmaß Wandel – so Kotter – und hat dabei das Potenzial, äußerst sinnvolle Änderungen herbeizuführen.

Sein auf dieser Grundlage entwickeltes „Acht-Stufen-Rahmenkonzept für den Wandel" stellte Kotter, hinterlegt mit einer Reihe von Beispielen, in seinem bereits 1996 erstmals erschienenen Buch „Leading Change" vor.

Die acht Stufen der Veränderung charakterisiert Kotter nun folgendermaßen (vgl. Kotter 2013, Kapitel 2–10):

Stufe 1: Ein Gefühl für Dringlichkeit erzeugen

Hier geht es vor allem darum, Entwicklungen und Veränderungen im Markt, des Wettbewerbs, im technologischen Bereich zu beobachten und zu identifizieren sowie unablässig und fortdauernd die Mitarbeiter über die damit verbundenen (potenziellen) Krisen, Probleme und Chancen für die weitere Entwicklung des Unternehmens zu informieren. Dies hält Kotter für wichtig, um die für die Veränderung erforderliche Kooperationsbereitschaft zu erhalten.

Stufe 2: Führungskoalition aufbauen

Kotter verweist auf eine Reihe von Unternehmensbeispielen und hebt hervor, dass keine einzelne Person (auch kein Vorstandsvorsitzender) in der Lage ist, alleine eine passende Vision zu entwickeln, diese an Mitarbeitende zu kommunizieren, zentrale Hindernisse zu bewältigen, kurzfristige Erfolge zu generieren, mehrere Veränderungsprojekte zu führen und zu managen und die Neuerungen in der Organisationskultur zu verankern. Daher ist es erforderlich, die richtigen Mitglieder für die Zusammenstellung ei-

5.3 Wie kann man Organisationen verändern?

nes Teams zu finden und eine starke Führungskoalition zu etablieren, die über genügend Einfluss und Macht verfügt, um den Veränderungsprozess zu gestalten und voranzutreiben. Wichtig ist hierbei auch die Teamentwicklung, d.h. der Aufbau eines „effektiven Teams", das auf der Basis von Vertrauen und gemeinsamen Zielen miteinander kooperiert und agiert.

Bei der Nominierung der Teammitglieder (Steuergruppe) sind folgende Kriterien zu beachten:
- Hierarchische Bedeutung: Einbindung von Schlüsselpersonen, insbesondere die Linienmanager
- Expertise: Einbindung von Experten und Expertinnen mit unterschiedlicher Fachlichkeit, damit fundierte, intelligente Entscheidungen getroffen werden können
- Glaubwürdigkeit: Auswahl von Personen mit guter Reputation, die von den Mitarbeitern ernst genommen und akzeptiert werden
- Leadership: Auswahl von Personen, die Leadership-Qualitäten aufweisen und bereits gezeigt haben, dass sie in der Lage sind, einen Veränderungsprozess voranzutreiben.

Stufe 3: Vision und Strategie entwickeln

Die Entwicklung einer gemeinsamen Vision und einer Strategie zur Umsetzung der Vision über konkrete Handlungsschritte ist für den gesamten Wandelprozess von zentraler Bedeutung. Die Vision soll Klarheit schaffen über die allgemeine Richtung des Wandels. Sie soll Menschen motivieren, Schritte in diese Richtung zu unternehmen, auch wenn dabei Hindernisse zu überwinden sind. Sie unterstützt dabei, das Handeln zahlreicher, unterschiedlicher Menschen möglichst effizient zu koordinieren, auch dadurch, dass Dauerkonflikte und Dauermeetings reduziert bzw. vermieden werden. Eine „effektive Vision" sollte sich nach Kotter an folgenden Kriterien orientieren:
- vorstellbar: bezieht sich auf das Bild der Zukunft, das sie vermitteln soll,
- erstrebenswert: langfristige Interessen von Mitarbeitern, Kunden u.a. Stakeholdern sollen angesprochen werden,
- machbar: realistisch erreichbare Ziele,
- fokussiert: ausreichend spezifisch, damit Entscheidungsprozesse sich daran ausrichten können,

- flexibel: damit Eigeninitiative und flexible Antworten aufgrund sich verändernder Bedingungen zugelassen werden können,
- kommunizierbar: leicht kommunizierbar, damit auch Erfolge sich prägnant in kurzer Zeit („fünf Minuten") mitteilen lassen.

Stufe 4: Die Vision des Wandels kommunizieren

Die Vision kann ihre Richtung gebende, motivierende, Verständnis für den Wandel und Commitment schaffende Kraft nur entfalten, wenn die strategischen Umsetzungsschritte fortlaufend kommuniziert werden. Eine wichtige Rolle spielt hierbei die Identifikation der Führungskoalition (Steuergruppe) mit der Vision, ihre Überzeugungskraft und damit auch ihre Vorbildwirkungen.

Die Schlüsselelemente einer effektiven Kommunikation der Vision fasst Kotter wie folgt zusammen (vgl. Kotter 2013, Kindle-Positionen-1517-1518, Abbildung 16):
- Einfachheit: klar, präzise, prägnant, fokussiert – ohne Fachjargon,
- Bilder, Vergleiche, Beispiele – zur Veranschaulichung,
- Multiplikation der Botschaft über verschiedene Foren / Medien: Großveranstaltungen, kleinere Workshops, Zeitschriften usw.,
- Wiederholung – Redundanzen schaffen, dann kommen Infos erst an.
- Vorleben – Besonders wirkungsvoll im positiven wie im negativen Sinne ist das Verhalten bedeutender Personen im Unternehmen.
- Scheinbare Unstimmigkeiten erläutern: Dies trägt zur Glaubwürdigkeit der Kommunikation bei.
- Geben und Nehmen: Botschaften nicht nur präsentieren, sondern auch miteinander sprechen.

Stufe 5: Mitarbeiter zur Umsetzung des Wandels auf breiter Basis befähigen (Empowerment)

Größere Transformationen von Unternehmen können kaum realisiert werden, wenn sich Mitarbeiter machtlos fühlen. Mehr Mitarbeitern muss mehr Entscheidungsspielraum eingeräumt werden. Hier setzt Empowerment an:
- Die Überwindung bzw. Beseitigung entsprechender Hindernisse erfordert auch grundlegende Veränderungen von Strukturen und Systemen.

Ansonsten besteht die Gefahr, dass die Kumulation von Frustrationserlebnissen die Transformationsbemühungen unterläuft.
- Die notwendigen Trainings zum passenden Zeitpunkt anbieten.
- Vorhandene Systeme (z.B. Managementinformationssysteme, strategische Planungsprozesse, Personalmanagementsysteme wie Rekrutierungs- und Einstellungssysteme, Entlohnung, Beförderung, Nachfolgeplanung, Leistungsbeurteilung ...) an die Vision anpassen.
- „Unangenehme" Vorgesetzte im Blick behalten und dafür Sorge tragen, dass diese den Wandel nicht unterlaufen, hintertreiben, blockieren.

Stufe 6: Schnelle Erfolge ermöglichen, sichtbar machen, kommunizieren

Erfolge müssen sich klar auf den Wandel beziehen und eindeutig, d.h. nicht umstritten und echt (nicht manipuliert) sein. Schnelle Erfolge unterstützen den Wandlungsprozess in mehrfacher Hinsicht (vgl. Kotter 2013, Kindle-Positionen2034-2036, Abbildung 21):
- Sie rechtfertigen gegebenenfalls kurzfristig anfallende Kosten.
- Sie motivieren die Change Agents (positives Feedback).
- Sie unterstützen die Feinabstimmung von Vision und Strategie. Die Führungskoalition kann durch konkretes Feedback die Realisierungsmöglichkeiten einschätzen.
- Das Blockieren des notwendigen Wandels (durch „Zögerer", „Skeptiker", „Gegner" ...) wird erschwert.
- Die hohe Hierarchieebene (Entscheiderebene) erhält Rückmeldung darüber, dass sie auf dem richtigen Weg sind.
- Neutrale können zu Unterstützern und Unterstützer zu aktiven Helfern werden.

Schnelle Erfolge dürfen nicht dem Zufall überlassen werden. Sie müssen auch systematisch geplant sein und organisiert werden. Hier zeigt sich, dass auch Management neben Leadership unverzichtbar ist. Hierzu Kotter: „Das systematische Setzen von Zielen und deren Budgetierung, Planung, Organisation und Durchführung sowie das Prozesscontrolling – das ist die Essenz von Management. Wenn man dies im Hinterkopf behält, kann man leicht erkennen, dass die Notwendigkeit schneller Erfolge in einem erfolgreichen Veränderungsprozess ein wichtiges Prinzip verdeutlicht: Transformation ist kein Prozess, bei dem es nur auf Leadership ankommt; gutes Management ist auch wesentlich" (Kotter 2013, Kindle-Positionen-2133-2136).

Stufe 7: Erfolge konsolidieren und weitere Veränderungen einleiten

Hier propagiert Kotter folgende „Kardinalregel": „Wenn Du loslässt, bevor die Arbeit gemacht ist, verlierst Du das kritische Momentum ... und die Zurückentwicklung setzt ein. Bis veränderte Praktiken Einzug in die neue Kultur finden und für ein neues Gleichgewicht sorgen, können sie sehr zerbrechlich sein. Drei Jahre intensiver Arbeit können innerhalb kürzester Zeit zunichte gemacht werden" (Kotter, 2013, Kindle-Positionen-2195-2200).

Kotter verweist auf zwei Faktoren, die dazu beitragen können, dass der Fortgang der Veränderung entgleitet. Das ist zum einen die Unternehmenskultur und zum anderen sind es die permanent zunehmenden wechselseitigen Abhängigkeiten in einer sich schnell verändernden Geschäftswelt: „Querverbindungen, die es schwierig machen, punktuell etwas zu ändern, ohne das Ganze anpacken zu müssen" (Kotter 2013, Kindle-Positionen2204-2206).

Stufe 8: Veränderungen in der Unternehmenskultur verankern

Bekanntlich gilt nun ja die Kultur eines Unternehmens bzw. auch einer Gruppe oder eines Teams als eines der größten Hindernisse für den Wandel. Kotter distanziert sich unter Verweis auf eigene einschlägige Beobachtungen von der weitverbreiteten Vorstellung, dass zuerst die Unternehmenskultur, die zentralen Normen und Werte verändert werden müssen, um dann den restlichen Veränderungsprozess reibungsloser und einfacher umsetzen zu können. Hierzu äußert er sich wie folgt: „Kultur lässt sich nicht einfach umgestalten. Alle Versuche, sie zu packen und in eine neue Form zu pressen, sind zum Scheitern verurteilt, weil man sie eben nicht packen kann. Eine Kultur lässt sich nur dann verändern, wenn man zuvor die Handlungsweisen der Menschen erfolgreich geändert hat, wenn das neue Verhalten der Gruppe über einen längeren Zeitraum positive Ergebnisse gebracht hat und die Menschen die Verbindung zwischen neuem Handeln und verbesserten Leistungen wahrnehmen. Folglich geschieht kultureller Wandel überwiegend in Stufe 8 und nicht in Stufe 1" (Kotter 2013, Kindle-Positionen2579-2587).

Bei Verankerung der Neuerungen in der Unternehmenskultur zu berücksichtigende Schlüsselelemente sind (vgl. Kotter, 2013, Kindle-Positionen2611-2612, Abbildung 26):

5.3 Wie kann man Organisationen verändern?

- Eine den Wandel befördernde Veränderung persönlicher Einstellungen und Verhaltensweisen können bereits zu einem frühen Zeitpunkt des Transformationsprozesses auftreten. Allerdings: Die Änderung von Normen und gemeinsamen Werten erfolgt am Ende eines Transformationsprozesses.
- Neuerungen lassen sich verankern, wenn sie sich bewährt haben und den bisherigen Praktiken, Methoden überlegen sind.
- Umfassende Kommunikation, Anleitung, Unterstützung ist erforderlich, um neue Praktiken zu verankern.
- Nachhaltige Kulturänderung erfordert mitunter auch den Austausch von Schlüsselpersonen (Fluktuation).
- Beförderungsmaßnahmen und Nachfolgeentscheidungen müssen mit den Neuerungen (neuen Praktiken ...) vereinbar sein.

Die acht Stufen können nach Kotters Auffassung nicht problemlos übersprungen werden. Allerdings ist es möglich, diese zum Teil auch gleichzeitig zu bearbeiten. Kotters Acht-Stufen-Rahmenkonzept stellt demnach kein zeitliches Phasenmodell im strengen Sinne dar. Es handelt sich eher um ein Orientierungsmodell, das Erfolgsfaktoren in Prozessen organisationalen Wandels aufzeigt.

Kotter begreift aus heutiger Sicht diese acht Stufen „als Basisprozesse agiler Organisationen ..., die in einer beschleunigten Welt erfolgreich sind ..." (Kotter/Langen 2014, S. 48). Angesichts der seit Beginn der Jahrhundertwende erfolgten Steigerung der Veränderungsdynamik aktualisierte und ergänzte Kotter sein Acht-Stufen Modell in seiner Publikation „Accelerate – building strategic agility for a faster-moving world" (Kotter 2015). Kotter rückt hierin stärker die Bedeutung von Netzwerken für den organisationalen Wandel ins Blickfeld. Er kritisiert in diesem Zusammenhang die – nach wie vor – traditionell-hierarchische Verfasstheit etablierter Unternehmen, ihr „hierarchisches Betriebssystem", das nicht mehr ausreicht, um Risiken und Potenziale in einer dynamisch-turbulenten Welt rechtzeitig zu erkennen und sich darauf einzustellen. Kotter hält es deshalb für erforderlich, die hierarchische Struktur (das erste Betriebssystem) durch ein zweites Betriebssystem, eine zusätzliche netzwerkartige Struktur zu ergänzen, bei dem Mitglieder der Organisation hierarchieübergreifend kooperieren und an Innovationen und Veränderungen arbeiten. Durch die Menschen, die in beiden Systemen agieren, ist das neue Netzwerk unmittelbar mit dem traditionellen verbunden.

Ein gut funktionierendes duales Betriebssystem dieser Art beruht auf folgenden Prinzipien (vgl. Kotter 2014; siehe auch Kotter/Langen 2014):

5. Wie kann man Organisationen verändern?

- Der Wandel wird nicht von wenigen Personen an der Spitze getragen, sondern von vielen. Strategisch „agil" ausgerichtete Unternehmen sind in der Lage, viele Menschen bzw. größere Gruppen in einer Organisation zu aktivieren, die ihrerseits wiederum eine Vielzahl weiterer Freiwilliger rekrutieren, die sich für den Wandel einsetzen und diesen vorantreiben.
- Eine kulturelle Komponente kommt zum Ausdruck in der Forderung nach einer Haltung des Wollens und nicht des Müssens. D.h., Menschen sollten Wahl- und Entscheidungsmöglichkeiten haben. Dies ist die kulturelle Basis dafür, dass sie sich über ihre alltäglichen Aufgaben hinausgehend für den Wandel einsetzen.
- Handeln resultiert nicht nur aus dem Kopf, sondern aus dem Herzen und dem Kopf.
- Wichtig ist „Führung" und zwar nicht nur von einer Person an der Spitze, sondern: Gemeint sind Führungsfähigkeiten, eingebettet in das System der Organisation.
- Traditionell-hierarchisches Betriebssystem und Netzwerk stehen in einem kontinuierlichen Austausch von Informationen und Aktivitäten und agieren als ein System.

Mit seinem Accelerate-Konzept zielt Kotter auf die Implementierung eines permanenten Beschleunigers, der eine Kultur der Agilität innerhalb einer Organisation gewährleisten soll. Kotter macht außerdem deutlich, dass der bislang gängige Strategiebegriff, der impliziert, dass es zwei unterscheidbare Phasen gibt und zwar die Phase der Strategieformulierung und die Umsetzungsphase, zu modifizieren ist. Dazu Kotter: „Formulierung und Umsetzung fallen zunehmend zusammen, und in den agilen Unternehmen, mit denen wir uns beschäftigt haben, wird Strategie bereits heute als eine dynamische Kraft verstanden und nicht als eine Angelegenheit der Strategieplanung, im Rahmen von zyklischen Planungsprozessen. Ich begreife diese Kraft als einen kontinuierlichen Prozess des Suchens, des Machens, des Lernens und des Anpassens" (Kotter/Langen 2014, S. 49). Damit nähert sich Kotter mit Blick auf die Verlaufsgestaltung des organisatorischen Wandels an die prozessorientiert-zirkuläre Vorgehensweise systemischer Ansätze der Organisationsentwicklung an.

Im nächsten Abschnitt werden zentrale Sichtweisen systemischer Ansätze der Organisationsentwicklung vorgestellt.

5.3.3 Systemische Ansätze der Organisationsentwicklung

Ansätze systemischer Organisationsentwicklung bauen auf traditionellen Organisationsentwicklungs-Ansätzen auf. Frühe Konzepte der Systemtheorie und der Kybernetik zweiter Ordnung bilden einen weiteren wichtigen Bezugsrahmen (vgl. Freimuth/Barth 2011, S. 7). Während die Kybernetik erster Ordnung auf der Vorstellung eines schlichten Regelkreis-Modells beruht, geht es bei der Kybernetik zweiter Ordnung um komplexe zirkuläre Prozesse (Heinz von Förster). Nach Auffassung von Freimuth/Barth (2011, S. 10) konnten insbesondere systemische Ansätze der Kybernetik zweiter Ordnung mit Überlegungen traditioneller Ansätze der Organisationsentwicklung integriert werden. Diese Feststellung bezieht sich jedoch auf Entwicklungen, die in den USA erfolgten. Freimuth/Barth (2011, S. 10) heben hervor, dass Organisationsentwicklung dort zu einem anerkannten Teil der angewandten Sozialwissenschaften wurde, sich etabliert hat, weiterentwickelt wurde, schließlich auch wieder Einfluss nahm auf Entwicklungen in Deutschland.

Beeinflusst von den in unmittelbarem Austausch zwischen Theorie und Praxis entwickelten systemischen Ansätzen im Bereich der Psychotherapie und der systemischen Familientherapie (vgl. Beck 1985) bildet sich seit den 90er-Jahren des letzten Jahrhunderts auch ein neues Organisations- und Wandelverständnis in der Organisationsentwicklung heraus.

Systemtheorien implizieren eine Sicht von Organisation und Veränderung, die auf die Grenzen der traditionellen Organisationsentwicklung als Erklärungs- und Orientierungsmodell verweist. Die hier zugrunde liegenden Vorstellungen und Annahmen werden wir nun etwas näher betrachten.

Organisationen werden hier als „autopoietische" (sich selbst erschaffende und erhaltende) Systeme betrachtet, die ständig daran arbeiten, sich in Auseinandersetzung mit ihren relevanten Umwelten selbst und ihre Grenzen zu reproduzieren. Umberto Maturana und Francisco Varela (1990), chilenische Kognitionsbiologen und Neurowissenschaftler, bezeichnen die autonome Selbstorganisation lebender Systeme, d.h. den Prozess der Selbsterhaltung und Selbsterschaffung eines Systems als Autopoiesis.

Niklas Luhmann, ein deutscher Soziologe, übernahm dieses, sich auf biologische Prozesse und Strukturen beziehende Autopoiesis-Konzept in seinem Ansatz selbstreferentieller Systeme auf und übertrug es im Kontext der von ihm weiterentwickelten soziologischen Systemtheorie auf soziale Systeme. Luhmanns (1987; 2000) theoretisch ausgerichtete Forschungen liefern zentrale Beiträge zum Verständnis von Organisationen.

5. Wie kann man Organisationen verändern?

Die speziellen Beiträge systemischer Ansätze zum Thema Organisationsentwicklung lassen sich anhand folgender Unterscheidungen charakterisieren (siehe hierzu insbesondere Grossmann/Bauer/Scala 2015, S. 27 ff.):

System – Umwelt

Von zentraler Bedeutung ist die Unterscheidung zwischen „System" und „Umwelt". Zunächst ist es für einen Beobachter (z.B. BeraterIn, Führungskraft) wichtig zu konkretisieren, was System und was Umwelt ist. Im Rahmen der Organisationsentwicklung gibt es mehrere Möglichkeiten. „Bezugssystem" kann z.B. sein:
– eine (bestimmte) Organisation
– eine Abteilung innerhalb einer Organisation
– Vorstand, Geschäftsführung
– Team
– Berufsgruppe
– Netzwerk

Die Festlegung des Bezugssystems hängt von der Fragestellung des jeweiligen Beobachters ab. Zur Umwelt einer sozialwirtschaftlichen Organisation als soziales System gehören sowohl andere soziale Systeme wie z.B. die Kostenträger oder auch andere Sozialeinrichtungen wie auch „psychische Systeme", d.h. einzelne Personen (MitarbeiterInnen, KlientInnen, KundInnen usw.). Hinsichtlich der Weiterentwicklung einer Organisation und ihre Existenzsicherung ist der Blick auf den Kontext eines Systems mit seinen relevanten Umwelten unverzichtbar (vgl. Grossmann/Bauer/Scala 2015, S. 27).

Die Unterscheidung System/Umwelt ist Grundlage für die systematische Anwendung einer System-Umwelt-Analyse, die zu den wichtigsten Instrumenten einer systemischen Organisationsentwicklung gehört (siehe auch Nagel/Wimmer 2004). Auf der Basis einer System-Umwelt-Analyse kann eine „Landkarte" über die Dynamik, die Einflüsse und Erwartungen, in dem das jeweilige soziale System agiert, erstellt werden. Es können Hypothesen über mögliche Zusammenhänge und Wirkungen gebildet werden, ein wichtiger Schritt im Rahmen einer systemisch ausgerichteten Organisationsentwicklung.

5.3 Wie kann man Organisationen verändern?

Beobachtung erster und zweiter Ordnung

Eine weitere, wichtige Unterscheidung ist die zwischen Beobachtung erster und zweiter Ordnung. Hier macht sich der Einfluss der konstruktivistischen Erkenntnistheorie auf Konzepte der systemischen Organisationsentwicklung und -beratung bemerkbar. Die konstruktivistische Erkenntnistheorie geht von der Prämisse aus, dass wir nie mit der Wirklichkeit an sich umgehen, sondern stets mit unserer eigenen „Erfahrungswirklichkeit" (vgl. Fischer 1995; von Glasersfeld 1995; Kriz 1995), d.h. mit den Bildern und Konstruktionen von Wirklichkeit in unseren Köpfen (hierzu Watzlawick 2003; Watzlawick u. a. 1984). So gesehen gibt es keine beobachterunabhängige, „objektive" Beschreibung eines Systems und seiner Umweltbeziehungen. Jede Beobachterin, jeder Beobachter (sei es BeraterIn, Führungskraft, MitarbeiterIn, KlientenIn usw.) bringt stets in die Beobachtung und Beschreibung eines Systems ihre jeweils eigene Sichtweise ein.

Für das praktisch-methodische Vorgehen ergeben sich hieraus unmittelbare Konsequenzen, insofern es zielführender sein kann, die Beobachtungen der unterschiedlichen Beteiligten / Betroffenen zu erheben, zu sammeln, gegenüberzustellen und Gemeinsamkeiten bzw. auch Unterschiede herauszuarbeiten (z.B. im Rahmen eines Workshops unter Einsatz von Moderationsmethoden). Auf diese Weise kann ein vielschichtiges und dann von den Beteiligten auch eher mitgetragenes Bild von dem jeweiligen System (Organisation, Abteilung, Team …) und seinen relevanten Umwelten erstellt werden. Darüber hinaus wird bei diesem Vorgehen auch für die Beteiligten deutlich, wie unterschiedlich ein System (z. B. die eigene Organisation, das eigene Team) wahrgenommen und beschrieben werden kann bzw. welche unterschiedlichen Perspektiven und Wirklichkeitswahrnehmungen möglich sind. Hierbei eröffnet sich demnach die Möglichkeit – gewissermaßen auf eine Metaebene zu gehen und – zu beobachten wie beobachtet wird (vgl. auch Grossmann/Bauer/Scala 2015). Dafür steht in der systemischen Terminologie die Bezeichnung „Beobachtung zweiter Ordnung". Simon (2006, S. 42) beschreibt dies wie folgt: „Die Beobachtung eines Gegenstands lässt sich als ‚Beobachtung 1. Ordnung' und die Beobachtung der Beobachtung dieses Gegenstands als ‚Beobachtung 2. Ordnung' kategorisieren." Für die Analyse und Diagnose von Organisationen spielt diese Unterscheidung eine wichtige Rolle.

5. Wie kann man Organisationen verändern?

Person (psychisches System) / Organisation (soziales System)

Nach Luhmann sind Personen nicht als Teil einer Organisation zu sehen. Er sieht diese als eigene, psychische Systeme. Personen verhalten sich zur Organisation wie deren Umwelt, „weil sie als psychische Systeme ... selber operational geschlossen agieren (Luhmann 2000, S. 279). Mit der Bezeichnung „psychisches System" gemeint sind Bewusstseinszustände einer Person, Gedanken, Gefühle, Empfindungen, Hoffnungen, Befürchtungen, Träume, Fantasien usw.

Der Begriff „soziales System" steht für unterschiedliche, vielfältige soziale Einheiten, die Luhmann (1984, S. 551 ff.) folgendermaßen unterscheidet:
– Interaktionen, gekennzeichnet durch Face-to-Face-Kontakte, z.B. in Gruppen
– Organisationen mit bestimmten, spezifischen Kommunikationsstrukturen
– Funktionssysteme wie z.B. Politik, Wirtschaft, Wissenschaft, Bildung/ Erziehung

Psychische wie auch soziale Systeme entstehen, bilden bzw. „erschaffen" sich aus ihren Elementen. Dafür steht in der Systemtheorie der Begriff „Autopoiese". Wie zu Beginn dieses Abschnitts bereits angesprochen übernahm Luhmann das Autopoiese-Konzept von Maturana/Varela (1990) in seinen Ansatz selbstreferentieller Systeme. Selbstreferenz bezieht sich auf die Annahme, dass Systeme durch die Verarbeitung von Umweltkomplexität ihre eigene Autonomie erzeugen und auch erhalten. Autopoietische Systeme sind nach diesen Vorstellungen operativ geschlossene Systeme, da sie nur aufgrund ihrer internen Struktur (ihren internen Codes) verfahren. Nach außen hin sind sie jedoch offen. Sie „beobachten" die Umwelt und reduzieren deren Komplexität. Durch den Bezug zur Umwelt können sich Systeme reproduzieren. Luhmann spricht hier von „Offenheit durch Geschlossenheit", d.h., dass der intern geschlossene Charakter eines Systems und seine Fähigkeit unter den systeminternen Bedingungen auf die Umwelt zuzugreifen, diesem eine maximale Offenheit gegenüber der Komplexität der Umwelt erlaubt (vgl. Luhmann 2002, S. 100 ff.).

5.3 Wie kann man Organisationen verändern?

Soziale Systeme

Elemente eines sozialen Systems sind die Kommunikationen. Organisationen als soziale Systeme bilden sich nach Luhmann (1984; 2000) durch Abgrenzung von solchen Umweltsegmenten, für deren Probleme sie Lösungen entwickeln. Andererseits müssen sie interne Strukturen und Prozesse entwickelt und zur Verfügung haben, die ihnen Anpassungen an ihre Umwelten und eine erforderliche Weiterentwicklung (einen Wandel) ermöglichen. Sie müssen sich – so die Vorstellung – in diesem Kreislauf immer wieder neu „erfinden", ohne dass sie dabei ihre Identität verlieren. Prozesse dieser Art und die damit verbundene Reproduktion eines sozialen Systems geschehen über Kommunikation. Diese Formen des Austausches verfestigen sich zu kulturellen Mustern. Solche Muster – Strukturen – in Organisationen legen wiederum Rahmenbedingungen fest, nach denen sich Akteure verhalten sollen (vgl. Luhmann 2000, S. 262 ff.). Die Organisationskultur kann als eine solche Struktur gesehen werden.

Zur Unterscheidung psychischer Systeme von sozialen Systemen

Elemente eines psychischen Systems sind dessen Bewusstseinszustände. Psychische und soziale Systeme sind daher als eigenständige Systeme zu sehen und der Unterschied zwischen Bewusstsein und Kommunikation ist insofern auch bedeutend und zu beachten. So gesehen lernen Personen über die Veränderung ihres Bewusstseins, z.B. durch neue Einsichten. Im Unterschied dazu „lernen" Organisationen über Veränderung ihrer Kommunikationsstrukturen (vgl. Grossmann/Bauer/Scala 2015).

Die Funktionsweise beider Systeme richtet sich jeweils nach ihrer eigenen Logik. Psychische und soziale Systeme funktionieren so gesehen einerseits autonom, sind jedoch andererseits über die Sprache strukturell aneinander gekoppelt, bilden jeweils die Umwelt des anderen Systems und sind auf dem Wege der Co-Evolution entstanden (vgl. Luhmann 1984, S. 92). Handelnde Personen, mit anderen Worten „psychische Systeme" in Organisationen gehören also aus Sicht der systemtheoretischen Überlegungen von Luhmann zur Umwelt einer Organisation (als soziales System).

5. Wie kann man Organisationen verändern?

Was bedeutet dies nun für die Organisationsentwicklung?
- Mit Blick auf die Entwicklung und Veränderung eines sozialen Systems (d.h. einer Organisation, einer Abteilung, eines Teams ...) kann auf beiden Systemebenen angesetzt werden:
- Auf der Ebene der Person, d.h. eines psychischen Systems (und seiner Bewusstseinszustände), z.B. durch Maßnahmen der Personalentwicklung (Training, Fort- und Weiterbildung, Coaching – bezogen auf Erwerb/Förderung fachlicher Qualifikationen oder auch bezogen auf Einstellungen, Wertehaltungen, Motivation ...).
- Auf der Ebene des sozialen Systems – z.B. durch Maßnahmen/Interventionen, die an Kommunikationsstrukturen (Art der Kooperation, der Konfliktlösung usw.) ansetzen und auf die Kulturentwicklung zielen – wie z.B. ein Prozess der Leitbildentwicklung und -implementierung.
- Zu beachten ist die Differenz von Person und Organisation. Die strukturelle Koppelung beider Systeme, d.h. die Art und Weise, wie sich beide aufeinander beziehen (sich wechselseitig beeinflussen) muss beobachtet, identifiziert und für Veränderungen genutzt werden.
- Hinsichtlich des Versuchs, Probleme in einem sozialen System (einer Organisation) zu individualisieren bzw. zu personalisieren, ist Zurückhaltung angesagt. Vielmehr sollten sich der Fokus der Beobachtung sowie die Interventionen auf den kommunikativen Austausch, d.h. die kommunikativen „Operationen" in Organisationen richten.

Triviale Systeme/nichttriviale Systeme

Ein Kaffeevollautomat liefert bei Druck auf den jeweils vorgesehenen Knopf Espresso, Cappuccino, Latte Macchiato, heißes Wasser u.a. Die Funktionen eines solchen, vom Menschen entwickelten und hergestellten technischen Systems sind, sofern keine Störungen vorliegen, vorhersehbar und damit verlässlich – zumindest für die zu erwartende (bzw. eingebaute) Lebensdauer. Auf einen bestimmten Input (Knopfdruck) folgt stets der gleiche Output (Kaffeevariante). Die von Heiz von Foerster (1985, S. 12 f.) eingeführte Bezeichnung „triviale Maschine" charakterisiert diese Funktionsweise technischer Systeme. Systeme dieser Art verändern sich nicht von selbst und werden ausschließlich von außen gesteuert.

Für das Verständnis von Organisationen und deren Funktionsweise wurden in der Vergangenheit zahlreiche Theorieansätze entwickelt, denen unterschiedliche paradigmatische Vorstellungen zugrunde liegen (vgl. Morgan 2008). Das Modell einer „trivialen Maschine" ist allerdings wenig geeignet, um die Komplexität einer Organisation und sei diese auch noch so überschaubar zu „erfassen".

Systemische Theorien mit ihren Vorstellungen zur Funktionsweise lebender, psychischer wie auch sozialer Systeme offerierten hier passendere Theoriemodelle für das Verständnis von Personen, Organisation und Wandel. Diese leiten sich ab aus der Grundauffassung, die in systemischen Theorien über die Abläufe und das Verhalten komplexer Systeme entwickelt wurde. „Organisationen", also soziale Systeme wie auch „Personen" als „psychische Systeme" werden im Unterschied zu „einfachen", technischen Systemen (triviale Maschine) als „komplexe" Systeme (nichttriviale Maschine, vgl. von Förster 1985) betrachtet. Komplexe, nichttriviale Systeme reagieren auf Impulse und Interventionen von außen nicht immer auf gleiche und gewissermaßen „voraussagbare" Weise. Sie können auf Interventionen von außen reagieren, entsprechende Impulse ignorieren oder auch diese aufgreifen und intern weiter verarbeiten. In ihren Reaktionen bzw. auch Aktionen sind sie nicht vorhersehbar. Sie sind in der Lage, Erfahrungen zu machen und dazuzulernen. Reaktionen sind Resultate interner Verarbeitungsprozesse. Aufgrund immanenter Beschränkungen der Verknüpfungskapazität ihrer Elemente (Bewusstseinszustände bzw. Kommunikationsprozesse) kann nicht jedes Element zu jeder Zeit mit anderen verknüpft sein (vgl. Luhmann 1984).

Für das Verständnis von Organisationen und die Organisationsentwicklung bedeutet dies:
– Komplexe Systeme wie Organisationen können weder von innen, durch die Organisationsmitglieder, noch von außen (BeraterInnen, Stakeholder u.a.) vollständig beschrieben werden. Sie können nur selektiv erfasst werden.
– Selbst wenn über eine Organisation, als einem sozialen System, eine Menge von Information vorliegt, ist diese nie als vollständig, abschließend bzw. statisch zu betrachten. Einschätzungen im Sinne einer „Diagnose" und daraus ableitbarer Interventionen, können stets nur als „vorläufig" angesehen werden. D.h., diese können bestenfalls den Charakter einer abgesicherten Vermutung (Hypothese) haben. Zweckmäßiger ist es daher, von „Hypothesenbildung" bzw. auch vorläufigen Einschätzungen zu sprechen.

5. Wie kann man Organisationen verändern?

Wandel erster und zweiter Ordnung

Unterschieden wird des Weiteren zwischen einem Wandel erster und zweiter Ordnung. Bei einem Wandel erster Ordnung geht es um laufende Anpassungsprozesse und Optimierungen und zwar unter Beibehaltung der grundlegenden Muster, nach denen eine Organisation gesteuert wird.

Im Unterschied dazu zielte insbesondere der unter Ziff. 5.2.3.1 vorgestellte Ansatz des Business Prozess Reengineering auf eine grundlegende Neustrukturierung eines Unternehmens (vgl. Hammer/Champy 1994), was einem Wandel zweiter Ordnung gleichkommt.

Ein Wandel zweiter Ordnung beinhaltet einschneidende, tief greifende Veränderungen von großer Reichweite. Hier geht es um einen Musterwechsel, d.h. um eine grundlegende Neuausrichtung und Neuorganisation der Kernprozesse eines Unternehmens, verbunden mit einer konsequenten Dezentralisierung der unternehmerischen Verantwortung (vgl. Grossmann/Bauer/Scala 2015, S. 45).

Der Umbau des Sozialreferates der Landeshauptstadt München, von einer ursprünglich zentral-hierarchisch organisierten Behörde hin zur Gründung und Einrichtung dezentraler Sozialbürgerhäuser, stellte in gewisser Weise einen solchen Wandel zweiter Ordnung dar (vgl. hierzu Graffe u.a. 2004).

Intervention als systemisches Diagnose- und Steuerungsinstrument

Während die klassische Organisationsentwicklung insbesondere darauf hinzielte, Einstellungen von Menschen zu ändern, verschiebt sich der Fokus der systemisch-konstruktivistisch orientierten Veränderungsarbeit deutlich auf die Handlungen und die Kommunikation. Beides wird – gewissermaßen fortlaufend – auf ihre „Zieldienlichkeit" hin geprüft, um hieraus Informationen für die Prozesssteuerung bei Veränderungsprojekten zu erhalten. Das jedoch ist – selbstredend – nur dann möglich, wenn sowohl im Vorfeld wie auch im Verlaufe eines Projektes für die erforderliche Zielklarheit gesorgt wird. In diesem Zusammenhang sind Selbstreflexion und Feedback wesentliche Instrumente, die allerdings weniger dem „Selbstzweck" (z.B. der Kulturverbesserung durch Einstellungsänderungen) dienen, sondern eine unverzichtbare Voraussetzung sind für eine erfolgsversprechende Steuerung komplexer, prinzipiell unüberschaubarer Systeme und entsprechender Veränderungsprozesse. Letzteres entspricht

5.3 Wie kann man Organisationen verändern?

dem in systemisch-konstruktivistischen Ansätzen propagierten Zyklus von Hypothesenbildung / Einschätzung – Intervention – Beobachtung der Reaktionen – (Selbst-) Reflexion/Feedback – neue Hypothese/Einschätzung etc. (vgl. Königswieser/Exner 2008; Kulmer/Trebesch 2004; Tomaschek 2006).

Auf diesem Hintergrund hat sich in der systemisch ausgerichteten Organisationsentwicklung für die Steuerung und Umsetzung von Veränderungen der Begriff „Intervention" etabliert. Dieser steht gewissermaßen auch für die Distanzierung von einer „Machbarkeitsideologie", d.h. von der Vorstellung, dass sich Veränderungen linear steuern lassen (vgl. Königswieser/Exner 2008). Die Interventionen beruhen auf einer gründlichen Beobachtung bzw. „Diagnose" und daraus abgeleiteten Hypothesen. Die Hypothesenbildung sollte sich stützen auf die verschiedenen und meist unterschiedlichen Beobachtungs- und Beschreibungsperspektiven vonseiten der Organisationsmitglieder in ihren unterschiedlichen Positionen, mit ihren unterschiedlichen Funktionen, den Teams, den KlientInnen/KundInnen, den internen/externen BeraterInnen, sonstige Informationsquellen (Workshop, Mitarbeiterbefragung, Dokumentenanalyse, Auswertung von Statistiken bzw. vorliegender Daten usw.). Davon ausgehend können erste und auch jeweils weitere Schritte geplant, initiiert, hinsichtlich ihrer zielführenden Wirkung geprüft und gegebenenfalls alternative Schritte entwickelt und verfolgt werden (vgl. Königswieser/Exner 2008, S. 24).

In Abbildung 2 ist dieses prozesshafte, zirkuläre Vorgehen veranschaulicht.

Allerdings muss an dieser Stelle auch auf das für systemische Ansätze der Organisationsentwicklung charakteristische Verständnis des Verhältnisses von Beobachtung/Diagnose und Intervention aufmerksam gemacht werden. Jede Diagnose von bzw. in Organisationen wird hier bereits als eine Intervention gesehen, auf die bereits Reaktionen vonseiten des Systems erfolgen. Z.B. dient ein Analyseworkshop, eine Mitarbeiterbefragung einerseits als Diagnoseinstrument, erweckt jedoch darüber hinausgehende Aufmerksamkeit aufseiten der MitarbeiterInnen, kann Hoffnungen, Erwartungen, Befürchtungen auslösen, die Gerüchtebildung stimulieren bzw. auch auf unterschiedlichen informellen Ebenen den kommunikativen Austausch anregen. Andererseits kann auch jede Intervention für die Beobachtung bzw. Diagnose genutzt und entsprechend ausgewertet werden. Parallelen dazu finden sich durchaus bereits in dem Survey-Feedback-Ansatz von Kurt Lewin.

5. Wie kann man Organisationen verändern?

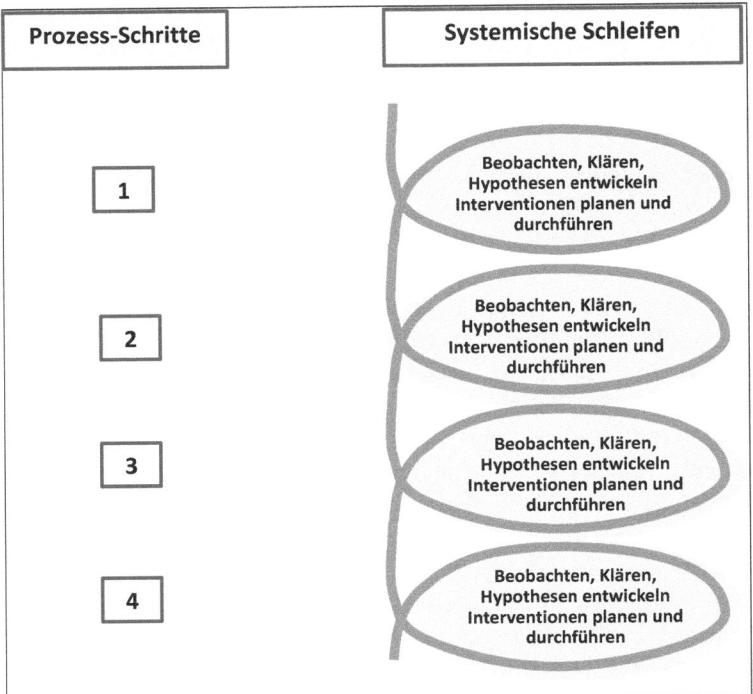

Abb. 2: *Prozessorientiert zirkuläres Vorgehen (erstellt durch die Verfasserin)*

Operative Schließung – funktionale Differenzierung – multiple Rationalitäten

Aus systemtheoretischer Sicht wird weiterhin angenommen, dass Organisationen nur auf die Umwelten reagieren, die für ihre eigene Aufgabenbewältigung und damit auch für ihr eigenes Überleben von Bedeutung sind. In der Terminologie der Systemtheorie werden Organisationen dementsprechend als „operativ geschlossen" bezeichnet, was soeben unter dem Abschnitt „Person (psychisches System) / Organisation (soziales System)" bereits aufgezeigt wurde.

Organisationen agieren entsprechend ihrer eigenen Logik. Sie sind – so gesehen – „Sinngemeinschaften", deren Systemlogik bzw. Rationalität als Filter für die Wahrnehmung ihrer Umwelt fungiert.

5.3 Wie kann man Organisationen verändern?

Folgt man Luhmann, so ergibt sich die jeweils dominante Systemlogik einer Organisation aus ihrer Zuordnung bzw. Orientierung an einem der gesellschaftlichen Subsysteme (d.h. Makrosysteme, wie z.B. Politik, Wirtschaft, Wissenschaft, Recht, Bildung/Erziehung u.a.) und deren Sinnschemata, die sich im Verlaufe des historisch-gesellschaftlichen Entwicklungsprozesses gebildet und ausdifferenziert haben (vgl. Luhmann 1993; 2009). So orientieren sich Unternehmen z.B. am Wirtschaftssystem, Hochschulen am Wissenschaftssystem, Kindergärten und Schulen am Erziehungs-/Bildungssystem.

Jedes gesellschaftliche Teilsystem betrachtet das Gesamtsystem aus einem eigenen Blickwinkel und ist gekennzeichnet durch eine bestimmte Funktionslogik und Funktion für die Gesellschaft. Dieser Blickwinkel wiederum wird von der jeweiligen Systemlogik bzw. dem zentralen Sinnschema gesteuert. So äußert sich z.B. die Funktions- bzw. Systemlogik des Wirtschaftssystems in der „Effizienz", das der Politik in der „Macht", das des Rechtssystems in der „Gerechtigkeit", das der sozialen Sicherung und Daseinsfürsorge in der „Hilfeleistung". Dieser Systemlogik und entsprechenden Erwartungen folgen auch Organisationen, die sich an einem dieser gesellschaftlichen Teil- bzw. Funktionssysteme als relevante Umwelt ihres Handelns ausrichten und auch auszurichten haben.

Zwischen einer Organisationen und ihrem jeweiligen, gesellschaftlichen Referenzsystem, bestehen demnach gewisse Abhängigkeiten. Mittels einer losen Koppelung „… wird eine wechselseitig aufeinander bezogene Ko-Evolution ermöglicht" (Rüegg-Stürm/Schedler/Schumacher 2015, S. 4). Die alltäglichen Erfahrungen zeigen nun jedoch sehr deutlich, dass sich nahezu alle Organisationen heute gleichzeitig an mehreren gesellschaftlichen Teilsystemen, „als ihrem existenzrelevanten Überlebensraum" (ebd.) ausrichten müssen und auch diesbezüglich an der das Handeln bestimmenden „institutionelle Komplexität" (ebd.) Damit hat auch das Konfliktpotenzial beträchtlich zugenommen. Unterschiedliche und auch widersprüchliche Logiken prallen hier aufeinander und die hieraus sich ergebenden Probleme und Anforderungen sind mithilfe entsprechender, aufzubauender Strukturen zu managen (vgl. Grossmann/Bauer/Scala 2015, S. 39).

Die Vorstellung von einem „heroischen Manager", der vermittels seiner hierarchischen Position und der damit verbunden Macht die Rationalität einer ganzen Organisation dominiert und bestimmt, ist auf diesem Hintergrund obsolet geworden. Immer mehr Organisationen werden sich auf multiple Systemlogiken bzw. Rationalitäten einstellen müssen. Ruegg-

5. Wie kann man Organisationen verändern?

Stürm/Schedler/Schumacher (2015, S. 6) sehen hierin die Chance, dass Veränderungen des Umfeldes in größerer Breite wahrgenommen und „blinde Flecken" eher vermieden werden können. Sie stellen basierend auf empirischen Forschungsergebnissen einige Praktiken und Handlungsmöglichkeiten des Managements im Umgang mit multiplen organisationalen Realitäten zusammen (vgl. ebd., S. 7 ff.).

Welche Bilanz lässt sich nun am Ende dieses Abschnitts ziehen? Worin liegt nun der Mehrwert systemisch weiterentwickelter Ansätze der Organisationsentwicklung? Diesbezüglich kann Folgendes festgehalten werden:

- Die systemischen Ansätze bringen theoretische und methodische Neuerungen in die Organisationsentwicklung ein. Auf Theorieebene liefern sie eine wissenschaftlich fundierte Terminologie und differenzierte wissenschaftliche Beiträge. Für die Praxis der Organisationsentwicklung stellen sie zahlreiche Instrumente und Methoden zur Verfügung, welche – ergänzt durch Methoden und Kompetenzen des Projektmanagements – genutzt werden können, um eine zielführende Gestaltung und Steuerung von Veränderungsprojekten zu unterstützen (vgl. z.B. Königswieser/Exner 2008; Nagel/Wimmer 2004; Simon 2009; Tomaschek 2009). Dabei wurde insbesondere auch auf zahlreiche, bewährte Interventionsinstrumente der systemischen Familientherapie zurückgegriffen, „die ... entsprechend reflektiert und angepasst (auch, d. V.) in Organisationskontexten mit anderer Logik einsetzbar sind" (Grossmann/Bauer/Scala 2015, S. 24).
- Systemische Ansätze der Organisationsentwicklung stellen darüber hinaus geeignete Konstrukte zum Verständnis von Organisationen im Kontext ihrer jeweiligen Umwelten zur Verfügung.
- Feedback und Reflexion bleiben – wie auch bereits in den traditionellen Ansätzen der Organisationsentwicklung – weiterhin wesentliche Instrumente, dienen jedoch weniger dem „Selbstzweck" (z.B. der Kulturverbesserung durch Einstellungsänderungen), sondern gelten als „notwendige Voraussetzungen für die Führung komplexer, prinzipiell nur bedingt überschaubarer Systeme, im Zyklus von Hypothesenbildung – Intervention – Beobachtung der Reaktionen – Feedback – neue Hypothese – etc." (Kulmer/Trebesch 2004, S. 84).
- Die Orientierung an systemischen Vorstellungen von Organisationen und organisatorischem Wandel sowie die Erweiterung des methodischen Instrumentariums durch systemisch-konstruktivistische Interventionen (vgl. Königswieser/Exner 2008) beinhaltet einen Modellwechsel, der sich auch in einer zunehmenden Abwendung von primär tech-

nokratischen Vorgehensweisen äußert. Die Grenzen traditioneller Erklärungs- und Steuerungsmodelle sind nicht mehr zu übersehen. „Sie führen Unternehmen zum Teil an den Rand von Katastrophen. Der Wandel zum Denken und Steuern in Systemen findet statt" (Freimuth 2016, S. 85).

5.3.4 Einordnung und Einschätzung der Veränderungsansätze

Die nachfolgende Abbildung 3 beinhaltet eine Portfolio Landkarte, in der die gängigen Change-Ansätze entlang der Achsen „Veränderungsbedarf / Veränderungsdruck" und der für den Wandel erforderlichen „Veränderungs- bzw. Lernbereitschaft" positioniert sind.

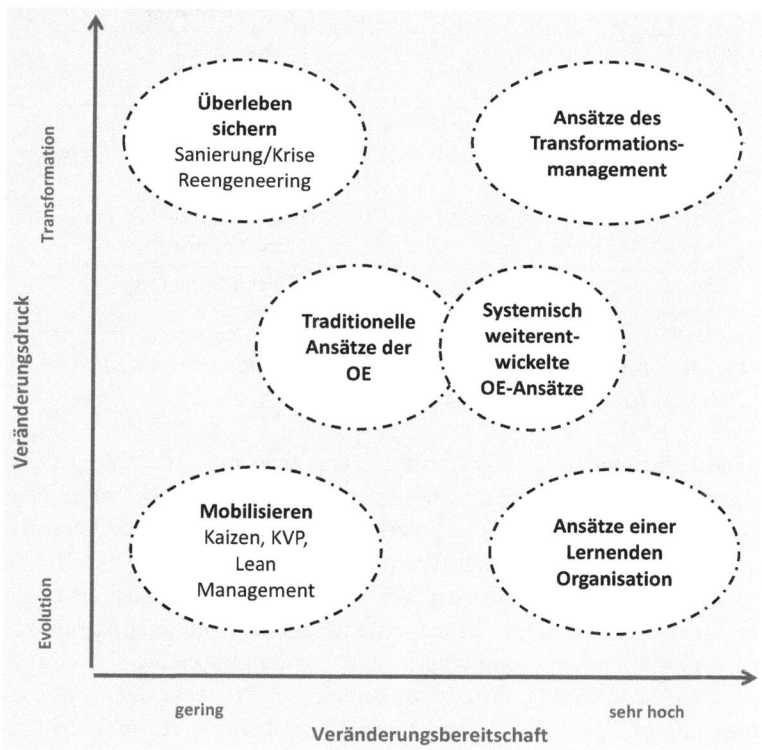

Abb. 3: *Portfolio Landkarte von Change-Ansätzen (erstellt nach Kraus u. a. 2004, S. 21)*

Die Abbildung macht deutlich, dass bei der Bewältigung des organisationalen Wandels eine Orientierung an den hier aufgezeigten Change-Ansätzen und den jeweils zugehörigen Veränderungsstrategien zugleich auch jeweilige Rahmenbedingungen wie Veränderungsdruck und Veränderungsbereitschaft mitberücksichtigen muss.

Dies verdeutlicht auch die Tabelle 4, in der – grob – zwei Typen von Change-Prozessen in Abhängigkeit von einigen in der Ausgangssituation eines Veränderungsvorhabens vorzufindenden Rahmenbedingungen aufgezeigt werden.

	Typ/Modell I Niedriges Entwicklungstempo – hoher Partizipationsgrad (Lernende Organisation)	**Typ/Modell II** Hohes Entwicklungstempo – niedriger Partizipationsgrad (Blitzkrieg, Business Reengineering)
Zeitrestriktion	Schwach	Stark
Budgetrestriktion	Schwach	Stark
Wissen	Differenziert, schwer artikulierbar, im Unternehmen verteilt	Explizit auf wenige MitarbeiterInnen konzentriert/ unipolar
Macht	Im Unternehmen verteilt/ multipolar	Konzentriert auf wenige MitarbeiterInnen
Präferenz der MitarbeiterInnen	Anspruchsvoll	Eher anspruchslos

Tab. 4: Typen von Change Prozessen (vgl. Picot/Freudenberg/Gassner 1999, S. 46–58)

Vorliegende Erfahrungen und Ergebnisse legen zwar nahe, dass längerfristig angelegte Prozesse der Organisationsentwicklung, mit höchstmöglicher Partizipation die am meisten Erfolg versprechende Variante der Veränderung von Organisationen sind (vgl. Werther/Jakobs, S. 46).

Dennoch ist bei einem Rückgriff auf Veränderungsstrategien in Richtung des klassischen Change Managements, gekennzeichnet durch ein schnelles Veränderungstempo und geringe Partizipation (siehe Abb. 4 Typ/Modell II) bzw. in Richtung partizipativ angelegter Prozesse der Organisationsentwicklung (siehe Abb. 4, Typ/Modell I) Folgendes zu berücksichtigen:
– Wie viel Zeit steht für die Bewältigung des organisationalen Wandels zur Verfügung, d.h., wie hoch/schwach ist der Veränderungsdruck?

5.3 Wie kann man Organisationen verändern?

- Welches Budget steht für das Veränderungsvorhaben zur Verfügung? Wie restriktiv soll damit umgegangen werden?
- Konzentrieren sich Wissen, Kompetenzen auf wenige/viele (entsprechend qualifizierte) MitarbeiterInnen? Je höher der wissensbasierte Anteil der Arbeit ist und je bedeutsamer selbstständige, eigenverantwortliche Arbeit und Motivation von MitarbeiterInnen für die Leistungserbringung sind – was in vielen Organisationen der Sozialwirtschaft der Fall ist –, desto wichtiger ist auch deren Einbindung (vgl. auch Grossmann/Bauer/Scala 2015).
- Wie ist die Verteilung von Macht und Einfluss? (hierarchische Strukturen, flache Hierarchien?)
- Sind Ansprüche von MitarbeiterInnen im Unternehmen auch hinsichtlich ihrer Beteiligung an dem Veränderungsvorhaben und dessen Ergebnisse eher hoch/gering?

Kriterien, die bei der Entscheidung für eine jeweilige Veränderungsstrategie herangezogen werden können, legt auch Rosenstiel (2007) vor. Er weist darauf hin, dass partizipative, längerfristige angelegte Veränderungsstrategien Kompetenzen und Veränderungsbereitschaft aufseiten der Betroffenen voraussetzen. Andererseits ist bei schwer zumutbaren Belastungen und Einschränkungen (z.B. betriebsbedingte Kündigungen) eine klare Führungsentscheidung erforderlich, um die Handlungsfähigkeit einer Organisation zu erhalten. In solchen Fällen wäre eine partizipative Beteiligung Betroffener eher kontraproduktiv.

Dementsprechend kann es nicht darum gehen, nach dem „besten" bzw. „richtigen" Ansatz für die Veränderungsgestaltung Ausschau zu halten. Vielmehr geht es um die Konzipierung bzw. Entwicklung einer Veränderungsstrategie, die so optimal wie möglich auf die Ausgangslage einer Organisation und die für sie charakteristischen Kontingenzbedingungen abgestimmt ist (vgl. hierzu Inversini 2008).

Die Entwicklung einer mit Blick auf angestrebte Veränderungsziele erfolgversprechende (nicht garantierende!) Strategie erfordert eine differenzierte Sondierung, in der die Anschlussfähigkeit bzw. das Passungsverhältnis von Ansätzen der Organisationsentwicklung und des Change Managements mit Blick auf die jeweilige Ausgangssituation einer Organisation, ihre Rahmenbedingungen und den daraus resultierenden Anforderungen überprüft, reflektiert und berücksichtigt wird.

Zumindest eine Plausibilitätsüberprüfung auf Verträglichkeit bzw. Kontingenz sollte vorgenommen werden. Potenzielle Widersprüchlichkeiten

5. Wie kann man Organisationen verändern?

und Konfliktfelder können auf diesem Wege sichtbar gemacht, reflektiert und bei der Veränderungsgestaltung und -steuerung berücksichtigt werden.

5.4 Veränderungsprozesse gestalten und steuern: Handlungsebenen, Phasen, Erfolgsfaktoren, Instrumente

Die bisherigen Ausführungen haben die Vielschichtigkeit sowie die verschiedenen Perspektiven von Organisationsentwicklung und Change Management verdeutlicht. Die hier zum Ausdruck gebrachte Komplexität kommt den Anforderungen der Praxis nicht gerade entgegen. Eine wachsende Anzahl von Leitungs- und Führungskräften, auch in der Sozialwirtschaft, die für die Veränderungsgestaltung zuständig sind, erwarten einerseits einen fundierten, umfassenden Überblick bzw. Einblick in theoretische-konzeptuelle Grundlagen und Ansätze von Organisationsentwicklung und Change Management. Andererseits erhoffen sie sich praxisnahe, pragmatische Orientierungshilfen bzw. verständliche Handlungsanleitungen, auf die sie sich bei der Planung und Umsetzung von Veränderungsprozessen stützen können.

Ansätze der Organisationsentwicklung und des Change-Managements können durchaus – wie andere Managementansätze auch – im Rahmen eines sich weiter professionalisierenden Sozialmanagements, auf der Ebene der Theoriebildung, auf der Ebene der (angewandten) empirischen Forschung wie auch in der Praxis eine nützliche Funktion als Orientierungsmodelle erfüllen. Wie oben, unter Ziff. 5.1.3 dargelegt, sind die Anlässe und Herausforderungen, die eine Veränderung erfordern, sehr komplex und die Gestaltung und Steuerung von Change-Projekten daher auch wesentlich anspruchsvoller als die von sog. Routineprojekten.

Konzepte der Organisationsentwicklung und des Change Managements können auf diesem Hintergrund der Komplexitätsreduktion dienen und Orientierungsperspektiven sowie Handlungsansätze für die Konzipierung einer möglichst geeigneten Veränderungsstrategie und ihre Umsetzung liefern (vgl. Rüegg-Stürm 2003; siehe auch Baecker 2018).

In diesem Kapitel wird nun ein pragmatisch angelegter, grober Orientierungsrahmen aufgezeigt, der einen Überblick gibt über zentrale Handlungsebenen, Ablaufphasen und Erfolgsfaktoren von Veränderungsprozessen. Ergänzend dazu wird auf jeweils zur Verfügung stehende, erprobte Instrumente verwiesen.

5.4 Veränderungsprozesse gestalten und steuern

Lernziele sind:
- Sie können das Verständnis von „Phasen eines Veränderungsprozesses" in der systemischen Auffassung von Veränderungen darlegen.
- Sie können mit Blick auf die drei Handlungsebenen der Gestaltung, Umsetzung und Steuerung von Veränderungsprozessen aufzeigen, was diesbezüglich jeweils zu beachten ist. Sie sind darüber hinaus in der Lage, dies anhand eines Praxisbeispiels zu veranschaulichen.
- Sie können benennen, was bei der Wahl und dem Einsatz eines Change Instrumentes im Rahmen eines Veränderungsprozesses zu beachten und zu klären ist. Sie sind in der Lage, dies anhand eines Beispiels zu veranschaulichen.
- Sie kennen die Bedeutung von Partizipation in Veränderungsprozessen und Rahmenbedingungen, die bei Bestimmung von Reichweite und Intensität der Beteiligung zu beachten sind.
- Sie kennen Erfolgsfaktoren eines Veränderungsprozesses und sind in der Lage, jeweils die wichtigsten, damit einhergehenden Aufgaben zu benennen.

Sie kennen Aufgaben von Management und Führung in Change-Prozessen und können einen Bezug zu Erfolgsfaktoren eines Veränderungsprozesses herstellen.

5.4.1 Handlungsebenen und Phasen von Veränderungsprozessen

Die nachfolgende Abbildung 4 gibt einen Überblick über drei, bei der Planung und Umsetzung von Veränderungsprozessen zu berücksichtigende, miteinander vernetzte Handlungsebenen und charakteristische Ablaufphasen eines Veränderungsprozesses.

5. Wie kann man Organisationen verändern?

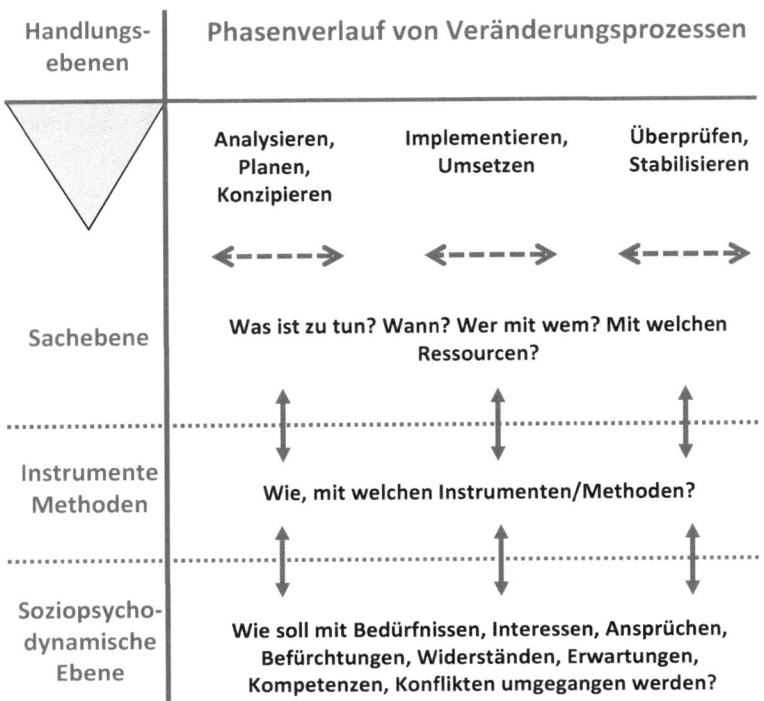

Abb. 4: *Phasenverlauf von Veränderungsprozessen und Handlungsebenen (erstellt durch die Verfasserin)*

Phasen eines Veränderungsprozesses

Die in der Abbildung 4 aufgezeigte Klassifikation der einzelnen Phasen eines Veränderungsprozesses orientiert sich in einer pragmatischen Weise an den aus dem Projektmanagement bekannten, typischen Sequenzen der auf die Vorbereitung eines Projektes folgenden Phase der Analyse / Planung/Konzeption, der Implementation/Umsetzung sowie der Überprüfung und Stabilisierung.

Diese Unterscheidung berücksichtigt, dass Prozesse/Veränderungen durch eine zeitliche Abfolge von Ereignissen charakterisiert sind. Dennoch ist zu bedenken, dass „… in der organisationalen Realität selbstverständlich viele Aufgaben parallel und gleichzeitig ausgeführt werden müssen, weil ein Springen, ein Vorspringen, Überspringen, manchmal auch ein

5.4 Veränderungsprozesse gestalten und steuern

Zurückspringen eher die normale Art der Fortbewegung ist" (Mutius / Minx 2013, S. 61). Diese Sichtweise entspricht auch der systemischen Auffassung von Veränderungsprozessen, in der Phasen keinesfalls als streng lineare Abfolge angesehen werden. Es handelt sich dabei eher um eine Kombination von kreislauf- und spiralförmig verlaufenden Prozessen. Phasen können sich wiederholen bzw. nochmals durchlaufen werden. Damit verbunden sind auch Rückschritte, Modifikationen und Varianten. Hinzu kommt, dass ein Veränderungsprozess auch nie vollständig, komplett und gänzlich abgeschlossen ist. Aus einem neuen veränderten (Soll-) Zustand in der Phase der Stabilisierung kann sich wieder eine Ausgangssituation für weitere Veränderungen ergeben. So gesehen lassen sich Vorstellungen eines Phasenmodells durchaus kombinieren mit dem in systemischen Ansätzen beschriebenen zirkulären Prozessmodell (vgl. oben Ziff. 5.3.3, Abbildung 2). Grossmann/Bauer/Scala (2015) weisen in diesem Zusammenhang auch darauf hin, dass Stabilitätsmanagement und Management der Veränderung gleichermaßen zu organisieren sind, insofern Organisationen, als soziale Systeme, auch „viel Energie (verwenden), um so zu bleiben, wie sie sind" (ebd. S. 41). Die Aufrechterhaltung des sogenannten Status quo erfordert selbst Veränderungsarbeit.

Handlungsebenen

Mit Blick auf die bei der Gestaltung, Umsetzung und Steuerung von Veränderungsprozessen zu berücksichtigenden Handlungsebenen kann folgende Unterscheidung vorgenommen werden:

Die Sachebene

Hier geht es um die Sondierung, Analyse, Klärung anstehender Aufgaben, d.h. um das, was mit Blick auf die Veränderungsthematik und Veränderungsbedarfe und die ebenfalls zu entwickelnden Veränderungsziele („Soll-Zustände") jeweils normativ-strategisch und operativ innerhalb welchen zeitlichen Rahmens zu tun ist. Zu klären ist hierbei auch, wer welche Aufgaben verantwortlich zu übernehmen hat bzw. in die Aufgabenbewältigung eingebunden werden soll und welche Ressourcen (Geldmittel, Sachmittel, Zeit, Erfahrungen, Kompetenzen, Fähigkeiten, Fertigkeiten) zur Verfügung stehen bzw. gestellt werden müssen. Im Mittelpunkt stehen hier die Bearbeitung der (Kern-)Themen / Inhalte einer Veränderung. Im Kontext klassischer Change Management Konzepte waren dies vor allem ökonomische, marktstrategische Themen, wie z.B. Kundenorientierung, Kostenreduktion, Qualitätssteigerung/-sicherung, umfassendere Neuorganisation, Wissensmanagement, neuerdings auch Digitalisierung – aber auch Themen wie Verbesserung von „Führung" und „Zusammenarbeit". Typische Themenbeispiele für den sozialen Bereich waren und sind auch nach wie vor „Neuorganisation" und „Dezentralisierung" sozialer Dienste, Kunden-/Adressatenorientierung, Leitbildentwicklung, Qualitätsmanagement usw.

Die sozio-psycho-dynamische Ebene

Hier geht es um Bedürfnisse, Interessen, Ansprüche, Befürchtungen, Widerstände, Erwartungen, Kompetenzen und Konflikte, die im Kontext von Veränderungsprozessen aufbrechen, aktualisiert werden oder auch erst entstehen, einen zielorientierten Verlauf von Veränderungen behindern bzw. unterlaufen und/oder auch genutzt werden können, um Veränderungen zu bewältigen. Im Fokus stehen hier die von Veränderungen betroffenen, einzubindenden, verantwortlichen Menschen, deren Gefühle, Interaktionen und Beziehungsmuster. Gefühle haben auch unabhängig von Veränderungsprozessen und -projekten in Organisationen einen kaum zu überschätzenden Einfluss auf Motivation, Produktivität sowie Loyalität von MitarbeiterInnen und ihrer Bindung an das Unternehmen (vgl. Grossmann/Bauer/Scala 2015).

Wie bereits ausgeführt konnte die Rolle und Bedeutung des menschlichen Faktors, psychischer Prozesse und Strukturen sowie sozialer Interaktionen, im Veränderungsprozess in einer Reihe von Untersuchungen zu Erfolgsfaktoren bekräftigt werden (vgl. u.a. Gerkhardt/Frey 2006; siehe auch Heyl; 2017; Bramlage/Julmi 2018). Hierauf konzentrierten sich auch die traditionellen Ansätze der Organisationsentwicklung. Ihr humanistisch geprägtes Bild vom Menschen als einem sozialen Wesen und differenzierten Individuum, ausgestattet mit einem vielschichtigen Bündel an emotionalen, intellektuellen und praktischen Fähigkeiten, dem Bedürfnis nach Selbstverwirklichung und einer sinnerfüllten Tätigkeit rückten – wie vorab aufgezeigt – den einzelnen Mitarbeiter / die einzelne Mitarbeiterin sowie ihre sozialen Interaktionen und Beziehungen in den Mittelpunkt.

5.4 Veränderungsprozesse gestalten und steuern

Die Ebene der Instrumente/Methoden

Unter einem Instrument (einem „Werkzeug") kann eine Verfahrensweise verstanden werden, die in einer umfassenderen Weise beschreibt, was, warum, womit erreicht werden soll, um eine komplexe Situation zielorientiert zu beeinflussen. In Abgrenzung dazu beschreibt der Begriff „Methode" die Art und Weise des „richtigen" Vorgehens. So gesehen wird der Begriff „Instrument" in einem übergeordneten Sinne verstanden. Eine spezielle Methode kann bei unterschiedlichen Instrumenten eingesetzt werden (vgl. hierzu PET Akademie für Rehabilitationsberufe 2011).

Für die erforderliche Analyse und Diagnose der Ausgangssituation, die Planung und Konzipierung des Veränderungsvorhabens, die Implementierung und Umsetzung von Veränderungen wie auch für die Überprüfung (Evaluation) eingeleiteter und umgesetzter Veränderungsschritte sowie deren Stabilisierung stehen eine Fülle von Instrumenten und Methoden zur Verfügung. Dazu gehören sowohl betriebswirtschaftliche Tools, einschließlich der bei komplexen Veränderungsvorhaben unverzichtbaren Instrumente des Projektmanagements und schließlich auch neben Instrumenten und Methoden der klassischen Organisationsentwicklung (Trainingsmethoden, Aktionsforschung) eine Vielfalt von Instrumenten (Interventionen), die mit der Ausdifferenzierung systemischer Ansätze entwickeltet und erprobt wurden (im Überblick Königswieser/Exner 2008; Kraus/Becker-Kolle/Fischer 2004; Nagel/Wimmer 2004, siehe auch die unter den Rubriken „Werkzeugkiste", „Erfahrungen" und „Reflexion" publizierten Beiträge in der Zeitschrift für OrganisationsEntwicklung).

Viele Instrumente können in unterschiedlichen Phasen des Veränderungsprozesses zum Einsatz kommen. Sie können und sollten auch flexibel auf den jeweiligen organisatorischen Kontext, d.h. das jeweilige Einsatz- und Anwendungsfeld hin variiert und angepasst werden. Dabei ist im Voraus zu klären,
- ob die zur Verfügung stehenden Instrumente und Methoden mit den angestrebten Veränderungszielen verträglich / kompatibel sind,
- wie hoch der mit dem Einsatz eines Instrumentes zu erwartende Ressourcenverbrauch ist (insbesondere auch mit Blick auf Zeit, Sach- und finanzielle Mittel),
- mit welcher Akzeptanz/Ablehnung zu rechnen ist,
- ob eventuell positive/negative Vorerfahrungen mit dem Einsatz des Instrumentes/der Methode vorliegen,

- ob bzw. welche unerwünschten Nebeneffekte zu erwarten sind und – last but not least –
- ob von einem kompetenten, wie auch authentischen Umgang (sei es vonseiten des verantwortlichen Managements, der Führungskräfte, der Projektbeauftragten, der eingebundenen Organisationsentwickler/-berater bzw. auch externer FachexpertInnen) ausgegangen werden kann.

5.4.2 Phasen des Veränderungsprozesses und Erfolgsfaktoren im Überblick

Auf die Frage, wo und wie bei der Gestaltung und Steuerung organisationaler Veränderungen angesetzt werden sollte und was die jeweils relevanten „Stellschrauben" sind, geben die vorstellten Ansätze der Organisationsentwicklung und des Chance Managements unterschiedliche Antworten. Diese lassen sich mit Blick auf die konkrete Anwendung, d.h. die praktische Gestaltung und Umsetzung von Veränderungsvorhaben in Organisationen nicht so ohne Weiteres zu einem konsistenten, widerspruchsfreien, Orientierung gebenden Handlungskonzept zusammenfügen. Vielmehr zeigt jeder Ansatz Handlungsmöglichkeiten auf, die für die Konzipierung einer für die jeweilige Organisation möglichst „passenden" Veränderungsstrategie in Anspruch genommen werden können. Ob und inwieweit dieses Potenzial genutzt wird, obliegt den jeweiligen Entscheidungs- und Verantwortungsträgern in der Praxis und hängt auch von den Erfahrungen, Kompetenzen und Präferenzen der sie unterstützenden Unternehmens- und OrganisationsbeaterInnen ab.

Ergebnisse von Veränderungen lassen sich aufgrund der Komplexität eines Veränderungsprozesses sowie der jeweiligen Ausgangsbedingungen und Besonderheiten einer Organisation keinesfalls eindeutig auf bestimmte Einflussgrößen zurückführen. Dies mit beachtend kann dennoch festgehalten werden, dass es mit Blick auf die in neueren, weiterentwickelten Ansätzen der Organisationsentwicklung und des Change Managements, wie auch unter Berücksichtigung der in einschlägigen Studien und Praxiserfahrungen als erfolgskritisch identifizierten Faktoren durchaus beachtliche Überschneidungen gibt.

Gerkhardt/Frey (2006) tragen unter Rückgriff
- auf einschlägig wissenschaftliche Theorieansätze zu Organisationsentwicklung und Change Management,

5.4 Veränderungsprozesse gestalten und steuern

- auf wissenschaftlich-repräsentative wie auch auf unternehmensintern durchgeführte Studien,
- auf Erfahrungen von Praxisexperten sowie
- sich auf eigene Studien stützend

zwölf Erfolgsfaktoren in Veränderungsprozessen zusammen und ordnen diese dem Phasenverlauf von Veränderungsprozessen zu (vgl. Gerkhardt/ Frey 2006, S. 52).

Abbildung 5 gibt einen Überblick über diese zwölf Erfolgsfaktoren und ihre Zuordnung zu den Phasen eines Veränderungsprozesses.

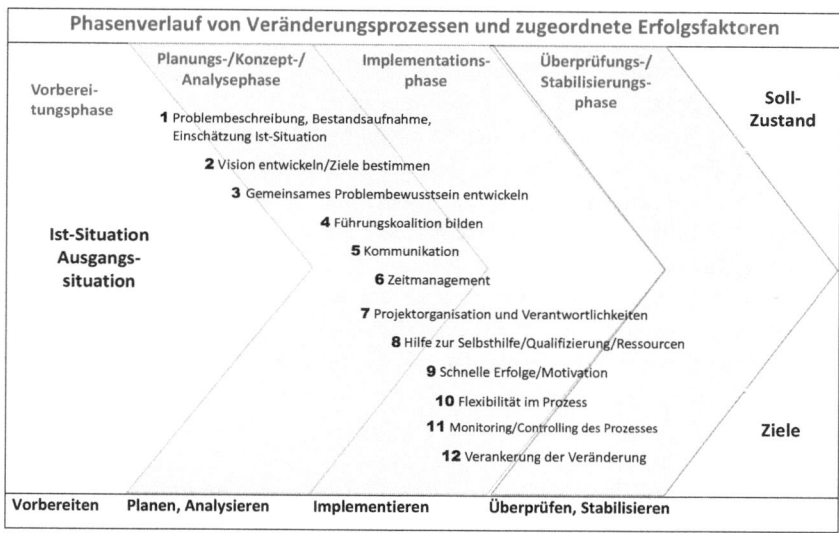

Abb. 5: *Zwölf Erfolgsfaktoren und ihre Zuordnung zu den Phasen eines Veränderungsprozesses (Gerkhardt/Frey 2006, S. 52)*

Die ersten drei Faktoren sind vor allem in der Phase Planung/Konzept/ Analyse und die unter den Ziffern 4 bis 7 genannten Faktoren ab Ende der ersten Phase bis Ende der Implementierungsphase relevant. Die Faktoren 8 bis 11 spielen vor allem nach Umsetzung erster Veränderungsschritte während des weiteren Implementierungsprozesses bis zur Stabilisierung umgesetzter Veränderungen eine Rolle.

Bei dieser Zuordnung der Erfolgsfaktoren zu einzelnen Phasen des Veränderungsprozesses ist zu beachten, dass hiermit vor allem der Bedeutungsschwerpunkt des jeweiligen Erfolgsfaktors zum Ausdruck gebracht wird.

5. Wie kann man Organisationen verändern?

Hinzu kommen zwei weitere, für den gesamten Veränderungsprozess zentrale Grundlagen. Diese beziehen sich auf
- die Einbindung (Partizipation) von MitarbeiterInnen und weiterer Anspruchsgruppe und auf
- Rolle von Management und Führung.

5.4.3 Grundlagen und Erfolgsfaktoren von Veränderungsprozessen

In diesem Abschnitt gehen wir zunächst auf die für den gesamten Veränderungsprozess maßgebliche Bedeutung der Partizipation ein.

Bezugnehmend auf das übergreifende Modell von Gerkhardt/Frey werden anschließend die in diesem Rahmen identifizierten zwölf Erfolgsfaktoren und die hiermit verbundenen Change-Aufgaben beschrieben (vgl. Gerkhardt/Frey 2006, S. 51–54). Dabei werden auch einige weitere einschlägige Erkenntnisse, Orientierungsperspektiven und Handlungsansätze mitberücksichtigt sowie bewährte Instrumente benannt, die jeweils zum Einsatz kommen können.

Am Ende dieses Abschnitts richten wir den Blick auf die für den gesamten Veränderungsprozess zentrale und kaum zu überschätzende Bedeutung der Rolle von Management und Führung und fassen entsprechende Anforderungen zusammen.

5.4.3.1 Zur Bedeutung der Partizipation für den gesamten Veränderungsprozess

Das Leitprinzip traditioneller Ansätze der Organisationsentwicklung, „Betroffene zu Beteiligten machen", wird als wichtige Grundlage für den gesamten Veränderungsprozess angesehen (vgl. Gerkhardt/Frey 2006).

Die Ausgestaltung von Art und Ausmaß der Einbindung bzw. Partizipation von MitarbeiterInnen sowie weiterer Stakeholdergruppen obliegt der für die Veränderungsgestaltung verantwortlichen Leitung/Führung (bzw. dem Kernteam). Zu klären sind neben der Frage, welche Anspruchsgruppen und (Schlüssel-) Personen in welchem Umfang eingebunden werden sollten, auch die jeweilige Intensität der Beteiligung, die sich entlang folgender Steigerungsstufen bewegen kann:
- Informieren,
- Informieren mit der Möglichkeit dazu ein Feedback zu geben,

- Ideen und Lösungen einbringen,
- Entscheidungen vorbereiten,
- Mit-entscheiden,
- Entscheiden.

Für unterschiedliche Anspruchsgruppen sind auch unterschiedliche Beteiligungsformen zu konzipieren. Bei der Bestimmung von Reichweite und Intensität der Partizipation sind neben dem Veränderungsgegentand/der Veränderungsthematik die unter Ziff. 5.3.4 aufgezeigten Kontingenzbedingungen hinsichtlich der Ausgangssituation ebenfalls zu berücksichtigen. Die Chance, qualitativ bessere und akzeptierte Ergebnisse eines Veränderungsprozesses zu erzielen, erhöht sich erfahrungsgemäß je mehr relevante Umwelten einer Organisation über geeignete Personen und Rollenträger in unterschiedlicher Form und Intensität eingebunden werden. Grossmann/ Bauer/Scala (2015) plädieren aus Sicht der von ihnen vertretenen systemischen Organisationsentwicklung für eine „führungsgetriebene Veränderung mit selektiver Partizipation als Leitlinie" (ebd., S. 43).

Zu den bekannten und vielfach erprobten Instrumenten der Partizipation gehören u.a.
- moderierte, themenspezifische Workshops. Diese können in jeder Phase des Veränderungsprozesses zum Einsatz kommen (vgl. Doppler/ Lauterburg 2008; Lipp/Will 2008),
- Open Space (vgl. z. B. Owen 2011; Seliger 2015),
- die Mitarbeiterbefragung (vgl. Bungard/Müller/Niethammer 2007).

5.4.3.2 Erfolgsfaktoren, Aufgaben und Instrumente

Nachfolgend werden nun die in Abbildung 12 bereits im Überblick vorgestellten Erfolgsfaktoren näher beschrieben.

(1) Problembeschreibung, Bestandsaufnahme und Einschätzung der Ist-Situation

Hier geht es zunächst um eine möglichst differenzierte Problembeschreibung mit Blick auf die Ausgangslage, d.h. die in Erscheinung getretenen Schwachstellen, Mängel, Veränderungs- bzw. Handlungsbedarfe und die methodisch abgesicherte Bestandsaufnahme, Analyse und Einschätzung der Ist-/Ausgangssituation einer Organisation unter Berücksichtigung ihres relevanten Umfelds. Der Beitrag von Paul Brandl im vorliegenden Band befasst sich insbesondere mit der Problembeschreibung und Analyse zu Beginn eines OE-Projektes.

Neben strukturellen Gegebenheiten (wie z.b. Aufbauorganisation, Entscheidungs-, Information- und Kommunikationsstrukturen, Qualifikationsstrukturen, Formen der Zusammenarbeit und Führung, Prozesse der Leistungserbringung, betriebswirtschaftlich-ökonomische Situation usw.) sind auch kulturell-mentale Einflussgrößen (z.b. zentrale Werte, Leitlinien, Glaubenssätze, Einstellungen, Umgang mit Fehlern und Konflikten, Ausmaß an Vertrauen usw.) sowie mögliche Risiken, Auswirkungen, Befürchtungen und Erwartungen unterschiedlicher Anspruchsgruppen hinsichtlich anstehender Veränderungen, zu berücksichtigen.

Die Bestandsaufnahme und Einschätzung der Ist-Situation sollte dabei von Anfang an den Fokus auch auf Stärken und Ressourcen richten, d.h. festhalten, was bislang schon gut verläuft, beibehalten bzw. gar ausgebaut und weiterentwickelt werden kann.

Für die Bestandsaufnahme und Einschätzung der Ausgangssituation bieten sich eine Reihe von Instrumenten an. Tabelle 5 gibt hierzu einen Überblick. Jeweilige Vor- und Nachteile eines Instrumentes sind hier aufgeführt (vgl. Beck/Birkle 2009, S. 11; Beck/Schwarz 2011b).

Instrumente/ Methoden	Beschreibung	Vorteile	Nachteile
Analyse und Auswertung von Daten/ Statistiken, die im Unternehmen vorliegen	„Hard facts", die in der Einrichtung erhoben und dokumentiert werden (z.B. in Datenbanken, Intranet, Berichte, Akten, Protokollen)	In den meisten Organisationen liegen bereits umfassende Daten vor, die systematisch und gezielt analysiert werden.	Daten sind z.T. „Momentaufnahmen" in längeren Entwicklungsprozessen. Wichtige Erfahrungen und Sichtweisen Beteiligter werden hier (meist) nicht berücksichtigt.
Schriftliche Befragung, z.B. Mitarbeiter-/Kundenbefragung	Mitarbeiter-/ bzw. Kundenbefragung auf der Basis eines standardisierten Fragebogens (geschlossene, skalierte und/ oder offene Fragen) Zeitbedarf: 10–40 Min.	Befragung vieler Personen ist möglich. Verteilungen/ Prioritäten werden deutlich.	Zahlen/Werte sind z.T. schwer interpretierbar. Hintergründe für Antworten bleiben z.T. verborgen.

5.4 Veränderungsprozesse gestalten und steuern

Instrumente/ Methoden	Beschreibung	Vorteile	Nachteile
Einzelinterview	Persönliches Gespräch auf der Basis von Leitfragen (mit Experten, Betroffenen usw. in oder außerhalb der Einrichtung), offener Dialog, Zeitbedarf: 1–2 Stunden	Problemsichten, Lösungsideen, Veränderungsbereitschaft, Engagement, Zusammenhänge werden deutlich, Wertschätzung signalisiert	Hoher Zeitaufwand für Gespräche und Auswertung.
Teilnehmende Beobachtung / Fremdbeobachtung	Kann zum Einsatz kommen für konkrete Arbeitsprozesse wie z.B. Leistungserbringung gegenüber KlientInnen, KundInnen, in Teamsitzungen, Konferenzen	Direkte Information über einzelne Verhaltensweisen und Beziehungen. Die Atmosphäre ist gut zu „erspüren".	Die Anwesenheit der BeobachterInnen kann mit Blick auf die Ergebnisse verzerrend wirken.
Selbstbeobachtung/ Selbstevaluation	Beobachtung/Dokumentation des eigenen Verhaltens/eigener Arbeitsprozesse usw. auf der Basis eines vorgegebenen Kriterienkatalogs	Konkretere Informationen über die zu beobachtenden Bereiche.	Evtl. verzerrte Wahrnehmungen bei der Selbstbeobachtung.
Workshop	Max. 20–25 Personen, Einsatz von Moderationsverfahren	Problemsichten, Prioritäten, Lösungsideen, Zusammenhänge einer größeren Gruppe/ Organisationseinheit werden transparent. Committment kann durch Einbindung entwickelt und gefördert werden	Der Zeitaufwand für die TeilnehmerInnen und der organisatorischer Aufwand ist z.T. hoch.

Instrumente/ Methoden	Beschreibung	Vorteile	Nachteile
Hearing	Kurz-Befragung von Personen, die für begrenzte Zeit zur Verfügung stehen. Die Zusammensetzung der zu Befragenden wechselt während der Befragung. Zeitbedarf ca. ½ Tag	Schneller Einblick in bedeutende Schlüsselthemen, Trendaussagen in kurzer Zeit gut zu organisieren.	Analyse bleibt z.T. an der Oberfläche, nur begrenzte Offenheit.

Tab. 5: Ausgewählte Instrumente der Bestandsaufnahme und Einschätzung der Ausgangssituation

Quelle: vgl. Beck/Birkle 2009, S. 11; Beck/Schwarz 2011b

Weitere, umfassende, vielfach eingesetzte Instrumente, deren Fokus auf die Analyse einer Organisation im Kontext ihrer jeweiligen relevanten externen und binnenorganisatorischen Umwelten gerichtet ist und die im Rahmen einer Bestandsaufnahme der Ist- bzw. Ausgangssituation zum Einsatz kommen können, sind auch die Stärke-Schwäche-Analyse, die Stakeholder-Analyse und die System-Umwelt-Analyse (vgl. Nagel/ Wimmer 2004).

Ein anderes, ausgesprochen ressourcen- und lösungsorientiertes Instrument, das im Rahmen einer Bestandsaufnahme eingesetzt werden kann, ist die „wertschätzende Erkundung" (Appreciative Inquiry). Bei diesem Verfahren geht es um die Erhebung und Sichtbarmachung von Schlüsselkompetenzen sowie Best-Practice-Erfahrungen einzelner Organisationsmitglieder, von Teams und/oder der gesamten Organisation, mit dem Ziel, vorhandene Potenziale wiederzuentdecken, zu aktivieren und für Veränderungsvorhaben zu nutzen (vgl. Beck/Schwarz 20011b).

Abschließend kann noch ein weiteres Instrument, das Design Thinking, genannt werden, das in den letzten Jahren auch für Change-Aufgaben adaptiert wurde. Es handelt sich hierbei um einen kooperativ-kreativen Zugang, der sich auf eine Reihe (auch visueller) Analyse-, Entwurfs- und Evaluationsmethoden stützt und dazu befähigen soll, gemeinsam innovativer zu werden und Veränderungen voranzutreiben. Design Thinking ermöglicht die Einbindung von MitarbeiterInnen in Change-Vorhaben. Außerdem können z.B. auch Veränderungen auf der Ebene der Mitarbeiter-

und Kundenbedürfnisse und -interessen berücksichtigt sowie Profile künftiger NutzerInnen und von Veränderungen Betroffener erstellt werden. Design Thinking kann auch bei der Entwicklung von Serviceinnovationen sowie der noch komplexeren Geschäftsmodellinnovationen zum Einsatz kommen (vgl. Eppler/Hoffmann 2012; Grots/Creuznacher 2012 sowie Stickdorn/Schneider 2012).

(2) Vision entwickeln und Ziele bestimmen

Eine Vision gibt als eine Vorstellung eines Soll-Zustandes bzw. als ein „Ziel-Bild" die Richtung eines Veränderungsprozesses vor. Von ihr sollte ein motivierender, aktivierender Appell an die Führungskräfte, an MitarbeiterInnen, KundInnen, AdressatInnen, Stakeholder usw. ausgehen (vgl. Lauer 2014; Kotter 2013; Senge 2017).

Die Ziele der Veränderung sollten
- so bestimmt und beschrieben werden, dass sie mit Blick auf Ressourcen (Zeit, Geld, Kompetenzen) grundsätzlich erreichbar, d.h. „realistisch" sind,
- so konkret wie möglich formuliert und präzisiert werden,
- überprüfbar sein. Dies ist oftmals nicht im Sinne einer genauen Messung möglich. Allerdings sollten Indikatoren gefunden/entwickelt/vereinbart werden, die es ermöglichen zu überprüfen, ob ein Ziel erreicht ist oder nicht bzw. in welchem Ausmaß es erreicht ist (vgl. Beck/Schwarz 2011b).

Instrumente, die bei der Entwicklung einer Vision zum Einsatz kommen können, sind u.a.
- Zukunftswerkstatt (vgl. Dauscher/Maleh 2005),
- Visionsarbeit (vgl. Lohkamp 2015),
- Visions-Review (vgl. Lauer 2014),
- Szenario-Methode (vgl. Nagel/Wimmer 2004).

(3) Ein gemeinsames Problembewusstsein schaffen

Der sich auf dem Hintergrund der Problembeschreibung, der Bestandsaufnahme, Analyse und Einschätzung der Ausgangssituation einerseits und der Entwicklung und Reflexion eines Zukunftsbildes sowie entsprechender Zielperspektiven ergebende Handlungsdruck ist zu nutzen, um ein ge-

5. Wie kann man Organisationen verändern?

meinsames Problembewusstsein für die Notwendigkeit einer Veränderung zu schaffen. Der „Sinn" einer Veränderung ist wahrnehmbar zu machen bzw. zu verdeutlichen, damit Veränderungsbereitschaft entstehen und gestärkt werden kann. Die Bedeutung dieser Aufgabe wurde insbesondere auch von Kotter (1996; 2013) hervorgehoben.

(4) Führungsteam bilden und für breite Koalition von Befürwortern sorgen

Führungskräfte nehmen eine bedeutende Rolle in Veränderungsprozessen ein. Ihre Position verleiht ihnen grundsätzlich auch die Macht, Veränderungen anzugehen und umzusetzen. Sie legen Rahmenbedingungen für den Veränderungsprozess fest, verfügen über Art, Selektivität und Intensität der Partizipation, sind Auftraggeber, Entscheider und wichtige Promotoren (Treiber) der Veränderung (vgl. Kotter 2013; siehe auch Grossmann/Bauer, Scala 2015 sowie Capgemini Consulting 2015).

Unverzichtbar und Grundlage für jeden Veränderungsprozess ist die Bildung und Festigung einer starken, geschlossenen Führungskoalition (Kernteam). Das Führungsteam muss genügend Veränderungsenergie für den Prozess erzeugen, damit es überhaupt eine Chance hat, Gegenpositionen argumentativ zu überzeugen oder auch Zweifel und Bedenken hinsichtlich eines Veränderungsvorhabens abzubauen (vgl. Kotter 2013).

Der kanadische Management-Vordenker Henry Mintzberg setzt auf das Potenzial, den Austausch und die innovative Kraft von Menschen (ManagerInnen, Führungskräfte, MitarbeiterInnen) in und im Umfeld einer Organisation und weist darauf hin, dass Berater meist überschätzt werden. Durchaus bedenkenswert ist seine Aussage: „Ich halte es für einen Fehler, Leute von außen reinzubringen und ihnen viel stärker zu vertrauen als den eigenen Mitarbeitern. Das ist ein sicherer Weg, um die gesamte Kultur in einem Unternehmen zu ruinieren" (Mintzberg 2018).

Schließlich ist es wichtig, auch über das Kernteam hinaus für eine breite Koalition von Befürwortern der Veränderung zu sorgen, die eine treibende und tragende Kraft im Prozess der Veränderung einnimmt (vgl. Kotter 1996, 2013). Dies kann und sollte bei komplexeren Veränderungsprozessen auch in einer organisierten und strukturierten Form von Projektgruppen (Lenkungs- bzw. Steuergruppe und Arbeitsgruppen) geschehen (vgl. Beck/Schwarz 2011b) Zu beachten sind dabei auch die „Reziprozitätsnorm" (Leistung und Gegenleistung) und „Gerechtigkeitsnorm" (hinreichend gerechte Verteilung von Lasten und Vorteilen) (vgl. Picot/Freudenberg/Gassner 1999).

(5) Kommunikation

Eine klare, stetige, glaubwürdige, offene, zeitnahe und breit angelegte, d.h. an alle relevanten Zielgruppen gerichtete und vielfältige Kanäle nutzende Kommunikation hat sich als weiterer, hochbedeutsamer Faktor erwiesen (vgl. u.a. Kotter 2013; Capgemeni Consulting 2008).
Hinsichtlich der Zielebenen der Kommunikation kann zwischen folgenden Ebenen, Aufgaben und Zuständigkeiten unterschieden werden:
- Die normative Steuerung des Prozesses ist eine Aufgabe der Führung bzw. des Führungsteams (Kernteams). Eine zentrale Rolle spielen in diesem Zusammenhang die Glaubwürdigkeit und das Vertrauen in die Führung (vgl. Capgemini Consulting 2015; Frohwein/Paust/Reisewitz 2017; siehe auch Becke/Behrens/Bless 2012; Winkler 2012). Der Führung, dem Kernteam obliegt es von Anfang an und auch im Prozessablauf immer wieder deutlich zu machen, worum es geht und was die Gründe für die Veränderungen sind. Führung hat die Aufgabe, in Gesprächen für eine Akzeptanz der übergreifenden Ziele zu sorgen, diese klar, glaubwürdig und authentisch zu kommunizieren und zu vertreten.
- Des Weiteren geht es um die Kommunikation strategischer Ziele, bei der die Frage „Wozu machen wir das?" im Mittelpunkt steht. Hier soll der Beitrag des Veränderungsprozesses für den Geschäftserfolg des Unternehmens/der Einrichtung kommuniziert werden. Hierbei geht es darum, das Veränderungsvorhaben zu positionieren, ein effizientes Projektmanagement aufzusetzen, das Konfliktpotenzial zu verringern und alle Kräfte und Dynamiken auf einen möglichst erfolgreichen Verlauf des Veränderungsprozesses hin auszurichten (vgl. Kostka/Mönch 2002; Deutinger 2013).
- Des Weiteren geht es um die Kommunikation operativer Ziele. Im Zentrum steht hier die Frage: „Wie machen wir das?" Mit der Beantwortung dieser Frage soll Akzeptanz des Veränderungsprozesses bei den MitarbeiterInnen erreicht werden. Hier sollen relevante Informationen weitergegeben werden, um ein positives Klima und Bild hinsichtlich des Veränderungsvorhaben zu schaffen, Gerüchte kleinzuhalten, Widerstände und Ängste zu vermeiden bzw. abzubauen und Mitarbeite-

rInnen als Beteiligte zu gewinnen (vgl. Kostka/Mönch 2002 sowie Deutinger 2013).
Kostka/Mönch (2002) beschreiben in diesem Zusammenhang einige Stolpersteine der Kommunikation, die einen kompetenten Umgang erfordern:
– Kommunikationslücken: Diese entstehen bei unvollständiger und/oder einseitiger Kommunikation. Sie lassen Raum für Eigeninterpretationen der MitarbeiterInnen.
– Langsamkeit: Kommunikation soll den Ereignissen nicht hinterherlaufen. Dies begünstigt die Entwicklung von Gerüchten und Gerüchte binden Energien. Wichtig ist die unmittelbare und schnelle Kommunikation.
– „Überfütterung" bezieht sich darauf, dass „Jede" und „Jeder" alles sofort erfährt. Dies kann bewirken, dass MitarbeiterInnen oder auch andere Anspruchsgruppen, aufgrund der Informationsflut abschalten. Kommunikation muss zielgruppengerecht, zeitgerecht und auch mit Blick auf die aufzunehmende und zu verarbeitende " Informationsmenge" erfolgen.
– Ängste können dazu beitragen, dass eine Information nur selektiv wahrgenommen wird. Bei der Gestaltung der Kommunikation geht es nicht nur um die angemessene Weitergabe der Sachinformationen, sondern auch um die psycho-soziale Dimension. Es ist darauf zu achten, dass auf Ängste und Bedenken eingegangen wird und diese auch möglichst abgeschwächt werden.

Für die Gestaltung der Kommunikation in den einzelnen Phasen des Veränderungsprozesses stehen eine Reihe bewährter Instrumente und Methoden zur Verfügung (vgl. Deutinger 2013). Dazu gehören selbstverständlich institutionalisierte und informelle Mitarbeitergespräche (vgl. z. B. Nagel/Oswald/Wimmer 2008), Rundschreiben, Infobriefe, Mitarbeiterzeitung, Online-Medien wie z.B. Newsletter, Intranet oder auch Web 2.0 Medien, wie Wikis, Blogs, Social Networking, Podcasts, Webcasts (vgl. Deutinger 2013). Genutzt werden können auch alle vorhandenen Settings für Routinebesprechungen, Betriebsversammlungen, Klausurtagungen u.a.

Zwei für den Einsatz in Großveranstaltungen geeignete und verbreitete Instrumente, sind das „World Cafe" (Isaacs/Brown 2007; Lauer 2014) und der „Projektinformationsmarkt" (vgl. Lauer 2014).

Selbstverständlich können auch sämtliche für die Einbindung von MitarbeiterInnen und Anspruchsgruppen geeignete Instrumente (moderierte Workshops, Open Space, Mitarbeiterbefragung u.a.) genutzt werden.

(6) Zeitmanagement

Veränderungen benötigen genügend Zeit und ein umsichtig vorgenommenes Zeitmanagement. Zu beachten sind hierbei u.a. Ausgangssituation sowie Art und Ausmaß der beabsichtigten Einbindung von Anspruchsgruppen. Je mehr und intensiver MitarbeiterInnen und weitere Anspruchsgruppen einer Organisation in den Veränderungsprozess eingebunden werden sollen, desto mehr Zeit muss für die Veränderung eingeplant werden und auch zur Verfügung stehen.

Mithilfe von Verzögerungen und Beschleunigungen kann ein Veränderungsprozess auch absichtsvoll gesteuert werden. Eine sorgfältige, angemessene zeitliche Planung ohne größere Verschnaufpausen (Verlust an Tempo und Spannkraft) ermöglicht es außerdem, den Überblick und die Kontrolle über den Verlauf zu behalten um gegebenenfalls dann auch zum richtigen Zeitpunkt intervenieren und auch steuernd eingreifen zu können (vgl. Gerkhardt/Frey 2006).

(7) Projektorganisation und Verantwortlichkeiten

In der Planung-/Analyse-/Konzeptionsphase eines Veränderungsvorhabens ist u.a. zu klären, wie ein zielorientierter Veränderungsprozess organisiert werden kann. Bei Veränderungsvorhaben geringerer Reichweite – im Sinne eines Wandels erster Ordnung – kann dies möglicherweise auch im Rahmen des Regelbetriebs und der vorhandenen Kommunikationsstrukturen (wie z.B. Teamsitzungen, Mitarbeitergespräche, Abteilungs-/Leitungsbesprechungen, Führungsgremien, Betriebsversammlung, Klausurtagung, Qualitätszirkel u.a.) geschehen, eventuell auch ergänzt durch Arbeitsgruppen.

Komplexe, einschneidende Veränderungsvorhaben – im Sinne eines Wandels zweiter Ordnung – erfordern darüber hinaus eine besondere, eigenständige, jedoch mit den etablierten Kommunikationsstrukturen vernetzte Organisation in Form eines Projektes (vgl. hierzu auch Lauer 2014). Ein Projekt, als Instrument eines intendierten organisatorischen Wandels, ist eine neue, zeitlich begrenzte Organisationsform innerhalb bzw. auch zwischen mehreren sozialen Systemen. Ein Change-Projekt, als eine Art von „Innovationssystem" (Grossmann/Bauer/Scala 2015, S. 46), benötigt einerseits Autonomie und muss andererseits zugleich in enger Beziehung zur Stammorganisation stehen. Diese Beziehung ist nichts Statisches, sondern ist mit Blick auf die Veränderungen im Prozess fortlaufend zu bearbeiten und anzupassen (vgl. Grossmann/Bauer/Scala 2015; vgl. auch Kotter/Langen 2014).

Hinsichtlich der organisatorischen Gestaltung von Veränderungsprozessen werden im Kontext der systemisch weiterentwickelten Organisationsentwicklung zwei Interventionen „Architektur" und „Design" unterschieden.

Die Architektur bezieht sich auf die (Grob-) Strukturierung eines Projektes, d.h. auf Projektaufbauorganisation und Prozessgestaltung, d.h. die Abfolge der „Kommunikationsereignisse", in deren Kontext die für einen zielorientierten Verlauf des Veränderungsprozesses erforderlichen Austauschprozesse vorzunehmen sind. Die Architektur soll einerseits eine mittelfristige Stabilität über den Verlauf des Veränderungsprozesses hinweg absichern und ist andererseits offenzuhalten für Anpassungen an unerwartet auftretende Ereignisse, Veränderungen in den Rahmenbedingungen bzw. auch neue Themen (vgl. Grossmann/Bauer/Scala 2015, S. 51 f. sowie Königswieser/Exner 2008).

Mit „Design" ist die konkrete Ausgestaltung der geplanten Prozessschritte und damit auch die Vorbereitung und Planung des Einsatzes geeigneter Instrumente/Methoden gemeint.

Umfangreiche Veränderungsvorhaben erfordern die Einrichtung einer Projektaufbauorganisation, mit einer Lenkungsgruppe (sog. Steering Board) und in der Regel mehreren Projektgruppen. Die Lenkungsgruppe übernimmt als übergeordnetes Entscheidungs- und Steuerungsgremium die Aufgabe, einzelne Projekte (strategisch) auszuwählen, zu genehmigen, zu initiieren, zu koordinieren, zu überwachen und bildet die Schnittstelle zwischen Top-Management und Projektgruppe(n) (vgl. Lauer 2014).

Aufgaben der Projekt- und Prozessgestaltung können an MitarbeiterInnen delegiert werden. Die Aufgaben- und Rollenverteilung ist auf der Basis fachlicher, methodischer und persönlicher Kompetenzen vornehmen (vgl. Beck/Schwarz 2011b). Des Weiteren ist auch auf die für eine Kooperation erforderliche Vertrauensbasis zu achten.

In einer Lenkungsgruppe sollte u.a. vertreten sein:
– bei kleineren Einrichtungen möglichst die Führungsspitze,
– bei größeren Einrichtungen von der Führungsspitze beauftragte leitende MitarbeiterInnen (wie z.B. Mitglieder der Geschäftsführung, der Personalabteilung u.a.),

5.4 Veränderungsprozesse gestalten und steuern

- möglichst alle Arbeitsbereiche und Ebenen der Einrichtung/des Unternehmens, die von dem Vorhaben betroffen sind (z.B. Bereichsleitungen, Gruppenleitungen ...),
- wichtige Schlüsselpersonen (mit besonderen fachlichen- und/oder Prozesskompetenzen und/oder Personen mit besonderem Einfluss),
- Mitglieder des Personalrats/Betriebsrats (sofern vorhanden),
- externe FachexpertInnen und externe BeraterInnen (Prozessbegleitung) bei komplexeren Veränderungsvorhaben.

Die nachfolgende Tabelle 5 gibt einen Überblick über klassische und bei Veränderungsprojekten wichtige Instrumente und Methoden des Projektmanagements.

Kategorien von Instrumenten und Methoden des Projektmanagements			
Orientierung an den Standards im Kerngeschäft	Methoden, bei denen eine Anpassung an das Veränderungsvorhaben erforderlich ist.	Instrumente/Methoden, die bei Veränderungen nicht so wichtig sind, jedoch bei Kerngeschäftsprojekten	Instrumente/Methoden, die bei Kerngeschäftsprojekten noch wenig Beachtung finden, bei Veränderungsprojekten sehr bedeutsam sind.
– Rollenklärung und Rollendefinition für Projektleitung, Projektteam, Entscheidungs- und Steuerungsgremien (z.B. Lenkungsgruppe) – Stakeholderanalyse – Risikoanalyse	– Ausgangsanalyse – Zieldefinition – Vorgehensmodell – Projektstrukturplan – Meilenstein – Arbeitspakete – Kick-off-Meeting – Review-Meeting	– Kostenplanung – Einsatzmittelplanung – Änderungsmanagement – Fortschrittskontrolle – Qualitätsmanagement – Berichtwesen	– Diverse Methoden und Interventionen zur Kommunikationsgestaltung – Teambuilding – Konfliktmanagement – Umgang mit Widerstand

Tab. 6: Instrumente und Methoden des Projektmanagements
Quelle: vgl. Streit 2003, S. 48

Bei Veränderungsherausforderungen, auf die besonders schnell und flexibel reagiert werden muss und wenn mit weiteren kaum vorhersehbaren Entwicklungen zu rechnen ist, kann auch auf ein zum klassischen, sequen-

5. Wie kann man Organisationen verändern?

tiellen Projektmanagement alternatives Instrument, Scrum, zurückgegriffen werden. Hierbei handelt es sich um ein innovatives (Projekt-) Management Rahmenwerk, das ein Team bei der gemeinsamen Entwicklung einer Produktvision unterstützt (vgl. Bischof/Kohn 2015).

(8) Hilfe zur Selbsthilfe, Qualifizierung und Ressourcen

Hier geht es um die Förderung und Unterstützung der Selbstorganisation aller an einem Veränderungsprozess beteiligten Personen mit dem Ziel, die im Kontext einer Veränderung erforderlichen Qualifikationen zu entwickeln sowie Energien und Motivation zu aktivieren, welche benötigt werden, um Betroffene zu Beteiligten zu machen (vgl. Gerkhardt/Frey 2006). Kotter (2013) spricht in diesem Zusammenhang auch von einer umfassenden Befähigung (Empowerment) der MitarbeiterInnen für den Wandel (vgl. auch Senge 2017).

Durch eine bedachte und abgestimmte Vernetzung von Zielen und Maßnahmen der Organisations- und Personalentwicklung können neue, weiterführende Synergien geschaffen und genutzt werden.

Bei der Qualifizierung und Förderung kann auf eine Vielfalt und Vielzahl geeigneter Instrumente und Methoden der Personalentwicklung zurückgegriffen werden: z.B. Mitarbeitergespräche (Zielvereinbarungsgespräche, Fördergespräche), on-the-job-Trainings, diverse Formen des Coachings, unternehmensinterne/externe Seminare, umfassendere Fort- und Weiterbildungen, Qualifizierungen für die Übernahme von Aufgaben im Rahmen einer Projektgruppe usw (vgl. Beck/Birkle 2009; Bröckermann 2012; Lauer 2014).

(9) Schnelle Erfolge und Motivation

Der Veränderungsprozess sollte so angelegt werden, dass über erste, leichter umsetzbare Maßnahmen möglichst schnell, d.h. in der Anfangsphase eines Veränderungsprozesses, erste Erfolge deutlich werden (vgl. Kotter 1996; 2013). Die Wahrnehmung und Feststellung, dass sich tatsächlich etwas in eine positive Richtung bewegt, kann aufseiten der von Veränderungen Betroffenen, Motivation und Engagement für die anzugehenden Veränderungen fördern. Allerdings ist dafür auch ein wertschätzender Kontext erforderlich, innerhalb dessen bereits erbrachte Leistungen angemessen honoriert werden (vgl. Gerkhardt/Frey 2006).

(10) Flexibilität im Prozess

Dem systemisch-zirkulären Prozessmodell entsprechend ist Flexibilität im Ablauf eines Veränderungsprozesses sowohl mit Blick auf die Komplexität der meisten Change-Vorhaben wie auch hinsichtlich der eingangs beschriebenen Dynamik in Organisationen und in ihrem Umfeld einzuplanen und während des gesamten Verlaufs zu berücksichtigen. So können (z.B. bei sozialen Einrichtungen) veränderte Anforderungen vonseiten der Finanzträger geltend gemacht werden, die eine Zielkorrektur erfordern. Intern können alte Konflikte erneut zum Vorschein kommen, neue Konflikte auftreten, sich Über- oder Unterforderungen bemerkbar machen, auf die mit zusätzlichen Unterstützungsmaßnahmen bzw. einer neuen Aufgabenverteilung reagiert werden muss.

(11) Monitoring und Controlling des Prozesses

Eine Überwachung bzw. ein Monitoring und Controlling im Anschluss an eingeleitete und umgesetzte Veränderungen wie auch begleitend zum gesamten Verlauf eines Veränderungsprozesses hat sich ebenfalls als ein erfolgskritischer Faktor erwiesen. Beides ermöglicht es nicht-zielführende Entwicklungen zeitig zu erkennen und entsprechende Maßnahmen zu ergreifen.
  Voraussetzung sind allerdings klare, realistische Ziele (auch sog. „Meilensteine") sowie Kennzahlen/Indikatoren zur Überprüfung der Zielerreichung (vgl. Gerkhardt/Frey 2006).

(12) Verankerung der Veränderung

Die Verankerung und Konsolidierung von Veränderungen wurde oftmals zu wenig beachtet. Darauf weist u.a. auch Kotter (2013, 2014) ausdrücklich hin.
  Erfolgreich eingeleitete und umgesetzte Veränderungen, neue Ansätze, neue Verfahren und Verhaltensweisen müssen daher verankert und durch

weitere Maßnahmen abgesichert werden, um eine gewisse Nachhaltigkeit der Veränderungsbemühungen zu erreichen. Dies kann z.b. in Form neuer Konzepte, Prozessbeschreibungen, neu definierter Rollen und Aufgabenbeschreibungen bzw. -verteilungen geschehen (vgl. Gerkhardt/Frey 2006). Darüber hinaus geht es auch um eine systematische Integration der Neuerungen in und eine Vernetzung mit beibehaltenen Strukturen und Abläufen. In diesem Zusammenhang sind auch Maßnahmen der Personalentwicklung zu nutzen.

5.4.3.3 Zur Rolle von Management und Führung in Veränderungsprozessen

Die bisherigen Ausführungen haben verdeutlicht, dass Veränderungsmanagement aber auch Stabilitätsmanagement zu einer wichtigen Führungsaufgabe und permanent zu erbringenden Steuerungsleistung des Managements einer Organisation geworden sind. Hinsichtlich der zentralen Bedeutung von Management und Führung kommen sowohl die thematisierten Ansätze von Organisationsentwicklung und Change Management, wie auch einschlägige empirische Studien und Praxiserfahrungen zu durchaus vergleichbaren Einschätzungen.

Zur Aufgabe des Managements bzw. der Führungskräfte gehört es, Art und Ausmaß der Partizipation von MitarbeiterInnen sowie weiterer Stakeholdergruppen zu klären und zu regeln (vgl. Ziff. 5.4.3.1). Sie entscheiden des Weiteren, wer in welcher Form aktiv in einen Veränderungsprozess einbezogen werden soll (z.B. Führungskräfte auf nachgeordneten Ebenen, interne/externe Spezialisten). Sie sind aufgrund ihrer offiziellen Position Auftraggeber, Entscheidungsinstanz und Promotoren eines Veränderungsprozesses und legen Rahmenbedingungen und Modalitäten für die Ausgestaltung und Steuerung des Veränderungsprozesses und die Implementierung und Verankerung entwickelter Lösungen fest. Sie sind für die Ausgestaltung und Konkretisierung jedes unter Ziff. 5.4.3.2 beschriebenen Erfolgsfaktors und sich hieraus ergebender Aufgaben verantwortlich. Sie haben somit auch entsprechende Rollen wahrzunehmen und Funktionen zu erfüllen. Die Bedeutung von Management und Führung für und über den gesamten Prozess der Veränderung hinweg ist maßgeblich für das Gelingen bzw. Misslingen von Veränderungs- und Anpassungsprozessen und kann – so gesehen – wohl kaum überschätzt werden.

5.4 Veränderungsprozesse gestalten und steuern

An dieser Stelle lenken wir nochmals den Blick auf die u.a. von Kotter vorgenommene Unterscheidung zwischen Management und Leadership (vgl. Kotter 2013, Kapitel 2, Position 570). Zu den wichtigsten Managementaufgaben gehören Planung, Budgetierung, Organisation, Personalbesetzung, Controlling. Dies lässt sich auf das Management von Veränderungsprozessen und hier anstehende Aufgaben übertragen. Beim Veränderungs-Management im Verständnis von „Management" geht es – wie dargelegt – darum, Veränderungsprozesse und -projekte zu planen, zu budgetieren, zu organisieren, zu überwachen und zu steuern und zwar mit dem Ziel, antizipierbare (und möglichst auch kurzfristig erste) Ergebnisse zu erreichen. Im Zentrum stehen hier Managementaufgaben, die insbesondere im Kontext folgender Erfolgsfaktoren angesiedelt sind: (1) Problembeschreibung, Bestandsaufnahme und Einschätzung der Ist-Situation, (2) Ziele bestimmen, (6) Zeitmanagement, (7) Projektorganisation und Verantwortlichkeiten, (8) Hilfe zur Selbsthilfe, Qualifizierung und Ressourcen, (9) Schnelle Erfolge und Motivation, (11) Monitoring und Controlling im Prozess und (12) Verankerung der Veränderung.

Leadership geht darüber hinaus und richtet sich auf gestalterische Prozesse, bezogen auf die Zukunft einer Organisation/eines Unternehmens. Der Blick richtet sich hier vor allem auf die Entwicklung einer Zukunftsvision und die Entwicklung von Strategien zur Annäherung an diese, des Weiteren auf die Kommunikation der neuen Ausrichtung durch Worte und Taten und zwar an alle, deren Kooperation erforderlich ist sowie auf die Motivation der MitarbeiterInnen (vgl. Kotter 2013). Mit Blick auf die Gestaltung und Steuerung von Veränderungen sind hier insbesondere folgende Erfolgsfaktoren und sich hieraus ergebende Aufgaben und Anforderungen zu beachten: (2) Vision entwickeln, (3) ein gemeinsames Problembewusstsein schaffen, (4) Führungsteam bilden und für breite Koalition von Befürwortern sorgen, (5) Kommunikation sowie (10) Flexibilität im Prozess.

Die vorausgegangenen Ausführungen haben gezeigt, dass sich Veränderungen mit Blick auf die beteiligten und betroffenen Menschen nur bedingt und keinesfalls im technokratischen Sinne „managen" lassen. Zweifelsohne sind Managementaktivitäten und Kompetenzen, einschließlich umfassender Projektkompetenzen eine notwendige, wenn auch keine hinreichende Bedingung. Hinzukommen muss „Führung" und zwar insbesondere bei umfassenden, gravierenden, weitreichenden Veränderungen. Führung ist vor allem dann notwendig, wenn die Mitglieder einer Organisation selbst Lösungen entwickeln und sich damit identifizieren sollen „...

5. Wie kann man Organisationen verändern?

und auf diese Weise ein Teil der Lösung werden, da sie auch Teil des Problems sind" (Heifetz/Dörffer 2018, S. 29). Führung im Sinne von „Leadership" ist unverzichtbar, um zwischenmenschliche, politische, bürokratische Hindernisse des Wandels zu überwinden, in dem die von Veränderungen Betroffenen bzw. an Veränderungen zu Beteiligenden auf eine gemeinsame Reise mitgenommen und die Möglichkeit eröffnet wird, neue Lösungen zu entwickeln und sich auf gemeinsame Zielperspektiven der Veränderung hin auszurichten.

Halten wir fest: Die Anforderungen, welche sich für Management und Führung aus den sich im Kontext der Erfolgsfaktoren stellenden Aufgaben ergeben, sind komplex und umfassend. Unkritisch gesehen korrespondieren sie gewissermaßen dem heute noch dominanten Verständnis von Führung, das nach wie vor implizit von der Vorstellung der omnipotenten Führungskraft geprägt ist. Etwas salopp formuliert muss die Führungskraft demnach alles Mögliche beachten, muss auf alles eine Antwort haben, alles wissen, alles können und alles aushalten (vgl. Eberl 2015). Eine Orientierung an einem solchen, völlig unrealistischen Rollenverständnis kann aufseiten der für Veränderungsgestaltung und -steuerung verantwortlichen Führungskräfte zu situativen Dilemmata führen, mit dramatischen Folgen für den weiteren Prozessverlauf. Hierzu ein paar Beispiele:

– Zunächst können wir davon ausgehen, dass Veränderungsprozesse in der Regel unerwartete Wirkungen, Nebenwirkungen und Konsequenzen haben, mit anderen Worten, „… dass es immer etwas gibt, was nicht funktioniert. Ganz sicher wird etwas passieren, was nicht passieren sollte" (Langley/Schumacher 2015, S. 21). Die Notwendigkeit, dass im Verlaufe eines Change Prozesses Rahmenbedingungen verändert werden müssen oder auch eine Zielerreichung in vorhandenen Organisationsstrukturen nicht möglich ist, kann dann entweder ausgeblendet werden oder sie wird durchaus wahrgenommen, jedoch nicht angesprochen und zum Ausdruck gebracht (z.B. gegenüber der oberen Führungsebene), um nicht als „unfähig" zu gelten (vgl. Eberl 2015, S. 78).

– Werden problematische, sich im Ablauf eines Veränderungsprozesses ergebende Punkte dennoch „mutig" angesprochen, so müssen gegebenenfalls einige „Risiken" hinsichtlich der eigenen Person und des eigenen Karriereverlaufs im Unternehmen in Kauf genommen werden (vgl. ebd.; siehe auch Langley/Schumacher 2015).

– Der Versuch, es dem „Mythos der omnipotenten Führungskraft" entsprechend allen Recht zu machen und ein partizipatives, personenzentriertes Vorgehen zu praktizieren, ohne gründlich zu prüfen und zu reflektieren, ob, in welcher Weise und wann dies tatsächlich angebracht ist, kann im Falle nicht mehr beeinflussbarer Entscheidungen zu Irritationen, Unzufriedenheit, Ärger u.a. führen (vgl. ebd.).

So gesehen erweist sich das noch weithin in den Köpfen und Organisationen vorherrschende Idealbild von Führung gerade auch mit Blick auf den Verlauf von Veränderungsprozessen keinesfalls als zielführend. Es bedarf einer Weiterentwicklung, in der Fähigkeiten im Umgang mit Komplexität, Unsicherheit und Dynamik im Mittelpunkt stehen sollten und „… diese schwierige Aufgabe auch zu einer Aufgabe der Gesamtorganisation gemacht wird und entsprechende organisationale Kompetenzen aufgebaut werden …" (Eberl 2015, S. 80 vgl. auch Fathi 2014; Pundt/Greve 2017 sowie neuere Trends in Richtung Selbstorganisation, dargestellt unter Ziff. 3.1.3 im Beitrag von Kaegi/Zängl in diesem Band).

An dieser Stelle bietet es sich an, den Blick nochmals auf Kotter zu richten, der – wie weiter oben bereits ausgeführt – die Bedeutung eines hierarchieübergreifenden, kooperativ an Innovationen arbeitenden Netzwerks für den organisationalen Wandel, als „zweites Betriebssystem" neben der hierarchischen Struktur (erstes Betriebssystem) ins Blickfeld rückt (vgl. Kotter 2014; siehe auch Kotter/Langen 2014).

Geht man davon aus, dass die meisten Organisationen in Privat- wie in der Sozialwirtschaft gekennzeichnet sind durch multiple Realitäten, mit je unterschiedlichen Logiken, Interessen, Zielen und entsprechenden Konflikten, dann erfordert der Umgang mit derart komplexen und oftmals auch sich widersprechenden Herausforderungen ein Führungsverständnis, welches von Vorstellungen einer „omnipotenten" Führungspersönlichkeit abrückt und Führungsaufgaben – gerade auch bei Veränderungsprozessen – auf mehreren Schultern verteilt. Langley beschreibt dies wie folgt: „Ich bin der festen Überzeugung, dass in derartigen Organisationen Führung tatsächlich eine geteilte Sache ist. Es ist daher keine einzelne Person, die in der Lage wäre, genügend Autorität, Legitimation und Expertise aufzubauen, um vernünftige, wirkungsvolle Entscheidungen zu treffen. Sie müssen ein Netzwerk von Personen für sich gewinnen. Anforderungen an das Management in dieser Art Organisationen sind also eine gewisse Bescheidenheit auf der Seite der Manager und Führungskräfte, weil sie Macht mit anderen teilen und ihre Positionen verhandeln müssen. Es braucht also viel Flexibilität" (Langley/Schumacher 2015, S. 19).

5.5 Resümee und Ausblick

> „Wandel ist kein Übergangstadium auf dem Weg zu einem (neuen oder alten) Gleichgewicht. Auf Wandel folgt Wandel."
> (Boos/Heitger/Hummer 2004, S. 13)

Boos/Heitger/Hummer, von denen dieses Zitat stammt, machten mit ihrer Aussage bereits vor über einem Jahrzehnt deutlich, „dass noch kein Ende der Veränderungsdynamik in Sicht ist und sich die Frage aufdrängt, wie die Menschen, die Institutionen und Organisationen das aushalten sollen bzw. können und welche Mechanismen, Einrichtungen, Werkzeuge oder Einstellungen es ermöglichen könnten, mit diesem Strom und dieser Intensität an Veränderungen fertig zu werden?" (ebd.). Mit diesen Entwicklungen einher geht der Trend vom „Management von Organisationen" zu einem „Management des Organisationswandels" (Kühl 2015, S. 47).

Neuere Ansätze zur Organisationsentwicklung und zum Change Management rücken vor allem die Wandlungsfähigkeit einer Organisation in den Mittelpunkt ihrer Betrachtung, bei der es darum geht, schneller und angemessener auf externe und binnenorganisatorische Veränderungsherausforderungen zu reagieren (siehe hierzu auch die Ausführungen unter Ziff. 3.13 im Beitrag von Kaegi/Zängl in diesem Band).

Auch von EntscheidungsträgerInnen und Führungskräften sozialwirtschaftlicher Organisationen wird zunehmend erwartet, dass sie in der Lage sind, erforderliche organisatorische Veränderungen professionell zu gestalten, zu steuern und umzusetzen und zwar auch dann, wenn externe Expertise, Organisationsberatung und Prozessbegleitung in Anspruch genommen wird. Die dynamischer und komplexer gewordenen Herausforderungen im organisationalen Umfeld wie auch in den Organisationen selbst, stellen hohe Anforderungen an deren Anpassungs- und Innovationsfähigkeit. Dies trifft auch für sozialwirtschaftliche Unternehmen und soziale Dienste zu.

Ansätze der Organisationsentwicklung bzw. des Change Managements können für die Veränderungspraxis Orientierung geben und Handlungsmöglichkeiten aufzeigen. Patentrezepte hinsichtlich der „besten", „richtigen" Vorgehensweise gibt es nicht. Mit Blick auf die Praxis des Veränderungsmanagements und die bei Umsetzungsprozessen auftretenden Schwierigkeiten verweist (Kühl 2015, S. 50) auf einige Dilemmata und grundlegende Probleme des Organisationswandels. Dazu gehört auch, dass einerseits klare Zielvorstellungen benötigt werden, andererseits jedoch auch die Bereitschaft, gegebenenfalls von festgelegten Zielen abzuweichen. Bei „großer Unsicherheit" kann es keine „Erfolg garantierenden Technologien des Wandels" geben (ebd.). Es obliegt der Verantwortung und der Kompetenz der in der Praxis handelnden Entscheidungsträger/-innen und der sie unterstützenden ExpertInnen, eine an die jeweilige Ausgangssituation einer Organisation und ihre Rahmenbedingungen angepasste Veränderungsstrategie zu entwickeln, bei allen Umsetzungsbemühungen auf die als erfolgskritisch identifizierten Faktoren zu achten und dabei auch „Bescheidenheit und Augenmaß" hinsichtlich der zu verfolgenden Ziele zu bewahren (vgl. Reineck/Anderl/Roller 2016, S. 51).

Fragen zur Lernzielkontrolle

1. Was ist mit Blick auf die organisationsextern und -intern sich dynamisch verändernde Umwelt von Organisationen mit „Agilität" gemeint?
2. Welche Erwartungen gehen mit der Ausdifferenzierung der Anforderungen an das Management einher?
3. Anhand welcher Merkmale lassen sich Anlässe und Probleme, die einen Change erfordern, von Routineproblemen im Alltagsbetrieb unterscheiden?
4. Worin stimmen verschiedene Fassungen des Begriffs „Organisationsentwicklung" überein?
5. Was sind charakteristische Merkmale traditioneller Konzepte der Organisationsentwicklung?
6. Was sind zentrale Leitlinien und Ziele des Change Management Ansatz „Business Reengineering"?
7. Bitte beschreiben Sie die wichtigsten Unterschiede im Verständnis von Organisationsentwicklung und Change Management und die in den letzten Jahren erfolgten Annäherungen.
8. Welche drei Arten des Lernens werden im Ansatz des „Organisationslernens" von Agyris und Schön (1978) beschrieben und was wird jeweils darunter verstanden?
9. Welche Stufen umfasst das „Rahmenkonzept für den Wandel" von Kotter?
10. Was bedeutet die in systemischen Ansätzen vorgenommene Unterscheidung zwischen „trivialen Systemen und nicht trivialen Systemen" für das Verständnis von Organisation und Organisationsentwicklung?

11. Was bedeutet die in systemischen Ansätzen vorgenommene Unterscheidung zwischen „Person (psychisches System) / Organisation (soziales System)"?
12. Welche organisationalen Rahmenbedingungen sind bei einem Rückgriff auf Veränderungsstrategien in Richtung des klassischen Change Managements, gekennzeichnet durch ein schnelles Veränderungstempo und geringe Partizipation (siehe Abb. 4, Typ/Modell II) bzw. in Richtung partizipativ angelegte Prozesse der Organisationsentwicklung (siehe Abb. 4, Typ/Modell I) zu berücksichtigen?
13. Bitte beschreiben Sie das systemischen Ansätzen der Organisationsentwicklung zugrunde liegende Verständnis von „Phasen eines Veränderungsprozesses"?
14. Welche Handlungsebenen können mit Blick auf Gestaltung, Steuerung und Umsetzung von Veränderungsprozessen unterschieden werden?
15. Was ist bei der Wahl und dem Einsatz eines Change Instrumentes im Rahmen eines Veränderungsprozesses zu beachten und zu klären?

Literatur

Argyris, Chris/Donald A. Schön (1999): Die lernende Organisation. Stuttgart: Klett-Cotta.

Baecker, Dirk (1994): Soziale Hilfe als Funktionssystem der Gesellschaft. In: Zeitschrift für Soziologie 23/2, S. 93–110.

Baecker, Dirk (2011): Organisation und Störung. Berlin: Suhrkamp.

Baecker, Dirk (2018): Wozu Theorien? Theorien sind Tautologien – und das ist gut so. In: OrganisationsEntwicklung 2, S. 21–25.

Becke, Guido/Miriam Behrens/Peter Bless (2012): Vertrauen ≠ Vertrauen. In: OrganisationsEntwicklung 1, S. 4–8.

Beck, Reinhilde (1985): Familientherapie. Modelle zur Veränderung familialer Beziehungsmuster. Bad Heilbrunn: Klinkhardt.

Beck, Reinhilde (2005): Von der Organisationsentwicklung zum Change Management: Herausforderungen eines Paradigmenwechsels für soziale Organisationen. In: Kolhoff, Ludger/Reinhilde Beck/Hans-Dietrich Engelhardt/Marianne Hege/Jürgen Sandmann (Hrsg.): Zwischen Ökonomie und Sozialer Verantwortung. Augsburg: Ziel, S. 245–270.

Beck, Reinhilde (2009): Gender Mainstreming. Erfolgskritische Veränderungsprinzipien und ihre Verankerung in Leitkonzepten für die Gestaltung von Change-Prozessen. In: Beck, Reinhilde/Constanze Engelfried (Hrsg.) (2009): Managing Gender. Implementierung von Gender Mainstreaming in psycho-sozialen Arbeitsfeldern. Augsburg: Ziel, S. 145–161.

Beck, Reinhilde (2012): Leitkonzepte für die Gestaltung und Steuerung von Change-Prozessen und erfolgskritische Veränderungsprinzipien mit Blick auf ihre Anschlussfähigkeit und Relevanz für den Sozialbereich. In: Wöhrle, Armin (Hrsg.): Auf der Suche nach Sozialmanagementkonzepten und Managementkonzepten für und in der Sozialwirtschaft. Eine Bestandsaufnahme zum Stand der Diskussion und Forschung. Bd. 3, Augsburg: Ziel, S. 128–165.

Beck, Reinhilde/Waltraud Birkle (2009): Personalmanagement als quantitative und qualitative Personalarbeit. Studienbrief 2-020-1502, 2. Auflage, Brandenburg: Service-Agentur des HDL.

Beck, Reinhilde/Gotthart Schwarz (2008): Konfliktmanagement: Grundlagen und Strategien. 3., überarb. Auflage, Walhalla: Regensburg.

Beck, Reinhilde/Gotthart Schwarz (2011a): Organisationswandel und Change Management. Studienbrief 2-020-0201, 3. Auflage, Brandenburg: Service-Agentur des HDL.

Beck, Reinhilde/Gotthart Schwarz (2011b): Konzeptions- und Leitbildentwicklung: Bestandsaufnahme und Prozessgestaltung. Optimierung von Leitungshandeln. Studienbrief 2-020-1301, 2. Auflage, Brandenburg: Service-Agentur des HDL.

Beck, Reinhilde/Gotthart Schwarz (2019): Sozialstaat, Sozialpolitik und (sozial-)politische Steuerung. In: Wöhrle, Armin/Reinhilde Beck/Klaus Grunwald/Gotthart Schwarz: Grundlagen des Managements in der Sozialwirtschaft. 3. Auflage, Baden-Baden: Nomos.

Bergdolt, Regina (2017): Von wegen Lehmschicht – die Mitte macht's. Mittlere Manager als Agenten der agilen Organisation. In: OrgansationsEntwicklung 2, S. 74–79.

Bischof, Helmut/Immanuel Kohn (2015): Werkzeugkiste 44. Mit Scrum zur agilen Organisation. In: OrganisationsEntwicklung 3, S. 90–95.

Boos, Frank/Barbara Heitger/Cornelia Hummer (2004): Veränderung – systemisch. In: Boos, Frank/Barbara Heitger (Hrsg.): Veränderung – systemisch. Management des Wandels. Praxis, Konzepte und Zukunft. Stuttgart: Klett-Cotta, S. 13–45.

Bramlage, Jack K./Christian Julmi (2018): Wie Konflikte auf emotionaler Ebene gelöst werden. In: OrganisationsEntwicklung 3, S. 47–51.

Bruch, Heike/Sandra Berenbold (2017): Zurück zum Kern. Sinnstiftende Führung in der Arbeitswelt 4.0. In: OrganisationsEntwicklung 1, S. 4–11.

Bröckermann, Reiner (2012): Personalwirtschaft. Lehr- und Übungsbuch für Human Resource Management. Stuttgart: Schäffer-Poeschel.

Brunner, Ewald Johannes (1993): Organisationsdynamik. In: Schönig, Wolfgang/Edwald Johannes Brunner (Hrsg.): Organisationen beraten – Impulse für Theorie und Praxis. Freiburg: Lambertus, S. 95–110.

Bungard, Walter/Karsten Müller/Catrin Niethammer (2007): Mitarbeiterbefragung – was dann ...? – MAB und Folgeprozesse erfolgreich gestalten. Mannheim/Heidelberg: Springer Medizin Verlag.

Capgemeni Consulting (2008): Change Management – Studie 2008. Business Transformation - Veränderungen erfolgreich gestalten. http://www.wirtschaftsplan.ch/images/content/03_forum/pdf_publikationen/Change_Management-Studie_2008.pdf (Letztes Zugriffsdatum: 02.03.2018).

Capgenemi Consulting (2012): Digitale Revolution. Ist Change Management mutig genug für die Zukunft? Change Management Studie 2012. https://www.capgemini.com/consulting-de/wp-content/uploads/sites/32/2017/08/change_management_studie_2012_0.pdf (Letztes Zugriffsdatum: 03.03.2018).

Capgenemi Consulting (2015): Superkräfte oder Superteam? Wie Führungskräfte ihre Welt wirklich verändern können. Change Management Studie 2015. https://www.capgemini.com/consulting-de/wp-content/uploads/sites/32/2017/08/change-management-studie-2015_5.pdf (Letztes Zugriffsdatum: 19.04.2018).

Capgemini Consulting (2017): Culture First! Von den Vorreitern des digitalen Wandels lernen. Change Management Studie 2017. https://www.capgemini.com/consulting-de/wp-content/uploads/sites/32/2017/10/change-management-studie-2017.pdf (Letztes Zugriffsdatum 15.02.2018).

Cummings, Thomas G./Christopher G. Worley (2001): Essentials of Organization Development and Change. Cincinnati, OH: South Western College.

Cummings, Thomas G./Christopher G. Worley (2015): Organization Development & Change. 10. Auflage, Stanford: Cengage Learning.

Dauscher, Ulrich/Carole Male (2005): Moderationsmethode und Zukunftswerkstatt. 3. Auflage, Augsburg: Ziel.

Deutinger, Gerhild (2013): Kommunikation im Change. Erfolgreich kommunizieren in Veränderungsprozessen. Berlin/Heidelberg: Springer.

Doppler, Klaus (2006): Führen in Zeiten der Veränderungen. In: OrganisationsEntwicklung 1, S. 28–39.

Doppler, Klaus (2017): Change. Wie Wandel gelingt. Frankfurt/New York: Campus.

Doppler, Klaus /Christoph Lauterburg (2008): Change Management. Den Unternehmenswandel gestalten. 12. Auflage, Frankfurt/New York: Campus.

Doppler, Klaus/Fritz B. Simon/Rudi Wimmer/Oliver Haas (2017): Change im Fluss der Dinge. Klaus Doppler, Fritz B. Simon und Rudi Wimmer in einem Trialog über Prinzipien des Wandels. In: OrganisationsEntwicklung 3, S. 4–11.

Eberl, Martina (2015): Der Kopf auf dem Silbertablett. Zum Mythos der omnipotenten Führungskraft als Change Manager. In: OrganisationsEntwicklung 3, S. 76–81.

Eppler, Martin J./Friederike Hoffmann (2012): Design Thinking im Management. In: OrganisationsEntwicklung 2, S. 4–7.

Fathi, Karim P. (2014): Empathie 3.0. Ein neues Selbstverständnis für Führungskräfte. In: OrganisationsEntwicklung 3, S. 81–84.

Fischer, Hans Rudi (1995): Abschied von der Hinterwelt? Zur Einführung in den Radikalen Konstruktivismus. In: Fischer, Hans Rudi (Hrsg.): Die Wirklichkeit des Konstruktivismus. Zur Auseinandersetzung um ein neues Paradigma. Heidelberg: Carl-Auer-Systeme, S. 11–34.

Foerster von, Heinz (1985): Sicht und Einsicht. Versuche zu einer operativen Erkenntnistheorie. Braunschweig, Wiesbaden: Vieweg.

Foerster von, Heinz (1993). Wissen und Gewissen. Berlin: Suhrkamp.

Freimuth, Joachim/Thomas Barth (2011): 30 Jahre Organisationsentwicklung. Theorie und Praxis vs. Theorie oder Praxis? In: OrganisationsEntwicklung 4, S. 4–13.

Freimuth, Joachim (2016): Saldo Mortale. Betriebswirtschaftliche Vernunft versus systemische Intelligenz. In: OrganisationsEntwicklung 1, S. 80–85.

French, Wendell L./Cecil H. Bell (1977): Organisationsentwicklung. Sozialwissenschaftliche Strategien zur Organisationsveränderung. Bern/Stuttgart: Haupt.

French, Wendell L./Cecil H. Bell (1999): Organization Development – Behavioral Science Interventions for Organization Improvement. 6. Auflage, New Jersey: Prentice-Hall, Inc. Upper Saddle River.

Frohwein, Timm/Robert Paust/Perry Reisewitz (2017): Das Aschenputtel-Problem. Zur Bedeutung der Authentizität von Organisationen. In: OrganisationsEntwicklung 1, S. 41–47.

Gerkhardt, Marit/Dieter Frey (2006): Erfolgsfaktoren und psychologische Hintergründe in Veränderungsprozessen. Entwicklung eines integrativen psychologischen Modells. In: OrganisationsEntwicklung 4, S. 48–59.

Glasl, Friedrich/Leopold de la Houssaye (1975): Organisationsentwicklung. Das Modell des NPI und seine praktische Bewährung. Bern/Stuttgart: Haupt.

Glasersfeld, Ernst von (1995): Die Wurzeln des „Radikalen" am Konstruktivismus. In: Fischer, Hans Rudi (Hrsg.): Die Wirklichkeit des Konstruktivismus. Zur Auseinandersetzung um ein neues Paradigma. Heidelberg: Carl-Auer-Systeme, S. 35–45.

Graffe, Frieder/Petra Schmid-Urban/Hubertus Schröder/Gotthart Schwarz/Barbara Speck (2004): Fit für die Zukunft. Kommunale Sozialpolitik im Wandel. Die Neuorganisation des Sozialreferates der Landeshauptstadt München. München.

Greif, Sigfried/Bernd Runde/Ilka Seeberg (2004): Erfolge und Mißerfolge beim Change Management. Göttingen u.a.: Hogrefe.

Grossmann, Ralph/Günther Bauer/Klaus Scala (2015): Einführung in die systemische Organisationsentwicklung. Heidelberg: Carl-Auer Verlag.

Grots, Alexander/Isabel Creuznacher (2012): Design Thinking – Prozess oder Kultur? Drei (Fall-)Beispiele einer Veränderungsmethode. In: OrganisationsEntwicklung 2, S. 14–21.

Grunwald, Klaus/Paul-Stefan Roß (2017): Sozialmanagement als Steuerung hybrider sozialwirtschaftlicher Organisationen. In: Wöhrle, Armin/Agnes Fritze/Thomas Prinz/Gotthart Schwarz (Hrsg.): Sozialmanagement – Eine Zwischenbilanz. Wiesbaden: Springer Fachmedien, S. 171–185.

Hammer, Michael (1997): Das prozesszentrierte Unternehmen. Die Arbeitswelt nach dem Reengineering. 4. Auflage, Frankfurt a.M./New York: Campus.

Hammer, Michael/James Champy (1994): Business Reengineering – Die Radikalkur für das Unternehmen. Frankfurt a.M./New York: Campus.

Heyl, Daniela von (2017): Dimensionen der Bedeutsamkeit. Zur Aktualität der Sinnfrage in Unternehmen. In: OrganisationsEntwicklung 1, S. 38–40.

Heifetz, Ronald/Tina Dörffer (2018): Näher am Problem – durch adaptive Führung. Führungstheorie aus Sicht eines ihrer Vordenker. In: OrganisationsEntwicklung 2, S. 28–32.

Hieronymi, Andreas/Martin J. Eppler (2015): Kleines Komplexitäts-ABC. In: OrganisationsEntwicklung 4, S. 21–32.

Hodges, Julie/Brian Howieson (2017): The challenges of leadership in the third sector. In: European Management Journal 35, 1, S. 69–77. www.sciencedirect.com/science/article/pii/S0263237316301359 (Letztes Zugriffsdatum: 04.11.2017).

Isaacs, David/Juanita Brown (2007): Das World Cafe. Kreative Zukunftsgestaltung in Organisationen und Gesellschaft. Heidelberg: Carl Auer.

Janes, Alfred/Karl Prammer/Michael Schulte-Derne (2001): Transformationsmanagement. Organisationen von Innen verändern. Wien/New York: Springer.

Kleve, Heiko (1999). Postmoderne Sozialarbeit: ein systemtheoretisch-konstruktivistischer Beitrag zur Sozialarbeitswissenschaft. Aachen: Kersting.

Königswieser, Roswita/Alexander Exner (2008): Systemische Intervention: Architekturen und Designs für Berater und Veränderungsmanager. Beratergruppe Neuwaldegg. 9. Auflage, Stuttgart: Klett-Cotta.

Königswieser, Roswita/Ebrua Sonuc (Hrsg.) (2008): Komplementärberatung. Das Zusammenspiel von Fach- und Prozess-Know-How. Stuttgart: Klett-Cotta.

Kostka, Claudia/Annette Mönch (2002): Change Management: 7 Methoden für die Gestaltung von Veränderungsprozessen. 2. Auflage, München/Wien: Hanser Fachbuch.

Kotter, John P. (1996): Leading Change. Boston: Harvard Business School Press.

Kotter, John P. (2013). Leading Change: Wie Sie Ihr Unternehmen in acht Schritten erfolgreich verändern (Business Essentials) (German Edition). Vahlen: Kindle-Version.

Kotter, John P. (2014): Accelerate: building strategic agility for a faster-moving world, Harvard Business Review Press.

Kotter, John P./Ralf Langen (2014): Die Kraft des Netzwerks – Change Management für eine beschleunigte Welt. In: OrganisationsEntwicklung 3, S. 46–49.

Kraus, Georg/Christel Becker-Kolle/Thomas Fischer (2004): Change-Management: Steuerung von Veränderungsprozessen in Organisationen. Einflussfaktoren und Beteiligte. Konzepte, Instrumente und Methoden. 2., überarb. und erweit. Auflage, Berlin: Cornelsen.

Kreimeier, Nils (2015): Mythen der Digitalisierung. In: OrganisationsEntwicklung 3, S. 14–15.

Kriz, Jürgen (1995): Muster personaler und interpersonaler Wirklichkeitskonstruktionen. In: Fischer, Hans Rudi (Hrsg.): Die Wirklichkeit des Konstruktivismus. Zur Auseinandersetzung um ein neues Paradigma. Heidelberg: Carl-Auer-Systeme, S. 63–82.

Kühl, Stefan (2015): Entzauberung der lernenden Organisation. Warum die Hoffnung auf die ‚guten' Regeln des Wandels weitgehend vergeblich ist. In: OrganisationsEntwicklung 1, S. 44–51.

Kulmer, Ulla/Karsten Trebesch (2004): Der kleine Unterschied und die grossen Folgen: Von der Organisationsentwicklung zum Change Management. In: OrganisationsEntwicklung 4, S. 80–86.

Langley, Ann/Thomas Schumacher (2015): „Es braucht einen langen Atem." Ein Gespräch über die Herausforderungen für Change Management und Führung in pluralistischen Organisationen. In: OrganisationsEntwicklung 2, S. 18–22.

Lauer, Tomas (2014): Change Management. Grundlagen und Erfolgsfaktoren. 2. Auflage, Berlin/Heidelberg: Springer.

Lawrence, Paul R./Nitin Nohria (2003): Driven. Was Menschen und Organisationen antreibt. Stuttgart: Klett-Cotta.

Lewin, Kurt (1963): Feldtheorien in den Sozialwissenschaften: Ausgewählte theoretische Schriften. Bern: Huber.

Lipp, Ulrich/Hermann Will (2008): Das große Workshop-Buch: Konzeption, Inszenierung und Moderation von Klausuren, Besprechungen und Seminaren. 8., überarb. und erweit. Auflage, Weinheim/Basel: Beltz.

Loebbert, Michael (2003): Storymanagement. Der narrative Ansatz für Management und Beratung. Stuttgart: Klett-Cotta.

Lohkamp, Luise (2015): Die Bedeutung der Visionsarbeit für Organisationen, Teams und Personen. In: OrganisationsEntwicklung 2, S. 62–68.

Luhmann, Niklas (1975): Formen des Helfens im Wandel gesellschaftlicher Bedingungen. In: Luhmann, Niklas: Soziologische Aufklärung 2, Aufsätze zur Theorie der Gesellschaft. Opladen: Westdeutscher Verlag, S. 134–149.

Luhmann, Niklas (1984): Soziale Systeme. Grundriss einer allgemeinen Theorie. Frankfurt a.M.: Suhrkamp.

Luhmann, Niklas (1993): Das Recht der Gesellschaft. Frankfurt a.M.: Suhrkamp.

Luhmann, Niklas (2000): Organisation und Entscheidung. Opladen: Leske & Budrich.

Luhmann, Niklas (2002): Einführung in die Systemtheorie. 7. Auflage, Heidelberg: Carl-Auer-Systeme.

Luhmann, Niklas (2009): Soziologische Aufklärung 3: Soziales System, Gesellschaft, Organisation. 5. Auflage, Wiesbaden: Verlag für Sozialwissenschaften.

Maturana, Humerto R./Francisco J. Varela (1990): Der Baum der Erkenntnis: Die biologischen Wurzeln menschlichen Erkennens. 12. Auflage, München: Goldmann.

Marcus, Bernd (2011): Einführung in die Arbeits- und Organisationspsychologie. Wiesbaden: Verlag für Sozialwissenschaften.

Messerer, Markus (2015): Vom Telefontarif zum Business-Ökosystem. In: OrganisationsEntwicklung 3, S. 28–35.

Micklethwait, John/Adrian Wooldridge (1998): Die Gesundbeter: Was die Rezepte der Unternehmensberater wirklich nützen. Hamburg: Hoffmann und Campe.

Mintzberg, Henry (2018): Henry Mintzberg im Interview. Do it yourself. https://www.brandeins.de/magazine/brand-eins-thema/consulting-2018/henry-mintzberg-interview-do-it-yourself?utm_source=facebook&utm_medium=foto&utm_content=con (Letztes Zugriffsdatum: 18.09.2008).

Morgan, Gareth (1997): Bilder der Organisation. Stuttgart: Klett-Cotta (Sonderausgabe 2018 bei Schäffer-Poeschel, Stuttgart).

Müller, Christian (2017): New Work in der Sozialen Arbeit: Blogparade #NewWorkSozial. www.sozial-pr.net/new-work-sozial (Letztes Zugriffsdatum 24.02.2018).

Mutius von, Bernhard/Eckard Minx (2013): Kreisförmiger Fortschritt. Ein zirkuläres Prozessmodell für die erneuerungsfähige Organisation. In: OrganisationsEntwicklung 1, 2013, S. 57–64.

Nagel, Reinhart/Rudolf Wimmer (2004): Systemische Strategie-Entwicklung. Modelle und Instrumente für Berater und Entscheider. 2. Auflage, Stuttgart: Klett-Cotta.

Nagel, Reinhart/Margit Oswald/Rudolf Wimmer (2008): Das Mitarbeitergespräch als Führungsinstrument, 4. Auflage, Stuttgart: Klett-Cotta-Verlag.

Nauheimer, Holger (2015): Klassiker der Organisationsforschung (16). Peter M. Senge. In: OrganisationsEntwicklung 2, S. 90–94.

Nerdinger, Friedemann W./Gerhard Blickle/Niclas Schaper (2014): Arbeits- und Organisationspsychologie (Springer-Lehrbuch) (German Edition). Berlin/Heidelberg: Springer. Kindle-Version.

Ortmann, Günther (2001): Organisation – ein Handlungsfeld mit Eigensinn. In: Bardmann, Theodor M./Torsten Groth (Hrsg.): Zirkuläre Positionen 3, Westdeutscher Verlag, S. 73–90.

Owen, Harrison (2011): Open Space Technology: Ein Leitfaden für die Praxis. 2., aktual. und erweiterte Auflage, Stuttgart: Schäffer-Poeschl.

PET Akademie für Rehabilitationsberufe gGmbH (2011): Personalentwicklungs-Instrumente im Überblick. http://www.pet-projekt.info/uploads/Beitragsanhaenge/uebersicht-pe--instrumente.pdf (Letztes Zugriffsdatum: 24.02.2018).

Picot, Arnold/Heino Freudenberg/Winfried Gassner (1999): Die neue Organisation – ganz nach Maß geschneidert. In: Business Manager 5, S. 46–48.

Pundt, Leena/Andreas Greve (2017): Neue Führung braucht das Land. Herausforderungen der Organisation 4.0. In: OrganisationsEntwicklung 2, S. 14–20.

Reineck, Uwe/Mirja Anderl/Claudio Roller (2016): Mythos Change – Warum sich Verändern verändern sollte. Ein Plädoyer für mehr Bescheidenheit und Augenmaß in Veränderungen. In: OrganisationsEntwicklung 4, S. 51–56.

Roehl, Heiko (2015): Globale Entwicklung digital. Bill Gates über digitale Gerechtigkeit. In: OrganisationsEntwicklung 3, S. 18–22.

Rosenstiel, Lutz v. (2007): Grundlagen der Organisationspsychologie. 6., überarb. Auflage, Stuttgart: Schäffer-Poeschl.

Rüegg-Stürm, Johannes (2003): Das neue Sankt Galler Management-Modell. Grundkategorien einer integrierten Managementlehre. 2. Auflage, Bern/Stuttgart/Wien: Haupt.

Rüegg-Stürm, Johannes/Kuno Schedler/Thomas Schumacher (2015): Multirationales Management. Fünf Bearbeitungsformen für sich widersprechende Rationalitäten in Organisationen. In: OrganisationsEntwicklung 2, S. 4–11.

Schein, Edgar H. (1985): Organizational culture and leadership. San-Francisco: Jossey-Bass.

Schein, Edgar H. (2010): Prozessberatung für die Zukunft. Der Aufbau einer helfenden Beziehung. 3. Auflage, Bergisch-Gladbach: Verlag Andreas Kohlhage (Original in englischer Sprache: 1999).

Schreyögg, Georg (1999): Organisationsentwicklung – quo vadis? In: Organisations-Entwicklung 3, S. 76–79.

Schreyögg, Georg (2000): Neuere Entwicklungen im Bereich des Organisatorischen Wandels. In: Busch, Rolf (Hrsg.): Change Management und Unternehmenskultur. Konzepte in der Praxis. München/Mering: Hampp, S. 26–44.

Schreyögg, Georg (2008): Organisation: Grundlagen moderner Organisationsgestaltung, 5. Auflage, Wiesbaden: Gabler.

Schreyögg, Georg/C. Noss (2000): Von der Episode zum fortwährenden Prozess. Wege jenseits der Gleichgewichtslogik im organisatorischen Wandel. In: Schreyögg, Georg/Peter Conrad (Hrsg.): Organisatorischer Wandel und Transformation (Managementforschung 10). Wiesbaden: Gabler, S. 33–62.

Schültz, Benjamin/Philipp Strothmann/Claudia T. Schmitt/Lothar Laux (Hrsg.) (2014): Innovationsorientierte Personalentwicklung. Konzepte, Methoden und Fallbeispiele für die Praxis. Wiesbaden: Springer, Gabler.

Schwarz, Gotthart (2012): Sozialarbeit – Sozialmanagement zwischen Professionalisierung und Problematisierung. In: Wöhrle, Armin (Hrsg.): Auf der Suche nach Sozialmanagementkonzepten und Managementkonzepten für und in der Sozialwirtschaft. Eine Bestandsaufnahme zum Stand der Diskussion und Forschung. Bd. 1. Augsburg: Ziel, S. 133–170.

Schwarz, Gotthart/Reinhilde Beck (2010): Sozialstaat, Sozialpolitik und Sozialverwaltung im Kontext der politischen Entwicklung. Studienbrief 2-020-0101. Brandenburg: Service-Agentur des HDL.

Seliger, Ruth (2015): Einführung in Großgruppenmethoden. 3. Auflage, Heidelberg: Carl Auer.

Senge, Peter M. (1996): Die Fünfte Disziplin. Kunst und Praxis der Lernenden Organisation. Stuttgart: Schäffer-Poeschel (Original: Senge, Peter, M. (1990) The fifth discipline. The art and practice of the learning organization. Doubleday).

Senge, Peter M. (1999): Das Fieldbook zur Fünften Disziplin. Stuttgart: Schäffer-Poeschel.

Senge, Peter M. (2017). Die Fünfte Disziplin. Kunst und Praxis der Lernenden Organisation. 11. Auflage, Stuttgart: Schäffer-Poeschel.

Sievers, Burkard (1980): Aktionsforschung, ein Verlaufsmodell der Organisationsentwicklung. In: Koch, Ulrich/Hans Meurers/Manfred Schuck (Hrsg.): Organisationsentwicklung in Theorie und Praxis. Frankfurt a.M./Bern: Peter Lang, S. 63–74.

Simon, Fritz (2006): Einführung in Systemtheorie und Konstruktivismus. Heidelberg: Carl-Auer Verlag (8. Auflage, 2015).

Stickdorn, Marc/Jakob Schneider (2012): Werkzeugkiste 31. Service Design Methoden für kundenzentriertes Change Management. In: OrganisationsEntwicklung 2, S. 38–44.

Streich, Richard K. (1997): Veränderungsmanagement. In: Reiß, Michael/Lutz von Rosenstiel/Anette Lanz (Hrsg.): Change Management. Stuttgart: Schäffer-Poeschel, S. 237–254.

Streit, Hans-Ulrich (2013): Veränderung als Projekt. Die Anpassung von Projektmanagementmethoden für Wandelkontexte. In: OrganisationsEntwicklung 2, 2013, S. 47–53.

Spielberg, Holger/H. Roehl (2015):Digitalisierung braucht Ehrlichkeit. Ein Gespräch mit Holger Spielberg. In: OrganisationsEntwicklung 3, S. 6–10.

Staehle, Wolfgang H. (1999): Management: Eine verhaltenswissenschaftliche Perspektive. 8. Auflage, München: Vahlen.

Steinmann, Horst/Georg Schreyögg (2000): Management. 5. Auflage, Wiesbaden: Gabler.

Sturm, Alexandra/Ilag Opterbeck/Jochen Gurt (2011): Organisationspsychologie. Wiesbaden: VS Verlag für Sozialwissenschaften.

Tomaschek, Nino (2009): Erfolgreiche Transformation von Organisationen mittels systemischer Organisationsentwicklung und Beratung. In: Tomaschek, Nino (Hrsg.): Systemische Organisationsentwicklung und Beratung bei Veränderungsprozessen. Ein Handbuch. 2. Auflage, Heidelberg: Carl-Auer, S. 9–20.

Wachter, Joris (2018): Auf Veränderung reagieren. Teamreflexion in agilen Retrospektiven. In: OrganisationsEntwicklung 1, S. 62–67.

Watzlawick, Paul (2003): Wie wirklich ist die Wirklichkeit? Wahn – Täuschung – Verstehen. München/Zürich: Piper (Sonderausgabe).

Watzlawick, Paul u.a. (1984): Lösungen – Zur Theorie und Praxis menschlichen Wandels. Bern/Stuttgart/Wien: Huber.

Werther, Simon/Christian Jacobs (2014): Organisationsentwicklung – Freude am Change. Berlin/Heidelberg: Springer.

Wimmer, Rudolf (2004): Hat die Organisationsentwicklung ihre Zukunft hinter sich? In: Organisation und Bratung. Systemtheoretische Perspektiven für die Praxis. Heidelberg: Carl-Auer.

Wimmer, Rudolf (2011): Die Zukunft des Change Managements. In: OrganisationsEntwicklung 4, S. 16–20.

Winkler, Brigitte (2012): Traust du mir – trau ich dir. Wie entsteht Vertrauenwürdigkeit? In: OrganisationsEntwicklung 1, S. 24–31.

Wiswede, Günter (2007): Einführung in die Wirtschaftspsychologie. 4., überarbeitete und erweiterte Auflage, München/Basel: Ernst Reinhardt.

Wöhrle, Armin (2002): Change Management. Organisationen zwischen Hamsterlaufrad und Kulturwandel. Augsburg: Ziel.

Wöhrle, Armin (2005): Den Wandel managen. Organisationen analysieren und entwickeln. Baden-Baden: Nomos.

Wöhrle, Armin (2011): Einführung in das Sozialmanagement und das Management in der Sozialwirtschaft. Studienbrief 2-020-0100, 2. Auflage, Brandenburg: Service-Agentur des HDL.

Wöhrle, Armin/Agnes Fritze/Thomas Prinz/Gotthart Schwarz (Hrsg.) (2017): Sozialmanagement – Eine Zwischenbilanz. Wiesbaden: Springer Fachmedien.

Wöhrle, Armin/Reinhilde Beck/Klaus Grunwald/Gotthart Schwarz (2018): Grundlagen des Managements in der Sozialwirtschaft. 3. Auflage, Baden-Baden: Nomos.

Wunderer, Rolf (2011): Führung und Zusammenarbeit. Eine unternehmerische Führungslehre. 9. Auflage, München: Wolters Kluwer Deutschland.

6. Organisationsberatung als Unterstützung des Organisationswandels oder vom Tanz mit einem unsichtbaren Geschöpf
Aus der Praxis der systemischen Organisationsberatung

Karsten Funke-Steinberg

6.1 Was ist Organisationsberatung?

6.1.1 Die Praxis „einfangen"

Seit mehr als 20 Jahren bekomme ich von meinen Kunden das Vertrauen geschenkt, sie als Organisationsberater begleiten zu dürfen. Nahezu alles, was ich heute über Organisationen weiß, verdanke ich ihnen. Auf der Grundlage dieser reichen Erfahrungen versuche ich in diesem Beitrag, Auskunft zu geben: Was mache ich da eigentlich, wenn ich Organisationen berate? Ich versuche, die folgenden Fragen zu beantworten:
– Was ist systemische Organisationsberatung?
– Wozu dient sie – und wie funktioniert sie?
– Wer braucht sie?
– Durch wen (und wie) wird sie ausgeübt?
– Welche Entwicklungen zeichnen sich für die Zukunft ab?

In der Darstellung beziehe ich mich auf zwei ausgewählte Fallbeispiele und ich würde mich sehr freuen, wenn sich der Beitrag wie ein Erfahrungsbericht liest, wie ein Streifzug durch die Erfahrungswelt eines Organisationsberaters. Kein Prozess gleicht einem anderen. Doch es gibt Muster in Organisationen, die wiederkehren, es gibt Haltungen der Beratungsperson, die sich für die Arbeit als Organisationsberaterin oder -berater bewähren und es gibt Instrumente und Vorgehensweisen, die sich als besonders nützlich herausgestellt haben. Es ist mir recht, wenn sich herauslesen lässt, dass ich mit jedem Prozess selbst mit lerne. Mit großer Hochachtung stelle ich wieder und wieder fest, wie eigenständig, kompetent und erfolgreich die Akteure in den Organisationen handeln. Es sind die seltenen Ausnahmesituationen, in denen sich einzelne Akteure entschließen, Organisationsberaterinnen und -berater einzubeziehen. Diese Ausnahmesituationen, in denen etwas weniger gut gelingt als sonst oder eine neue, unerwartete Anforderung entstanden ist, können leicht verdecken, was Menschen in der Organisation über Jahre leisten und was sie erfolgreich macht. Deshalb gehören die Fragen ebenso in die Beratung: „Was machen Sie richtig oder wozu brauchen Sie keinen Berater? Wofür sind Sie Experten? Wie erklären Sie sich Ihren bisherigen Erfolg?"

Damit habe ich bereits ein Wirkungsprinzip von Organisationsberatung und eine nützliche Haltung als Organisationsberaterin skizziert: die konsequente Wertschätzung der Anstrengungen der Akteure, ihre Organisation erfolgreich zu machen. Diese Haltung gewinnt in den Situationen noch an Bedeutung, in denen Akteure den Entschluss fassen, sich an Organisationsberaterinnen zu wenden.

Für mich ist es ein glücklicher Umstand, dass es immer von Neuem Organisationen gibt, die mich eine Zeit lang auf ihrem Weg „mitnehmen" und mich in die oft sehr anspruchsvolle, doch umso reizvollere Lage bringen, ein unsichtbares Geschöpf zum Tanz zu führen. Herzlich willkommen im Alltag eines Organisationsberaters.

Doch bevor ich Sie in den Alltag eines Organisationsberaters mitnehme, möchte ich Ihnen einen Überblick darüber geben, was Organisationsberatung ist und was Sie in meinem Beitrag erwartet.

6.1.2 Überblick über das Feld der Organisationsberatung

Organisationsberatung – Ein fortwährendes Experiment

Organisationsberatung ist im besten Sinn ein Handwerk und manchmal wohl auch eine Kunst. Worum es im Kern geht, erschließt sich erst im Tun. Deshalb gleicht alles, was sich allgemein über Organisationsberatung schreiben lässt, dem Versuch, etwa ein Buch über das Fahrradfahren zu verfassen, während wir alle wissen, dass sich die Natur des Fahrradfahrens kaum aus der Lektüre eines Buches allein erschließt. Analog dazu soll der vorliegende Beitrag Neugier auf den Nutzen wecken, der für die Akteure einer Organisation aus einem erfolgreichen Beratungsprozess erwachsen kann.

Organisationsberatung, wie wir sie heute kennen, ist aus der Anwendung geboren. In Anlehnung an eine klassische, allgemein menschliche Lernform könnten wir auch sagen: Das heutige Niveau der Organisationsberatung ist das Ergebnis aus „Versuch und Irrtum". Das heißt, auch die Methoden, die wir heute zur Grundausstattung von Organisationsberate-

6. Organisationsberatung als Unterstützung des Organisationswandels

rinnen und -beratern zählen, sind das Ergebnis hundertfacher Erprobungen in der Praxis.

Die Zutaten von Organisationsberatung

Sobald diese drei „Zutaten" zusammenkommen, sprechen wir von Organisationsberatung: wenn eine *Auftraggeberin* eine *Organisationsberaterin* mit einem *Beratungsprozess* betraut.

Das mag auf den ersten Blick selbstverständlich oder gar banal klingen. Doch es ist alles andere als trivial.

Die Tragweite

Einerseits wird der Auftrag zur Organisationsberatung stets durch (einzelne) Menschen ausgesprochen und ausgelöst. Anderseits jedoch steht der Auftrag immer im Kontext der betreffenden Organisation. Das heißt, der Beratungsprozess, der nun beginnt, bezieht sich zwar unmittelbar auf die Rolle und die Tätigkeit einzelner beteiligter Akteure, weist jedoch zugleich weit über die unmittelbar Beteiligten hinaus. Die Auswirkungen, die aus dem Beratungsprozess erwachsen können, können die ganze Organisation berühren – und mehr noch, sie können über die Organisation hinaus in die Umwelt der Organisation hineinreichen.

Nahezu immer gibt es wichtige Akteure, die nicht unmittelbar am Beratungsprozess beteiligt sind. Zur Aufgabe der Organisationsberaterinnen und -berater gehört es, sie im Verlauf des Beratungsprozesses immer von Neuem „in die Vorstellung" und damit „in den Raum" zu holen.

Die Spannung im Auftrag

Die Rolle einer Führungskraft lässt sich mit der Rolle eines „Diener dreier Herren" (Funke-Steinberg, Meilwes & Hoepfner, 2012) vergleichen. Jede Führungskraft ist gegenüber drei Rollenträgern gleichermaßen verpflichtet: gegenüber Kunden (bzw. Klientel, Hilfebedürftigen), Finanzgebern und Mitarbeiterinnen und Mitarbeitern.

Wenn wir diese Analogie um uns Organisationsberaterinnen und -berater erweitern, könnten wir uns zuschreiben, dass wir nun die Interessen von vier Beteiligten im Blick zu behalten haben. Zwar erhalten wir unseren Auftrag in aller Regel von einer Führungskraft. Jedoch stehen wir zugleich nicht allein ihr gegenüber in der Verantwortung, sondern zumindest mittelbar auch den genannten drei Rollengruppen gegenüber, denen die Führungskraft „dient".

Die Theorie zur Praxis

Es liegt nahe, dass sich die Organisationsberaterinnen und -berater all jener Modelle und Konzepte bedienen, von denen sie sich einen besonderen Nutzen in der Anwendung versprechen.

Dadurch ist verständlicherweise die Liste der Modelle und Konzepte lang, die sich aufführen ließen. In dieser Fülle liegt zugleich ein schier unerschöpfliches Potenzial, als Organisationsberaterin oder -berater herauszufinden, was dem persönlichen Stil und der Art der jeweiligen Aufträge besonders angemessen ist.

Die Auswahl der folgenden Literaturhinweise illustriert meine persönliche berufliche Entwicklung. Denn ich habe aus den Veröffentlichungen, die für mich Meilensteine in der Entwicklung der systemischen Organisationsberatung bedeuten, einige ausgewählt:

– Nevis (1988) leistet eindrucksvoll die Übertragung und Anwendung des Gestaltmodells auf die Beratung von Organisationen.
– König & Volmer (2000) bieten ein umfassendes Lehrbuch an. Es ist prägnant und pragmatisch und gibt einen m. E. noch heute gültigen Theorie- und Methodenüberblick.
– Schein (2000) legt seinem Verständnis von Prozessberatung eine entscheidende Grundlage für die heutige systemische Organisationsberatung.
– Fatzer (2005) verfolgt in seinem Sammelband den hohen Anspruch, eine gemeinsame Beratungswissenschaft der Begleitung von Veränderungsprozessen zu begründen – als einen längst fälligen Brückenschlag zwischen voneinander abgegrenzten Beratungsformaten wie Coaching, Change Management und Organisationsentwicklung.

6. Organisationsberatung als Unterstützung des Organisationswandels

Coaching und Organisationsberatung

Vielleicht versteht sich schon jetzt von selbst, dass Führungscoaching und Organisationsberatung zwei kaum zu trennende Beratungsformate sind. Denn sowohl Führungscoaching also auch Organisationsberatung setzen und zielen auf die Gestaltung des Wechselspiels zwischen Führung und Organisation.

Exemplarisch möchte ich zwei weitere Veröffentlichungen nennen, die in meinen Augen besonders für diese Brücke zwischen Coaching und Organisationsberatung stehen können:

– Dörhöfer & Loebbert (2013, S. 181ff.) geben einen prägnanten Überblick über eine Reihe von Methoden, die ebenso zur Ausstattung von Coaches wie von Organisationsberaterinnen und -beratern gehören, dazu gehört das Arbeiten mit Organigrammen, die Arbeit an internen Prozessen und an kulturellen Mustern, das Performance Coaching und das Coaching for Change.

– Mechthild Erpenbeck (2018) nimmt ihre Leserinnen und Leser mit auf eine eindrucksvolle, kurzweilige Reise durch die Landschaft ihrer Beratungserfahrungen. Ich finde es einzigartig, wie sie verschiedene Tätigkeitsfelder und Beratungsschulen integriert (Transaktionsanalyse, Gestalttherapie, Schauspiel und Psychoanalyse) und bildhaft und berührend Haltungen beschreibt, die in aller Regel unsichtbar bleiben, aber umso mehr zu spüren sind und über Erfolg und Misserfolg von Beratung entscheiden können. Alles, wovon sie schreibt, bietet (auch) den Organisationsberaterinnen und -beratern einen reichen Fundus an Schätzen, die unmittelbar auf die eigene Tätigkeit übertragbar sind – und das in zweifacher Hinsicht. Zum einen ereignet sich die Wirkung von Organisationsberatung stets *im Kontakt mit den Akteuren*, die in den Beratungsprozess einbezogen sind. Zum anderen ist die *Wirksamkeit der Akteure* in ihre Organisation hinein Gegenstand und Ziel jedes Beratungsprozesses – ob als Coaching oder als Organisationsberatung.

Change und Organisationsberatung

Die erfolgreiche Gestaltung von Entwicklungs- und Veränderungsprozessen in Organisationen oder das Lernen als Organisation können als Synonyme für erfolgreiche Organisationsberatung stehen.

6.1 Was ist Organisationsberatung?

Dadurch lesen sich Change-Handbücher wie Anleitungen zur Selbstentwicklung von Organisationen und sie geben Einblicke in das Inventar der Organisationsberaterinnen und -berater in ihrer Rolle als *Veränderungsbegleiterinnen*.

Exemplarisch dafür führe ich drei Veröffentlichungen an:
- Doppler & Lauterburg (2002) skizzieren Entwicklungsanforderungen an heutige und künftige Organisationen. Sie führen durch ihre eigene Werkstatt und bieten einen reichen Schatz an Werkzeugen, Vorgehensweisen und Erfahrungen.
- Peter Senge (1996) gibt uns die *Kerndisziplinen einer lernenden Organisation* in die Hand (Personal Mastery, Mentale Modelle, Die gemeinsame Vision, Team-Lernen) und entwickelt dann die entscheidende 5. *Disziplin*, die darin besteht, systemisch zu denken und zu handeln.
- Michael Loebbert (2008), dem Meister des Storymanagements, gelingt mit dieser Veröffentlichung ein neues Kunststück. Sein Buch liest sich wie ein knappes, unterhaltsames Handbuch für die Gestaltung von Veränderungen. Fast möchte ich es mit einer Veränderungs-Pralinenschachtel vergleichen. Doch während er uns an einer Reihe von Instrumenten, Methoden und Vorgehensweisen entlangführt, geschieht noch etwas ganz anderes: Er zeigt uns, was es noch für den Erfolg von Veränderungen braucht – mit dem Herzen dabei zu sein.

Systemische Organisationsberatung als Prozessberatung

Die Unterscheidung zwischen Experten- und Prozessberatung berührt einen Kern systemischer Organisationsberatung. Im Unterschied zur sogenannten Expertenberatung (in der ein externer Experte Wissen und Lösungen von außen mitbringt) versteht sich der systemische Organisationsberater als Prozessberater. Für den systemischen Organisationsberater ist jeder Kunde *selbst* der Experte für seine eigene Organisation, nicht der Organisationsberater. Für die Schritte des möglichen Beratungs*prozesses* sieht sich der Organisationsberater als Experte. Er bringt seine Erfahrungen in der Gestaltung von Entwicklungs- und Veränderungsprozessen mit, gibt aber der Organisation eben nicht seine „Expertenlösung" vor – weil er sie nicht hat. Stattdessen begleitet er die Beteiligten in dem Prozess, ihre eigene Lösung zu finden (und leitet diesen Prozess an).

Um es klar auszusprechen: Wenn Sie als mögliche Auftraggeberin „Lösungen von außen" erwarten, ist systemische Organisationsberatung nicht das Mittel der Wahl. Wenn Sie jedoch vor der Frage stehen, wie sich die Potenziale Ihrer Organisation noch besser nutzen und entwickeln lassen, dann durchaus.

Prozessberatung meint: „Der Klient bzw. das Klientensystem ist dabei zu unterstützen, aus seiner Sicht seine Situation zu klären, für sich Ziele zu setzen und für sich passende Lösungswege zu finden" (König/Volmer, 2000, S. 49).

Hürde und Anspruch der Erfolgskontrolle

Wolfgang Looss (2005, S. 143) nennt es sogar einen „Verzicht auf Erfolgskriterien". Meines Erachtens nennt er es aus gutem Grund so. Ob gestalttherapeutisch oder systemisch ausgerichtet – als Organisationsberaterinnen und -berater haben wir die Rolle, sehr genau zu beobachten, denn „...es geht um die Wahrnehmung der existierenden Muster und bestenfalls um die Schärfung der klientenseitigen Wahrnehmung für das Musterhafte" (ebd.).

Doch was heißt das für die Erfolgskontrolle von Organisationsberatung? Die Erfolgskontrolle gehört in die Hände der beteiligten Akteure in der Organisation. Deren Maßstab ist der wichtigste, um Erfolg von Misserfolg zu unterscheiden (und weniger der Eigenmaßstab des Beraters).

Aus diesem Grund gehört an den Beginn jedes Organisationsberatungsprozesses eine genaue Verabredung dessen, was sich die beteiligten Akteure aus der Organisation von der Beratung versprechen. Diese Verabredung bietet dem Berater die Grundlage dafür einzuschätzen, wie gut ihm das aus jetziger Sicht erreichbar scheint sowie den Weg (sprich den Prozess) auszuwählen und vorzuschlagen, der ihm am besten geeignet erscheint und die Begleitung auf diesem Weg (Prozessberatung) zu übernehmen.

6.1.3 Was Sie in dem Beitrag erwartet

Mit zwei Fallskizzen möchte ich zeigen, wie scheinbare Kleinigkeiten oder Zufälle den Anstoß und den Ausschlag für die Wahl des Vorgehens geben können.

Außerdem nutze ich die Fallskizzen dafür, ausgewählte systemische Haltungen und Methoden anwendungsnah vorzustellen wie:

- auf Unsichtbares setzen,
- analoge Methode,
- Perspektivenwechsel,
- Prozessdesign im Spannungsfeld zwischen Ethik und Wirtschaftlichkeit.

Dann stelle ich unter der Überschrift „Kraft aus der Zukunft" drei systemische Methoden im Überblick vor:
- Das Kraftfeld der Veränderung,
- Wertschätzend Erkunden (Appreciative Inquiry) und
- einen Strukturierten Zukunftsdialog.

Den drei Methoden ist gemeinsam, dass sie eine Struktur bieten, um aus dem Austausch über Zukunftsvorstellungen gemeinsame Kräfte für die Gegenwart zu schöpfen.

Anschließend widmet sich ein Abschnitt der Anwendung des Konzepts der Mikropolitik auf Organisationsberatung.

Dann wage ich einen Ausblick, wohin sich systemische Organisationsberatung in Zukunft entwickeln könnte. Dafür habe ich mehrere neue Konzepte ausgewählt, die m. E. zu Leitkonzepten in der Organisationsberatung werden können:
- Haltungen und Werte,
- Theorie U,
- Resonanz und
- Positive Psychologie.

Außerdem möchte ich auf zwei neue Herangehensweisen und Methoden hinweisen. Sie stehen für mich stellvertretend dafür, dass einzelne Organisationen und sogar ganze Branchen in wachsendem Maß verstörenden, disruptiven Entwicklungen ausgesetzt sein können, die den Akteuren und uns mit ihnen neue, noch nicht begangene Wege abverlangen können. Die folgenden beiden Methoden stehen für mich dafür, dass es möglich ist und sich lohnt, zeitig und vorausschauend damit zu beginnen, neue zusätzliche Möglichkeiten zu entdecken, auszuloten und zu erschließen:
- Succes Loop,
- Future Room.

Danach finden Sie noch eine kleine Auswahl von „Erfahrungswerten für Entscheider". Sie sollen Sie in der Abwägung und Entscheidung unterstützen, ggf. selbst Organisationsberater aufzusuchen.

Am Ende des Beitrags folgen noch die Antworten auf die Kontrollfragen, die am Ende einiger Kapitel von mir gestellt werden und das Literaturverzeichnis.

6. Organisationsberatung als Unterstützung des Organisationswandels

6.2 Auf Unsichtbares setzen

6.2.1 Ein unsichtbares Geschöpf zum Tanz führen

Organisationsberatung, was ist das? Der Name sagt es. Hier werden Organisationen beraten. Doch wer ist das, eine „Organisation" oder vielleicht besser: Was ist das? Noch provozierender könnte ich fragen, hat jemand schon einmal eine gesehen, eine ganze Organisation? Wohl kaum, denn genaugenommen sind es stets „nur" einzelne Akteure, mit denen ich als Organisationsberater in Kontakt treten kann. Und selbst wenn alle Mitglieder einer Organisation für einen Tag gemeinsam in einem Raum wären – die Menschen, die dort zu sehen wären, sind sie „die Organisation"?

Die Organisation ist immer „mehr". Denn sie existiert immer zugleich auch in all den Strukturen und Abläufen, in Beziehungen und Kontakten, in erfüllten oder enttäuschten Erwartungen, in erbrachten Leistungen usw. und ebenso in den genutzten Gebäuden und insbesondere den Zahlen auf den Bankkonten der Organisation und mehr noch darin, was hinter den Zahlen steht. Und in den Listen der jüngsten Auftragseingänge, ach, und in der Liste der Reklamationen ...

Eines ist unstrittig. Es gibt sie. Tausendfach. Doch ich möchte behaupten, gesehen, also wirklich gesehen hat sie noch keiner – diese wandelbaren, seltsam sichtbar unsichtbaren Geschöpfe, die wir Organisationen nennen. Welche Eigenschaften wohnen ihnen inne? Was macht sie so stabil und stark und im nächsten Moment vielleicht fragil und gefährdet? Was lässt sie wachsen und fortbestehen, manchmal über Jahrzehnte oder gar Jahrhunderte? Und was bringt sie manchmal von einem Moment auf den anderen an den Rand ihrer Existenz? Woraus sind sie gemacht, was haucht ihnen Lebendigkeit ein, wovon ernähren sie sich und wer sind ihre Erschaffer?

Für uns Organisationsberater und -beraterinnen bleibt die spannende Frage: Wen beraten wir eigentlich? Lassen sich solche merkwürdigen, geheimnisvollen Geschöpfe überhaupt beraten? Und wenn ja, wie geht das? Systemische Organisationsberatung ähnelt dem Tanz mit einem unsichtbaren Geschöpf – einem Geschöpf, welches den Organisationsberater zum Tanz einlädt.

6.2.2 Fallskizze 1: Den Osten erklären

Mich erreichte ein Telefonanruf einer Kollegin: „Mein Kunde sucht für ein Tochterunternehmen in Sachsen einen Berater." Auslöser sei ein eskalierter Streit zwischen einem jungen Mitarbeiter und einer gestandenen Mitarbeiterin im Betriebsrat. Nach mehreren lautstarken Auseinandersetzungen hat sie sich bei der Geschäftsführung im Stammunternehmen in Süddeutschland beschwert – so lasse sie nicht mit sich umspringen. „Möglicherweise braucht der junge Mann jemanden, der ihm den Osten erklärt. Denn er ist noch nicht lange dort. Deshalb habe ich Sie empfohlen." Ich freute mich über die Empfehlung und sprach bei der Geschäftsführung vor. Es handelte sich um ein mittelständisches Unternehmen. Im Ergebnis des Vorgesprächs lagen zwei Vorgehensweisen nahe:
1. Dem jungen Mann ein Einzelcoaching anzutragen, um ihn möglicherweise in „den Osten" einzuführen oder
2. eine Art von Konfliktmoderation zu beginnen, die zumindest die beiden Konfliktpartner einbezog.

Doch ich entschied mich für eine 3. Option. Meine Überlegung war: Angenommen, die Hypothese träfe zu und dem jungen Mann (und mit ihm dem ganzen Unternehmen) wäre geholfen, wenn er mehr über mögliche menschliche und kulturelle Besonderheiten erführe, die Menschen und Organisationen im Osten Deutschlands vielleicht charakterisieren – wieso geschieht das dann nicht vor Ort?

Im Vorgespräch hatte ich erfahren, dass der junge Mann dem (ostdeutschen) Werksleiter zur Seite gestellt worden war. Letzterer führt das Werk seit mehr als zehn Jahren. Sie sollten gemeinsam eine Art Führungsteam bilden. Das brachte mich darauf, dass der Werksleiter weitaus berufener wäre als ich, dem jungen Mann den Osten zu erklären. Diese Vorstellung lag meinem Angebot an die Geschäftsführung zugrunde. Ich wollte dafür einen Rahmen schaffen. Das Angebot sah so aus:

Durchführung von drei Arbeitstreffen mit dem Werksleiter und dem Produktmanager gemeinsam – mit den Zielen
- sich über gegenseitige Sichtweisen zum eskalierten Streit auszutauschen (Hergang, Hintergründe, drohende Schäden im Wiederholungsfall, mögliche Handlungsoptionen zur Beilegung)
- auf mögliche menschliche und kulturelle Besonderheiten „im Osten" zu sprechen zu kommen sowie
- die gegenseitigen Erwartungen an die künftige Kommunikation und Zusammenarbeit zwischen dem Werksleiter auf der einen Seite und

dem Produktmanager auf der anderen auszuloten und schrittweise umzusetzen.
Mein Angebot wurde angenommen.

6.2.3 Die Chance des Nicht-Wissens

Was ich mit dem Beispiel illustrieren möchte: Von Beginn an verfügt der Organisationsberater mehr als alle weiteren Beteiligten über die „Chance des Nicht-Wissens", wie ich es nennen möchte. Er weiß praktisch nichts – und selbst wenn, dann ist es hundertfach weniger als jeder der Beteiligten in der Organisation. Wenn er von einem oder von mehreren Beteiligten eine Stunde lang in die Situation eingeführt worden ist, so kennt er erst einen winzigen Bruchteil der Informationen, die es darüber hinaus über das Geschehen gibt, das den Anlass zur Beratung bietet, ganz zu schweigen von vielleicht weit zurückreichenden Vorgeschichten und den hochschlagenden Emotionen im Innersten der Beteiligten. Mehr noch, er wird nie alles erfahren, und vielleicht wird es nur ein kleiner Teil der Beteiligten sein, die er je zu Gesicht bekommt.

Wie berät man nun eine Organisation, die im Wesentlichen im Unsichtbaren existiert und über die nur ein minimaler Ausschnitt an Informationen zugänglich ist?

6.2.4 Dem Unsichtbaren eine Gestalt entlocken

Der Reiz und die Wirkung von Organisationsberatung liegen darin, dem Unsichtbaren eine Gestalt zu entlocken, eine Gestalt, die wandelbar ist.

Die weitgehende Unsichtbarkeit der Organisation und mein Nicht-Wissen zwingen mich als Organisationsberater dazu, aus den wenigen Informationen, die ich durch wenige Beteiligte erhalten werde, „eine ganze Organisation zu basteln". Vielleicht hat dieses Bild, das unvermeidbar in meiner Vorstellung wächst, wenig mit der Wirklichkeit der Gesamtorganisation zu tun. Das mag so sein. Aber umso mehr stellt es dann vielleicht ein gutes Spiegelbild der exklusiven, einzigartigen Auswahl an Informationen dar, die ich von den wenigen Beteiligten erhalte, mit denen ich Kontakt habe. Und irgendwie, wie weiß ich nicht, bildet sich im Bild des Einzelnen auch die gesamte Organisation ab.

Halten wir fest:
- Zwei wichtige Voraussetzungen für eine erfolgreiche Organisationsberatung sind die weitgehende Unsichtbarkeit der Organisation als Ganzes und die Unkenntnis des Organisationsberaters, also sein Nicht-Wissen, seine Ahnungslosigkeit und Naivität am Beginn jedes Beratungsprozesses.
- Oder mit anderen Worten: Seine erste vornehme Aufgabe besteht darin, aus den Bruchstücken an Informationen, Eindrücken und Beobachtungen ein einfaches, schlichtes Bild der Situation zu entwerfen, das in seiner Bescheidenheit fernab von der unternehmerischen Gesamt-Komplexität liegen wird.
- Mit Aufmerksamkeit, Neugier und fast kindlichem Staunen lässt er alles das auf sich wirken, was ihm die Beteiligten bieten. Denn was er „daraus machen wird" und welche Folgen das im weiteren Prozess haben könnte (und ob es überhaupt einen weiteren Prozess geben wird), das wird für ihn, wie auch für die Beteiligten, wahrscheinlich voll von Überraschungen sein.

Im vorliegenden Fallbeispiel war für mich die Hypothese der Kollegin handlungsleitend, dass der junge Mann einen „Ost-Erklärer" brauche. Diese Minimal-Information begründete das ganze weitere Setting. Sie brachte mich zu dem Entschluss, den Mangel an „Ost-Erklärung" als Hinweis auf ein „eigentliches" Problem zu nehmen. Sie gab mir den Anstoß zu unterstellen, es könnte vor Ort das scheinbar fehlende Erklärungspotenzial geben – um es zu finden und zu nutzen.

6.2.5 Pars pro toto – Im Teil das Ganze sehen

Die Phänomene der Unsichtbarkeit der Organisation und der Unwissenheit des Organisationsberaters könnten wie ein Dilemma für die ganze Zunft aussehen. Doch das Gegenteil ist der Fall. Wir haben hier zwei universelle Wirkprinzipien systemischer Organisationsberatung vor uns. Gerade in der weitgehenden Unsichtbarkeit der Organisation und der Unwissenheit des Organisationsberaters liegt eine schier unerschöpfliche Quelle für Inspiration, Intervention und Wirkung. Wie geht das?

In jedem Ausschnitt aus der Organisation zeigt sich auch das Ganze. Vom ersten Kontakt an beginnt ein Entdeckungsprozess, der oft einem Erfindungsprozess gleicht. Die Kunst besteht darin, den „Zusammenhang zum Ganzen" immer von Neuem zu entdecken, zu erahnen. Der Organisationsberater ist so gesehen fortwährend dabei, neue Zusammenhänge zwischen den Ausschnitten der Organisationswirklichkeit, die ihm geboten werden und dem Ganzen der Organisation herzustellen, ja, auch Zusammenhänge zu erfinden. Der Prozess des Herstellens von Zusammenhängen gleicht einer fortwährenden Suchbewegung von „Versuch und Irrtum", wie wir Psychologen es mitunter nennen. Jeder „Versuch" gibt neuen Aufschluss – anhand seiner Wirkung. Das zeigt auch: Entscheidend ist weniger, was der Organisationsberater *denkt*, als das, was er damit *macht*. Denn die Wirkung, um die es geht, ist die Wirkung in der Organisation, sprich die Wirkung „in" den Beteiligten.

Das „Kapital" des Organisationsberaters liegt in der Kombination aus seinem Nicht-Wissen und seinem Vermögen, diese riesige Leerstelle zu füllen, genauer gesagt füllen zu lassen, um dann mit dem Wenigen, was er erfährt, zu experimentieren. Sein Vorgehen ähnelt dem Umgang mit schwachen Signalen unter starkem Rauschen, d.h. dem Versuch, im Rauschen verborgene Muster zu entdecken und sich im eigenen Handeln von diesen erahnten Mustern leiten zu lassen. Diesen Vorgang nennen wir Organisationsberatung.

Er ist wie ein Tanz mit einem hoch attraktiven, doch weitgehend unsichtbaren, wandelbaren Geschöpf. Denn erst in der gemeinsamen Bewegung lerne ich sie ein wenig kennen, meine geheimnisvolle, doch umso anziehendere Partnerin.

6.2.6 Die tägliche „Erschaffung" der Organisation im wechselseitigen Wahrnehmen und Handeln der Beteiligten

Die Konsequenzen aus der Unsichtbarkeit von Organisationen reichen weit über den Prozess von Organisationsberatung hinaus. Die Unsichtbarkeit ist konstituierend für die Organisation selbst. Auch für die Angehörigen einer Organisation bleiben stets Teile der Organisation verdeckt und verborgen. Und doch handeln sie auf die ganze Organisation bezogen. Dazu *müssen* sie sich in ihrer Vorstellung ein *Bild von der Organisation* „erschaffen", um überhaupt handeln zu können. Täglich, wohl weitgehend unbewusst machen sie sich ein Bild und treffen so eine Auswahl, woraufhin sie handeln. Täglich erschaffen sie im wechselseitigen Wahrnehmen und Handeln die Organisation, deren Teil sie selbst sind und die sie uns Organisationsberaterinnen und -beratern dann präsentieren.

Zwei Konsequenzen liegen für uns nahe. Die eine: Wir verabschieden uns von der Frage: „Wie ist die Organisation wirklich"? Stattdessen fragen wir: Wie sehen die Akteure, mit denen wir Berührung haben, ihre eigene Organisation? Und wie sehen sie sich selbst als Teil und Miterschaffende der Organisation?

Die andere, wir fragen stattdessen: Was *tun* die Beteiligten? Wie handeln sie? Im Handeln liegt die Brücke zur Wirkung, sprich zur Wirklichkeit. Für uns als Organisationsberatende ist jeder und jede Angehörige der Organisation am „täglichen Erschaffen der Organisation als Ganzes" beteiligt. Es gibt in diesem Sinn keine passiv-unbeteiligten Akteure in der Organisation. Jede/r Angehörige der Organisation ist zugleich Akteur der Organisationswirklichkeit der anderen – wie der eigenen. Jede/r, der/die mit der Organisation zu tun hat, schafft Tatsachen durch das, was er/sie tut und das, was sie/er lässt. In diesen Tatsachen erst wird die Organisation lebendig und besteht fort, täglich von Neuem. So bestimmt das persönliche Bild des/der einen, das ihn/sie handeln lässt, zugleich die Tatsachen, die für andere deren persönliches Bild der Organisation ausmachen – und umgekehrt.

Seit Fritz Simon es ausgesprochen hat, wissen wir es: „Systeme kann man nicht küssen" (Simon 1997, S. 14). Und das gilt eben auch für Organisationen. Dennoch sind Organisationen Menschenwerk. Sie sind „aus Menschen" und „von Menschen" gemacht. Darum geht es: Was *tun* die beteiligten Akteure und bilden so eine im Ganzen unsichtbare Organisation? Wie handeln sie bezogen auf die Organisation, deren Teil sie sind und die sie täglich im Begriff sind, von Neuem selbst zu erschaffen?

Das ist eine Kernfrage systemischer Organisationsberatung.

6.3 Analoge Methode – Sichtbar machen, was zusammenwirkt

In der Praxis bewährt es sich, mit „tatsächlichen Bildern" zu arbeiten, z.B. einer Zeichnung oder einer Aufstellung mittels Figuren. Das Sichtbar-Machen kann sowohl durch die Beteiligten geschehen als auch durch den Organisationsberater. Figuren haben den Vorteil, dass sich mit ihnen leicht mehrere Optionen durchspielen lassen oder auch eine Entwicklung gezeigt oder vorweggenommen werden kann.

Die zwei Abbildungen zeigen eine Zeichnung und eine einfache Aufstellung wichtiger Beteiligter aus meiner Sicht als Organisationsberater.

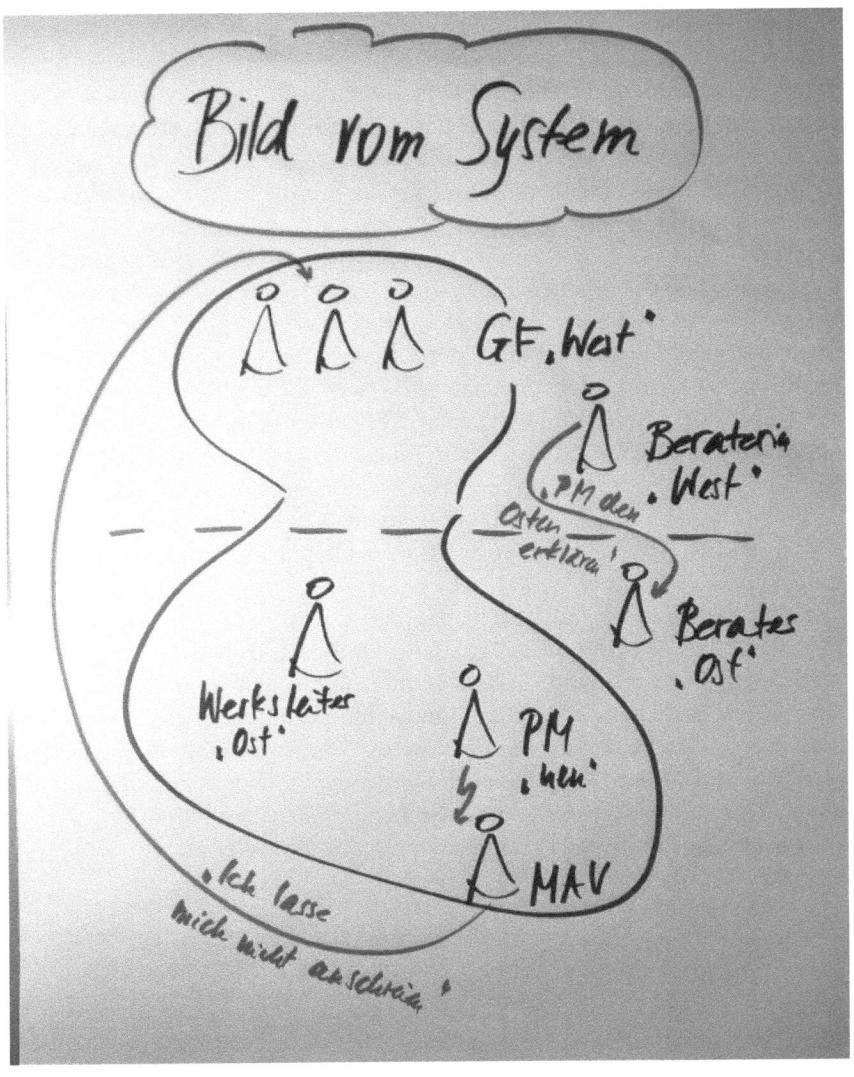

Abb. 1: Zeichnung

6.3 Analoge Methode – Sichtbar machen, was zusammenwirkt

Abb. 2: Aufstellung mit Tierfiguren

Beim Betrachten der Aufstellung fällt leicht auf, dass etwas praktisch unvermeidbar ist: Die Tierfiguren wecken in uns unwillkürlich bestimmte Assoziationen. Diese Assoziationen der Beteiligten sind es, die einen Unterschied machen können. Denn vielleicht entstehen plötzlich Hypothesen und Ideen, die maßgeblich zum Erfolg des weiteren Prozesses beitragen.

Im folgenden Kasten finden Sie eine Zusammenstellung von Arbeitsfragen unter der Überschrift: „Sichtbar machen, was zusammenwirkt". Sie haben sich als eine Art Selbstanalyse bewährt, um eine konkrete Situation im nächsten Schritt zu visualisieren.

Sichtbar machen, was zusammenwirkt
Ziel: Das „innere Bild" vom Ganzen entwerfen.
Arbeitsfragen:
– Wer sind die wichtigsten Beteiligten?
– Wie stehen sie zueinander?
– Was verbindet sie und was trennt sie?
– Was macht die Situation für mich aus?
  – Worin besteht für mich die Schwierigkeit?
  – Was würde ich gern verändern?
  – Was steht dem bisher im Weg?
– Welche Interessen verfolge ich und welche Interessen, Ziele und Anliegen haben andere Beteiligte?

Abb. 3: Sichtbar machen, was zusammenwirkt

Diese Bewegung vom unsichtbaren Ganzen hin zu einer bestimmten Gestalt gibt jedem Organisationsberatungsprozess seine einzigartige Dynamik.

Wenn wir Unsichtbares sichtbar machen wollen (Wie wirkt „alles" zusammen?), müssen wir uns auf etwas festlegen und eine Auswahl treffen. Aus der schier unendlichen Menge möglicher Zusammenhänge und möglicher Bilder müssen wir uns radikal auf eines begrenzen. In dieser Begrenzung liegt ein Schöpfungsakt im besten Sinn. Im Zwang zur Festlegung auf bestimmte (vermutete) Zusammenhänge und auf ein Bild, um sie darzustellen, liegt eine Chance zur Erschaffung einer neuen Wirklichkeit. Sie ereignet sich mit jedem Kontakt zwischen Klient und Berater. Und indem ich die Schilderung von Zusammenhängen und das zugehörige Bild auf mich wirken lasse, werde ich zum Teil dieser Wirklichkeit und kann mein eigenes Bild zur Verfügung stellen. Wir werden Zeugen dessen, wie beteiligte Akteure ein Bild entwerfen, das ihre Sicht- und Handlungsweise erklären kann – oder auch ihre offenen Fragen oder ihre Unsicherheit.

Zugleich entsteht – ebenfalls unvermeidbar – in unserer Vorstellung ein extrem reduziertes Bild der Situation und der Organisation. Indem wir dieses Bild offenlegen und in den weiteren Prozess einfließen lassen, werden wir als Organisationsberater selbst zum Akteur der „Neu-Erschaffung der Organisation". Wenn es gelingt, die Akteure in die Lage zu versetzen, ihre

Sicht auf die Organisation zu generieren, auszudrücken, offenzulegen, bildet sich für einen Moment der Schaffensprozess ab, der jeder Organisation erst Lebendigkeit verleiht. Die Akteure einer Organisation können gar nicht anders, als auf ihr „Bild im Kopf" hin zu handeln und erschaffen so die Organisation in ihrem täglichen Tun selbst. Organisationsberatung bietet eine Schleife an. Sie schafft einen zusätzlichen Raum. Sie lädt ein, für einen Moment innezuhalten und sichtbar zu machen, was sonst im Verborgenen geschieht: die fortwährende Neu-Erschaffung der Organisation durch die Beteiligten in ihrem aufeinander bezogenen Handeln.

Das hält allerdings eine Herausforderung bereit: Vom Moment dieser Einsicht an wird der Organisationsberater auf die Frage verzichten müssen, ob das Bild, was andere ihm bieten (oder was in seiner Vorstellung entsteht), richtig oder falsch sei. Zumindest sollte er sich vor einer Antwort besser hüten. Denn damit, dass ein Akteur der Organisation dieses Bild hat und ausdrückt, ist es ein „richtiges Bild" – selbst dann, wenn er der Einzige wäre, der sie so sieht. Mehr noch, der Organisationsberater sollte selbst den Mut aufbringen, Bilder zu entwerfen und zur Verfügung zu stellen, von denen er ahnt, dass er vielleicht der Einzige ist, der diese Zusammenhänge so sieht. Vielleicht wurde er deshalb beauftragt – für seine einzigartige Sicht auf die Situation, für seinen Blick „auf das Unsichtbare", das Verborgene, für sein Gespür für Muster und mögliche Lösungen. Es geht nicht darum, ob es „wahr" ist. Das Kriterium ist ein anderes. Die eigentlichen Fragen sind: Wem nützt dieses Bild? Welche Schlüsse lässt es zu? Welche Handlungen legt es nahe? Dabei wird deutlich, dass sich in aller Regel erst rückblickend beurteilen lässt, ob dieses Bild einen Nutzen brachte, ob es Sinn machte. Doch das ist es gerade. Es geht nicht um richtig oder falsch, sondern um nützlich oder nicht. Um das zu beurteilen, bedarf es eines Auftrags, genau genommen zweier Aufträge.

6.4 Der „zweite Auftrag"

In Prozessen zur Organisationsberatung können „Auftraggeber" und „Klient" auseinanderfallen, also verschiedene Personen sein. Das ist sogar in der Regel so. Nahezu immer ist es eine „höhere Führungskraft", die einen Auftrag an den Organisationsberater richtet, in dem es meist auch um die Beratung von nachgeordneten Mitarbeiterinnen und Mitarbeitern oder Führungskräften gehen soll.

Beide Aufträge sind gleichermaßen wichtig. Der erste Auftrag ist der gemeinhin eigentliche. Ohne ihn gibt es keinen Prozess. Die Auftraggeberin bestimmt, worauf der Beratungsprozess ausgerichtet ist, wohin er führen soll. Hier wird das Kriterium gelegt: Was konkret heißt „erfolgreich"? Die Beschreibung des angestrebten Erfolgs durch die Auftraggeberin setzt den Rahmen, um praktische Schritte und Ergebnisse im Lauf des Beratungsprozesses als nützlich (oder als weniger nützlich) zu werten.

Weil oft weitere Menschen am Beratungsprozess unmittelbar beteiligt sind, kann ein „zweiter Auftrag" erforderlich sein, um den Prozess erfolgreich zu gestalten.

Zurück zur Fallskizze 1: Der Geschäftsführer erteilte mir den Auftrag, diese drei Treffen durchzuführen. Ich konnte nicht wissen, welches Interesse die beiden Führungskräfte vor Ort überhaupt daran haben, mit mir an den Anliegen zu arbeiten, die ich im Angebot formuliert hatte. Klar war, dass die Beratung nur dann stattfinden könnte (und aussichtsreich wäre), wenn sich auch die beiden Betreffenden einen Nutzen für sich und für ihre Funktion versprechen würden. Mit anderen Worten, ich brauchte einen „2. Auftrag", wie ich es nenne – zusätzlich zum bereits erteilten Auftrag des Geschäftsführers, einen Auftrag seitens der beiden Führungskräfte vor Ort. Damit meine ich persönliche Erwartungen, die sie in einen möglichen Beratungsprozess setzen. Ohne diesen zweiten Auftrag hätte die Beratung zwangsläufig mit dem ersten Treffen geendet. Zwangsläufig. Und tatsächlich, die Zweifel beider waren groß, ob es eine Beratung für sie bräuchte und ob es richtig sei, mit mir zu arbeiten. Wir verständigten uns gemeinsam darauf, dass diese drei Treffen zugleich dazu dienen sollten, gemeinsam festzustellen, ob es Anliegen und Ziele beider gibt, die im Rahmen eines Beratungsprozesses verfolgt werden könnten.

Es kam zu den drei Arbeitstreffen, einer Auswertung gemeinsam mit dem Geschäftsführer und einem anschließenden Prozess zur „Führungsteam-Entwicklung". Er bestand aus 6 x 1 Tag im Verlauf eines Jahres und die Inhalte waren

– die Vertiefung der Zusammenarbeit zwischen beiden,
– die Entwicklung einer Kultur des gemeinsamen Führungshandelns und
– die Weiterentwicklung der Organisations- und Führungsstrukturen in ihren beiden Verantwortungsbereichen.

Am Ende eines Jahres stand eine gemeinsame Auswertung mit dem Geschäftsführer. Ein solcher Beratungszyklus wurde in mehreren Folgejahren analog durchlaufen.

Gelernt habe ich in diesem Prozess vor allem
- scheinbar fehlende Ressourcen zuerst im Auftrag vergebenden System selbst zu suchen – hier das Erklärungspotenzial „Ost" durch den Werksleiter,
- die persönlichen Anliegen und Ziele derjenigen, denen die Beratung gilt, ebenso wichtig zu nehmen wie den formellen Anlass – durch die Konzentration auf Führungsthemen und die Zusammenarbeit beider wurde der ursprüngliche Konflikt fast „nebenbei" mitbewältigt – sowie
- aus verschiedenen Beratungsformen und Entwicklungsinstrumenten ein Vorgehen maßzuschneidern – hier durch eine Kombination aus Führungscoaching und Teamentwicklung sowie aus Führungstraining und Strukturentwicklung.

Das, was ich hier zweiten Auftrag genannt habe, besitzt eine Analogie zur Führungsrolle etwa eines Sozialmanagers: Diese Rolle folgt einerseits den Aufträgen (sprich Erwartungen), die aus der Hierarchie stammen. Doch um sie erfolgreich umzusetzen, wird die Führungskraft nahezu immer darauf angewiesen sein, von den Nachgeordneten immer von Neuem zu erfahren, welche Erwartungen sie als Leistungsträger in die Führungskraft setzen, um selbst so erfolgreich wie möglich sein zu *können*. Auch den Auftrag seitens der Mitarbeiterinnen und Mitarbeiter an die Führungskraft könnte man einen zweiten Auftrag nennen.

6.5 Perspektivenwechsel

Der Perspektivenwechsel ist ein weiteres Instrument der systemischen Organisationsberatung und vielleicht mehr noch eine Haltung. Die Haltung des Perspektivenwechsels entstammt zwar zunächst systemischen Beratungsstrategien, doch sie ist ebenso geeignet, sie unmittelbar auf das Führungsverhalten als Sozialmanager zu übertragen.

In klassischen Beratungsformen liegt der Schwerpunkt der Aufmerksamkeit oft
- auf der Vergangenheit: „Was hat sich genau wie ereignet?",
- auf Defiziten: „Was fehlt?" und
- auf dem Problem: „Worin liegt das Problem – und was ist außerdem noch problematisch?"

Diese drei Perspektiven behalten auch in der systemischen Arbeit ihre Bedeutung, doch sie sind nur Zwischenschritte, in denen eine Verführung liegt. Sie besteht darin, sie endlos zu vertiefen, denn wir werden immer

von Neuem fündig, wenn wir diese Fragen inhaltlich immer weiter spinnen. Stattdessen hat sich im systemischen Arbeiten bewährt, zeitig auf die alternativen Perspektiven zu kommen:
- auf die Zukunft: „Was könnte sich auf welche Weise zum Besseren entwickeln?"
- auf Ressourcen: „Worauf lässt sich aufbauen? Welche Ressourcen sind bereits verfügbar? Welche könnten hinzukommen? Auf welche Weise könnten sie hinzukommen?"
- auf Lösungen: „Wie könnte eine praktische Lösung für das bestehende Problem aussehen? Wer hätte was von dieser Lösung? Wer könnte was dazu beitragen?"

Im folgenden Kasten finden Sie eine Liste mehrerer Fragen für den Wechsel der Perspektiven.

Die Konzentration auf die Zukunft lässt fragen:
- Wie sieht die Wunschzukunft aus?
- Welche Wege gibt es dorthin?
- Welche Veränderungen möchte ich bewirken?
- Wie stelle ich das am besten an?

Die Konzentration auf die Ressourcen lässt fragen:
- Was ist da (anstatt was fehlt)? Was hat schon einmal geholfen, als viel gefehlt hat?
- Was geht (anstatt was geht nicht)?
- Worauf lässt sich aufbauen?
- Was könnte – auf welche Weise – vielleicht hinzukommen?
- Was könnte das unterstützen und erleichtern?

Die Konzentration auf Lösungen lässt fragen:
- Was könnte <u>ich</u> anders machen als bisher?
- <u>Wer</u> könnte <u>was</u> anders machen als bisher?
- Wie könnten weitere Lösungen aussehen?
- Worauf ist nur noch keiner gekommen?
- Was könnten erste Zeichen für Erfolg sein?

Abb. 4: Wechsel der Perspektiven

6.6 Gewachsene Muster und der Umgang mit Komplexität

In Organisationen stoßen wir auf zweierlei Arten von Mustern. Einerseits schafft jede Organisation Strukturen in Form von arbeitsteiligen Aufgaben (Zuständigkeiten) und regelhaften Abläufen (Prozessen). Man könnte sa-

6.6 Gewachsene Muster und der Umgang mit Komplexität

gen, die geschaffenen Strukturen sind verstetigte, zu Mustern geronnene Abläufe. Auf der anderen Seite prägen sich menschliche und kulturelle Muster in Form täglicher Verhaltensweisen aus, die sich wiederholen können. Sie hängen eng mit den Haltungen und Wertvorstellungen zusammen, aus denen heraus gehandelt wird. Die Haltungen jedes Einzelnen prägen einerseits die gemeinsame Kultur einer Organisation. Umgekehrt prägt die Kultur einer Organisation die individuellen Haltungen.

Muster dienen der Bewältigung von Komplexität. Es ist eine Kernkompetenz von Organisationen, Komplexität reduzieren zu können. Sie sind wahre Meister darin, aus einzigartigen Kundenwünschen wiederholbare Leistungen zu machen. Das Vermögen der Akteure liegt darin, im besten Sinn Routinen zu schaffen. Diese Routinen machen die Organisation erfolgreich, doch nicht immer. In seltenen Fällen können sie auch das Gegenteil bewirken und dem Erfolg der Beteiligten im Weg stehen.

Aber wie erkennen die Akteure, wann ihre Routinen (Strukturen und Muster) zum Erfolg führen und wann nicht? Oder mit anderen Worten, wie kommt die Komplexität zurück in die Organisation, wenn sie „zu erfolgreich" reduziert wurde?

Wir können die Einbeziehung von Organisationsberaterinnen und -beratern als einen Weg von Organisationen ansehen, Komplexität zu erhöhen, nachdem sie erfolgreich reduziert worden war. Damit könnte sich ihre Aufgabe so beschreiben lassen: Erkennen, welche erfolgskritischen „Nebenwirkungen" die Muster haben könnten, die die Organisation vielleicht über längere Zeit erfolgreich gemacht haben.

Aber Vorsicht, erst eine Haltung der Hochachtung und Wertschätzung den Akteuren und der ganzen Organisation gegenüber bringt den Organisationsberater in die Lage, mit Beteiligten gemeinsam dieser sensiblen Frage nachzugehen. Diese Haltung wird spätestens dann zum Schlüssel erfolgreicher Veränderungen, wenn die Beteiligten bzw. der Organisationsberater fündig geworden sind. Jetzt kommt es darauf an, anscheinend dysfunktionale Strukturen oder (Verhaltens-)Muster und Haltungen auf ihren bisherigen Wert hin zu untersuchen, d.h. zunächst einmal festzustellen: Welches Potenzial liegt in ihnen, welchen Erfolgsbeitrag leisten sie möglicherweise seit Jahren schon – und was könnte verloren gehen, wenn man sie vorschnell verändern oder ganz abschaffen wollte?

Die Haltung als Organisationsberaterinnen und -berater zeigt sich darin:
- Was ich auch immer als Organisationsberater entdecke oder vermute, ich sollte Zweifel an der eigenen Sicht behalten, also für möglich halten, dass ich mich in meiner Bewertung irren könnte und die ganze

Komplexität der Situation vielleicht noch nicht hinreichend erfasst habe und
- ich sollte der Überzeugung bleiben, dass die Beteiligten gerade auch dann das Beste für die Organisation wollen, wenn es so aussieht, als stünden sie sich selbst oder einander im Weg.

6.7 Ethik vs. Wirtschaftlichkeit

6.7.1 Ein grundlegendes Konfliktmuster im Sozialbereich

Im Sozialbereich, insbesondere bei konfessionellen Trägern, begegnet mir wiederholt der Konflikt zwischen dem Gebot ethischen Handelns auf der einen Seite und dem Gebot der Wirtschaftlichkeit auf der anderen. Ich greife diesen Grundkonflikt heraus, um an diesem Beispiel zu zeigen, auf welche Weise tief liegende Spannungsfelder als wiederkehrende Konfliktquellen im Alltagshandeln der Beteiligten zutage treten können. Ich stoße auf Beteiligte, die mit großer Selbstverständlichkeit und Professionalität mit diesem Spannungsfeld umgehen. Es ist ihnen sehr vertraut. Doch nur manchmal schätzen sie es. Meist nehmen sie es eher als ein Dilemma wahr. Das ist es in gewisser Weise auch.

Ich möchte für eine Sichtweise eintreten, in solch grundlegenden Spannungsfeldern zugleich eine bedeutende Energiequelle und Existenzgrundlage für die ganze Organisation zu sehen. In meinen Augen ist an einer Tätigkeit im Sozialbereich besonders sinnstiftend, Menschen im Bewältigen von „ungelösten" Spannungsfeldern des eigenen Lebens zu begleiten. Ebenso ist es für mich als Organisationsberater eine zutiefst erfüllende Aufgabe, Organisationen darin zu begleiten, die Spannungsfelder, die deren Existenz begründen, in ihrer ganzen Komplexität auszuhalten, sie zu bewältigen und im besten Sinn zu nutzen.

Menschen, die im Sozialbereich tätig sind, stoßen immer von Neuem auf die Frage, was im Zweifel wichtiger ist:
- die Erfüllung des ethischen Auftrags zur Hilfeleistung (der noch dazu religiös begründet sein kann) oder
- das unternehmerische Gebot der Wirtschaftlichkeit?

Anders gefragt: Wann ist es vertretbar und angemessen, ein wirtschaftliches Defizit in Kauf zu nehmen, wenn sich eine bestimmte Hilfe nur um diesen Preis leisten lässt – und wann verbietet sich das?

6.7 Ethik vs. Wirtschaftlichkeit

Die Tragweite dieses Konflikt ist groß: Je mehr eine ethische oder zugleich religiöse Grundhaltung zum Helfen verpflichtet, erscheint die Antwort klar. An erster Stelle soll der Mensch stehen, der der Hilfe bedarf. Andererseits ist ein bestimmtes Maß an Ressourcen für jeden Menschen, der sich zur Hilfeleistung entscheidet und ebenso für jede Organisation, die sich der Hilfeleistung verschrieben hat, existenz- und lebensnotwendig. Die Antwort auf die o.g. Frage hat drastische Konsequenzen. Die eine: Sie entscheidet darüber, welche Hilfe geleistet wird – und welche im Zweifel nicht. Die andere liegt darin zu fragen: Was geschieht, wenn die Hilfe trotz mangelnder Ressourcen geleistet wird? Welches Defizit entsteht? Wo entsteht es? Wie kann es ausgeglichen werden? Was droht wem, wenn es nicht ausgeglichen werden kann? Wir könnten in diesem Konflikt eine Art „Existenzkonflikt" des Sozialbereichs erkennen. Die jeweilige Entscheidung *muss* getroffen werden. Sie kann zur Folge haben, dass entweder auf Dauer Hilfeleistungen in Größenordnungen wegfallen werden oder aber – ebenfalls auf Dauer – eine Verausgabung von Ressourcen stattfindet, die den Einzelnen oder sogar ganze Organisationen an den Rand ihrer Existenz bringen kann (zur Vertiefung siehe: Wöhrle 2016).

Es gibt keine Leistungssparte in der Sozialwirtschaft *ohne* diesen Konflikt. Wir könnten auch sagen, dieser Konflikt war der Grund oder „Geburtshelfer" der Sozialwirtschaft. Beide Sichtweisen sind m.E. vertretbar. Doch zwischen ihnen liegen Welten. Ich kann in dem beschriebenen Grundkonflikt ein bedauerliches Dilemma sehen, welches immer von Neuem existenzbedrohende Züge annehmen kann. Oder ich kann in dieser Spannung einen Umstand sehen, der den heutigen Sozialbereich erst hervorgebracht hat und auf diese Weise Existenzgrundlage für die Trägerorganisationen sozialer Dienstleistungen bietet und für die Familien der in ihnen Beschäftigten.

Wenn die Dilemma-Sicht dominiert, werde ich eher fragen: „Was droht wem?". Ich werde das kleinere Übel wählen, doch es bleibt ein Übel. Wenn dagegen die Chancen-Sicht dominiert, werde ich eher fragen, „Was braucht es heute, um in diesem wichtigen Konflikt handlungs- und entscheidungsfähig zu sein?". Diese zweite Sicht macht die Chance größer, die Ressourcen, die verfügbar sind, zu sehen und ihren Wert zu schätzen, auch wenn sie – selbstverständlich – begrenzt sind und begrenzt bleiben werden. Wir könnten sogar den Schluss ziehen, dass der Fortbestand dieses Konflikts eine Grundlage für den Fortbestand des heutigen Sozialbereichs darstellt und der Sozialbereich, ähnlich der Metapher vom elektrischen Strom, aus diesem Spannungsfeld auch in Zukunft seine existenzentscheidenden Impulse und Ressourcen erhält.

Die Wurzeln des Sozialbereichs sind m. E. noch heute Teil seiner „Natur". In dem wiederkehrenden Konflikt sehe ich deshalb viel weniger ein Dilemma als eine Legitimation und Existenzgrundlage. *Weil* es so ist, weil es diesen ungelösten Konflikt gibt, darum gibt es den Sozialbereich in seiner heutigen Form.

Eine gesicherte Finanzierung der Leistungen bedeutet eine gelungene Reduzierung der Komplexität. Die Wirklichkeit bleibt komplexer: Ressourcen sind immer wieder Grenzen gesetzt. Aber innerhalb dieser Grenzen und manchmal vielleicht gerade angesichts dieser Grenzen wird im Sozialbereich täglich Großartiges geleistet.

Die folgende Fallskizze soll illustrieren, wie dieser Grundkonflikt im Alltag einer großen Organisation im Sozialbereich Wirkung zeigt und wie ein Beratungsprozess aussehen kann, der diesen Konflikt und seine Bewältigung zum Gegenstand hat.

6.7.2 Fallskizze 2: Diakonischer Auftrag vs. Kostendeckung

In einem großen diakonischen Träger in Sachsen-Anhalt, mit dem ich seit Jahren als Organisationsberater zusammenarbeite, machte ich zwei gegenläufige Trends im Umgang mit diesem immer neuen Konflikt aus.
– Beim Vorstand schien anzukommen, dass die Einrichtungsleitungen im Zweifel klar für die Bewohnerinnen und Bewohner Partei ergreifen und wirtschaftliche Defizite in Kauf nehmen, um die Hilfen in ihren Augen angemessen zu leisten. Der Vorstand las das in einzelnen Einrichtungen an der Entwicklung wirtschaftlicher Zahlen ab. Für ihn war klar, ein auf Dauer wachsendes wirtschaftliches Defizit ist nicht vertretbar, denn letztendlich gefährdet es die weitere Existenz der ganzen Organisation.
– Umgekehrt schien bei den Einrichtungsleitungen das Bild an Schärfe zu gewinnen, der Vorstand stelle im Zweifel den ethisch-religiös begründeten Auftrag an die zweite Stelle – hinter die Wirtschaftlichkeit.

Allerdings – und hier kam ich als Organisationsberater ins Spiel – wurde diese Kontroverse kaum direkt ausgetragen, denn zwischen Vorstand und Einrichtungsleitungen gab es eine weitere Führungsebene – die Fachbereichsleitung.

6.7 Ethik vs. Wirtschaftlichkeit

Ich entschloss mich daraufhin, an den Fachbereichsleiter heranzutreten und ihm einen Prozess vorzuschlagen, der eine Ausnahmesituation schaffen sollte, nämlich einen Dialog über den Grundkonflikt und dessen gemeinsamer Bewältigung – unter Einbeziehung aller drei Hierarchieebenen. Der Prozess kam zur Durchführung und bestand aus folgenden Schritten:

1. **Vorschlag an den Vorstand.** Fachbereichsleiter und Organisationsberater schlugen dem Vorstand einen mehrschrittigen Prozess vor, der auch den unmittelbaren Dialog zwischen Vorstand und Einrichtungsleitungen einschließen sollte.
2. **Einführung in den Prozess auf Ebene der Einrichtungsleitungen.** Fachbereichsleiter und Organisationsberater führten die Einrichtungsleitungen (und deren Stellvertretungen, insgesamt 12 Führungskräfte) in den beabsichtigten Prozess ein.
3. **Bildung von fünf Themengruppen.** Unter fünf Themen – Mission, Finanzen, Prozesse, Ressourcen, Innovation – wurden Gruppen gebildet. Die Gruppen trafen sich separat und bereiteten eine Art von Experteninterview vor. Für die Themen Mission und Finanzen waren die Vorstände als Interviewpartner gesetzt. Für die anderen Themen wurden organisationsinterne Experten eingeladen. Die Fragen zielten unter dem jeweiligen Thema immer auf den praktischen Umgang mit dem Grundkonflikt zwischen diakonischem Auftrag und Wirtschaftlichkeit ab.
4. **Durchführung von fünf Dialogveranstaltungen.** Nach dieser Vorbereitung wurden fünf Dialogforen mit den beteiligten Führungskräften und den zusätzlichen internen Gesprächspartnern durchgeführt. Die Interviewfragen boten jeweils den Start in den Dialog der Einrichtungsleitungen mit dem Vorstand bzw. den weiteren Gesprächspartnern.
5. **Ergebnisauswertung.** Nach der Durchführung der 5. Dialogveranstaltung wurden die Ergebnisse des Prozesses mit Vorstand und Fachbereichsleitung ausgewertet. Parallel zu diesem Prozess gelang die wirtschaftliche Konsolidierung einzelner Einrichtungen. (Letzteres betrachte ich als Organisationsberater eher als ein glückliches Zusammentreffen, denn der „Dialogprozess" hat mit seinem bescheidenen Umfang bestenfalls einen zusätzlichen Beitrag geleistet, die wirtschaftliche Situation der Einrichtungen zu konsolidieren.)
6. **Fortschreibung des Prozesses.** Nach Abschluss dieses Prozesses fiel die Entscheidung, ihn um weitere 1,5 Jahre zu verlängern. Praktisch war „nebenher" ein neues Beratungsformat entstanden. Es bestand in

sechs Klausuren in 1,5 Jahren (je ½ Tag). An diesen Klausuren nehmen die Einrichtungsleitungen und Stellvertretungen teil. Darüber hinaus werden je nach Anliegen und Thema weitere Beteiligte aus der Organisation eingeladen. Die Treffen werden zwischen Fachbereichsleiter und Organisationsberater jeweils inhaltlich abgestimmt und vorbereitet. Die mögliche Einladung des Vorstands zu einem der Arbeitstreffen ist zu einer festen Größe des Prozesses geworden.

Aus diesem Prozess habe ich als Organisationsberater bestätigt gesehen bzw. gelernt:

– Führungskräfte aus drei Hierarchie-Ebenen gehören nur dann in eine gemeinsame Veranstaltung, wenn für alle Beteiligten ersichtlich ist, welche Ziele und Erwartungen diese Ausnahme begründen und wenn der inhaltliche und methodische Rahmen auf diese Ausnahmesituation zugeschnitten ist.
– Die externe Moderation eines solchen Prozesses kann eine sehr wirkungsvolle Intervention sein, denn sie schafft eine Besonderheit: In diesen Klausuren übt der Fachbereichsleiter wie sonst auch seine ganze persönliche Verantwortung aus, legt aber (ausnahmsweise) die „Prozessverantwortung" für die Zeit der Arbeitstreffen in die Hände des externen Moderators.
– Es bleibt entscheidend, dass die Ziele und Themen in der Regie des Fachbereichsleiters verbleiben, von ihm entworfen und vertreten werden und er sich im Dialog mit den ihm nachgeordneten Führungskräften wie mit dem Vorstand unmittelbar unterstützt fühlt.

6.8 Die Kraft aus der Zukunft – Ein Blick in den Werkzeugkasten

Es klingt selbstverständlich, dass jeder Organisationsberatungsprozess auf die Zukunft gerichtet ist – wie wohl auch jeder Beratungsprozess überhaupt. Doch systemische Beratung versucht, noch einen Schritt weiterzugehen. Sie versucht, die Beratung „in der Zukunft" zu führen. Der systemische Berater begleitet seine Klienten im übertragenen Sinn auf einen Ausflug in ein Land, welches es noch nicht gibt, das aber im Begriff ist zu entstehen und zu einem Teil vom Klienten selbst erst erschaffen wird.

Der Klient steht vor der Frage, wie es gelingen kann, dass seine Wunschvorstellungen von der Zukunft soweit als möglich „zur Gegenwart" werden. Auftrag und das Selbstverständnis systemischer Beratung liegen darin, ihn dabei zu unterstützen und zu begleiten.

6.8 Die Kraft aus der Zukunft – Ein Blick in den Werkzeugkasten

Im Zuge dessen sind eine Reihe von Methoden entstanden, die allesamt einer Absicht folgen: die Beratungsklienten „von der Zukunft her" zu begleiten. Eine Methode, mit der ich reiche Erfahrungen sammeln konnte, möchte ich hier kurz vorstellen. Denn sie ähnelt einem „Ausflug in die Zukunft", an deren Schwelle die Beteiligten stehen:

6.8.1 Das Kraftfeld der Veränderung

Im Vorfeld und im Verlauf jeder Veränderung stellen sich zwei Fragen:
1. Was könnten Beteiligte tun (oder unterlassen), wodurch sie der Veränderung zum Erfolg verhelfen?
2. Was könnten Beteiligte tun (oder unterlassen), wodurch sie den Erfolg der Veränderung schmälern, verhindern oder gar unmöglich machen?

In dieser Spannung ereignet sich jede Veränderung. Das Modell versucht, jeder Blickrichtung das gleiche Gewicht zu geben. Sie sind gleichermaßen wirksam, wirken oft aber unbemerkt und im Verborgenen. Das Modell dient dazu, die kontroversen Blickrichtungen „an die Oberfläche" zu holen, um sie spürbar und nutzbar zu machen.

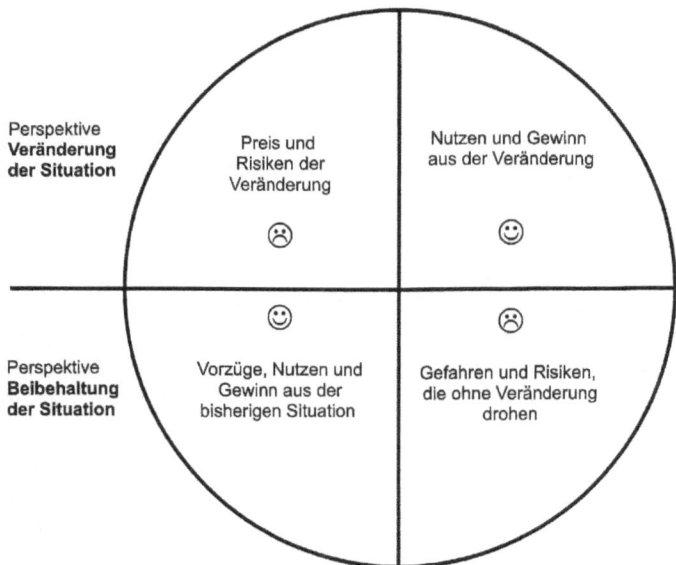

Abb. 5: Das Kraftfeld der Veränderung (www.dieberaterwerkstatt.com)

Stellen Sie sich ein Fernrohr vor, welches über Zauberkräfte verfügt. Es vermag Ihnen das „Kraftfeld der Zukunft" zu zeigen, in dem sich der Erfolg Ihrer Veränderung entscheiden wird. Noch dazu zeigt es die Zukunft zweigeteilt. In den oberen beiden Kreissegmenten zeigt es Ihnen,
– Nutzen und Gewinne, die für Sie selbst und weitere wichtige Beteiligten aus der Veränderung erwachsen könnten und
– die möglichen Nachteile und Risiken, die für Sie und weitere Beteiligte mit der Veränderung einhergehen könnten.

Analog dazu zeigen Ihnen die unteren beiden Kreissegmente den Zukunftsausblick „ohne Veränderung", also
– die Vorzüge und (guten) Gründe, die zur bisherigen Situation (zur Situation vor der Veränderung) geführt haben und
– die Gefahren, Schäden und Befürchtungen, die wichtigen Beteiligten „ohne Veränderung" drohen könnten.

Für jedes der vier Kreissegmente gibt es eine Schlüsselfrage. Diese Fragen werden mitunter auch „Kraftfeld-Fragen" genannt. Den „Kraftfeld-Fragen" wie dem skizzierten Modell liegt die Auffassung zugrunde, dass aus den Beweggründen wichtiger Beteiligter die Kräfte stammen werden, die in der Zukunft über den Erfolg (oder Misserfolg) einer angestrebten Veränderung entscheiden werden.

Die Anwendung des Modells vom „Kraftfeld der Veränderung" besteht darin, eine Art von Verhandlungssituation zu schaffen, in der jede der vier Perspektiven die gleiche Aufmerksamkeit erhält. Das Kraftfeld zu „verhandeln" bedeutet, Brücken zwischen den teils gegensätzlichen Perspektiven zu schlagen. Denn ein Phänomen zeigt sich immer wieder: Führungskräfte sind in aller Regel die entscheidenden Impulsgeber für Veränderungen in Organisationen. Für sie lässt sich meist relativ leicht sagen, was ohne Veränderung droht und welchen Nutzen und Gewinn dementsprechend die Veränderung bringen soll. Für Mitarbeiterinnen und Mitarbeiter sieht das oft anders aus. Sie werden meist erst deutlich später in die Abwägung der Beweggründe und Folgen einbezogen, die der Entscheidung für Veränderungen vorausgeht. Hinzu kommt, dass sie nahezu immer den Hauptteil der Lasten von Veränderung zu schultern haben. Diese beiden Umstände tragen dazu bei, dass sich die Mitarbeiterinnen und Mitarbeiter im Moment der Information über eine beabsichtigte Veränderung *emotional* auf der „anderen Seite" wiederfinden und ihre Aufmerksamkeit möglicherweise stärker durch die Nachteile und Risiken der Veränderung gebunden wird sowie durch die Vorzüge der bisherigen Situation.

Der praktische Einsatz dieses Modells bietet sich in zwei aufeinanderfolgenden Phasen jedes Veränderungsprozesses an:
1. Im Vorfeld der Entscheidung über eine mögliche Veränderung bzw.
2. wenn die Entscheidung bereits gefallen ist.

Im ersten Fall dient das Modell dazu, eine Entscheidung „aus der Zukunft heraus" zu treffen, sprich einen mentalen Ausflug in die Zukunft zu starten und diese vier Perspektiven en détail auszumalen – und gleichrangig in die Entscheidungsfindung einfließen zu lassen.

Im zweiten Fall liegt der Wert dieses Modells darin,
- die Mitarbeiterinnen und Mitarbeiter dort abzuholen, wo sie zumeist mehrheitlich zum Zeitpunkt der Information über die beabsichtigte Veränderung sind, nämlich im Bewusstsein der Vorzüge der bisherigen Situation und der Risiken, Nachteile und Unwägbarkeiten, die mit der Veränderung einhergehen könnten,
- diese Beweggründe, die zunächst der Veränderung entgegenzustehen scheinen, bestmöglich mit den Gründen und Zielen der Veränderung zu verknüpfen und
- so das Spannungsfeld offen und transparent zu machen, in dem sich der Erfolg der Veränderung entscheiden wird.

Durch die Anwendung dieses Instruments kann es gelingen, die Beweggründe, die zunächst offensichtlich der Veränderung entgegen gerichtet sind, offenzulegen und wertzuschätzen, sie zu mildern oder besser noch, für den Erfolg der Veränderung zu nutzen.

Eine PDF-Datei mit elf Arbeitsblättern zur Anwendung des Kraftfeld-Modells finden Sie unter www.dieberaterwerkstatt.com (Stichwort: Arbeitsunterlagen).

6.8.2 Wertschätzend Erkunden (Appreciative Inquiry)

Wertschätzend Erkunden ist eine Methode zur selbsttragenden Entwicklung von Organisationen. Eine Einführung in die Methode samt Anleitung zur Umsetzung findet sich in Matthias zur Bonsen & Carol Maleh (2001).

Grundannahmen
- Jede Organisation verfügt über hohe, doch oft noch verdeckte Leistungspotenziale, die „manchmal bereits aufblitzen".

– Jede Organisation entwickelt sich in die Richtung dessen, worauf die Beteiligten ihre Aufmerksamkeit richten.

Interview

Den Start in diese Methode stellt ein gegenseitiges Interview dar, das je ein Teilnehmer mit einem zweiten führt (und dann umgekehrt). Dieses Interview besteht aus vorbereiteten Fragen in drei Bereichen:
– Herausragende Erlebnisse: Was sind „Sternstunden" in der persönlichen Geschichte mit der Organisation?
– Kernthemen: Worauf sollten wir unsere Aufmerksamkeit lenken?
– Zukunft: Welche persönlichen Visionen und Wunschszenarien gibt es?

Erkundungsphase

In der Erkundungsphase findet der Austausch über die herausragenden persönlichen Erlebnisse statt.

Visionsphase

Sie dient dem gemeinsamen Entwurf angestrebter Zukunftsszenarien.

Entwerfen von Zielen

Ziele werden unter den Themen formuliert, die sich aus den Interviewantworten zu den Kernthemen als die wichtigsten herauskristallisiert haben.

Maßnahmen für die Zukunft

Für jedes Ziel, für das nun Initiative ergriffen wird, entsteht im nächsten Arbeitsschritt eine selbstorganisierte Arbeitsgruppe, die so konkret wie möglich Maßnahmen für die Zukunft vorbereitet, präsentiert und zur Verabredung vorschlägt.

6.8 Die Kraft aus der Zukunft – Ein Blick in den Werkzeugkasten

Vorbereitungsworkshop im Vorfeld

In der Praxis geht dem Einsatz dieser Methode in großen Gruppen gewöhnlich ein Vorbereitungsworkshop voraus – zumeist auf Führungsebene unter externer Begleitung. Auf diesem Workshop wird das Vorgehen bereits ansatzweise praktiziert. In diesem Kreis werden die Kernthemen herausgearbeitet, die den Mittelteil des Interviews bilden, das zum Beginn der Großgruppenveranstaltung durchgeführt wird.

Bevor sich die Führung einer Organisation für den Einsatz dieser Methode entscheidet, muss klar sein, was damit bezweckt wird und was mit den Ergebnissen eines solchen Prozesses über die Veranstaltung hinaus geschehen soll.

6.8.3 Strukturierter Zukunftsdialog

Unseren Erfahrungen nach brauchen Organisationen zunehmend Orte und Dialogformen für den Austausch über Zukunftsthemen. Mit dieser Absicht ist in den vergangenen zwei Jahren das Vorgehen eines strukturierten Zukunftsdialogs für Organisationen entstanden und mehrfach erprobt worden. Darin werden vier Phasen durchlaufen. In die Methode des *Strukturierten Zukunftsdialogs* sind Erfahrungswerte aus dem *Wertschätzenden Erkunden* eingeflossen.

Austausch über mehrere Perspektiven

- Welche persönlichen und gemeinsamen Wertvorstellungen leiten die Akteure in ihrem Handeln für die Organisation?
- Was sind für die Zukunft der Organisation relevante Entwicklungstrends (global, gesellschaftlich, regional und auf dem Markt der eigenen Dienstleistungen)?
- Welche Entwicklungsfragen und -anforderungen stehen für die Organisation?

Der Austausch über diese Perspektiven geschieht in zwei Schritten. Zunächst werden die persönlichen Auffassungen in gegenseitigen Kurzinterviews (Speedinterviews) erhoben.

Anschließend werden die Ergebnisse in kleinen Gruppen gesichtet, ergänzt und kreativ in die Form von Thesen oder Collagen präsentiert.

Entwicklung von gemeinsamen Haltungs- bzw. Mottozielen für die Organisation

– Worauf wollen wir uns ausrichten?
Für diesen Schritt verwenden wir das Zürcher Ressourcenmodell (Krause & Storch, 2010).

Strategische Handlungsfelder

– Was sind die wichtigsten Handlungsfelder, auf die wir Einfluss nehmen wollen, um als Organisation auch in Zukunft erfolgreich zu sein?
– Welche Prioritäten wollen wir setzen?

Handlungsoptionen

– Welche Handlungsoptionen entstehen daraus?
– Wie lassen sie sich gewichten und werten, um eine Auswahl zu treffen?
– Wie wollen wir die Umsetzung der ausgewählten Optionen angehen und gestalten?

Das Besondere an dem Vorgehen sind vielleicht weniger die Phasen selbst. Sie gleichen anderen Prozessformaten. Entscheidend ist für uns, den Kreis der Beteiligten aus der Organisation so zu wählen, dass die gesamte Organisation ihrer Vielfalt repräsentiert ist und die unterschiedlichsten Sichtweisen, Erfahrungswerte und Ideen in den Dialog einfließen können. Das gibt u.E. die größte Gewähr, die Breite der schöpferischen Potenziale jeder Organisation zu finden, zu nutzen und weiterzuentwickeln.

6.9 Organisationsberatung und Mikropolitik

Das Konzept der Mikropolitik beschreibt und erklärt die Dynamik interessengeleiteten Handelns in Organisationen (Neuberger, 2006).
  Zu den Grundannahmen gehören, dass
– die Akteure in ihrem Handeln im Organisationsinteresse stets auch Eigeninteressen verfolgen,

6.9 Organisationsberatung und Mikropolitik

- Absicht und Wirkung des Handelns unter wachsender Komplexität immer weiter auseinanderfallen können, weil die Wirkungen zunehmend verdeckt und nicht vorhersehbar sein können und
- im Erkennen und im Nutzen dieser Unschärfen eine Schlüsselkompetenz mikropolitischen Handelns liegt.

Im Umgang mit „Macht und Ohnmacht" sehe ich eines der wichtigsten „Schatten-"Themen in Organisationen. Mit Schatten meine ich, dass es unvermeidbar scheint, dass sich die Akteure in Organisationen im Spannungsfeld zwischen Macht und Ohnmacht wiederfinden. Das gilt besonders für den Sozialbereich, denn hier gibt es einen doppelten Grund, sich von Zeit zu Zeit „ohnmächtig" zu fühlen und – wenngleich oft verdeckt – selbst machtgeleitet zu handeln. Die Gründe liegen
- im Daseinszweck von Organisationen im Allgemeinen und
- im Zweck von Organisationen im Sozialbereich im Besonderen.

Dafür möchte ich kurz zwei Sichtweisen auf Macht skizzieren, die im Kontext von Organisationsberatung nützlich erscheinen:
- Macht als die Verfügung über begrenzte Ressourcen zu verstehen, die von anderen begehrt werden sowie
- Macht als das persönliche Vermögen anzusehen, das Verhalten anderer „erwartbar" zu machen.

Unter der Verwendung dieser Begriffe lässt sich der Zweck einer Organisation so beschreiben: Sie dient dazu, begrenzte Ressourcen verfügbar zu machen, um Produkte und Dienstleistungen anzubieten und zu verkaufen und so Kontrolle über die eigene Zukunft als Organisation zu gewinnen.

Die Rolle von Führungskräften innerhalb der organisationsinternen Hierarchie liegt darin, Einfluss zu nehmen – auf das Leistungshandeln anderer. Mit anderen Worten, sie sind dafür da, das Verhalten ihrer Mitarbeiterinnen und Mitarbeiter „erwartbar" zu machen. Denn (allein) im täglichen Leistungshandeln der Mitarbeiterinnen und Mitarbeiter erfüllt sich der Zweck der Organisation.

Im Grunde unvermeidbar sind Auftrag und Mission von Organisationen immer auch auf den Zugang zu Ressourcen, die begrenzt sind und begehrt werden, gerichtet.

Klar eigentlich, dass in Organisationen vom ersten Tag ihres Bestehens an mehrere Polaritäten „aufgespannt" sind, aus denen die Organisation Lebendigkeit und Dynamik bezieht, etwa zwischen
- Ermöglichen versus Begrenzen von Einfluss,
- über Ressourcen verfügen versus mit dem Mangel an Ressourcen umgehen,

6. Organisationsberatung als Unterstützung des Organisationswandels

- Macht ausüben versus Ohnmacht empfinden,
- die Chance auf Vorteil eröffnen versus das Risiko des Verlusts eingehen bzw. abwenden.

Wenn Organisationen interessengeleitet entstehen und auf Einflussnahme und auf die Verfügung über Ressourcen ausgerichtet sind, steht zu erwarten, dass genau das den Alltag von Organisationen bestimmt: das Verknüpfen und das Auseinanderfallen gegenseitiger Interessen wie das Ringen um Einfluss und um knappe Ressourcen.

Was in meinen Augen für Organisationen im Allgemeinen gilt, trifft auf Organisationen im Sozialbereich doppelt zu, denn hier kommt ein zusätzlicher Umstand hinzu: die Not Dritter. In der Not Dritter haben soziale Organisationen ihren Ursprung. Sie sind „aus der Not geboren", wir könnten auch sagen, sie sind eine Antwort auf die „Ohnmacht Dritter".

Eigentlich ist es ein geniales Modell: Einer leistet die Hilfe (die Helfer), ein zweiter zahlt, (Steuer- und Spendenmittel), ein Dritter bekommt diese Leistung (weil er ihrer bedarf, sie aber aus eigenem Vermögen nicht bestreiten kann). So großartig es ist, so sehr hat es einen Haken, es bleibt „notgeboren". Es erhält sich in dem Maß, in dem die Not und die Bedürftigkeit nachwachsen und die Ressourcen „knapp" bleiben. Die prekäre Situation der Unterfinanzierung bleibt offenbar eine Existenzbedingung des Sozialbereichs, zumindest so, wie wir ihn heute kennen (weil sie dessen Existenzgrund ist). Angesichts dessen kann es kaum überraschen, wenn das Handeln und Erleben in sozialen Organisationen heute und künftig noch immer Züge der „Macht-Ohnmacht-Dynamik" trägt, die sie einst hervorbrachte.

In der Anwendung der mikropolitischen Perspektive auf das Handeln in Organisationen, insbesondere in sozialen Organisationen, sehe ich ein reiches Potenzial. Meines Erachtens werden sich Konzepte und Vorgehensweisen etablieren, die das Entstehen, Aufrechterhalten und Lösen folgender Spannungsfelder zum Gegenstand haben:

- Wie gelingt es, die Erfüllung von Organisationsinteressen mit der Erfüllung von Eigeninteressen zu koppeln, auch wenn sie immer von Neuem auseinanderfallen und kontrovers zueinander stehen können?
- Welcher Kultur bedarf es, um das Erfüllen eigener Interessen vorrangig in den Dienst der Interessenserfüllung anderer zu stellen?
- Wie können wir uns zu eigen machen, die „Interessen Dritter" konsequent mitzudenken, auch wenn unser Handeln nur über kaum sichtbare Zusammenhänge und Wirkungen mit ihnen verknüpft ist?

6.10 Ausblick

Auf die Frage, wohin sich die systemische Organisationsberatung entwickeln könnte, möchte ich mehrere mögliche Richtungen nennen. Hinweise auf diese Entwicklungsrichtungen finden sich in aktuellen Beratungsprozessen, ebenso aber auch in der Fachliteratur.

1. Die *Orientierung auf Haltungen und Werte* könnte in fortschreitendem Maß die Orientierung auf Verhalten ergänzen oder teils gar ersetzen.
2. Die *Theorie U* bietet eine Fülle von Anstößen und Ideen, um Organisationen darin zu begleiten, dass Wettbewerbstauglichkeit und die Wahrnehmung der ethischen Verantwortung für künftige Generationen und unsere künftige Gesellschaft zusammengehören.
3. Organisationsberatung könnte Impulse des *Resonanzkonzepts* aufgreifen, nutzen und weitergeben und so einen sehr praktischen Beitrag leisten, Organisationen im besten Sinn lebenswerter und erfüllender für die Beteiligten zu machen – und zugleich zukunftsfähiger.
4. *Positive Psychologie* nimmt im Kontext von Organisation und Führung immer mehr Einfluss auf die Gestaltung der Arbeits- und Lebensverhältnisse der beteiligten Menschen.
5. Die Zukunftsfähigkeit heutiger und künftiger *Geschäftsmodelle sozialer Organisationen* wird eine wachsende Aufmerksamkeit verdienen.
6. *Future Room* bietet ein pragmatisches und kreatives Konzept, um als Organisation gut auf Ungewissheiten in der Zukunft vorbereitet zu sein.

6.10.1 Die Orientierung auf Haltungen und Werte

In der Führung von Mitarbeiterinnen und Mitarbeitern, aber auch in der Führung ganzer Organisationen zeichnet sich ein Trend ab: Die Orientierung auf Verhalten wird immer mehr ergänzt oder teils gar ersetzt durch die Orientierung auf Haltungen und Werte. Dieser Trend erscheint angesichts der ungebrochenen Zunahme an Komplexität schlüssig. Ich möchte zwei Gründe dafür nennen, wieso die Orientierung auf Haltungen und Werte für die Bewältigung wachsender Komplexität entscheidend sein könnte:
– Haltungen zu bilden, verspricht eine viel höhere „Hebelwirkung".
– Je komplexer die Anforderungen an den Einzelnen sind, desto größer auch die Vielzahl möglicher Wege, um erfolgreich zu sein. Immer ent-

scheidender wird sein, wie groß sein Freiraum ist, den für ihn besten Weg zu finden und von welchen Werten sich der Einzelne beim Finden leiten lässt.

Als Beispiel: Ressourcenorientierung

In vielen Tätigkeitsfeldern, mit denen ich als Organisationsberater Berührung habe, kommt es noch einem Paradigmenwechsel gleich, zeitig eine „Ressourcenbrille" aufzusetzen und sie hartnäckig aufzubehalten. Organisationsberatung könnte zu diesem Paradigmenwechsel beitragen, in dem sie diese Haltung verkörpert und Methoden bietet, um konsequent ressourcenorientiert auf die Vergangenheit, die Gegenwart und die Zukunft zu schauen.

Ohne hier weiter auf das Konzept von Henry Mintzberg und auf alle angesprochenen Instrumente einzugehen, kann angedeutet werden, dass aus verschiedenen Blickrichtungen auf eine Organisation geblickt werden kann (Mintzberg 1995):
– Der Blick auf die Vergangenheit (zurück auf ihre Geschichte, die Ereignisanalyse),
– der Blick von oben auf die Einordnung der Organisation in ihrem jeweiligen Organisationsumfeld und ihrer Funktion für die Gesellschaft,
– der Blick zur Seite (auf die konkurrierenden Organisationen, gegebenenfalls mit Benchmarking),
– der Blick von unten (aus Sicht der Beschäftigten und gegebenenfalls Leistungsempfängern) und
– der Blick in die Zukunft (gegebenenfalls mit alternativen Szenarien und mit Kreativitätstechniken wie Zukunftswerkstätten).

6.10 Ausblick

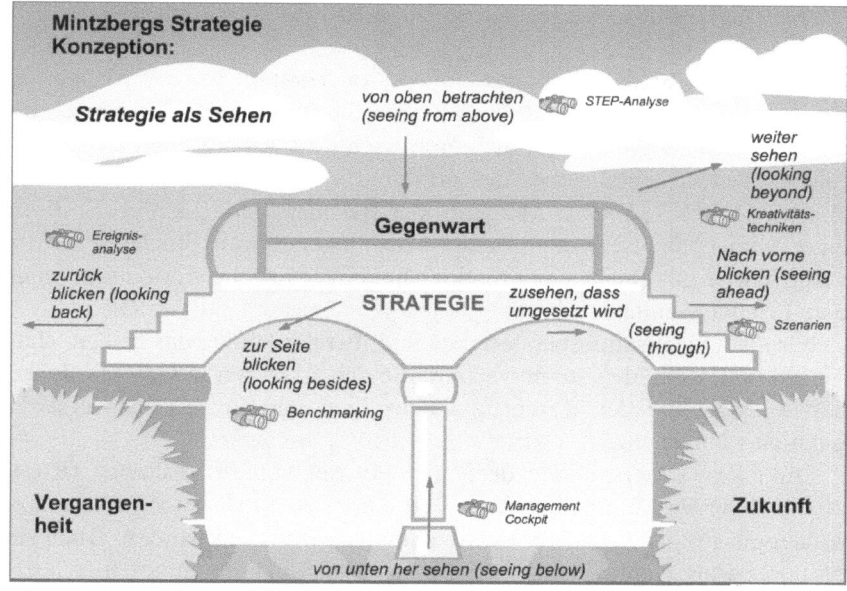

Abb. 6: Blickrichtungen auf Organisationen (nach Mintzberg, Quelle: zoe-online)

6.10.2 Theorie U (Scharmer, 2009, 2014)

Claus Otto Scharmer hat auf einzigartige Weise die enge Verflechtung offengelegt und entwickelt, die zwischen
1. dem Führen „von der Zukunft her" (Presencing)
2. dem Prozess, wie das Neue in die Welt kommt (in das U-Feld eintreten) und
3. der Wahrnehmung organisationaler und globaler Verantwortung (von der Ego-System- zur Ökosystem-Wirtschaft)
besteht.

In seinen Arbeiten – in Theorie wie Praxis – sehe ich eine reiche Quelle für heutige und künftige Organisationsberaterinnen und -berater. Scharmer gelingt es, der Organisationsberatung neue Impulse zu geben und zugleich eine Theorie zu entwerfen, die auf eindrucksvolle Weise eine Vielzahl moderner Veränderungs- und Beratungsansätze neu verknüpft.

6.10.3 Das Resonanzkonzept (Rosa, 2016, 2017)

Den Hinweis auf das Resonanzkonzept von Hartmut Rosa verdanke ich Dr. Alfons Maurer. Hartmut Rosa beschreibt zwar die Folgen fortschreitender Beschleunigungen in mehreren wichtigen Arbeits- und Lebensbereichen. Jedoch lautet seine Antwort darauf nicht Entschleunigung; seine Antwort lautet *Resonanz*. Momente der Resonanz sind für ihn der Kern einer gelingenden Beziehung zu sich selbst und zur Welt. Solche Momente vergleicht er mit einem vibrierenden Draht als Metapher für deren besondere Erlebnisqualität.

Für uns Organisationsberaterinnen und -berater könnte das heißen, Haltungen und Methoden zu entwickeln, die den Akteuren in Organisationen helfen, Momente der Resonanz aufzuspüren und in Zukunft verstärkt möglich zu machen.

Praktische Unterstützung dazu gibt ein Set von Impulskarten (Rosa, 2017). Zwar sind diese Karten als Teil einer neu entstehenden Resonanzpädagogik für die Arbeit im Klassenzimmer geschaffen worden. Doch sie erscheinen als Anregungen und praktische Instrumente unmittelbar übertragbar auf die Gestaltung von Prozessen zur Organisationsberatung.

6.10.4 Positive Psychologie für Organisation und Führung (Tomoff, 2015)

Hoffnung, Selbstwirksamkeit, Resilienz und Optimismus gelten als Kern des *psychologischen Kapitals* einzelner Menschen und ganzer Organisationen. Es mag sein, dass im Sozialbereich der Hinweis auf den Wert positiven Verhaltens der Akteure in Organisationen (Positive Organisational Behavior) auf den ersten Blick selbstverständlich und insoweit unnötig und entbehrlich erscheint. Zeichnet sich der Sozialbereich doch gerade durch die hohe Aufmerksamkeit aus, mit der sich die Mitarbeiterinnen und Mitarbeiter den betreuten Menschen widmen. Selbstverständlich versuchen die Mitarbeitenden *die betreuten Menschen* in ihren Hoffnungen, ihrer Selbstwirksamkeit, ihrer Resilienz und in ihrem Optimismus zu bestärken. Und das ist gut so.

Für spannend halte ich, dass in Unternehmen, deren Tätigkeiten durchaus fern vom Sozialbereich liegen, das psychologische Kapital, welches *in ihren Mitarbeiterinnen und Mitarbeitern* liegt, immer sorgfältiger gepflegt und entwickelt wird.

Möglicherweise zeichnen sich hier Entwicklungen ab, die dennoch auch für den Sozialbereich eine besondere Chance bereithalten – unter der Frage:

Wie kann es schrittweise gelingen, zwei Aufmerksamkeiten miteinander zu verknüpfen: die hohe und selbstverständliche Aufmerksamkeit für das *positive psychologische Kapital der betreuten Menschen* mit der Fürsorge und Aufmerksamkeit für das *positive psychologische Kapital der Mitarbeiterinnen und Mitarbeiter*?

6.10.5 Success Loop (Sohn & Conzelmann, 2017)

Sohn und Conzelmann haben mit ihrer Veröffentlichung ein Workbook vorgelegt, das zur Anwendung einlädt. Auch wenn es im Untertitel den Hinweis enthält „... zum erfolgreichen Industrie 4.0 Geschäftsmodell", halte ich es für sehr lohnend, diese Schrittfolge auch als Organisationen im Sozialbereich zu durchlaufen, um für die Zukunftsfähigkeit heutiger bzw. künftiger Geschäftsmodelle zu sorgen.

Sie strukturieren den Prozess in Form von sechs Phasen („Spaces"). Für besonders wertvoll halte ich nicht nur die Folge an Phasen, sondern die reichen und pragmatischen Anregungen, die die Autoren für jeden der Räume geben und die gelungene Balance zwischen Intuition, Kreativität und Struktur.

6.10.6 Future Room (Gatterer, 2018)

Harry Gatterer, Geschäftsführer des Zukunftsinstituts (Frankfurt/Wien) bietet mit *Future Room* Unternehmen eine Methode an, um die eigene Zukunft als Unternehmen auf neue Weise „zu entdecken". Die Zukunftspotenziale erschließen sich über mehrere Schritte und sie münden in ein Gesamtbild der Zukunft des Unternehmens. Mithilfe mehrerer schlüssiger Strategien gewinnen die Akteure einer Organisation praktische Konsequenzen für ihre künftige Geschäftstätigkeit.

Das Vorgehen Gatterers erscheint unmittelbar übertragbar auf Prozesse der Organisationsberatung, die immer auch die Zukunftsfähigkeit der Organisation zum Gegenstand und zum Ziel haben.

6. Organisationsberatung als Unterstützung des Organisationswandels

6.11 Erfahrungswerte für Entscheider

In diesem Kapitel möchte ich kurz darstellen, was wichtig ist, um die richtige Organisationsberaterin oder den richtigen Berater zu finden.

Einer Empfehlung folgen

Unserer Erfahrung nach wendet sich die Mehrzahl der Kunden/Kundinnen auf Empfehlung an uns. Es könnte sein, dass der Kontakt, der aus einer Empfehlung durch Dritte entsteht, bereits eine zusätzliche Erfolgschance in sich trägt. Denn auch wenn der Grund vielleicht unausgesprochen bleibt, der zur Empfehlung führte, gibt es einen Vermittler/eine Vermittlerin, der/die womöglich beide kennt – den Kunden/die Kundin und den empfohlenen Berater bzw. die Beraterin. Die Intuition des Vermittlers/der Vermittlerin könnte bereits ein wichtiges Signal dafür sein, das beide zusammenpassen könnten.

Das erste Gespräch

Der erste persönliche Kontakt wird oft Vorgespräch genannt, denn es ist ein Gespräch, welches einer möglichen Beratung vorausgeht. Die Regel lautet: Keine Organisationsberatung ohne Vorgespräch.

Dieses erste Gespräch zwischen dem eine Beratung Wünschenden und dem Beratenden ist in aller Regel kostenfrei und unverbindlich. Kostenfrei meint, dass der Berater/die Beraterin für das erste Gespräch zur Verfügung steht, ohne dafür ein Honorar in Anspruch zu nehmen. Unverbindlich bedeutet, dass allein aus dem Zustandekommen eines ersten Gesprächs noch keine Verpflichtung für eine der beiden Seiten ableitbar ist, sondern der Kunde/die Kundin bleibt frei, einen Auftrag zu erteilen (oder nicht) und ebenso auch der Berater/die Beraterin, ein Angebot zu unterbreiten.

Darin liegt gerade der Zweck des Vorgesprächs. Beide Seiten lernen sich kennen. Der mögliche Kunde/die mögliche Kundin schildert sein/ihr Anliegen oder Vorhaben, das ihm/ihr Anlass für das Gespräch bietet. Der Berater/die Beraterin erfragt die Informationen, die für ihn notwendig wären, um eine Angebot erstellen zu können.

Das Angebot

Das Angebot wird in aller Regel schriftlich erstellt und es enthält mindestens
- eine Kurzbeschreibung der Leistung: Worin besteht die Beratungsleistung?
- eine Kurzbeschreibung des Prozesses und des Umfangs: Wer führt mit wem welche Arbeitstreffen durch, wie häufig und mit welchem Zeitumfang?
- eine Kalkulation der Honorarkosten: Honorar pro Zeiteinheit, Gesamthonorar, Mehrwertsteuer und ggf. Reisekosten.

Wenn Kunden/innen das wünschen, erhalten sie ein erweitertes Angebot, wie ich es hier nennen möchte. Es erhält zusätzlich Angaben wie
- Kurzbeschreibung der Ausgangssituation und der Zielstellungen,
- Prozess-Design.

Natürlich ist es auch möglich, einen Berater/eine Beraterin um die Überarbeitung seines Angebots zu bitten, wenn es Ihren Vorstellungen nicht entspricht.

Der Intuition folgen

Wir halten es als Organisationsberatende für gut, wenn Sie durchaus zwei Organisationsberaterinnen oder -berater ansprechen. Dadurch schärfen Sie Ihr Gespür für die richtige Beraterin oder den richtigen Berater. Das erhöht zugleich die Erfolgsaussicht für die Beraterin bzw. den Berater selbst, die Sie auswählen. Denn sobald Sie den Vergleich haben, werden Sie noch zielgenauer Ihre Auswahl so treffen, damit sie zu Ihrer Organisation und zu Ihrem Anliegen passt.

Der Zeitpunkt der Beratung

Aus Sicht des Organisationsberaters gibt es für ein Erstgespräch kein „zu früh" oder „zu spät", denn den Zeitpunkt bestimmen Sie als Kunde. Wenn ich eine Empfehlung aussprechen sollte, dann würde sie lauten: Ergreifen Sie die Initiative für die Kontaktaufnahme mit einem Organisationsberater/einer Organisationsberaterin dann, wenn sie noch eine von mehreren Optionen ist. Das macht Sie (und auch uns Organisationsberatende) freier, mit Ihnen in Ruhe abzuwägen, welche Optionen Sie haben und was der kleinste Aufwand mit der größten Erfolgsaussicht sein könnte.

Andererseits sollte jeder Organisationsberater Sie und Ihre Organisation gerade auch dann gut begleiten können, wenn Sie sich in einer zugespitzten Situation an ihn wenden.

Abschluss und vorzeitige Beendigung eines Beratungsprozesses

So wie jeder Prozess mit einem ersten Arbeitstreffen beginnt, sollte er auch mit einem erklärten Abschlusstreffen enden.

Wird ein Prozess zeitiger beendet, als zunächst geplant oder verabredet, wird praktisch das nächstfolgende Treffen zum Abschlusstreffen erklärt. Eine vorzeitige Beendigung sollte immer möglich sein, denn natürlich kann sich im Laufe eines Beratungsprozesses herausstellen, dass sich die Anliegen zeitiger erfüllt haben oder aber sich wichtige Anliegen nicht so wie erwartet erfüllen.

Die Verantwortung für den Erfolg der Beratung

Der/die Organisationsberater/in kann für die Ergebnisse, die der/die Kunde/in in seiner/ihrer eigentlichen Tätigkeit erbringt, keine Verantwortung übernehmen, jedoch dafür, den Kunden/die Kundin in seiner/ihrer eigentlichen Tätigkeit zu unterstützen.

Insofern obliegt es allein dem Kunden/der Kundin selbst, den möglichen Erfolg (oder ggf. Misserfolg) der Beratung zu bemessen.

Der Berater/die Beraterin tragen den zu Beratenden gegenüber dafür die Verantwortung, dass sie ihm/ihr in der vereinbarten Zeit zur Verfügung stehen und ihn/sie gemäß Angebot und Auftrag bestmöglich beraten.

Rückmeldungen an den Berater

Für die Beratenden ist es essenziell, Rückmeldungen der Auftraggebenden zu erhalten – sowohl mit Blick auf die Erfolgsbewertung als auch hinsichtlich der Art und Weise ihres Arbeitens mit den Kunden/innen. Denn diese Erfahrungen aus jedem Beratungsprozess sind es erst, die sie Schritt um Schritt in die Lage versetzen, ihre Beratung immer qualifizierter, effizienter und erfolgreicher leisten zu können. So gesehen verdanken sie ihr Können in hohem Maß den vorangegangenen Beteiligten und Beratungsprozessen und bringen diesen Erfahrungsschatz in jeden neuen Prozess ein.

Lernzielkontrolle

1. Was sind für Sie wichtige Merkmale der Haltung des Organisationsberaters? Nennen Sie fünf.
2. Woran erkennen Sie eine „Organisation"? Was bedeutet es für Sie zu sagen, dass es eine bestimmte Organisation „gibt"?
3. Die im Abschnitt 7.2 dargestellte systemtheoretische Sicht auf Organisationen darf für unser Alltagsverständnis etwas befremdlich wirken. Beschreiben Sie drei Unterschiede zum Alltagsverständnis.
4. Was verstehen Sie in der Organisationsberatung unter einem „2. Auftrag"?
5. Wie gehören die „Reduzierung von Komplexität" und deren „Wiedereinführung" im Rahmen von Organisationsberatung zusammen?
6. Weshalb stellt die Haltung der Hochachtung und Wertschätzung des Organisationsberaters gegenüber den Beteiligten einen Schlüssel für einen erfolgreichen Organisationsberatungsprozess dar?
7. Auf die folgenden Aufgaben und Fragen können Sie keine Antworten erwarten, ihre persönliche Beantwortung ist aber dennoch bedeutsam.
8. Nehmen Sie ein Blatt Papier und Farbstifte. Stellen Sie sich eine bestimmte Organisation vor. Situationen, Eigenschaften, Menschen, Arbeit usw. Malen Sie ein Bild und interpretieren Sie es.
9. Wie löst Ihre Organisation den Konflikt zwischen Moral (sozialpädagogischer Auftrag) und Geschäft (Finanzierung der Dienstleistungen)?

Literatur

Dörhöfer, Steffen/Loebbert, Michael (2013): Coaching und Organisationsberatung. In: Loebbert, Michael (Hrsg.): Professional Coaching. Konzepte, Instrumente, Anwendungsfelder, Stuttgart: Schäffer-Poeschel.

Doppler, Klaus/Lauterburg, Christoph (2002): Change Management. Den Unternehmenswandel gestalten, Frankfurt/New York: Campus.

Erpenbeck, Mechtild (2018): Wirksam werden im Kontakt. Die systemische Haltung im Coaching, Heidelberg: Carl Auer.

Lernzielkontrolle & Literatur

Fatzer, Gerhard (Hrsg.) (2005): Gute Beratung von Organisationen. Auf dem Weg zu einer Beratungswissenschaft. Supervision und Beratung 2, Bergisch-Gladbach: EHP Andreas Kohlhage.

Funke-Steinberg, Karsten/Meilwes, Winfried/Hoepfner, Ulrich (2012): Führungskultur. Diener dreier Herren. Vierzig Thesen für die tägliche Praxis, Bergisch-Gladbach: EHP Andreas Kohlhage.

Gatterer, Harry (2018): Future Room, Hamburg: Murmann.

König, Eckard/Volmer, Gerda (2000): Systemische Organisationsberatung. Grundlagen und Methoden, Weinheim: Deutscher Studien Verlag.

Krause, Frank/Storch, Maja (2010): Ressourcen aktivieren mit dem Unbewussten, Bern: Hans Huber, Hofgrefe.

Loebbert, Michael (2008): The Art of Change. Von der Kunst, Veränderungen in Unternehmen und Organisationen zu führen, Leonberg: Rosenberger.

Looss, Wolfgang (2005): Zur Unschärfe von Beratung. Machen Sie eine Intervention oder sind Sie eine. In: Fatzer 2005.

Mintzberg, Henry (1995): Strategic Thinking as Seeing. In: Garratt, B. (Hrsg.): Developing Strategic Thought, London: McGraw-Hill, S. 67–70.

Neuberger, Oswald (2006): Mikropolitik und Moral in Organisationen, Stuttgart: Lucius & Lucius, UTB.

Nevis, Edwin C. (1988): Organisationsberatung. Ein Gestalttherapeutischer Ansatz, Köln: EHP Edition Humanistische Psychologie.

Rosa, Hartmut (2016, 2017): Resonanz. Eine Soziologie der Weltbeziehung, Frankfurt: Suhrkamp.

Rosa, Hartmut/Endres, Wolfgang/Beljan, Jens (2017): Resonanz im Klassenzimmer. 48 Impulskarten zur Resonanzpädagogik, Weinheim: Beltz.

Scharmer, Claus Otto (2009): Theorie U, Heidelberg: Carl Auer.

Scharmer, Claus Otto/Käufer, Katrin (2014): Von der Zukunft her führen. Theorie U in der Praxis. Von der Egosystem-Wirtschaft zur Ökosystem-Wirtschaft, Heidelberg: Carl Auer.

Schein, Edgar H. (2000): Prozessberatung für die Organisation der Zukunft. Der Aufbau einer helfenden Beziehung, Köln: EHP Edition Humanistische Psychologie.

Senge, Peter (1996): Die fünfte Disziplin. Kunst und Praxis der lernenden Organisation, Stuttgart: Klett-Cotta.

Simon, Fritz (1997): Die Kunst, nicht zu lernen, Heidelberg: Carl Auer.

Sohn, Sabine/Conzelmann, Dieter (2017): Mit dem Success Loop zum erfolgreichen Industrie 4.0 Geschäftsmodell. Ein Workbook für Vordenker, die Ihr Unternhemen fit für die Zukunft machen möchten, Gevelsberg: EHP – Andreas Kohlhage.

Tomoff, Michael (2015): Positive Psychologie in Unternehmen. Für Führungskräfte, Wiesbaden: Springer.

Wöhrle, Armin (Hrsg.) (2016): Moral und Geschäft. Positionen zum ethischen Management in der Sozialwirtschaft, Baden-Baden: Nomos.

zoe-online = https://www.zoe-online.org/zeitschrift/rubriken/einblick-grafiken/einblick-ausgabe-407, online verfügbar am 02.05.2018.

zur Bonsen, Matthias/Maleh, Carol (2001): Appreciative Inquiry (AI). Der Weg zu Spitzenleistungen, Weinheim/Basel: Beltz.

Lernzielkontrolle

Antworten zu den Kontrollfragen in den Kapiteln:

Kapitel 1: Herausforderungen an Organisationen in der Sozialwirtschaft (Wöhrle)

1. Wie hat sich das Verständnis von Organisationen verändert? Welches Verständnis haben wir heute? Gibt es eine Verbindung zur Theorienbildung in der Sozialen Arbeit?
   Organisationen wurden früher wie Maschinen verstanden, die steuerbar sind. Organisationen im heutigen Verständnis sind Gebilde, die sowohl die Ziele, Zwecke und Funktionen von zielgerichteten Systemen abbilden als auch die Projektionsflächen von Personen, die in sie eintreten, durch sie sozialisiert werden und über sie Ergebnisse erreichen. In unserem heutigen sozialwissenschaftlichen Verständnis ist auch eine Betrachtung von Organisationen als Kulturen hinzugekommen. Schon mit dem systemischen Verständnis, aber spätestens mit dem, Organisationen als Kulturen zu betrachten, ergibt sich eine Anschlussfähigkeit an die Theorienbildung der Sozialen Arbeit.
2. Was hat sich durch die Veränderung in der Betrachtung von Organisationen hinsichtlich ihrer Steuerung, also dem Management, zentral verändert?
   Während Organisationen, die wie Maschinen gedacht werden, durch Eingriffe leicht verändert bzw. gesteuert werde können, verändert sich die Sicht auf mögliche Eingriffe, wenn Organisationen als Systeme oder Kulturen gedacht werden. Hinsichtlich ihrer Steuerung lässt sich eine Abkehr von einem „Machertum" feststellen. Es muss bedacht werden, das intrinsische Kräfte wirken und dass autoritäre Eingriffe geradezu kontraproduktiv sein können. Dennoch muss gesteuert werden, jedoch bedarf dies eines hohen Maßes an Beobachtungsvermögen, das mit entsprechenden Instrumenten zu Analysen des Organisationsgeschehens führen muss. Darauf aufbauend müssen Strategien entwickelt werden, die entsprechende Verfahren und Instrumente benötigen, um Veränderungen zu bewirken.

Lernzielkontrolle

3. Welche Ursachen bewirken, dass ein Umbau der Organisationen in der Sozialwirtschaft erfolgte und ein Management entstehen musste?
Da fast alle Organisationen in der Sozialwirtschaft von öffentlichen Geldern abhängig sind, waren sie bis in die 1980er Jahre nach dem Muster der öffentlichen Verwaltung gebaut. Der Geldgeber Verwaltung gab die Logik vor, die in einer Verwaltungslogik bestand. Mit dem Umbau der Sozialpolitik und der Neuen Steuerung in der öffentlichen Verwaltung wurde diese Logik durchbrochen. Mit der Aufhebung der Vollfinanzierung und Einführung von Marktmechanismen konkurrierten Anbieter untereinander und es wurde für sie notwendig, weitere Finanzgeber zu gewinnen. Damit entstand die Notwendigkeit für ein Management, um das Überleben der Organisation zu sichern.
4. Welche Herausforderungen ergeben sich für ein Management in der Sozialwirtschaft, das von Beginn an Change Management ist?
Die zentrale Aufgabenstellung für das Management besteht im Umbau der Organisation, der nicht nur durch Veränderungen in der Aufbau- und Ablauforganisation erreicht werden kann, sondern insbesondere durch eine Weiterentwicklung der Organisationskultur. Dabei ist von entscheidender Bedeutung, dass die Mitarbeitenden mit in die Verantwortung für die Qualität der Leistung, aber auch für das Überleben der Organisation genommen werden müssen. Hierfür reicht es nicht aus, ihnen mehr Anforderungen aufzuladen, sondern sie müssen auch mehr Entscheidungsbefugnisse erhalten bzw. es müssen dezentrale, sich selbst steuernde Einheiten aufgebaut werden.
5. Welche besondere Herausforderung stellt sich für das Management in der Sozialwirtschaft hinsichtlich des Personals?
Seit Zahlen hinsichtlich der Entwicklung der Beschäftigten in der Sozialwirtschaft erhoben wurden, steigen diese an. Auch die Prognosen sehen die Steigerung der Beschäftigtenzahlen in der Sozialwirtschaft an vorderster Stelle. Bereits heute wird ein Fachkräftemangel diagnostiziert.
Könnte man bei dieser steigenden Nachfrage und dem konstatierten Mangel eine hohe Anbietermacht erwarten, so ist das Gegenteil der Fall. Es werden prekäre und ungeschützte Arbeitsverhältnisse mit schlechter Bezahlung und mangelnder Alterssicherung festgestellt. Und die Konkurrenzen zwischen den Anbietern bewirken eine Negativspirale hinsichtlich der Unterbietung des wesentlichen Kostenfaktors Arbeit. Die festgestellte „Sociosclerose", d.h. Zersplitterung der Tarife, bremst die Wachstumsbranche Sozialwirtschaft aus. Die skizzierte Si-

tuation stellt das Personalmanagement vor fast unlösbare Aufgaben hinsichtlich der Personalgewinnung und Personalentwicklung.

Kapitel 2: Was sind Organisationen? (Schenker/Zängl)

1. Warum wurde es in den vergangen Jahrzehnten zunehmend schwieriger zu bestimmen, wer Mitglied einer Organisation ist oder wer nicht?
Vielfältige Kooperationsformen (z.B. Netzwerke, Arbeit im Mandatsverhältnis, Projektarbeit, Freelance-Arbeit, Subcontracting, Leiharbeit oder Crowdfunding) machen es zunehmend anspruchsvoll bis unmöglich abschließend zu bestimmen, wer zum Mitgliederkreis einer größeren und/oder komplexeren Organisation zählt.
2. Wie unterscheidet sich je nach der systemischen Sicht auf die Organisationen das Verständnis der Ziele resp. des Zwecks von Organisationen?
Wer Organisationen als rationale Systeme sieht, neigt dazu, durch eine hohe Formalisierung der Strukturen und Abläufe eine effiziente Zieleerreichung anstreben zu wollen. Wer Organisationen als natürliche Systeme betrachtet, wird den Fokus auf kooperatives Verhalten und geteilte Normen und Werten legen. Wer Organisationen als offene Systeme definiert, wird versuchen, durch Verhandlungen und Koalitionen die Ziele innerhalb der Organisation möglichst gut mit ihrer „Umwelt" abzustimmen.
3. Sind Organisationen a) ohne Strukturen und b) ohne Hierarchien denkbar?
Formelle oder informelle Strukturen sind notwendige Merkmale einer Organisation. Bei der kollektiven Verwirklichung von Zielen ohne Strukturen würde man von einer (sozialen) Bewegung und nicht von einer Organisation sprechen. Die Strukturen einer Organisationen können jedoch in einem unterschiedlichen Maße hierarchisch sein – oder auf Über- und Unterordnungen ganz verzichten.
4. Wie erklären VertreterInnen der neoinstitutionellen Organisationstheorien, warum sich Organisationen eines bestimmten Arbeitsfeldes ähnlich sind?
DiMaggio und Powell als Vertreter der neoinstitutionellen Organisationstheorien sehen drei Gründe, warum sich Organisationen eines bestimmten Arbeitsfeldes ähnlich sind: Die erzwungene Gleichförmigkeit durch staatliche/gesetzliche Vorgaben; die nachahmerische Gleichför-

Lernzielkontrolle

migkeit durch das Kopieren von Elementen anderer Organisationen; die normative Gleichförmigkeit, durch die Umsetzung von Normen und Werten, die von Ausbildungsstätten und/oder Berufsverbänden vertreten werden.

5. Welche sind die Hauptgründe, warum sich Organisationen verändern wollen resp. müssen?
Organisationsveränderungen können auf innere oder äußere Ursachen zurückgehen: Organisationsintern können Krisen oder der Wunsch sich zu verbessern, Auslöser von Veränderungen sein. Organisationsveränderungen können aber auch Ursachen haben, die außerhalb der Organisation liegen. Dies können z.B. veränderte gesetzliche Regelungen, wissenschaftlicher Fortschritt, neue Technologien, Konkurrenz durch andere Organisationen, Verschiebung der KlientInnen- resp. KundInnen-Bedürfnisse sein.

Kapitel 3: Was ist Management? (Kaegi/Zängl)

1. Welche Begriffe finden Verwendung, wenn von «Sozialmanagement» gesprochen wird?
Management in der Sozialwirtschaft, Management in Organisationen, die Dienstleistungen der Sozialen Arbeit anbieten und Management des Sozialen.
Sozialmanagement ist ein Prozess des Planens, Lenkens und Entscheidens in Dienstleistungsorganisationen im Sozialwesen.

2. Wie unterscheiden sich die drei Modelle, das St. Galler Management-Modell, das Freiburger NPO-Modell und das Social-Impact-Modell voneinander?
Jedes Modell ist ein vereinfachtes Abbild der Wirklichkeit aus einer bestimmten Perspektive. Das St. Galler Management-Modell beschreibt eine Organisation aus der systemischen Perspektive, das Freiburger NPO-Modell legt sein Schwergewicht auf das Thema Marketing. Das Social-Impact-Modell versteht sich als ein Modell, mithilfe dessen soziale Probleme gelöst oder gelindert werden können.

3. Erklären Sie die Systematik des Social-Impact-Modells SIM.
Das Social-Impact-Modell beschreibt idealtypisch Prozesse der gesellschaftlichen Bearbeitung sozialer Probleme. SIM ist eine theoretisch fundierte Folie, die es erlaubt, Fehlentwicklungen und Lücken auf unterschiedlichen Ebenen zu erkennen („Bewertung"), Optimierungs-

möglichkeiten für die Praxis des gesellschaftlichen Problemlösens vorzuschlagen („Anwendung", „Innovation") und den Zusammenhang zwischen Sozialer Arbeit und Sozialmanagement aufzuzeigen. Das SIM bietet eine Systematik, einen Orientierungsrahmen und eine Logik zur Konstruktion, Analyse, Bearbeitung und Bewältigung sozialer Probleme.

4. Welches sind die vier Phasen im Social-Impact-Modell? Was beinhalten diese Phasen?

Die SIM-Logik impliziert vier idealtypische Phasen, welche im Folgenden dargestellt werden:
- Phase I: Problemkonstruktion (Feststellung eines sozialen Problems, seiner Erscheinungsformen und Folgen. Formulierung transparenter Zielsetzungen und Wirkungsabsichten)
- Phase II: Lösungskonstruktion (Entwicklung der „Geschäftsidee")
- Phase III: Umsetzung (Umsetzung von Lösungsansätzen)
- Phase IV: Evaluation (Wirkungsevaluation umfasst die Politik-, Prozess-, Struktur- und Ergebnisaspekte auf den Ebenen Versorgungssysteme, Programme und Einzelfall sowie Effizienz und Effektivität. Rückkoppelungen zwischen den vier SIM-Phasen)

5. Wie unterscheiden sich Wandel erster und zweiter Ordnung?

Die Unterscheidung nach Wandel erster und zweiter Ordnung beschreibt die unterschiedliche Tiefe der Veränderung in Organisationen. Als Wandel erster Ordnung gelten Veränderungen, welche nicht die gesamte Systemlogik einer Organisation betreffen, also Optimierungen des Angebotes, kleinere Anpassungen im pädagogischen Konzept oder veränderte Bearbeitungsabläufe in der Verwaltung.

Ein Wandel zweiter Ordnung betrifft einen umfassenden Wechsel, bspw. wenn eine Organisation von Freiwilligen plötzlich Professionelle engagiert oder ein Handlungskonzept breit verändert wird.

6. Welche Phasen von Veränderungen nach Lewin kennen Sie?

Lewin unterscheidet drei Phasen: Unfreezing (Phase des Auftauens), Moving (Phase der Bewegung) und Refreezing (Phase des Einfrierens).

7. Erklären Sie die vier möglichen Steuerungsansätze bei organisationalem Wandel.
- *Wildwuchs*: Man spricht von Wildwuchs, wenn Neuerungen kurzfristig eingeführt werden und wenig interne, resp. externe Planung und Steuerung existiert.

Lernzielkontrolle

- *Experten-, resp. Expertinnen-Ansatz*: Dieser Ansatz entspricht dem Delegieren der Planung und Steuerung von organisationalen Veränderungen durch mandatierte Expertinnen und Experten. Ihr spezielles Wissen über Veränderungsprozesse soll helfen, die Veränderung rational und logisch umzusetzen.
- *Macht-/Zwang-Ansatz*: Ein weiterer Ansatz baut auf die Macht und den dadurch erworbenen Einfluss bei Veränderungsprojekten. Dieser Ansatz bezieht Betroffene nur ein, wenn diese sich aktiv für die Veränderung einsetzen. Ist dies nicht der Fall, so kann auch über Drohungen Einfluss genommen werden.
- *Entwicklungsansatz*: Der vierte Ansatz entspricht am ehesten dem Konzept der Organisationsentwicklung. Er versucht, über partizipative Prozesse Einsicht in die Notwendigkeit einer Veränderung zu schaffen. Erst wenn diese Einsicht besteht, werden neue Visionen und Ziele gesucht. Dieser Ansatz versucht, unterschiedliche Denkweisen erkenn- und nutzbar zu machen sowie Empowerment, Emanzipation, Humanisierung der Arbeit sowie Betroffene zu Beteiligten zu machen als Grundprinzip der Veränderung zu verstehen.

8. Legen Sie die Grundidee beim Modell der lernenden Organisation nach Senge sowie die von ihm beschriebenen „fünf Disziplinen" dar.

Peter Senge versucht in seinem Ansatz, den Widerspruch zwischen Stabilität und Veränderung in Organisationen zu überbrücken. Die lernende Organisation soll die Grundlagen schaffen für einen andauernden Organisationswandlungsprozess, welcher Stabilität und Veränderung gewährleistet. Dazu hat er fünf Prinzipien («Disziplinen») geschaffen, welche die Grundlage dieser Haltung bilden:

- Personal Mastery: Selbstführung und persönliche Entwicklung
- Mentale Modelle: das Kennen und Überprüfen der eigenen Einstellungen
- Gemeinsame Visionen: gemeinsam geteilte Ziele für die Zukunft
- Team-Lernen: gemeinsames Lernen durch Offenheit für Unerwartetes, Neues, Unbekanntes
- Systems Thinking: Verständnis für die Zusammenhänge und Austauschbeziehungen sowohl innerhalb der Organisation wie auch zum Umfeld

9. Was versteht man unter «Selbstorganisation»? Was sind die zentralen Elemente? Wie sieht Führung in Selbstorganisation aus und wie können Entscheidungen getroffen werden?

Lernzielkontrolle

Das Konzept der Selbstorganisation in Organisationen geht davon aus, dass die Organisationsmitglieder ihr Potenzial an Eigensteuerung nutzen. Sie können selbstbestimmt eine verhaltensregulierende Ordnung schaffen, um die Arbeiten zu planen und umzusetzen.
Die zentralen Elemente von Selbstorganisation nach Laloux sind
- Hierarchie: Keine Machthierarchien, sondern flexible und temporäre Fachhierarchien.
- Evolutionäre Sinnstiftung und Strategie: Jedes Unternehmen besitzt innere, treibende Entwicklungskräfte, welche den Beteiligten einen persönlichen Sinn in ihrer Arbeit ermöglichen.
- Ganzheitlichkeit in Bezug auf das Menschenbild: Mitarbeitende werden als Menschen mit Wünschen, Zielen und Hoffnungen wahrgenommen.
- Simplifizierung der Organisationen und ihrer Konzepte: Nicht immer mehr Konzepte, sondern weniger, aber vielleicht ungewohnte Konzepte.

Führung unter Selbstorganisation ist keine permanente Funktion aufgrund struktureller Zuschreibung mehr, sondern wird aufgrund der jeweiligen Kompetenzen in Bezug auf die zu erledigende Arbeit übernommen und ist somit eine, meist zeitliche begrenzte, Fachexpertise.
Entscheidungsprozesse unter Selbstorganisation verändern sich. Neben Konsens wird häufig das Konsentverfahren angewendet. Bei ihm geht es nicht um bedingungslose Zustimmung, sondern darum, keine schwerwiegenden Einwände zu haben.

Kapitel 4: Wie kann man Organisationen analysieren? (Adaptierbare Diagnose – Methoden in der Organisationsentwicklung) (Brandl)

Die Lernzielkontrolle ist darauf ausgerichtet, dass Sie entweder eine kognitive Überprüfung der Inhalte durchführen und im Sinne von Reproduktion überprüfen oder eine Anwendung des Instruments auf Ihre persönlichen Anforderungen ausprobieren. In letzterem Fall suchen Sie sich einen Dialogpartner im Sinne eines kollegialen Feedbacks.
Die Fragen sind entlang des Artikels gestellt, so dass Sie unter Zuhilfenahme des Textes die Fragestellung beantworten können.
1. Erklären Sie die Pyramide der Qualität und setzen Sie sie in Bezug zum Thema Diagnose.

Lernzielkontrolle

2. Erläutern Sie das Modell der Basisprozesse der Organisationsentwicklung von Glasl und stellen Sie einen Zusammenhang mit den Diagnosemethoden her.
3. Erläutern Sie die sieben Wesenselemente einer Organisation nach Glasl und stellen Sie einen Zusammenhang mit der Diagnosephase her.
4. Beschreiben Sie die Methode des Aspekterasters und ordnen Sie es den Basisprozessen der Organisationsentwicklung zu.
5. Beschreiben Sie das Instrument der Deltadiagnose und ordnen Sie es den Wesenselementen einer Organisation zu.
6. Beschreiben Sie das Instrument der Prozesslandkarte sowie ihren Nutzen im Diagnoseprozess.
7. Beschreiben Sie das Instrument des Teamrades und erläutern Sie die nächsten Schritte im Rahmen eines Beratungsprojektes mit den Ergebnissen eines Teams.
8. Beschreiben Sie das Instrument des Flussdiagramms und zeigen Sie den Nutzen des Instruments auf.
9. Beschreiben Sie das Instrument Personas und zeigen Sie die Anwendung in einem Diagnoseprozess.

An dieser Stelle sei auf den Aspekt des Lerntransfers aufmerksam gemacht. In diesem Fall sind die Fragen 1-3 mit den Begrifflichkeiten der infrage stehenden Organisation zu versehen, um die Verständlichkeit zu erhöhen. Die Fragen 4-9 sind mit den neuen Begriffen ebenfalls zu adaptieren und zu ergänzen. Es besteht auch die Möglichkeit, die Methoden an die betrieblichen Anforderungen und Fragestellungen anzupassen. Es ist dabei beispielshaft aufgezählt an Folgendes gedacht:

1. Das Aspekteraster mit allen sieben Wesenselementen und bis zu zehn Fragen könnte zu umfangreich sein. Es kann auch mit weniger Wesenselementen und auch mit weniger Fragen gearbeitet werden.
2. Die Deltadiagnose kann im Rahmen einer Einführungsveranstaltung für neue Mitarbeiter angepasst und eingesetzt werden.
3. Die Prozesslandkarte kann auch auf den Geschäftsbereich oder auch nur auf die eigene Abteilung ausgerichtet sein.
4. Die Speichen des Teamrades können gemeinsam erarbeitet werden. Beispiele aus dem Text können dazu als Vorbild dienen.
5. Nehmen Sie einen Prozess, an dem in Ihrer Abteilung gearbeitet wird. Identifizieren Sie den ersten Prozessschritt des Gesamt-Pro-

zesses, in der Folge seine Schnittstellen und den letzten Prozessschritt.
6. Identifizieren Sie die fünf typischen KundInnen/KlientInnen der von Ihnen erbrachten Dienstleistung und beschreiben Sie die für die Erbringung der Dienstleistung relevanten Merkmale.
Suchen Sie sich für die Beantwortung der Fragen Dialogpartner.

Kapitel 5: Wie kann man Organisationen verändern? (Beck)

1. Was ist mit Blick auf die organisationsextern und –intern sich dynamisch verändernde Umwelt von Organisationen mit „Agilität" gemeint?
Unter dem Begriff „Agilität" versteht man die Anforderung bzw. auch Fähigkeit des Managements einer Organisation, antizipativ, proaktiv und flexibel zu agieren, um notwendige organisatorische Anpassungen und Transformationen angesichts einer sich organisationsextern wie auch -intern immer schneller verändernden Umwelt vorzunehmen.
2. Welche Erwartungen gehen mit der Ausdifferenzierung der Anforderungen an das Management einher?
Vom Management als Planungsinstanz der Organisation wird erwartet, dass es organisationsexterne wie auch -interne Veränderungsanforderungen aufgreift und Produktivität sowie Wertschöpfung sichert und weiterentwickelt. Darüber hinaus wird vom Management auch erwartet, dass es für Kontinuität und Stabilität einer Organisation sorgt, um Mitgliedern, Kunden und Kundinnen, Klienten und Klientinnen, Finanzgebern usw. Sicherheit zu geben.
3. Anhand welcher Merkmale lassen sich Anlässe und Probleme, die einen Change erfordern, von Routineproblemen im Alltagsbetrieb unterscheiden?
Anlässe bzw. Probleme, die einen Change erfordern, unterscheiden sich von Routineproblemen im Alltagsbetrieb hinsichtlich folgender Merkmale:
– Sie sind schlechter strukturiert und komplexer.
– Sie erfordern die Beteiligung mehrere/vieler Personen/Stellen.
– Sie benötigen einen größeren Zeitumfang, bis sie gelöst sind.
– Sie sind risikoreicher, d.h., die erzielten (Teil-)Lösungen können mangelhaft sein, Prozesse können abgebrochen werden bzw. ohne Ergebnisse im Sand verlaufen.

Lernzielkontrolle

- Sie weisen einen Neuigkeitsgrad sowohl im Hinblick auf das zu lösende Problem wie auch auf zu entwickelnde/findende/zu erarbeitende Lösungen auf.

4. Worin stimmen verschiedene Fassungen des Begriffs „Organisationsentwicklung" überein?
Gemeinsamkeiten sind darin zu sehen, dass es bei der Organisationsentwicklung primär um eine auf sozialwissenschaftliche Erkenntnisse gestützte, umfassende, bewusst geplante und auch längerfristig angelegte Veränderung von Organisationen geht, wobei der Schwerpunkt auf dem Wandel von Gruppen und weniger auf dem Wandel von Individuen liegt. Externe BeraterInnen (OrganisationsberaterInnen, „Change Agents") unterstützten die Organisation bzw. das Management bei der Gestaltung und Umsetzung dieser Veränderungsprozesse.

5. Was sind charakteristische Merkmale traditioneller Konzepte der Organisationsentwicklung?
Charakteristisch für die traditionellen Konzepte der Organisationsentwicklung sind:
- starke Binnenorientierung,
- normative Ausrichtung auf der Grundlage eines humanistisch geprägten Menschenbildes, welches das individuelle Bedürfnis nach sozialer Anerkennung und Wertschätzung sowie das Streben nach Selbstverwirklichung zum Ausdruck bringt,
- hierarchiekritische Einstellung und ein Interesse an der „Demokratisierung" von Organisationen,
- aktive, möglichst breite bzw. auch (bei kleineren Organisationen) flächendeckende Einbindung der von den Veränderungsvorhaben Betroffenen in die Um- bzw. Neugestaltung der Organisation (Partizipation),
- hohe Bewertung kommunikativer Austauschprozesse und ausgeprägte Lernorientierung,
- Vorstellungen vom Wandel einer Organisation und den damit angestrebten Zielen die von relativ stabilen Umweltbedingungen ausgehen.

6. Was sind zentrale Leitlinien und Ziele des Change Management Ansatzes „Business Reegineering"?
Zentrale Leitlinien sind:
- Zur Vergangenheit des Unternehmens wird ein klarer Trennstrich gezogen (Radikaler Paradigmenwechsel – Tabula-rasa-Prinzip: Nichts soll so bleiben, wie es war!)

- Veränderungen zielen auf einen vollständigen, radikalen Umbau des Unternehmens bzw. Neuaufbau (Veränderung 2. Ordnung, „Quantensprung")
- Prozessorientierte Gestaltung der Arbeitsabläufe

Ziele des Business Reegineering sind:
- Kostenreduktion
- Erhöhung der Produkt- und Servicequalität
- Erhöhung der Prozessgeschwindigkeit (z.b. zügige Bearbeitung von Aufträgen)
- Erweiterung und Stärkung der Wettbewerbsfähigkeit

7. Bitte beschreiben Sie die wichtigsten Unterschiede im Verständnis von Organisationsentwicklung und Change Management und die in den letzten Jahren erfolgten Annäherungen.

Die wichtigsten Unterschiede sind:
- Change Management konzentriert sich auf die projektmäßig organisierte und koordinierte Gestaltung und Steuerung des organisationalen Wandels, einschließlich der Begleitung von Veränderungsvorhaben aller Art, mithilfe geeigneter Instrumente/Interventionen. Aus traditionellen Konzepten der Organisationsentwicklung ergeben sich nur wenige Hinweise für eine systematische Gestaltung und Steuerung komplexer Veränderungsprozesse.
- Change Management Konzepte berücksichtigen wichtige Umwelteinflüsse (Märkte, Gesellschaft, politische Akteure usw.). Traditionelle Ansätze der Organisationsentwicklung konzentrieren sich dagegen vor allem auf die Veränderung und Weiterentwicklung binnenorganisatorischer Strukturen und Prozesse.
- Die inhaltliche Bestimmung des Veränderungsziels wird nicht (primär) als Aufgabe des Change Managements gesehen. Traditionelle Ansätze der Organisationsentwicklung sind dagegen normativ ausgerichtet, orientieren sich an Vorstellungen eines humanistischen Menschenbildes und zielen auf Hierarchieabbau und Demokratisierung von Organisationen.
- Die in den letzten Jahren erfolgten Annäherungen beziehen sich insbesondere auf die Bedeutung der Partizipation, die mit Blick auf die Erreichung/Annäherung an die Veränderungsziele auch in Ansätzen des Change Managements als ein wichtiger Erfolgsfaktor angesehen wird.

Lernzielkontrolle

8. Welche drei Arten des Lernens werden im Ansatz des „Organisationslernens" von Agyris und Schön (1978) beschrieben und was wird jeweils darunter verstanden?
Bezogen auf drei Ebenen des Organisationslernens werden folgende drei Arten des Lernens unterschieden:
   – Single-Loop-Learning (Adaptives oder Anpassungslernen): Auf dieser Ebene werden auftretende Fehler unter Rückgriff auf bewährte Routinen in der Vergangenheit und vorhandene organisationale Praktiken behoben bzw. bewältigt. Die Fähigkeiten einer Organisation zur Erreichung ihrer Ziele sollen auf diese Weise verbessert werden. Es geht dabei lediglich um Anpassung an externe oder binnenorganisatorische Veränderungen.
   Double-Loop-Learning (Veränderungslernen): Hier werden Fehler behoben und Probleme gelöst, indem auch etablierte Routinen, festgelegte, standardisierte organisationale Vorgehensweisen bzw. Geschäftspraktiken verändert, organisationale Ziele neu bewertet und modifiziert werden. In diesem Lernprozess können auch die auf der ersten Lernebene gegebenen festen Bezugsrahmen modifiziert und neue Standards gesetzt werden. Auf dieser Ebene ist somit ein Veränderungslernen möglich.
   – Deutero-Learning (lernen zu lernen) – Auf dieser Ebene des Organisationslernens steht der Lernprozess als solcher im Zentrum der Betrachtung. Dabei werden Lernerfolge und -misserfolge analysiert, reflektiert, lernförderliche und lernhinderliche Faktoren identifiziert und zwar mit dem Ziel, das Lernen selbst zu optimieren. Deutero-Learning wird daher auch als ein Prozesslernen gesehen, in dessen Zentrum die Veränderungsfähigkeit einer Organisation steht. Deutero-Learning wird als eine höhere Ebene des Lernens gesehen, als Meta-Perspektive, die über die beiden vorhergehenden Ebenen organisationalen Lernens hinausgeht und diese damit auch mit in den Blick nimmt.
9. Welche Stufen umfasst das „Rahmenkonzept für den Wandel" von Kotter?
Stufe 1: Ein Gefühl für Dringlichkeit erzeugen,
Stufe 2: Führungskoalition aufbauen,
Stufe 3: Vision und Strategie entwickeln,
Stufe 4: Die Vision des Wandels kommunizieren,
Stufe 5: Mitarbeiter zur Umsetzung des Wandels auf breiter Basis befähigen (Empowerment),

Lernzielkontrolle

Stufe 6: Schnelle Erfolge ermöglichen, sichtbar machen, kommunizieren,
Stufe 7: Erfolge konsolidieren und weitere Veränderungen einleiten,
Stufe 8: Veränderungen in der Unternehmenskultur verankern

10. Was bedeutet die in systemischen Ansätzen vorgenommene Unterscheidung zwischen „trivialen Systemen und nicht trivialen Systemen" für das Verständnis von Organisation und Organisationsentwicklung?

Für das Verständnis von Organisationen und die Organisationsentwicklung bedeutet dies:
- „Organisationen", also soziale Systeme, werden im Unterschied zu „einfachen", technischen Systemen (triviale Maschine) als „komplexe" Systeme (nichttriviale Maschine) betrachtet. Komplexe, nichttriviale Systeme reagieren auf Impulse und Interventionen von außen nicht immer auf gleiche und gewissermaßen „voraussagbare" Weise. Sie können auf Interventionen von außen reagieren, entsprechende Impulse ignorieren oder auch diese aufgreifen und intern weiter verarbeiten. In ihren Reaktionen bzw. auch Aktionen sind sie nicht vorhersehbar. Sie sind in der Lage, Erfahrungen zu machen und dazuzulernen.
- Komplexe Systeme wie Organisationen können weder von innen, durch die Organisationsmitglieder, noch von außen (BeraterInnen, Stakeholder u.a.) vollständig beschrieben werden. Sie können nur selektiv erfasst werden.
- Selbst wenn über eine Organisation, als einem sozialen System, eine Menge von Informationen vorliegt, ist diese nie als vollständig, abschließend bzw. statisch zu betrachten. Einschätzungen im Sinne einer „Diagnose" und daraus ableitbarer Interventionen, können stets nur als „vorläufig" angesehen werden. D.h., diese können bestenfalls den Charakter einer abgesicherten Vermutung (Hypothese) haben. Zweckmäßiger ist es daher, von „Hypothesenbildung" bzw. auch vorläufigen Einschätzungen zu sprechen.

11. Was bedeutet die in systemischen Ansätzen vorgenommene Unterscheidung zwischen „Person (psychisches System) / Organisation (soziales System)?

Personen, d.h. psychische Systeme, sind nicht als Teil einer Organisation zu sehen. Sie verhalten sich zur Organisation wie deren Umwelt. Elemente eines sozialen Systems sind die Kommunikationen. Der Begriff „soziales System" steht für unterschiedliche, vielfältige soziale

Lernzielkontrolle

Einheiten (wie z.B. Interaktionen in Gruppen; Organisationen mit bestimmten, spezifischen Kommunikationsstrukturen). Elemente eines psychischen Systems sind dessen Bewusstseinszustände. Psychische und soziale Systeme sind daher als eigenständige Systeme zu sehen und der Unterschied zwischen Bewusstsein und Kommunikation ist insofern auch bedeutend und zu beachten.

12. Welche organisationalen Rahmenbedingungen sind bei einem Rückgriff auf Veränderungs-strategien in Richtung des klassischen Change Managements, gekennzeichnet durch ein schnelles Veränderungstempo und geringe Partizipation (siehe Abb. 4 Typ/Modell II) bzw. in Richtung partizipativ angelegte Prozesse der Organisationsentwicklung (siehe Abb. 4, Typ/Modell I) zu berücksichtigen?
    – Wie viel Zeit steht für die Bewältigung des organisationalen Wandels zur Verfügung, d.h., wie hoch/schwach ist der Veränderungsdruck?
    – Welches Budget steht für das Veränderungsvorhaben zur Verfügung? Wie restriktiv soll damit umgegangen werden?
    – Konzentrieren sich Wissen, Kompetenzen auf wenige/viele (entsprechend qualifizierte) MitarbeiterInnen? Je höher der wissensbasierte Anteil der Arbeit ist und je bedeutsamer selbstständige, eigenverantwortliche Arbeit und Motivation von MitarbeiterInnen für die Leistungserbringung sind – was in vielen Organisationen der Sozialwirtschaft der Fall ist –, desto wichtiger ist auch deren Einbindung.
    – Wie ist die Verteilung von Macht und Einfluss? (hierarchische Strukturen, flache Hierarchien?)
    – Sind Ansprüche von MitarbeiterInnen im Unternehmen auch hinsichtlich ihrer Beteiligung an dem Veränderungsvorhaben und dessen Ergebnisse eher hoch/gering?
13. Bitte beschreiben Sie das systemischen Ansätzen der Organisationsentwicklung zugrunde liegende Verständnis von „Phasen eines Veränderungsprozesses"?
    Nach systemischer Auffassung sind Phasen nicht als streng lineare Abfolge zu sehen. Es handelt sich dabei eher um eine Kombination von kreislauf- und spiralförmig verlaufenden Prozessen. Phasen können sich wiederholen bzw. nochmals durchlaufen werden. Damit verbunden sind auch Rückschritte, Modifikationen und Varianten. Hinzu kommt, dass ein Veränderungsprozess auch nie vollständig, komplett und gänzlich abgeschlossen ist. Aus einem neuen veränderten (Soll-)

Zustand in der Phase der Stabilisierung kann sich wieder eine Ausgangssituation für weitere Veränderungen ergeben. So gesehen lassen sich Vorstellungen eines Phasenmodells durchaus kombinieren mit dem in systemischen Ansätzen beschriebenen zirkulären Prozessmodell.

14. Welche Handlungsebenen können mit Blick auf Gestaltung, Steuerung und Umsetzung von Veränderungsprozessen unterschieden werden?
    – Sachebene: Hier geht es um die Sondierung, Analyse, Klärung anstehender Aufgaben, d. h. um das, was mit Blick auf die Veränderungsthematik und Veränderungsbedarfe und die ebenfalls zu entwickelnden Veränderungsziele („Soll-Zustände") jeweils normativ-strategisch und operativ innerhalb welchen zeitlichen Rahmens zu tun ist. Zu klären ist hierbei auch, wer welche Aufgaben verantwortlich zu übernehmen hat bzw. in die Aufgabenbewältigung eingebunden werden soll und welche Ressourcen (Geldmittel, Sachmittel, Zeit, Erfahrungen, Kompetenzen, Fähigkeiten, Fertigkeiten) zur Verfügung stehen bzw. gestellt werden müssen.
    – Sozio-psycho-dynamische Ebene: Hier geht es um Bedürfnisse, Interessen, Ansprüche, Befürchtungen, Widerstände, Erwartungen, Kompetenzen und Konflikte, die im Kontext von Veränderungsprozessen aufbrechen, aktualisiert werden oder auch erst entstehen, einen zielorientierten Verlauf von Veränderungen behindern bzw. unterlaufen und/oder auch genutzt werden können, um Veränderungen zu bewältigen.
    – Ebene der Instrumente/Methoden: Hier geht es um die Auswahl, die Anpassung, den Einsatz von Instrumenten/Methoden für die erforderliche Analyse und Diagnose der Ausgangssituation, die Planung und Konzipierung des Veränderungsvorhabens, die Implementierung und Umsetzung von Veränderungen wie auch für die Überprüfung (Evaluation) eingeleiteter und umgesetzter Veränderungsschritte.

15. Was ist bei der Wahl und dem Einsatz eines Change Instrumentes im Rahmen eines Veränderungsprozesses zu beachten und zu klären?
    – Viele Instrumente können in unterschiedlichen Phasen des Veränderungsprozesses zum Einsatz kommen. Sie können und sollten auch flexibel auf den jeweiligen organisatorischen Kontext, d.h. das jeweilige Einsatz- und Anwendungsfeld hin variiert und angepasst wird. Dabei ist im Voraus zu klären,

Lernzielkontrolle

- ob die zur Verfügung stehenden Instrumente und Methoden mit den angestrebten Veränderungszielen verträglich/ kompatibel sind,
- wie hoch der mit dem Einsatz eines Instrumentes zu erwartende Ressourcenverbrauch ist (insbesondere auch mit Blick auf Zeit, Sach- und finanzielle Mittel),
- mit welcher Akzeptanz/Ablehnung zu rechnen ist,
- ob eventuell positive/negative Vorerfahrungen mit dem Einsatz des Instrumentes/der Methode vorliegen,
- ob bzw. welche unerwünschten Nebeneffekte zu erwarten sind und – last but not least – ob von einem kompetenten, wie auch authentischen Umgang (sei es vonseiten des verantwortlichen Managements, der Führungskräfte, der Projektbeauftragten, der eingebundenen Organisationsentwickler/-berater bzw. auch externer FachexpertInnen) ausgegangen werden kann.

Kapitel 6: Organisationsberatung als Unterstützung des Organisationswandels (Funke-Steinberg)

1. Was sind für Sie wichtige Merkmale der Haltung des Organisationsberaters? Nennen Sie fünf.
   Im Kapitel 6 wurden die konsequente Achtung, Anerkennung und Wertschätzung gegenüber alle beteiligten Akteuren genannt. Weitere wichtige Merkmale für die Haltung von Organisationsberaterinnen und -beratern sind:
   - Allparteilichkeit,
   - Rollenklarheit, Rollentransparenz,
   - innere Unabhängigkeit,
   - Authentizität und
   - Selbstreflexion.
2. Woran erkennen Sie eine „Organisation"? Was bedeutet es für Sie zu sagen, dass es eine bestimmte Organisation „gibt"?
   Von einer Organisation sprechen wir als Organisationsberaterinnen und -berater dann, wenn
   - wir durch Menschen im Namen einer Körperschaft (eines Unternehmens, eines Vereins, einer Institution) angesprochen werden,
   - eine Beratungsleistung zu erbringen, die sich auf die erfolgreiche Erfüllung des Zwecks der Körperschaft richtet.
   Wichtig ist für uns außerdem

- worin dieser Zweck (Auftrag, Daseinszweck, Mission) besteht,
- wer die Angehörigen der Organisation sind und was sie ausmacht,
- wie die Prozesse der internen arbeitsteiligen Zusammenarbeit der Angehörigen organisiert und strukturiert sind,
- wer die Kundinnen und Kunden (Nutzer) der Leistungen der Organisation sind,
- auf Grundlage welcher Ressourcen die Organisation ihre Leistungen erbringt und
- in welcher Umwelt (in welchem Kontext) die Organisation existiert (Gestaltung der Grenzen zwischen „innen" und „außen", Gestaltung von Schnittstellen, Rolle des Marktes und Wettbewerbs).

3. Die im Kapitel 6 dargestellte systemtheoretische Sicht auf Organisationen darf für unser Alltagsverständnis etwas befremdlich wirken. Beschreiben Sie drei Unterschiede zum Alltagsverständnis.
   - Organisationen werden durch uns und durch die Beteiligten selbst als beständig erlebt. Dazu steht im Widerspruch, dass Organisationen andererseits täglich von Neuem durch die Beteiligten selbst im wechselseitigen Handeln erschaffen werden.
   - Auch wenn es objektiv fassbare Zeichen und Merkmale gibt, dass eine Organisation wirklich existiert, handelt jeder Akteur dennoch aufgrund seines inneren Bildes, welches er von der Organisation hat.
   - Während sich jeder Einzelne oft so vorkommt, als wären es maßgeblich die anderen Beteiligten und Akteure, die das Ganze bestimmen, nimmt andererseits jeder Einzelne persönlichen Einfluss auf die Gestalt des Ganzen (dessen Teil er ist).

4. Was verstehen Sie in der Organisationsberatung unter einem „2. Auftrag"?
   Unter einem „2. Auftrag" verstehen wir als Organisationsberaterinnen und -berater den Umstand, dass innerhalb eines Prozesses zur Organisationsberatung Auftraggeber und Kunden (Klienten) auseinanderfallen können. Wir sprechen von einem 2. Auftrag, wenn eine höhere Führungskraft einen Beratungsauftrag erteilt, der einer nachgeordneten Führungskraft bzw. einer nachgeordneten Struktureinheit gilt.

5. Wie gehören die „Reduzierung von Komplexität" und deren „Wiedereinführung" im Rahmen von Organisationsberatung zusammen?
   Der Zweck von Strukturen in Organisationen lässt sich kurz so beschreiben: Sie dienen dazu, dass alle Beteiligten in einer Organisation wissen, was sie zu tun haben. Sie dienen der Reduzierung von Kom-

Lernzielkontrolle

plexität. Sie vereinfachen komplexe Zusammenhänge und machen sie überschaubar. Sie erleichtern dem Einzelnen zu handeln. Jedoch auf alle neuen, noch nie dagewesenen Situationen können die Strukturen einer Organisation (noch) gar nicht zugeschnitten sein. Immer dann, wenn die Umwelt einer Organisation gravierenden Entwicklungen und Veränderungen unterliegt, kann ein wachsender Druck auf die Angehörigen der Organisation entstehen, dieser zunehmenden, neuen Komplexität der Außenwelt Rechnung zu tragen. Es kann zur Aufgabe und Rolle des Organisationsberaters gehören, die Angemessenheit der heutigen Strukturen in der Zukunft zu hinterfragen und die Beteiligten auf diese Weise mit dem Anwachsen der Komplexität in der Umwelt zu konfrontieren, also mit anderen Worten, die einst erfolgreich reduzierte Komplexität „wieder einzuführen".

6. Weshalb stellt die Haltung der Hochachtung und der Wertschätzung des Organisationsberaters gegenüber den Beteiligten einen Schlüssel für einen erfolgreichen Organisationsberatungsprozess dar?

Erst dann, wenn sich die Beteiligten sicher sind, dass der Organisationsberater ihre Absichten, ihr Können und ihre Erfahrungen sieht und schätzt, werden sie bereit zum Austausch darüber sein, an welchen Problemstellungen sie möglicherweise selbst Anteil haben und was sie persönlich besser machen könnten.

Angaben zu den Autorinnen und Autoren

Prof. Dr. **Reinhilde Beck** (Dipl.-Pädagogin, Dipl.-Psychologin) lehrte bis 2016 an der Hochschule München mit den Schwerpunkten Beratungsmethoden, Personal-/Organisationsentwicklung, Change Management. Beratung und Begleitung von Projekten in den Bereichen Konzeptions- und Leitbildentwicklung, Qualitätsmanagement, Führung und Zusammenarbeit / Führungs-Coaching, Einführung und Implementierung von Personalentwicklungs- / Personalführungsinstrumenten in sozialwirtschaftlichen Organisationen und mittelständischen Unternehmen der Privatwirtschaft. Mitglied einiger Expertengremien.

Prof. Dr. **Paul Brandl** hat eine Professur für Organisationsentwicklung und Prozessmanagement an der FH Oberösterreich – Department Sozialmanagement mit den Schwerpunkten auf Prozess- und Qualitätsmanagement sowie der Entwicklung von Dienstleistungen in der mobilen und stationären Altenbetreuung.

Karsten Funke-Steinberg (*1959, Dipl.-Psychologe) arbeitet seit 1991 als Organisationsberater, als Trainer und Coach für Führungskräfte sowie als Supervisor im Sozialbereich. Er ist Mitbegründer und Partner der Beratungsfirma DIE BERATERWERKSTATT GbR für Führung und Organisation (Büchting, Dr. Funke, Funke-Steinberg) mit Sitz in Leipzig. Zu ihren Kunden gehören große Organisationen der freien Wohlfahrtspflege, öffentliche Verwaltungen und mittelständische Unternehmen. Seit mehreren Jahren ist er an der Ausbildung systemischer Beraterinnen und Berater im Rahmen des Praxisinstituts Nord (Hannover) beteiligt. Seit 2003 ist er Partner im Systemic Consulting® Network.

Angaben zu den Autorinnen und Autoren

Prof. Dr. **Urs Kaegi,** Psychologe und Soziologe, lehrt an der Fachhochschule für Soziale Arbeit FHNW in Muttenz/Basel. Neben der Lehre und Forschung zu Fragen des organisationalen Wandels berät er Organisationen und führt Weiterbildung für Führungskräfte durch. Sein aktueller Arbeitsschwerpunkt ist die Kooperation in und zwischen Organisationen sowie der Wandel in Richtung Selbstorganisation.

Dominik Schenker (*1965) arbeitet an der Hochschule für Soziale Arbeit der Fachhochschule Nordwestschweiz HSA FHNW. Zuvor forschte er nach einem Studium der Theologie und klinischen Psychologie am Departement für Erziehungswissenschaften der Universität Freiburg i.Ue. Anschließend leitete er eine sprachregionale Fachstelle im Bereich der Offenen und Verbandsjugendarbeit. Später wurde er Teilhaber der Beratungsfirma Büro WEST AG, wo vor allem Mandate im Bereich der Organisation- und Strategieentwicklung übernahm. Seine Schwerpunkte an der HSA FHNW liegen heute im Sozial- und Projektmanagement.

Prof. Dr. **Armin Wöhrle** lehrte bis 2016 an der Hochschule Mittweida und beschäftigt sich forschend und beratend mit Sozialmanagement, Organisations- und Personalentwicklung. Er ist Autor, Herausgeber, Mitglied in verschiedenen Fachgremien und war bis 2017 der deutsche Vertreter im Vorstand der Internationalen Arbeitsgemeinschaft Sozialmanagement/ Sozialwirtschaft (INAS).

Prof. Dr. **Peter Zängl,** Verwaltungswirt und Sozialwissenschaftler, lehrt und forscht an der Fachhochschule für Soziale Arbeit FHNW sowie als Visiting Professor an der University of the Witwatersrand (WITS), Johannesburg Südafrika. Seine aktuellen Themenschwerpunkte sind organisationale Fragestellungen, Selbstorganisation und sektorenübergreifende Kooperation.